Dr. Stange

```
|| |||| ||| || ||| ||| ||| ||| || ||| |||
D1662904
```

Jul 38 €
110

Xpert.press

Ulrich Sendler

Das PLM-Kompendium

Referenzbuch des Produkt-Lebenszyklus-Managements

 Springer

Ulrich Sendler
Flantinstraße 12
80689 München
Germany
u.sendler@sendlercircle.com

ISSN 1439-5428
ISBN 978-3-540-87897-1   e-ISBN 978-3-540-87898-8
DOI 10.1007/978-3-540-87898-8
Springer Dordrecht Heidelberg London New York

Die Deutsche Nationalbibliothek verzeichnet diese Publikation in der Deutschen Nationalbibliografie; detaillierte bibliografische Daten sind im Internet über http://dnb.d-nb.de abrufbar.

Einbandentwurf: KuenkelLopka GmbH, Heidelberg
Satz und Herstellung: le-tex publishing services GmbH, Leipzig

Gedruckt auf säurefreiem Papier

Springer ist Teil der Fachverlagsgruppe Springer Science+Business Media (www.springer.de)

Vorwort

Am Ende eines Jahrzehnts, in dem die Diskussion über Produkt-Lebenszyklus-Management (PLM) und die Ansätze entsprechender Strategien immer mehr um sich gegriffen und inzwischen selbst kleine und mittlere Unternehmen unterschiedlichster Branchen erfasst hat, gibt es auch bereits eine Vielzahl von Veröffentlichungen dazu. Sie greifen in der Regel einzelne Aspekte des Gesamtthemas heraus und fokussieren entweder auf eine Branche, auf den Einsatz bestimmter Methoden oder Komponenten oder die Frage der Auswahl und Implementierung unterstützender Systeme.

Keines ist nach Kenntnis der Verfasser dieses Vorwortes – die das Buchprojekt ‚PLM Kompendium' von Anfang an unterstützt haben – darunter, das wie das vorliegende den Versuch wagt, PLM von allen Seiten zu betrachten und alle wichtigen Mitspieler im gesamten Umfeld zu berücksichtigen. Niemand hat bisher so viele Interviewpartner angesprochen und für ausführliche Gespräche gewinnen können, dass tatsächlich alle Bereiche zu Wort kommen. Die Verantwortlichen in der Industrie ebenso wie die Professoren, die IT-Anbieter und Systemintegratoren ebenso wie die Vereine, Verbände und sonstigen Organisationen. Das Konzept, aufgrund dessen wir dieses Buchprojekt begrüßt haben, ist aufgegangen.

Als wir vor fünf Jahren im sendler\circle it-forum einstimmig die PLM Definition der Liebensteiner Thesen verabschiedeten, wussten wir noch nicht, ob sich dieser Begriff durchsetzen, ob ihm eine größere Nachhaltigkeit beschert sein werde als dem berühmten Begriff CIM aus den Achtzigerjahren. Heute wissen wir, dass PLM für alle Industrieunternehmen, die auch künftig eine wichtige Rolle spielen wollen, gesetzt ist. Seine Bedeutung steigt von Jahr zu Jahr und wird von allen namhaften Analysten längst verglichen mit der Bedeutung, die ERP im vergangenen Jahrzehnt hatte. Aber wir wissen aus unseren Gesprächen mit unseren Kunden auch, dass sich deshalb nichts an der Komplexität des Themas geändert hat. Für sie alle wird das Buch eine wertvolle Quelle sein: für Informationen aus der Hand eines neutralen Autors, und vor allem für Kontakte zu erfahrenen Spezialisten aus allen Bereichen, die bereit sind zum Gespräch, wenn ein Projekt ins Stocken gerät oder schon bei der Initialisierung Probleme bereitet.

Allenthalben ist das Denken in Prozessen und die Organisation in interdisziplinären, firmenübergreifenden Projektteams im Vormarsch, in der Entwicklung, in der Produktionsplanung, in der Fertigung, im Service und anderen Bereichen. Dieser

Vormarsch ist nicht das Ergebnis einer einzelnen Technologie, einer neuen Methode oder der Überzeugungskraft von Gurus. Er basiert auf den konkreten Anforderungen, denen sich die Industrie gegenüber sieht. Aber die Kraft der Gewohnheit ist auch in diesem Fall sehr stark und hat schon manchen Ansatz zur Verbesserungen von Abläufen und Strukturen erfolgreich durchkreuzt. Die Ängste der Betroffenen vor großen Veränderungen, das Zögern vor ungewissem Neuen anstelle des – irgendwie denn ja doch immer noch – funktionierenden Gewohnten lässt auch heute viele davor zurückschrecken, sich mit einem umfassenden PLM-Konzept zu beschäftigen. Selbst die Orientierung auf den Prozess im Team anstelle der Konzentration auf die zu erledigende Aufgabe fällt schwer. Das PLM Kompendium bietet hier Einblick in industrielle Ansätze und Argumente vieler Fachleute, die überzeugen helfen. Auch damit unterscheidet sich das Buch wohltuend von zahlreichen entweder sehr theoretischen oder zu sehr auf den einzelnen Praxisfall bezogenen Werken.

Dennoch wäre es zuviel des Lobes, wollte man behaupten, das Buch stelle eine tatsächlich allumfassende Behandlung des Themas dar. Es fehlen noch einige ausführliche Darstellungen von Marktführern der Engineering IT. Die Beispiele aus der Industrie können sicher um weitere herausragende Fälle erweitert werden, ohne dass sich Argumente wiederholen. Insbesondere beschränkt sich das Buch in dieser ersten Auflage weitgehend auf den europäischen und hier vor allem auf den deutschsprachigen Raum. Für den ersten Wurf eines PLM Kompendiums ist das schon allein deshalb gerechtfertigt, weil die Bedeutung von PLM wohl in keiner anderen Region so hoch geschätzt wird wie hier.

Wir wünschen dem Buch eine so gute Resonanz, dass die Leserschaft in zwei Jahren nach einer Neuauflage ruft, die dann noch deutlich über den jetzt gesetzten Rahmen hinausgeht: mit einer Ausweitung der Beispiele und vorgestellten Institutionen aller Art. Und vor allem mit einer stärkeren Berücksichtigung der weltweiten Bedeutung und des Einsatzes von PLM, die sich dann auch in einer zusätzlichen englischsprachigen Ausgabe niederschlägt.

Das Kompendium ist – davon sind wir überzeugt – nicht nur etwas für Referenten auf Kongressen oder Anwendertreffen. Es sollte in großem Umfang für die Vertiefung des Verständnisses von den notwendigen Veränderungen zum Einsatz kommen, in den Ingenieurabteilungen und zahlreichen anderen Bereichen der Industrie, unter den Mitarbeitern der IT-Hersteller und ihrer Vertriebspartner. Und vielleicht gehört es bald zu den Standardwerken, deren Lektüre den Studenten verschiedener ingenieurwissenschaftlicher Fachrichtungen als selbstverständlich gilt.

Da es im Unterschied zu manch anderem trockenen Fachbuch sehr ansprechend geschrieben ist, könnte es möglicherweise auch dabei helfen, das Verständnis für die Besonderheiten und die Bedeutung insbesondere der Produktentwicklung und Produktentstehung auch in Kreisen zu fördern, die üblicherweise nicht damit befasst sind. Innovation ist nicht nur Idee, Produkt und intelligente Produktion, auf das sie gerne reduziert wird, sondern gerade auch Innovation der Prozesse vor allem in der Produktentstehung. PLM ist dafür ein wichtiger Hebel. Wenn das Buch diese Einsicht verbreiten hilft, ist es für alle Beteiligten ein Erfolg.

Gezeichnet:
Volker Wawer, Dr. Thomas Wedel, Roland Zelles

Inhaltsverzeichnis

PLM meint das Ganze

1

Ist Produkt-Lebenszyklus-Management (PLM) ein System oder eher eine Strategie? Geht es hauptsächlich um die Installation neuer Software oder um die bessere Integration der vorhandenen? Ist PLM 3D? Ist es in erster Linie Prozessoptimierung, und die IT nur zweitrangig? Fängt PLM mit der Konstruktion an oder schon mit der Idee? Hört es beim Anlaufen der Fertigung auf oder nicht? Wie weit müssen sich Marketingverantwortliche damit befassen? Wie weit der Kundendienst? Wie weit die Geschäftsleitung?

Zu PLM gibt es viele Fragen. Und wie so oft gibt es darauf unüberschaubar viele Antworten. Wer sich mit dem Thema PLM beschäftigt, der kennt das Bild vom Elefanten gut. Ob Berater oder Systemintegratoren, Hightech Gurus oder Professoren, Anbieter von Software oder Middlewareplattform, IT-Manager oder Entwicklungsleiter in der Industrie – in einem Punkt sind sich alle einig: PLM ist ein Elefant, aus menschlicher Sicht ein Ungetüm.

War schon die Einführung von CAD und noch mehr der Umstieg vom Medium technische Zeichnung zum 3D-Modell nicht leicht zu vermitteln, war der Schritt von der Konstruktion hin zur Prozesskette des Concurrent Engineering mit heftigen Rückschlägen gepflastert, bei PLM sind die Verhältnisse exponentiell komplexer. Das Thema hat so viele Facetten, so viele Bausteine und Baustellen, dass es von jedem Blickwinkel anders aussieht, dass es sich jedem, der sich damit beschäftigt, anders darstellt. Die Komplexität von beteiligten Personen, Prozessen und eingesetzten Ressourcen ist dermaßen überwältigend, dass vor dem Start und der erfolgreichen Umsetzung strategischer PLM-Konzepte eine Menge von Hemmungen und Befürchtungen zu überwinden sind. Von den Stolpersteinen, die von manch interessierter Stelle mutwillig in den Weg geworfen werden, gar nicht zu reden.

Zur Beruhigung wird dann häufig der Elefant kleiner geredet. Natürlich könne man so ein großes Tier nicht auf einmal ‚verspeisen‘. In Scheiben geschnitten sei es dagegen gar nicht so schwierig. PLM hat eine regelrechte Hochkonjunktur der altbekannten Salamitaktik ausgelöst. Man zerlege das Ungetüm in einzelne Aufgabenpakete, die Schritt für Schritt abgearbeitet und realisiert werden können, und das Problem erweist sich als lösbar.

Die Definition realistischer Stufenpläne und die Zergliederung großer Projekte in sinnvolle Teilprojekte ist selbstverständlich eine wichtige Grundbedingung für die

U. Sendler, *Das PLM-Kompendium*,
© Springer 2009

1

erfolgreiche Umsetzung von Unternehmensstrategien. Da macht PLM keine Ausnahme. Aber je näher man die vielen unterschiedlichen Ansätze untersucht, desto mehr drängt sich der Verdacht auf, dass die Gefahr der Inangriffnahme allzu umfassender Mammutprojekte, die auf einen Schlag alles ändern sollen, möglicherweise kleiner ist als die, vor lauter leicht umsetzbaren Strategiescheibchen das Gesamtziel – nämlich das strategische Management des Produkt-Lebenszyklus – aus den Augen zu verlieren.

Dabei spielt es keine Rolle, von welcher Seite der Elefant zerlegt wird. Ob zuerst der Prozess zu analysieren und zu definieren ist, ob eher zunächst das saubere Management der Entwicklungsdaten kommt, ob die Kosten wichtiger sind oder die einzusparende Zeit, ob die Entwicklung Vorrang vor der Produktion hat – all das und mehr sind Teile des Puzzles, Detailfragen, Unterthemen, bei deren Behandlung das übergeordnete Gesamtthema allen Diskussionsteilnehmern klar sein und bleiben sollte.

Darin nämlich liegt die eigentliche Herausforderung von PLM: sich im Unternehmen und im Verbund mit Partnern und Lieferanten auf eine gemeinsame Sichtweise und Sprache zu verständigen, was Kern und was Ziel dieser Sonderaufgabe des Managements ist. Genau dabei soll das PLM Kompendium eine praktische Hilfe sein.

Es soll ein Gesamtbild zeichnen und dazu alle denkbaren Standpunkte zur Betrachtung einnehmen. Nicht nur den der IT, die in den vergangenen 25 Jahren oft neue Entwicklungen angetrieben und auch bei PLM eine führende Rolle gespielt hat. Nicht nur den der Wissenschaft, die das Thema unter akademischen und Forschungsgesichtspunkten angeht. Und auch nicht nur die Perspektive der Verantwortlichen in der Industrie, die mit PLM eine Lösung drängender Probleme zu finden hoffen. Zwischen den zwei Deckeln dieses Buches finden Sie – wenn es gelungen ist – alle Gesichtspunkte, die zum Verständnis des Themas wichtig sind.

Es beginnt mit der genaueren Bestimmung des Begriffs PLM, wobei die unterschiedlichen Sichten darauf untersucht und deren besondere, daraus resultierende Vorstellungen in das Gesamtbild eingeordnet werden. Die Fertigungsindustrie hat eine andere Sicht als die IT-Anbieter, ein Produzent eine etwas andere als ein Dienstleistungsanbieter. Was vielleicht noch wichtiger ist: Ein Entwicklungsleiter hat eine andere Sicht darauf als ein Geschäftsführer, ein Marketingmanager eine andere als der Einkaufsleiter oder der Controller.

Diese sehr unterschiedlichen Sichten, die selbstverständlich alle ihre Berechtigung haben, zu verstehen, ist Grundvoraussetzung für erfolgreiche PLM-Strategien. Denn alle spielen mit, alle haben eine Rolle, die jederzeit zur Hauptrolle werden kann. Und nur wenn alle Akteure die Perspektive der anderen Mitspieler zu verstehen versuchen, ist eine gemeinsame Kommunikation denkbar.

Oder um es anders zu formulieren: PLM eignet sich hervorragend dazu, im Unternehmen oder in Netzwerken verteilter Entwicklung Stoff für Polarisierung und gegenseitige Profilierung zu bieten. Das äußert sich gerne in frucht- und endlosen Debatten über den Begriff PLM und seine ‚richtige‘ Definition, sein ‚richtiges‘ Verständnis. Ohne die zügige Einigung, was im konkreten Fall darunter zu verstehen ist und welches Ziel angepeilt wird, besteht das Risiko eines Projektes, das viel Zeit und noch mehr Geld kostet, ohne wirklich zu einer Verbesserung des Managements beizutragen.

2004 haben sich die führenden Anbieter von Software für den Produktentstehungsprozess im sendler\circle mit den in Liebenstein verabschiedeten ‚Liebensteiner Thesen‘ auf eine gemeinsame Definition von PLM verständigt. Damit gibt es eine

Begriffsbestimmung, die nicht unwesentlich zur Klärung und Verankerung des gesamten Themas beigetragen hat. Bei der Schnelligkeit der Entwicklung in der Industrie und erst recht in der Softwareindustrie ist es sinnvoll, diese Thesen immer wieder auf den Prüfstand zu stellen. Was gilt nach wie vor, was hat sich geändert? Wo ist Erweiterung nötig, wo Präzisierung?

Wünschenswert wäre eine ähnliche Festlegung auf Seiten der Industrie, beispielsweise über einen der Verbände oder Vereine. Das ermöglichte einen Vergleich, aber vor allem wäre es die Grundlage für die Suche nach einer übergreifenden Verständigung. Gegenwärtig und also für die erste Ausgabe des PLM Kompendiums steht eine solche Definition leider nicht zur Verfügung.

Nach der Untersuchung der unterschiedlichen Sichten auf das Thema befasst sich das Buch mit den Ansätzen für PLM Konzepte in der Industrie. Anschaulichen Beispiele lassen deutlich werden, welche Vorgehensweisen in der Industrie anzutreffen sind. Die Gesprächspartner für diesen Teil, Entwicklungsleiter, Prozessverantwortliche und Verantwortliche für die Engineering IT, manche auch in ihren Unternehmen offiziell als PLM-Verantwortliche positioniert, haben Wert darauf gelegt, ein realistisches Bild zu zeichnen. Es soll deutlich werden, was die Umsetzung von PLM erleichtert, aber auch, was sie unter Umständen erschwert oder gar behindert. Und welche Problemstellungen möglicherweise gar nicht mit Hilfe von PLM zu lösen sind.

So wie die verschiedenen Sichtweisen und Ansätze eine Orientierung ermöglichen, so ist natürlich für alle, die mit dem Thema in Berührung kommen, wichtig zu wissen, welches die Player sind, die hier eine Rolle spielen. Damit befassen sich die übrigen Teile des Kompendiums.

Welche IT-Hersteller und Systemintegratoren sind führend? Wo kommen sie her, welches Portfolio bieten sie in Zusammenhang mit PLM an? Wie umfassend ist ihr Ansatz, welche Bestandteile und Aspekte von PLM lassen sich mit ihren Produkten umsetzen? Hier können – trotz gründlicher Bereinigung des Marktes in den vergangenen fünfzehn Jahren – nicht alle vorgestellt werden. Das Kompendium konzentriert sich in dieser Ausgabe erstens auf die in Europa und besonders im deutschsprachigen Raum bedeutenden Anbieter, und auch hier sind nicht alle Sparten vertreten. So ist das Angebot im Umfeld von Simulation und Berechnung, aber auch im Bereich Computer Aided Manufacturing (CAM) nach wie vor erheblich größer, als die relativ kleine Gruppe der betrachteten Anbieter vermuten lassen könnte.

Sieben Anbieter haben die Entstehung des PLM Kompendiums nicht nur mit finanzieller Beteiligung an den Kosten, sondern auch mit ausführlichem Input und zur Verfügung gestelltem Material unterstützt. Über diese Unternehmen sind jeweils eigene Kapitel zu finden. Ohne ihre Unterstützung, für die ich mich an dieser Stelle besonders bedanke, hätte das Kompendium nicht erscheinen können.

Großen Zuspruch fand die Idee des Buches auch bei den Vertretern von Forschung und Lehre, die sich – mehr oder weniger stark – mit PLM oder Teilfragen des Themas beschäftigen. Alle von mir angesprochenen Professoren sich bereiterklärt, die Schwerpunkte ihrer Tätigkeiten, ihrer Projekte und Lehrveranstaltungen, die Besonderheiten ihrer Institute zu erläutern. Dafür mein herzlicher Dank. Ich weiß, wie sehr auch an den Hoch- und Fachhochschulen Zeit zu einem unbezahlbaren Gut geworden ist.

1

Auch hier sind nicht alle aufgeführt und vorgestellt. Gerade dieser Teil des Buches mag in künftigen Auflagen weiter wachsen. Vor allem in Richtung anderer Fakultäten als des Maschinenbaus, aber auch in Richtung der Fachhochschulen. Gegenwärtig ist es vor allem der Maschinenbau, der sich des Themas angenommen hat. Aber unübersehbar ist der Trend zu multidisziplinären Produkten in allen Branchen der Industrie angekommen, und entsprechend kann auch die Frage des Managements der Lebenszyklen dieser Produkte nicht mehr von einer Domäne allein beantwortet werden. Elektrotechnik, Elektronik und Informatik bestimmen heute schon wesentliche Funktions- und Leistungsumfänge moderner Produkte aller Art. Es ist nur folgerichtig, dass sich diese Form interdisziplinärer Zusammenarbeit auch in PLM-Konzepten niederschlägt. Und das wird die herkömmlichen Fakultätsgrenzen nicht unberührt lassen.

Der letzte Teil des Kompendiums stellt im Umfeld von PLM wichtige Vereine, Verbände und Organisationen vor. Auch hier gilt: Die Darstellung erhebt nicht den Anspruch auf Vollständigkeit. Beim VDI war nicht ausfindig zu machen, wer sich explizit damit befasst, und auch vom BDI ist nicht bekannt, dass er Aktivitäten in dieser Richtung entfaltet. Außer Vereinen und Verbänden sind hier auch Organisationen aufgenommen, die in erster Linie wirtschaftliche Ziele verfolgen. Aber als Organisatoren von PLM Veranstaltungen oder Analysten genießen sie international und auch im deutschsprachigen Raum ein hohes Ansehen, das ihre Vorstellung rechtfertigt.

Das PLM Kompendium hat einen hohen Anspruch. Es will nicht eine neue Theorie, eine neue Sicht zu den vielen vorhandenen hinzufügen. Alle Facetten des Themas sollen in diesem Buch abgebildet sein, alle Akteure, wichtige Unternehmen und nicht zuletzt in allen Bereichen wichtige, herausragende Ansprechpartner, an die sich der Leser vielleicht im einen oder anderen Fall mit einer Detailfrage wenden möchte. Wenn dies gelungen ist, verdankt sich das einer ungewöhnlich großen Bereitschaft zur Unterstützung bei einer enormen Zahl von Interviewpartnern. Ihnen allen gilt mein Dank, dass sie sich die Zeit für intensive Gespräche genommen und mir bei der Zusammenstellung des Materials geholfen haben.

PLM: Begriffsbestimmung

2

Wenn sich zehn Fachleute über PLM zu Wort melden, dürften ihre Äußerungen auf zehn unterschiedlichen Vorstellungen darüber beruhen, was unter PLM zu verstehen ist. Wir wollen deshalb – um alle zehn einzufangen – mit einer Begriffsbestimmung beginnen, die nicht auf eine Industriesparte, nicht auf eine bestimmte Größe von Unternehmen und nicht auf einen einzelnen Hauptaspekt und eine besondere Perspektive beschränkt ist. Zunächst einmal muss klar sein, was in diesem Buch mit Produkt-Lebenszyklus gemeint ist.

Jedes Produkt hat einen Lebenszyklus. Jedes Unternehmen, das Produkte herstellt, muss diesen Lebenszyklus managen. Dennoch ist das Thema Produkt-Lebenszyklus-Management ziemlich jung, die Debatte in dieser Form kaum geführt. Dass sie jetzt so intensiv geführt wird, liegt zum einen daran, dass Entwicklung, Produktion, Vertrieb, Produkteinsatz, Wartung und selbst das Recycling so komplizierte und komplexe Prozesse geworden sind, dass nicht selten die Übersicht verloren geht. Zum anderen liegt es an dem Tempo, das unser Leben und das der Produkte, die wir dabei nutzen, bestimmt. Die Geschwindigkeit verkürzt zwar nicht unser Leben, aber sie beruht unter anderem und nicht zuletzt auf einer dramatischen Verkürzung der Lebenszeit beinahe aller Produkte.

Die Komplexität: Hohe Spezialisierung erlaubt zwar die Konzentration auf kleine, überschaubare Aufgabengebiete, erschwert aber gleichzeitig den Zugang und das Verständnis für andere Bereiche. Der Kundendienstmitarbeiter eines Automobilhändlers hat nur eine begrenzte Vorstellung davon, ob und wie seine Erkenntnisse beispielsweise über einen gehäuft auftretenden Fehler im Automatikgetriebe eines Fahrzeug beim Hersteller Eingang finden, und wie solche Erkenntnisse zurückfließen bis in jene Unternehmensbereiche, in denen sinnvolle oder notwendige Änderungen beschlossen und in der Entwicklungsabteilung in Auftrag gegeben werden. Der Informatiker hat eine Sprache und Begrifflichkeit entwickelt, die dem Maschinenbau-Ingenieur fremd und großteils unverständlich ist.

Das Tempo: Vor zwanzig Jahren dauerte die Neuentwicklung eines Kraftfahrzeugs in Europa und den USA rund sechs bis sieben Jahre, heute zwei bis drei. Deutlich mehr als die Hälfte der Entwicklungszeit konnte eingespart werden, während gleichzeitig die explodierende Typen- und Variantenvielfalt die Hersteller von Großserien für enorme Probleme stellte. Mobiltelefone sind fast schon veraltet, wenn sie auf den

U. Sendler, *Das PLM-Kompendium*,
© Springer 2009

2

Markt kommen. Wenige Monate müssen genügen, um mit der nächsten Lösung ins Rennen um Marktanteile zu gehen. Für solches Wettrennen sind die alten Methoden und Vorgehensweisen der Industrie nicht mehr adäquat.

Deshalb ist PLM zu einem Trend in der industriellen Entwicklung geworden, um die Prozesse den Anforderungen der Gegenwart und Zukunft anzupassen. Denn soweit sind sich alle Beteiligten einig: Es wird keinen neuen Standardprozess geben, keine Entwicklungsmethodik, keine Organisationsform, die wie früher über Jahrzehnte gleich bleiben kann. Die wichtigste Anpassung wird vielmehr darin bestehen, Strukturen der Zusammenarbeit und Kommunikation zu entwickeln, die schnell und einfach zu ändern sind. Dabei wird PLM eine wichtige Rolle spielen, vielleicht sogar eine entscheidende.

2.1
Produkt

Wenn wir von Produkten sprechen, meinen wir alle Arten von Produkt. Die Maschine, das Transportmittel, die Produktionsanlage und das Gebrauchsgut ebenso wie Beratung, Versicherung und Dienstleistung. Interessanterweise sind es übrigens gerade Unternehmen aus Branchen wie der Lebensmittel-, Chemie- und Pharmaindustrie und Energieversorger, die in letzte Zeit entdecken, dass PLM auch für sie enorme Vorteile bietet. Obwohl bei der Entwicklung entsprechender Konzepte ursprünglich kaum jemand an diese Bereiche gedacht hat. Der Fokus lag eindeutig auf der Industrie der sogenannten diskreten Fertigung von Investitions- und Gebrauchsgütern sowie Automotive und Flugzeugbau.

In diesem Buch ist ein Produkt alles, was entwickelt und hergestellt wird mit dem Ziel, es selbst oder seine Nutzung zu verkaufen. Auch wenn es im Rahmen einer Wertschöpfung nur in einem Zwischenschritt zum Zug kommt und gewissermaßen ein Zwischenprodukt ist.

Dennoch werden sich die Beispiele auf diejenigen Produkte konzentrieren, deren Industrien gegenwärtig die Hauptnutzer und zugleich die Haupttreiber von PLM sind. Aber auch dort bleibt ja nichts, wie es war. Wer heute noch Maschinen entwickelt und zum Verkauf anbietet, mag übermorgen schon teilweise oder ganz Anbieter von Prozessberatung und Dienstleistung sein.

2.2
Produktleben

Was ist ein Produktleben? Das hängt ganz vom Betrachter ab. Der Endkunde, der Verbraucher oder Benutzer eines Produktes, versteht darunter den Zeitraum, den es für ihn – zum Beispiel als Gebrauchsgut – existiert. Er denkt an eine neue Schreibtischlampe, er sucht sich eine passende, kauft sie und nutzt sie über etliche Jahre, bis sie defekt ist oder ihm nicht mehr gefällt. Dann wird sie entsorgt und durch eine neue ersetzt. Den Kunden interessiert nur dieser Teil des Produktlebens. Was vorher war und nachher kommt, ist für ihn nicht wichtig. Wer die Idee für die Lampe hatte, wer sie entwickelt hat, welche Methoden und Werkzeuge dabei zum Einsatz kamen, wie und wo sie hergestellt wurde, in welchem Vertragsverhältnis Hersteller und Händler zueinander stehen – all das sind Fragen, die den Endverbraucher in aller Regel nicht interessieren. Auch wenn es Probleme gibt in diesem kleinen Produktleben aus Kundensicht, wenn Reparaturen oder ein Ersatz notwendig werden, dringt der Verbraucher nicht weiter vor in die Umgebung des Herstellers.

Für den Produzenten aber und alle, mit denen er rund um das Produkt Geschäftsbeziehungen unterhält, stellt sich dessen Leben völlig anders dar, und das eben beschriebene ist nur ein kleiner Ausschnitt davon.

Es beginnt mit der Idee eines Produktes, mit dem ein Geschäftsmodell verknüpft wird. Es kann sich um ein völlig neues Produkt handeln, um etwas, das es noch nie gegeben hat, für das es keinen Vergleich gibt. Es kann sich aber auch – und das ist weitaus häufiger der Fall – um eine Weiterentwicklung handeln, um ein Nachfolgeprodukt, um eine neue Generation einer bereits bekannten und etablierten Ware.

Ideen haben einen weiten Weg bis zum Produkt zurückzulegen. Die meisten kommen überhaupt nicht so weit. Weniger als zehn Prozent aller Ideen schaffen es in ein Produktprojekt, weniger als 5 Prozent können erfolgreich in Produkte umgesetzt werden. Die anderen – und das ist eines der Themen, die uns auch im Zusammenhang mit PLM beschäftigen – gehen meist unwiederbringlich verloren. Leider, denn vielleicht wäre die eine oder andere mit anderen Technologien, neuen Materialien oder verbesserten Methoden ein Erfolgschlager. Vielleicht zwingt sogar eine Änderung der gesellschaftlichen Rahmenbedingungen oder der Gesetzeslage gerade zu solchen Ideen, die dann nicht mehr aufzufinden sind.

Will man das Produktleben mit dem menschlichen Leben vergleichen, ist die Idee so etwas wie der Fötus. Erst mit der Entscheidung für ein Entwicklungsprojekt wird das Produkt geboren, kommt es auf die Welt. Einige der Aktivitäten, die seine ersten Anfänge prägen, beginnen also bereits in der Vorentwicklungsphase. Denn vor der Entscheidung, eine Idee zu verwirklichen, werden ja zahlreiche Überlegungen angestellt und Fragen formuliert, von deren Beantwortung die Beschlüsse letztlich abhängen. Gibt es dafür einen Markt, und wenn ja, was erwartet er von diesem Produkt? Welche Eigenschaften muss es haben, welche Anforderungen erfüllen, welche Funktionen bieten? Lassen sich diese Anforderungen realisieren, und wenn ja, unter welchen Bedingungen und zu welchen Kosten? In Verbindung mit PLM treten diese Fragen – wie wir noch sehen werden – immer mehr in den Vordergrund. Wobei zunehmend von Systemen statt von Produkten gesprochen wird. Und von Systems Engineering, von Systementwicklung als Synonym für Produktentwicklung. Denn mehr und mehr werden Produkte – völlig unabhängig von ihrer Größe und Bedeutung – zu komplexen Systemen.

Fällt schließlich die Entscheidung pro Produkt, beginnen die Ingenieure, unterstützt von Einkauf, Materiallager und Werkzeugbau, mit ihrer eigentlichen Entwicklungsarbeit. Teile werden bestellt und zugekauft. Für andere wird Material geordert und sie werden konstruiert, um sie selbst zu fertigen oder sie extern fertigen zu lassen. Je nach Bedarf kommt Elektrik und Elektronik ins Spiel, sind Chips mit eingebetteter Software zu integrieren. Welche Funktion soll wie erfüllt werden, wo spielt welche Ingenieurdisziplin die Hauptrolle, wie spielen alle zusammen? Für die zu fertigenden Teile müssen Werkzeuge und Formen konstruiert und entwickelt werden.

Früher kam als nächster Schritt der Versuch, der Prototypenbau und Testserien. Heute werden viele Arten von Tests bereits am Computermodell des neuen Produktes simuliert. Manchmal sind physikalische Prototypen gänzlich überflüssig geworden. Simulation und Vorausberechnung sind dabei nicht mehr nachgelagert, sondern Teil einer umfassenden Prozesskette.

Dieser Bereich heißt heute allgemein Produktentwicklung oder Engineering. Der Blick auf den Einzelschritt tritt gegenüber dem Gesamtprozess in den Hintergrund. Bis vor kurzem waren PLM-Konzepte hauptsächlich auf diese Prozesskette fokussiert, und entsprechende Softwarelösungen unterstützten im wesentlichen die Umsetzung von Produktkonzepten bis hin zur Freigabe für die Produktion. Obendrein lag der Schwerpunkt klar auf der Mechanik und dem Maschinenbau. Ein solch begrenzter Fokus lässt sich immer seltener aufrechterhalten. Die Integration der unterschiedlichen Disziplinen und ihrer Teilprozesse und die Zusammenarbeit zwischen ihnen in Richtung auf das gemeinsame Ziel werden zu einer Kernaufgabe von PLM.

Auch die Fertigung und die Montage von Teilen, Komponenten und Baugruppen zum Gesamtprodukt, der nächste Abschnitt im Produktleben, gerät zunehmend unter den Druck der Digitalisierung. Oder besser: Die Digitalisierung ermöglicht nicht nur eine schnellere Entwicklung von Produkten, sondern auch eine grundlegende Verbesserung der Fertigung. Jeder Schritt des Produktionsvorgangs, von der Werkzeugherstellung über das Spritzgießen oder Tiefziehen, die Einrichtung von Maschinen und Werkshallen, selbst die Bewegung des Maschinenbedieners oder Monteurs – alles lässt sich schon auf dem Bildschirm simulieren, bevor es Realität wird. Damit sind Produktionsplanung, Fertigungsvorbereitung und Fertigungssteuerung sehr viel näher an die Produktentwicklung herangerückt. Je besser sie mit den aus der Produktentwicklung stammenden Daten versorgt werden, je enger sie mit dem vorgelagerten Prozess verzahnt sind, desto sicherer können sie den nächsten Schritt planen, desto kürzer wird der Folgeprozess, desto hochwertiger das Ergebnis, das Produkt.

Auch diese Verzahnung von Produktentwicklung, Produktionsplanung, Produktion und Endmontage wird zusehends zu einem Teilgebiet von PLM. Die klare Trennung zwischen Entwicklung und Fertigung wird spürbar zu einem Hindernis, das überwunden werden soll. Zur begrifflichen Einordnung dieser neuerlichen Erweiterung der Prozesskette hat sich – zuerst in der Automobil- und Flugzeugindustrie – der Terminus Produktentstehungsprozess oder auch kurz PEP eingebürgert. Er umfasst neben der eigentlichen Produktentwicklung auch die Vorbereitung und Planung der Produktion und der Produktionsanlagen. Dieser Begriff wird mittlerweile auch weit über diese Branchen hinaus verwendet.

Rollt das Auto vom Band oder ist die Druckmaschine in der Druckerei in Betrieb genommen, beginnt die nächste Phase des Produktlebens, der praktische Einsatz oder die Nutzung beim Endkunden. Ob sie länger oder kürzer ist als die früheren Phasen, hängt von vielen Dingen ab und ist von Produkt zu Produkt sehr unterschiedlich.

Die Nutzung konnte noch bis vor gar nicht langer Zeit relativ gut von Entwicklung und Produktion getrennt werden. An der Schnittstelle waren Vertrieb oder Handel aktiv. Während der Nutzung kümmerte sich im Bedarfsfall der Service. Eine Rückkopplung zu den Entwicklungs- und Fertigungsbereichen gab es nur in Ausnahmesituationen. Dies hat sich geändert und ändert sich in atemberaubendem Tempo weiter. Wofür es zahlreiche naheliegende Gründe gibt.

Wenn ein Bahnbetreiber bei einer Prüfung von Radachsen feststellt, dass eine bestimmte Charge von Achsen offenbar das Risiko eines Bruchs in sich trägt, ist es – angesichts weltweiter Vernetzung von jedermann mit jedermann – schon kaum noch zu vermitteln, wenn die Bahngesellschaft sich nicht sofort mit den Herstellern und Lieferanten der Achsen kurzschließen kann, um Ursachen und exakte Risiken eingrenzen und schnellstens Abhilfe schaffen zu können. Wenn Funktionen eines Mobiltelefons fast ausnahmslos durch Software bestimmt sind, fällt es den Kunden schwer zu akzeptieren, dass eine Fehlfunktion nicht kurzfristig durch Aufspielen einer fehlerfreien Softwareversion behoben werden kann. Die technologische Entwicklung setzt die Erwartungen an den Service erheblich höher. Solche Erwartungen sind ohne umfassende PLM Konzepte und ohne transparente, zentrale Verwaltung der Produktdaten nicht zu erfüllen, die den Service und den Kunden mit einbeziehen.

Aber das Verhältnis zwischen Kunde oder Nutzer und Hersteller beziehungsweise Lieferant ist längst nicht mehr auf Fragen von Mängeln, Reparaturen oder Gewährleistung beschränkt. Mit Web 2.0 begibt sich der Kunde in eine Gemeinschaft, in eine virtuelle Welt rund um das Produkt. Möglicherweise bestellt er das Produkt bereits auf diesem Weg und gibt seine Detailwünsche weiter, die mehr und mehr in Entwicklung und Fertigung umgesetzt werden können. Die Verbindung zwischen Produzent und Nutzer besteht dann nicht mehr nur in der Markenbindung des Kunden. Sie wird in wachsendem Maße allgegenwärtig. Der Kunde ist nicht mehr nur Käufer und Nutzer, nicht mehr ‚Endkunde‘. Seine Nutzung des Produktes und seine Erfahrungen damit, sein Verhältnis zum Produkt und zum Produzenten wird zum integralen Bestandteil des Produktlebens.

Erreicht ein Produkt das Ende seines Lebens, wird es nur noch selten einfach weggeworfen. Das Recycling der einzelnen Bauteile und Komponenten wird weitgehend und in immer größeren Teilen der Erde gesetzlich geregelt. Und es kann zu einem keineswegs nebensächlichen Kostenfaktor für den Hersteller werden, ob und welche Teile der von ihm vermarkteten Waren sich wieder verwerten lassen oder als Sondermüll entsorgt werden müssen. Diese Fragen sind längst zu einem wichtigen Bereich der Anforderungen geworden, die schon bei der Entwicklung zu berücksichtigen sind und die Entscheidung für ein Entwicklungsprojekt beziehungsweise für die konkrete Art seiner Realisierung beeinflussen.

2.3
Produkt-Lebenszyklus

Das also ist das Leben eines Produktes aus Sicht der Industrie. Von einem Zyklus zu sprechen ist absolut berechtigt, nicht nur, weil heute selbst das Recycling die Entwicklung beeinflusst. Auch weil es keine einseitige Bewegung vom Produkt zum Kunden mehr gibt, selbst nicht in Bereichen, wo dies einmal möglich war. Lange bevor ein Produkt aus dem Verkehr gezogen wird, muss die Entwicklung des Folgeproduktes abgeschlossen sein. In die Ideenfindung dafür gehen die Rückmeldungen aus dem

2

Markt, also beispielsweise auch aus der Nutzung des Vorgängers oder anderer Produkte ein und sind sogar zunehmend wichtiger als jene, die im eigenen Haus gefunden wurden. Hier ist das Marketing, die Marktforschung oder Innovationsabteilung eines Unternehmens der Akteur, der seinen Teil zum Funktionieren des Kreislaufs beiträgt. Für einen Kreislauf, der immer schneller dreht.

Je kürzer aber die Phasen und Zyklen und je größer die Abhängigkeit der Phasen und der jeweils Beteiligten voneinander, desto gravierender sind natürlich die Auswirkungen von Fehlern. Das magische Dreieck von Kosten, Zeit und Qualität muss in immer kürzeren Abständen neu justiert werden. Eine Konzentration auf eine bestimmte Phase des Produktlebens, etwa auf die Fertigung oder auf die Konstruktion, ist dabei immer weniger möglich. Der gesamte Kreislauf muss beherrscht werden.

2.4
Produkt-Lebenszyklus-Management

Die Industrie ist es gewohnt, die Verantwortung auf Kernbereiche wie Marketing, Forschung und Entwicklung, Produktion, Vertrieb und Service zu verteilen. Und das Management steuert den Gesamtprozess in der Regel über technische Leitung, Controlling und Vertrieb. Aber diese herkömmlichen Strukturen reichen nicht mehr aus, ebenso wenig wie die Strukturen und Prozesse in den einzelnen Bereichen sich noch längerfristigen Standards unterwerfen lassen. Alles ist im Fluss, panta rhei, sagten die Griechen. Alles fließt immer schneller, müssen wir heute ergänzen. Und das Fließen, das gute und möglichst reibungslose Funktionieren des Zyklus ist beim Produktleben zu einer Aufgabe geworden, der sich das Management im Unternehmen stellen, für die es eine Lösung finden muss. Produkt-Lebenszyklus-Management hat sich dafür als Begriff etabliert.

Es ist nicht einfach, die richtige Lösung im konkreten Fall zu finden. Soll diese Aufgabe von der Entwicklungsleitung übernommen werden oder vom Marketing? Wäre die Leitung der Produktion eher dafür prädestiniert oder der IT-Leiter? Klar ist nur, dass die gegenwärtige Nichtbeachtung oder zumindest Geringschätzung der Aufgabenstellung durch das Management der meisten Unternehmen keine Lösung darstellt. Es kann nicht eine Nebenaufgabe von Produkt- oder Datenmanagement, Normenstelle oder Qualitätssicherung sein. Das Thema betrifft alle Bereiche, alle Prozesse eines Unternehmens, alle Standorte, alle Partner, alle Kunden. Von seiner erfolgreichen Behandlung hängt der Erfolg des Produktes, die Position auf dem Markt und letztlich tatsächlich die Existenz des Unternehmens ab. Wenn das keine Aufgabe für die Führungsebene eines Unternehmens ist, was dann?

Es war nicht die oberste Entscheidungsebene in der Industrie, von der die Idee des Produkt-Lebenszyklus-Managements ausging. Meist auch nicht die oberste IT oder EDV-Ebene. Es war eher der Bereich, der sich – wie wir heute sagen – mit dem Prozess der Produktentwicklung befasst. Hier war der Zwang zu einem umfassenderen Ansatz am frühesten und am dringlichsten spürbar. Hier waren erfolgreich verschiedene andere Anstrengungen zur Optimierung der Abläufe unternommen worden, die nun – um den Nutzen und die Effizienz noch zu steigern – nach einer Ausdehnung der Ansätze auf angrenzende Unternehmensbereiche riefen.

3.1
Concurrent Engineering – Simultaneous Engineering

Produkte wurden, bevor die Computerunterstützung beinahe alle Tätigkeiten der Ingenieure von Grund auf veränderte, in einer streng geordneten Sequenz von Schritten entwickelt. Der Freigabe des Konzeptes folgte der Entwurf und das Design, dann konnten die Konstrukteure beginnen. Bevor ihre Zeichnungen endgültig freigegeben waren, konnte weder der Prototypen- noch der Werkzeugbau in Aktion treten. Die technische Dokumentation musste warten, bis erste Versionen des Produktes verfügbar waren, und auch Marketing und Vertrieb konnten erst jetzt aktiv werden.

Die Entwicklung einer Vielzahl von Softwaresystemen, die inzwischen gerne unter dem Akronym CAx, Computer Aided x – also Computer Aided Design (CAD), Computer Aided Manufacturing (CAM), Computer Aided Engineering (CAE) etc. – zusammengefasst werden, hat es der Industrie ermöglicht, die nacheinander geschalteten Arbeitsschritte weitgehend zu parallelisieren und miteinander zu verketten. CAD hat hierbei zunächst die wesentliche Treiberrolle gespielt, spätestens mit der Verfügbarkeit generell einsetzbarer, auch für kleinere Unternehmen bezahlbarer Programme zur Erzeugung dreidimensionaler Modelle auf dem PC-Bildschirm. Diese 3D-Modelle waren der Ausgangspunkt für ein neues Herangehen an die Ingenieurtätigkeiten, der

U. Sendler, *Das PLM-Kompendium*,
© Springer 2009

wahlweise mit dem Begriff Concurrent Engineering oder Simultaneous Engineering belegt wurde.

Beide Begriffe meinen dasselbe. Wenn ein erstes digitales Modell eines zu entwickelnden Fertigteils verfügbar ist, können bereits Fachabteilungen darauf aufsetzen, die früher auf die endgültige Freigabe einer Zeichnung warten mussten. Dazu braucht das Modell noch nicht einmal ausgeformt und komplett detailliert zu sein. Für etliche Aufgabenstellungen reicht es schon aus zu wissen, welche größten Ausmaße es haben, wieviel Raum es einnehmen wird. Ein grobes Modell, vergleichbar mit einem Rohteil in der spanabhebenden Fertigung, kann schon zu einer frühzeitigen Materialbestellung genutzt werden. Oder zu ersten Entwürfen im Werkzeug- und Formenbau.

Je weiter die Detaillierung voranschreitet, desto größere Teile der früher nachgeschalteten Arbeitsschritte können starten. Je durchgängiger das räumliche Computermodell zum zentralen Medium aller Ingenieurbereiche, zum Master-Modell wird, desto mehr können alle Bereiche der Entwicklung damit anfangen, desto berechtigter ist es, von einem Digital Mock-up (DMU) zu sprechen.

Der Zusammenbau von Einzelteilen zu Baugruppen kann vorweggenommen, ausprobiert werden. Gibt es Kollisionen zwischen den Teilen im montierten Zustand? Lassen sich Teile kollisionsfrei zusammenführen und demontieren? Und weiter: Die gesamte Baugruppe, etwa ein Scheibenwischergetriebe, kann – virtuell – in den Motorraum eingebaut werden. Auch auf dieser wesentlich komplexeren Ebene ist so der Ausschluss späterer Kollisionen mit geringem Aufwand möglich. Bauraumuntersuchungen geben dem Konstrukteur erheblich mehr Sicherheit, dass seine Konstruktion sich nicht in der Fertigung als fehlerhaft erweist. Die Zahl kostenspieliger Änderungen oder Teilneukonstruktionen lässt sich reduzieren.

Während also allein die Entwicklung des CAD-Einsatzes beträchtlichen Einfluss auf die Verbesserung und Absicherung der Konstruktion hatte, reichte die nützliche Wirkung des 3D-Modells weit darüber hinaus. Andere Ingenieurdisziplinen konnten sich der Modelle bedienen.

Zu Zeiten der Erstellung technischer Zeichnungen gab es die berühmte Trennung zwischen Weißkitteln – den Konstrukteuren und Entwicklungsingenieuren – und den Blaukitteln in Arbeitsvorbereitung, in Produktionsplanung und -steuerung. Jetzt begann sich eine neue Trennungslinie herauszukristallisieren: zwischen dem digitalen und dem realen Produkt.

3.2
Virtuelle Produktentwicklung

Virtuelle Produktentwicklung meint erheblich mehr als die Modellierung der Produktgeometrie mit Hilfe von CAD, mehr als den Zusammenbau von Einzelteilen und Baugruppen zum virtuellen Produkt. Das Besondere liegt in den Möglichkeiten, die 3D-Modelle für die Absicherung der Produkte bieten. Die dreidimensionale Geometrie ist die Basis. Aber der entscheidende Durchbruch liegt in der Möglichkeit, mit diesen Modellen, den virtuellen Produkten, die realen Produkte vorauszuberechnen, zu simu-

lieren und die Ergebnisse von Simulation und Berechnung so darzustellen, so zu visualisieren, dass sie auch für Nichtfachleute verständlich sind.

Vor der Computerunterstützung mussten viele teure Modelle und Prototypen tatsächlich gebaut werden. Sie dienten vor allem dazu, die Fertigbarkeit der neuen Produkte zu prüfen und sie im Praxiseinsatz zu testen: auf ihre Leistungsfähigkeit, auf ihre
Funktionalität, auf ihre Eigenschaften, auf ihre Belastbarkeit. Die Digitalisierung
machte es nun Zug um Zug möglich, für solche Tests ebenfalls das 3D-Modell heran-
zuziehen. Und für andere Ingenieur-Aufgaben, die im Rahmen der Produktentwicklung anfallen.

Ob eine Konstruktion hält, was sich der Konstrukteur davon verspricht, lässt sich
berechnen. Statikberechnung, Kalkulation der Zugfestigkeit, der Bruchsicherheit und
andere Untersuchungsmethoden erlauben Aussagen darüber, ob die Dicke einer Blech-
versteifung ausreichend ist; ob die Form eines Hebels der Kraft genügt, die sie umsetzen muss; ob die Brücke die Belastung auch der größten Transporter aushält, die einmal darüber fahren sollen; ob die Hülle des Kernkraftwerks einen Flugzeugabsturz
übersteht. Fast alle Arten von Berechnung lassen sich heute mit Spezialsystemen an
3D-Modellen und DMU's durchführen.

Mit der Finite Elemente Methode (FEM) beispielsweise werden solche Modelle in
endlich kleine, eben finite Elemente zerlegt, die durch Knotenpunkte miteinander
verbunden sind. Es entsteht ein Berechnungsmodell, das nun zum Beispiel mit den für
den Praxisfall anzunehmenden Maximalkräften beaufschlagt wird. Mit Hilfe der Matrizenrechnung lassen sich aus den Reaktionen der berechenbaren kleinen Elemente,
der Stäbe und Balken, Rückschlüsse auf das Gesamtmodell und dessen Reaktion ziehen. An welcher Stelle wird das Teil bei welcher Kraft zuerst zerstört? Wo gibt es
welche Risiken in der Gesamtkonstruktion? Die Berechnungen sind je nach Anzahl der
Elemente und der eingesetzten Verfahren sehr gute Annäherungen an den realen Fall
der Belastung, und mit der ständig gewachsenen Leistungsfähigkeit der Rechner und
mit den ungeheuren Speicherkapazitäten gibt es hier kaum noch Einschränkungen
bezüglich der Machbarkeit. In kurzer Zeit können so höchst zuverlässige Aussagen
getroffen werden, die unmittelbar wieder in die Produktentwicklung einfließen und zur
Konstruktionsoptimierung dienen.

Ähnliches gilt für zahlreiche andere Verfahren der Simulation. Der Einspritzvorgang
bei der Herstellung von Spritzgießteilen; die Erstarrung des flüssigen Kunststoffs in der
Form; die Prüfung von Freiformoberflächen durch Lichtreflexion; der Absturz von
Gebrauchsgütern oder der Zusammenprall von Fahrzeugen, der so genannte Crash-Test.
Es gibt kaum etwas, das sich nicht schon am Modell auf dem Bildschirm simulieren lässt.

Am weitesten geht die Virtualisierung bei zwei Technologien, die sich gegenwärtig
noch auf dem letzten Schritt Weges befinden – aus aufwendigen Forschungs- und Pi-
lotprojekten vor allem in Großunternehmen der Automobilindustrie und Luftfahrt in die
Breitenanwendung: Virtual Reality (VR) und Augmented Reality (AR).

Mit diese Technik lassen sich Computermodelle so real darstellen, dass der Betrachter das Gefühl hat, regelrecht einzutauchen in die virtuelle Welt. Immersiv, also
eindringend, heißt diese Technik deshalb auch. Sie ist aufwendiger als das Arbeiten
mit dem 3D-Modell am Bildschirm. Der Anwender benötigt zusätzliche Mittel, die
ihm die Räumlichkeit der realen Welt täuschend echt vorführen. Die Modelle müssen
dazu als Stereomodelle aufbereitet werden, so dass der Betrachter für jedes Auge die

richtige Ansicht bekommt und er den Eindruck hat, das Modell befinde sich nicht in der Ebene der Leinwand oder generell der Projektionsfläche, sondern tatsächlich im selben Raum wie er. Dazu braucht er darüber hinaus Hilfsmittel, die ihm diese Stereo-ansicht wieder auf seine Augen übersetzen, also entweder eine 3D-Brille oder einen 3D-Monitor. Schließlich benötigt er Hilfsmittel, um sich selbst und die dargestellten Gegenstände in dieser virtuellen Welt zu navigieren und zu manipulieren, ähnlich wie er heute mit Maus und Tastatur auf ein Bildschirmmodell einwirken kann.

Augmented Reality mischt diese virtuelle Welt unmittelbar mit der realen. Computerdarstellungen werden – auf dem Monitor oder in der Brille integriert – der Sicht auf die wirkliche Welt überlagert. So kann der Monteur beispielsweise schnell und ohne Blick in ein Handbuch verstehen, welche Teile einer Baugruppe wie zusammengebaut und in einen Bauraum gebracht werden müssen.

3.3
Disziplinübergreifend

Bisher war fast ausschließlich von Aspekten mechanischer Konstruktion die Rede. Genauso hat die Computerunterstützung aber auch alle anderen Ingenieurdisziplinen verändert.

In der Elektrotechnik wird ohne CAD kein Schaltschrank mehr entwickelt, kein Kabelbaum, kein Relais und kein Schütz entworfen. Dabei gibt es neben den mechanischen Konstruktionsfunktionen zum Beispiel für Gehäuse oder Steckverbindungen zahlreiche Spezialfunktionen, die auf die besonderen Anforderungen der Elektrotechnik zugeschnitten sind. Der Schaltplanentwurf, nach dem die elektrotechnischen Bauteile miteinander verbunden werden, gehört ebenso dazu wie umfangreiche Bibliotheken von fertigen, digitalen Bauteilen, aus denen sich der Entwickler bedienen kann.

In der Elektronik stützt sich der Ingenieur für den Aufbau der Logik ebenso auf Softwaresysteme wie bei der Gestaltung des Layouts von Printed Circuit Boards (PCB), also Leiterplatten, auf denen elektronische Bauteile befestigt und miteinander verbunden sind.

Hydraulik, Fluid-Technik und Pneumatik, Biotechnologie und natürlich die Entwicklung von Software und speziell von eingebetteter Software und speicherprogrammierbaren Steuergeräten – es gibt heute kein Industrieunternehmen von Rang und Namen, in dem sich nicht all diese Disziplinen auf IT-Spezialsysteme stützen. Die Virtualisierung der Produktentwicklung hat alle Fachbereiche vollständig erfasst, auch wenn nicht alle Einzelschritte mit der jeweils genutzten Software erledigt werden können.

In allen Bereichen gibt es ebenfalls die Simulation der künftigen Bauteile und Komponenten und die virtuelle Prüfung ihrer Eigenschaften und Funktionen. Von der Verlegung biegsamer Kabelschläuche in der E-Technik bis zur Feststellung der elektromagnetischen Verträglichkeit (EMV) in der Elektronik.

Auch VR und AR sind längst imstande, Simulations- und Berechnungsergebnisse unterschiedlichster Art und Herkunft in einer immersiven Umgebung darzustellen: das Strömungsverhalten der Luft an einer Flugzeugtragfläche; die Spiegelwirkung von Leuchtdioden im Fahrzeuginnern an der Windschutzscheibe; selbst so etwas wie Lautstärke, Klang und Wirkung von Fahrgeräuschen im virtuellen Fahrgastraum; oder die Ergonomie eines Arbeitsplatzes.

Ohne den besonderen Nutzen des echten Eintauchens in diese Welt, aber mit den Vorteilen täuschend echter Darstellung auf dem Bildschirm oder der Großleinwand hat sich die 3D-Visualisierung etabliert. Auch hier werden meist CAD-Daten verwendet, die lediglich durch besondere Renderingverfahren in die Nähe von realitätsgetreuen Abbildern wirklicher Produkte gebracht werden. Wer heute ein Fahrzeug in einem Verkaufsraum in Originalgröße auf der Leinwand sieht, hat keine große Chance, zu unterscheiden, ob es sich bei der Darstellung um ein Computermodell oder um ein Foto beziehungsweise Video handelt. Nur wenn er in der Lage ist, in einem Menü die Felgen gegen andere seiner Wahl auszutauschen, oder die Farbe der Metalliclackierung mit einem Knopfdruck zu ändern, weiß er, dass es sich um die virtuelle Welt handelt, nicht die reale.

Je mehr sich die Anteile der Ingenieurdisziplinen an der Wertschöpfung, an der realen Entwicklung und spezifischen Zusammensetzung moderner Produkte mischen, desto größer wird die Rolle der Virtualität. Bevor die Maschine gebaut wird, möchte der Hersteller und natürlich sein Kunde wissen, ob sie die Anforderungen wird erfüllen können, die an sie gestellt werden. Einschließlich der einfachen Bedienung der Programmier- und Steuereinheit.

Kein Wunder also, dass die Frage der Kommunikation zwischen den Fachbereichen inzwischen nicht zuletzt eine Frage der Kommunikation über die eingesetzten IT-Systeme geworden ist. Diese Frage geht aber deutlich über den Austausch von einzelnen Daten oder Dateien für eine konkrete Aufgabenstellung in der Entwicklung hinaus.

3.4
Produktdaten-Management

Der Ursprung des Produktdaten-Managements (PDM) war die Idee, auch den Zeichenschrank, in dem die DIN A0 Pausen hingen oder in Schubladen steckten, zu digitalisieren: eine elektronische Zeichnungsverwaltung. Über die Eingabe der Zeichnungsnummer oder einiger vordefinierter Suchbegriffe sollte der Ingenieur schnell einen Überblick haben und bei Bedarf sofort auf technische Dokumente zugreifen können, die ja inzwischen elektronische Dokumente waren. Informationen etwa über Versionsstand, Zuständigkeit oder verknüpfte Daten sollten erreichbar sein, ohne die Zeichnung oder das 3D-Modell aufrufen und auf dem Bildschirm öffnen zu müssen, denn das war Anfang bis Mitte der neunziger Jahre noch ein Vorgang, der viel Zeit kostete.

Solange der Schwerpunkt des CAD-Einsatzes in der elektronischen Zeichnungserstellung, also im 2D-Bereich lag, blieben die Anwender aber größtenteils bei der ‚quick and dirty' Methode der Verwaltung – der schnellen und in der Tat nicht besonders sauberen Ablage der Dateien in manuell erstellten und individuell gepflegten Festplattenverzeichnissen. Der Schritt zum professionellen Datenmanagement und zum Einsatz relationaler Datenbanken wurde erst unumgänglich mit der Einführung von 3D.

Nicht nur wuchs die zu speichernde Datenmenge beim Wechsel in die dritte Dimension um Faktoren. Noch wichtiger war: Statt alles in einer Zusammenbauzeich-

3

nung zu haben, gab es nun dreidimensionale Produktstrukturen, die hinsichtlich ihrer Komplexität den echten Produktstrukturen nicht nachstanden. Um nicht jedes neue Produkt vollständig und in allen Details und Einzelteilen von vorne zu modellieren, sondern beispielsweise große Teile vorhandener Maschinen oder Anlagen wiederverwenden zu können, kam der Konstruktionsbereich um die Installation technischer Datenbanken nicht herum.

Schon die Kernfunktion von PDM geht allerdings über die Verwaltung von CAD-Daten hinaus. Schließlich lässt sich jedes Dokument, nicht nur Zeichnung oder 3D-Modell, mit solch einer Datenbank verwalten, versionieren, wiederfinden und erneut nutzen. Deshalb finden sich PDM-Systeme (in allmählich wachsendem Umfang) auch in Unternehmensbereichen, die mit der Erzeugung von Produktdaten gar nichts zu tun haben. Sie werden dann oft genutzt wie die in einer eigenen Produktsparte entstandenen Systeme für Dokumentenmanagement.

Wichtiger für die weitere Entwicklung war allerdings, dass die Entwicklungsleiter in der Industrie allmählich den Bedarf spürten, über ein zentrales Datenmanagement zu verfügen. Schon die Tatsache, dass allmählich nicht mehr unbedingt vom Konstruktionsleiter gesprochen wurde, sondern vom Entwicklungsleiter oder Leiter Engineering, machte ja deutlich: die mechanische Konstruktion war nicht mehr das Maß aller Dinge. Die anderen Disziplinen steuerten mehr und mehr zur Produktentwicklung bei. Dementsprechend wuchs natürlich auch die Menge der Daten, die von anderen als den Konstruktionsingenieuren erzeugt wurden.

Elektrotechnische und elektronische Komponenten, aber auch alle Arten von Berechnungsmodellen und Simulationsergebnissen, Animationen und Explosionsdarstellungen – nichts sollte verlorengehen, alles sollte in seiner Verknüpfung zum Produktentwicklungsprojekt und zum jeweiligen Produkt schnell zu finden sein. Dieses Ziel ist bislang tatsächlich nur in einer sehr kleinen Zahl von Implementierungen realisiert. Der Grund liegt nicht allein in den unterschiedlichen Datenformaten und der oft unterschiedlichen Herkunft der eingesetzten Systeme. Er liegt auch darin, dass das Thema nicht einfach nur und nicht einmal in erster Linie ein datentechnisches ist.

Je umfassender die Digitalisierung alle Bereiche des Engineering erreicht, je schneller die Flut von Produktdaten und anderen elektronischen Dokumenten wächst, desto drängender wird klar, dass die Daten ja nur Ausdruck und Ergebnis von oder Anstoß für einzelne Arbeitsschritte sind. Dafür werden sie gebraucht. Und nur, wenn sie dafür wirklich brauchbar, wenn sie zum richtigen Zeitpunkt in der richtigen Form an der richtigen Stelle verfügbar sind, nützen sie dem Unternehmen. In den Vordergrund trat deshalb die Frage, wann welche Daten für welchen Schritt von wem benötigt werden. In den Vordergrund trat der Prozess der Produktentwicklung, seine Definition und Steuerung.

3.5
Prozessmanagement

In dem Maße, wie einzelne Abläufe sich zu einem Ganzen verketten lassen, wird ihre gegenseitige Abhängigkeit voneinander deutlich. Statt einzelner Aufgaben muss der gesamte Prozess verstanden und sinnvoll gesteuert werden. Dann stellen sich Fragen, die bis dahin beiseite geschoben und als Verantwortung einer bestimmten oder noch besser einer eher unbestimmten Stelle gesehen werden konnten. Wenn das Ganze optimiert werden soll, kann sich niemand mehr auf eine Teilaufgabe zurückziehen. Transparenz ist gefragt. Warum weiß der Projektleiter nicht frühzeitig, dass sich die Konstruktion eines Werkzeugs verzögert? Wer ist beim Lieferanten X für das Teilprojekt Elektromotor zuständig? Welche Kosten entstehen durch die von den FEM-Spezialisten vorgeschlagene Materialverstärkung, und wäre die Verwendung eines anderen Materials eine Alternative, die sich rechnete?

Das Management der Entwicklungsbereiche begann – wie so oft zuerst in den großen Konzernen der Automobilindustrie – mit einer Orientierung auf den Prozess. Prozessorientierung wurde zum Schlagwort. Der ganze Prozess, die Produktentwicklung vom Konzept bis zur Produktionsfreigabe, wurde einerseits zerlegt in die vielen zugehörigen Teilprozesse. Andererseits mussten diese Teilprozesse letztlich in einem definierten Gesamtprozess zusammengefasst werden können. Das Ziel: besser aufeinander abgestimmte Arbeitsabläufe, vor allem um darüber Zeit in der Entwicklung einzusparen, um die Qualität der Entwicklungsergebnisse zu verbessern und mit größerer Sicherheit zu den angestrebten Entwicklungszielen zu kommen.

Der Verband der Automobilindustrie (VDA) sorgte mit seiner Empfehlung VDA 6.1 für einen Standard im Qualitätsmanagement, der heute Richtlinie für die gesamte Automobilindustrie ist. Wer in dieser Industrie als Systemlieferant, Partner oder Zulieferer eine Rolle spielen möchte, muss nachweisen können, dass er seine Prozesse danach ausgerichtet hat. Dafür beinhaltet VDA 6.1 unter anderem sogar eine entsprechende Prozesslandkarte, die versucht, das komplexe Geflecht von Abläufen in ein Bild zu packen.

Welche Aufgaben, welche Verantwortlichen sind bei einer Neuentwicklung zu berücksichtigen? Welche Schritte kennt eine Änderung? Vor allem bei dieser Frage, die inzwischen unter Änderungsmanagement oder Engineering Change Management (ECM) diskutiert wird und zu einem der wichtigsten Aspekte der Prozessoptimierung geworden ist, stellte sich natürlich rasch heraus, dass all diese Prozesse keineswegs nur auf Input von Ingenieuren angewiesen sind, und dass sie sich keinesfalls darauf beschränken lassen, welche Daten Mitarbeiter der Produktentwicklung untereinander oder mit den Ingenieuren externer Partner austauschen.

Muss der Einkauf ein neues Werkzeug bestellen, oder ist es vorrätig? Ist das geforderte Material für ein Bauteil verfügbar oder kann es in der nötigen Zeit besorgt werden? Wann muss ein Teil fertig sein, damit der festgelegte Fertigungsanlauf nicht verzögert wird? Welche Disziplin ist am besten geeignet, um eine bestimmte Funktion im Produkt zu realisieren? Welche Komponenten werden selbst entwickelt, welche sinnvollerweise zugekauft? Welche Methoden nutzt man für die Kommunikation mit Partnern und Lieferanten? Wie sind die Standorte miteinander verbunden?

Mit der genaueren Untersuchung der Frage, wie Kundenanforderungen oder auch Mängelbeschwerden aus dem Markt möglichst frühzeitig und effizient in die Entscheidungen der für das Engineering Verantwortlichen eingehen können, war klar: Es reicht nicht, den Entwicklungsprozess isoliert zu betrachten und separat zu optimieren. Die Produktentwicklung kann nur verbessert werden, wenn sie als Kernelement eines vollständigen Lebenszyklus der Produkte betrachtet wird.

Das Management der Produktdaten muss nicht nur Ingenieure mit Entwicklungsdaten versorgen und die von ihnen erzeugten Daten transparent und sicher verwalten.

Es muss auch die Daten anderer Bereiche und sogar externer Partner und Lieferanten umfassen. Und es muss all diesen Bereichen einen Teil der Entwicklungsdaten dauerhaft, aktuell und zuverlässig zur Verfügung stellen können.

Damit ging die Industrie bereits in eine Richtung, die deutlich über den von den IT-Systemen ursprünglich gesteckten Rahmen hinausreichte. Obwohl der Ansatz des Produkt-Lebenszyklus-Managements aus dem Bereich der Produktentwicklung heraus in Angriff genommen wurde, umfasste er von vornherein die Aktivitäten auch von Bereichen, die nicht dem Engineering, ja nicht einmal der eigenen Firma zuzuordnen sind.

So kommen aus der Industrie immer stärker Forderungen zur Erweiterung der Funktionalität der IT-Unterstützung. Requirements- oder Anforderungsmanagement im Vorfeld der eigentlichen Produktentwicklung soll integriert werden. Projektmanagement und Terminplanung, früher Spezialaufgaben in Mammutprojekten der Luft- und Raumfahrt, stehen selbst in mittelständischen Unternehmen inzwischen auf der Tagesordnung. War noch vor einigen Jahren das Thema Systems Engineering ausschließlich in der Softwareentwicklung oder aber in akademischen Kreisen und in der Forschung angesiedelt, reden mittlerweile auch mittlere Unternehmen des Maschinen- und Anlagenbaus davon. Also wird auch die Unterstützung der Systementwicklung durch die IT zur Forderung. Ohnehin und von den ersten Implementierungen von PDM-Systemen an stand und fiel für die Industrie der Nutzen solcher Investitionen mit der sicheren Anbindung an Produktionsplanung und -steuerung. Durchgängige Stücklistenverwaltung von der Entwicklung bis in die Fertigung war lange Jahre ein Dauerthema in zahlreichen Veranstaltungen. Jetzt wird diese Forderung erweitert um das Thema Simulation der Fertigung und Integration der Produktionsplanung.

An wen sich die Forderung in erster Linie richtet, ist klar: an die Hersteller von Systemen für das Management der Produktdaten. Aber natürlich richtet sich die Forderung nach Unterstützung von PLM-Konzepten auch an die Hersteller aller anderen Arten von Engineering Software, von M-CAD über E-CAD und Tools für die Softwareentwicklung bis hin zu Simulation und Berechnung, und darüber hinaus an die Hersteller von Software für Enterprise Resource Planning (ERP) oder auch Produktionsplanung und -steuerung (PPS), an die Programme für Requirements Management und Projektmanagement, und damit ist die Liste noch nicht vollständig. Alle Softwaresysteme, die den Produkt-Lebenszyklus betreffen, müssen im Interesse eines wirklichen Lebenszyklus-Managements näher aneinander rücken, besser miteinander integriert werden.

Aus Sicht der Industrie gibt es hier erheblichen Bedarf an Verbesserung. Nicht selten wird Kritik laut, dass die Systeme zwar im einzelnen ihre Funktion erfüllen, aber in Hinsicht auf Prozessunterstützung manchmal sogar ein Hindernis darstellen. Die unterschiedlichen Datenformate und die oft komplexe und komplizierte, zu stark auf den jeweiligen Ingenieurbereich zugeschnittene Benutzeroberfläche machen eine integrierte und durchgängige Nutzung zu schwer.

Einerseits geht deshalb die Formulierung eines PLM Ansatzes in der Industrie oft einher mit dem Versuch der Standardisierung der IT-Landschaft und dem Versuch, möglichst viel aus einer Hand zu bekommen, in der Hoffnung, dass dann die Integration leichter fällt. Andererseits wird gerade von Unternehmen mit Erfahrung in PLM die Forderung nach größerer Öffnung der IT-Systeme laut. Denn kaum jemand kann bei der Vielzahl der eingesetzten Programme eine solche Standardisierung überhaupt realisieren. Ganz abgesehen davon, dass mit dem heutigen Tempo von Firmenzusammenschlüssen, Übernahmen und Verkäufen derlei Standardisierungsbemühungen gar nicht mithalten können. Kaum wäre eine Vereinheitlichung durchgeführt, kommt durch Aufkauf ein Standort hinzu, der keines der eigenen Standardsysteme kennt. Im Übrigen ist die Industrie selbstverständlich daran interessiert, dass es auch bei den IT-Anbietern Wettbewerb gibt. Innovation ist darauf angewiesen. Strategien, die nicht unter Alternativen wählen können, verdienen diesen Namen nicht.

PLM als Lösungsansatz der IT-Industrie

4

PLM ist nicht das erste Kürzel für eine IT-Lösung. Seit Beginn der Computerunterstützung haben wir eine wahre Flut von Akronymen erlebt. Dabei gilt es stets zu unterscheiden zwischen solchen, die eine bestimmte Produktkategorie von Standardsoftware auf einen Kurzbegriff bringen und denen, die für eine Anwendungsstrategie, für eine Methode oder ein Konzept stehen. Es gibt CAD-Systeme und CAM-Systeme, aber es hat nie ein CIM-System (CIM = Computer Integrated Manufacturing) gegeben. Eine Software lässt sich sehr genau der Kategorie CAD oder CAM zuordnen. CIM dagegen war eher eine Philosophie. So ist es auch mit PLM.

Es gibt nicht wenige Stimmen, die behaupten, PLM sei eine Neuauflage der CIM-Philosophie, eigentlich und von Kern und Ziel her nicht wirklich etwas Neues. Andere wieder behaupten, PLM sei nur ein neuer Name für PDM. Um PDM-Systeme besser vermarkten zu können, seien Anbieter auf die Idee verfallen, den alten Wein PDM aus neuen PLM-Schläuchen in die Industrie fließen zu lassen. Beide Behauptungen gehen an der Sache vorbei.

4.1
CIM und PLM – Geburt und Reife der Computerunterstützung

Als zu Anfang der Achtzigerjahre das Schlagwort CIM aufkam, glaubten manche, das sei nun das wichtige Etappenziel, auf das CAD und CAM hinführen müssten. Es gab Firmen, die das Kürzel im Namen führten, und es gab solche, die ihre Produktbezeichnungen daran anlehnten. Fachzeitschriften wurden entsprechend benannt, Beratungshäuser boten CIM-Konzepte an. Der Glaube an eine längerfristige Gültigkeit des Ansatzes war teilweise erstaunlich groß. Die meisten dieser Namen sind längst verschwunden, und wo nicht, wird dennoch schon lange nicht mehr damit gearbeitet oder geworben. Wenn es jetzt angesichts des breiten Interesses an PLM den Versuch gibt, beides in einen Topf zu werfen, hilft dies der Debatte um die richtigen Lösungsansätze wenig. Manchmal spielt einem die Erinnerung einen Streich, wenn Ereignisse sehr weit zurückliegen. CIM liegt sehr weit zurück.

4

Der wichtigste Unterschied ist zweifellos, dass PLM ein Lösungsansatz ist, der sowohl von der Industrie als auch von den IT-Herstellern getragen wird. CIM dagegen war vor allem eine Marketing-Idee von CAD- und CAM-Anbietern. Ich erinnere mich gut, wie das Kürzel von meinen damaligen Ingenieur-Kollegen mit CIM-Salabim lächerlich gemacht wurde. Da sagt jemand einen Zauberspruch, sollte das heißen, der eben mit der Realität des Engineerings weniger zu tun hat als mit einer Bühnenshow, in der Menschen erst zersägt werden und dann wieder vor uns stehen. Und tatsächlich waren ja viele CIM-Demonstrationen auf CeBIT, Systec und den vielen anderen Messen jener Zeit, eher Show-Veranstaltungen, die mit den eingesetzten Lösungen in der Industrie nur wenig gemein hatten.

Der Anspruch von CIM war, CAD und CAM miteinander zu integrieren, aus CAD-Geometrie gleichsam automatisch mittels angeschlossenem CAM NC-Programme abzuleiten. Welch winziger Abschnitt des Produkt-Lebenszyklus, verglichen mit unserer heutigen Sicht!

CAD war zu dieser Zeit zu 95 Prozent der Ersatz der Zeichenbretter durch elektronische Zeichnungserstellung. Die Geometrie, aus der Befehle für NC-Maschinen abgeleitet werden konnte, war also nicht zu mehr in der Lage, als Bohrungen und einfache Dreh- und Fräsprogramme zu ermöglichen. Schon bei der Bearbeitung von Freiformflächen mit 5-Achsen-Maschinen musste 2D passen. Es gab nur wenige Systeme, die Freiformflächen darstellen konnten, und das war Spezialsoftware für den Werkzeug- und Formenbau. Für die automatische Erzeugung von NC-Bahnen mussten die Anwender fast aller CAD-Systeme aufwendige Zusätze programmieren oder programmieren lassen. Es sollte noch rund 15 Jahre dauern, bis Mitte der Neunzigerjahre bidirektional assoziative 3D-Modellierer auch auf dem PC verfügbar und massenhaft einsetzbar waren, mit denen tatsächlich ohne größere Probleme einfache NC-Maschinen weitgehend automatisch programmiert werden konnten.

Abgesehen von der Unzulänglichkeit der verfügbaren Anwendungssoftware war CIM auch deshalb ein falscher Ansatz, weil er tatsächlich nur auf den Weg von der Geometrie zur NC-Maschine fokussierte. Das aber ist selbst für die Integration von Entwicklung und Fertigung entschieden zu kurz gegriffen. Wo bleibt die Roboterstraße, wo die Fabrikhalle? Wo sind Förderband und Fertigungsautomatisierung unterschiedlichster Art? Was ist mit der Unterstützung der vielen Arbeitsschritte in der Produktion, die gar nichts mit NC-Maschinen zu tun haben? Es sollte 25 Jahre dauern, bis auch solche Fragen technologisch beantwortet werden können. Eine virtuelle Maschine, die auf dem Bildschirm mit derselben Steuerung virtuelle Werkstücke bearbeitet, wie die reale Maschine echte Teile – das war zu CIM-Zeiten eine Vision, die niemand zu formulieren wagte. Bei PLM-Ansätzen gehört dies inzwischen selbst in mittelständischen Unternehmen zu den Herausforderungen, denen man sich stellt.

CIM hat auch deshalb überhaupt nichts gemein mit PLM, weil es ausschließlich auf die Entwicklung und Bearbeitung mechanischer Teile ausgerichtet war. Heute spielt die Mechanik in der Produktwertschöpfung eine ständig kleiner werdende Rolle. (vergl. Abb. 4.1) Das Verhältnis ist bereits in etwa: ein Drittel mechanische Komponenten, zwei Drittel elektrotechnische, elektronische und Software. Das Thema der Integration all der IT-Tools zu ihrer Entwicklung und aller Systeme zur Simulation, eines der vielen Kernthemen von PLM, es war undenkbar.

Schließlich der wichtigste Unterschied: Das Kernelement jedes PLM-Konzeptes ist das Produktdaten-Management. Als CIM en vogue war, gab es noch keine Standard-

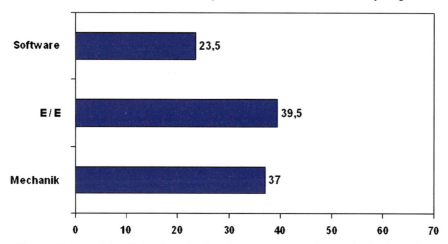

Abb. 4.1 Der Anteil der Mechanik an der Produktwertschöpfung geht zurück (Quelle: Engineering Trends 2008, sendler\circle)

software für PDM. Der umfassende Ansatz einer Lösung, die letztlich den Anspruch hat, alle zu einem Produkt gehörenden Daten in einer einzigen Datenbank zentral für alle verfügbar zu machen, das war vor 25 Jahren pure Fiktion. Realität ist es auch heute nicht, aber weitgehend realisierbar schon.

4.2
PLM und sein Kernelement PDM

Die Behauptung, PLM sei nur ein neuer Begriff für PDM, ist etwas naheliegender. Falsch ist sie dennoch. Naheliegender ist sie, weil PDM – im wesentlichen aus zwei Gründen – die Kernkomponente für PLM darstellt. Ohne die Integration der wichtigsten Autorensysteme und ihrer Daten, ohne professionelles Management der Produktdaten ist PLM nicht machbar. Das ist der eine Grund. Der zweite liegt in einer Funktionalität, die sozusagen bei PDM mitgeliefert wird: das Workflow-Management und damit ein Ansatz für Prozesssteuerung.

Jedes PDM-System bietet die Möglichkeit, für die verwalteten Daten einen Workflow, einen Arbeitsfluss, vorzusehen. Dabei werden in der Regel bestimmte Statuswechsel von Daten als Ergebnis von Ereignissen definiert, die einen wichtigen Abschnitt im Produkt-Lebenszyklus bezeichnen. Beispielsweise erhält ein Bauteil, das zur Fertigung freigegeben wird, eine neue Versionsnummer. Damit kann ein Projektleiter einen einfachen Prozess abbilden. Wenn Teil A von Bereich Y freigegeben wurde, kann Bereich Z mit Aufgabe X beginnen. Das ist zwar nicht vollumfängliches Prozessmanagement, aber allein die Tatsache, dass bestimmte Prozessschritte mit den jeweiligen Zuständen der in diesen Schritten bearbeiteten Entwicklungsteile gekoppelt

4

werden können, geht über die reine Datenverwaltung hinaus und erlaubt – wenn auch in Grenzen – eine Orientierung auf den Prozess.

Damit aber sind wir beim Kern: PLM ist ein Konzept für das Management des Prozesses industrieller Produktentstehung. Dass dazu alle Daten und alle Dokumente, die während des Prozesses erzeugt und benötigt werden, sicher verwaltet sein müssen, dass sie für jeden an diesem Prozess Beteiligten, ob Ingenieur oder Sachbearbeiter irgendeines anderen Bereiches, zugänglich sein müssen, das versteht sich eigentlich von selbst. Aber damit sind weder der Gesamtprozess noch die einzelnen Teilschritte definiert. Das Ziel von PLM aber ist ein definierter Sollzustand des Prozesses und die Steuerung aller Schritte auf dem Weg dorthin.

Auf der Basis einer jahrhundertealten Tradition, Produkte mit Hilfe von Arbeitsblättern, technischen Zeichnungen, Pflicht- und Lastenheften, Aufträgen und Verträgen zu entwickeln, zu fertigen und zu vermarkten, ist das kein einfacher Schritt. Wir sind gewohnt, in Dokumenten zu denken. Ist die Auftragsbestätigung schon eingegangen? Hat Maier schon die Arbeitspapiere für das neue Projekt? Wird auf dem Meeting am Montag der Terminplan neu beschlossen? Der Prozess war in der Vergangenheit fast gleichbedeutend mit dem Dokument, oder eben in den letzten 30 Jahren zunehmend mit der Datei. Eine Studie von Adobe Systems und AMR Research aus dem Jahre 2006 belegte sogar: Obwohl zwischen 2001 und 2005 weltweit rund 42 Milliarden Dollar in Unternehmens-IT investiert wurden, fanden 51 Prozent aller Prozessschritte nach wie vor informell und außerhalb der zu ihrer Unterstützung implementierten Systeme statt. Noch erstaunlicher: 63 Prozent der Maßnahmen zur Prozesssteuerung und ihrer Absicherung wurden von Hand erledigt. Kein Wunder, dass alle Welt so gebannt auf Dokumente und Daten schaut und Schwierigkeiten hat zu erkennen, dass beide nur Medien sind, mit denen sich Prozesse abbilden lassen.

Die Formulierung des PLM-Ansatzes markiert einen wichtigen, grundlegenden Wandel des industriellen IT-Einsatzes: von der Orientierung aller Arbeiten auf die zu erzeugenden Daten hin zur Orientierung aller Daten auf den Prozess. Dazu müssen die vielen isolierten Softwarelösungen besser miteinander integriert werden. Das Thema Systemintegration ist deshalb von Produkt-Lebenszyklus-Management nicht zu trennen. Und dazu muss – denn hier haben wir noch einen größeren Weg vor uns – die Priorität der IT insgesamt neu definiert werden. Wenn der Prozess und seine Optimierung im Vordergrund steht, ist die Informationstechnik Hilfsmittel und Werkzeug. In den ersten 30 Jahren der Digitalisierung der Industrie war es oft andersherum: Weil die Computerunterstützung völlig neue Prozesse ermöglichte, mussten sich die Arbeitsschritte an den Anforderungen und Funktionalitäten der Hard- und Software ausrichten. Deshalb spielt heute das IT-Management und das Management der CAD-CAM-Umgebungen meist eine größere Rolle als das Prozessmanagement. (vergl. Abb. 4.2)

PLM ist eine Frage des Managements der Prozesse und nicht in erster Linie eine des Systems. Auch nicht des PDM-Systems, so groß dessen Rolle innerhalb des Lösungsansatzes auch ist. Darin liegt der grundlegende Fehler in der Gleichsetzung von PDM und PLM.

Manche machen es sich einfach und gehen der begrifflichen Genauigkeit mit einem kleinen, aber wirkungsvollen Trick aus dem Weg: Es hat sich inzwischen schon beinahe eingebürgert, von PDM/PLM zu sprechen. Wichtig an diesem Doppel-Akronym ist aber der Schrägstrich. Wer unterlässt, zu erläutern, wo der Unterschied zwischen bei-

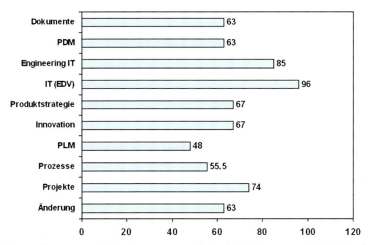

Abb. 4.2 Für IT gibt es deutlich mehr Verantwortliche als für Prozesse und PLM (Quelle Engineering Trends 2008, sendler\circle)

den Begriffen liegt, rührt ein merkwürdiges Gericht an. Er wirft eine Strategie industriellen Managements in den Topf der dabei zu pflegenden Daten.

4.3
Von der Anwendungsunterstützung zur Entscheidungshilfe

Mit CAD musste der Konstrukteur erst lernen, dass er auch ohne Brett zu technischen Zeichnungen gelangen kann. Besser sogar und mit viel mehr Möglichkeiten zu schneller, exakter Änderung als je zuvor. Dann musste und muss er lernen, dass eine Produktentstehung eine technische Zeichnung eigentlich gar nicht erfordert. Voraussetzung dafür ist freilich, dass sich alle Beteiligten auf ein 3D-Modell stützen. Einschließlich der Institutionen und Behörden, die etwa für die technische Abnahme zuständig sind. Diese Schritte waren und sind langwierig, weil alles Neue mit der lieb gewonnenen Gewohnheit zu kämpfen hat und mit über viele Jahre gewachsenen Strukturen, die mit Einfluss und Positionen gekoppelt sind. Aber diese Schritte sind – verglichen mit der Einführung von PLM-Konzepten – noch relativ leicht zu gehen, denn es handelt sich um den Ersatz eines Werkzeugs durch ein anderes. So wie in der Maschinenhalle die Fräsmaschine und die Drehbank mit den kleinen Handkurbeln ersetzt wurden durch computergesteuerte Maschinen, in denen oft zig Werkzeuge auf mehreren Werkzeugträgern teilweise parallel im Eingriff sind. PLM dagegen ist kein neues Werkzeug, sondern eine neue Denkweise.

Seit den Sechzigerjahren hat die IT-Industrie digitale Werkzeuge entwickelt. Die Herausforderung war stets, etwas, das bis dato von Hand oder mit einfachen Werkzeugen bis hin zum Taschenrechner getan wurde, zu digitalisieren, einen manuellen

Arbeitsschritt zu ersetzen oder optimal zu unterstützen durch eine Anwendungssoftware. Bessere, rationellere Zeichnungserstellung, Festigkeitsberechnung oder Schaltschrankkonstruktion waren das Ziel.

Oft ging dabei die Entwicklung von Software Hand in Hand mit neuen Hardwareprodukten. Der schnellere Weg zum Prototyp, das Rapid Prototyping, hatte die dreidimensionale Computergeometrie des Werkstücks zur Voraussetzung, die dann mit völlig neuen Maschinen, die heute allgemein gern als 3D-Drucker bezeichnet werden, in Kunststoff umgesetzt wurden. Inzwischen lassen sich längst auch Stahlkonstruktionen mit ähnlichen Methoden realisieren, die nicht mehr nur Prototypenfunktion haben, sondern beispielsweise in der Einzelteilfertigung bis zu einer bestimmten Größe zum Zug kommen. Zwischen CAD und Maschine steht in diesem Fall ein spezielles Datenformat, das oft mit den Anfängen des Rapid Prototyping mittels Stereolithografie verbunden wird. Die Bezeichnung STL ist allerdings keine Abkürzung für Stereolithografie, sondern für Surface Tesselation Language, womit die vereinfachte Darstellung von Oberflächen durch Dreiecke gemeint ist.

IT war Anwendungs- und Anwenderunterstützung, Arbeitserleichterung, digitales Werkzeug. Selbst die Entstehung von PDM-Systemen haben wir der Intention zu verdanken, einen vorher manuell erledigten Vorgang, die Zeichnungsverwaltung, zu digitalisieren. Deshalb gibt es eine Unzahl von Systemen, die jeweils nur in einem sehr begrenzten Arbeitsgebiet zum Einsatz kommen. Fast alle haben ihr eigenes Datenformat. Die Kommunikation zwischen Fachbereichen und den von ihnen eingesetzten Systemen war zu Beginn der Digitalisierung des Engineerings kein Thema.

In Form des Datenaustauschproblems und des Versuchs zur Standardisierung der Datenformate wuchs aus diesem Thema allerdings in den Neuzigerjahren ein Kernthema in der Fertigungsindustrie. Mittlerweile sind diese Fragen beherrscht. Verfügbare und gut funktionierende Direktschnittstellen haben dazu ebenso beigetragen wie die Entwicklung neutraler Datenformate und anerkannte Standards. Viele Unternehmen haben sogar gelernt, mit mehreren PDM-Systemen umzugehen, vor allem wenn ihre Auftraggeber jeweils unterschiedliche Applikationen einsetzen und ein entsprechendes Einklinken des Auftragnehmers erwarten.

Mit PLM ergänzt die IT-Industrie ihre Werkzeuge um einen fachübergreifenden Lösungsansatz, der das Management von Prozessen besser unterstützen soll. Die vielen Tools der Engineering Software haben der operativen Ebene des Ingenieurwesens geholfen, ihre Arbeit zu verbessern und zu beschleunigen. PLM will mehr: PLM will der Ebene des Managements helfen, bessere Entscheidungen zu treffen. Erstmals bewegt sich damit die Frage des IT-Einsatzes im Engineering aus dem eigentlichen Bereich der Entwicklung heraus. Vielmehr erklärt PLM die Frage der Entwicklung von Produkten, ebenso wie die ihrer Produktionsplanung und -steuerung, zu einem Managementthema, das für die Unternehmen strategische Bedeutung hat.

Im Unterschied zu allen vorhergehenden Themen, die die IT-Branche in die Fertigungsindustrie getragen hat, besitzt PLM tatsächlich ein anderes Gewicht und eine andere Bedeutung. Denn dieser Ansatz hilft dem Bereich der Produktentwicklung, dem Engineering und allen verwandten Fachbereichen unter dem großen Dach von Forschung und Entwicklung auch, ihre Bedeutung aufzuwerten. Es geht nicht mehr darum, dass Ingenieure in ihrem Elfenbeinturm etwas erfinden und konstruieren, das für das Unternehmen erst wichtig wird, wenn es in der Produktion Gestalt annimmt und verkäuflich wird. Der Prozess der Entwicklung hat – vielleicht erstmals wieder seit den Zeiten der Daniel

Düsentriebs – die Chance, in seiner ganzen Bedeutung für die Existenz der produzierenden Industrie und damit in einem der führenden Industriestaaten wie Deutschland als
strategisches Element in der Standortfrage wahrgenommen und geschätzt zu werden.

4.4
Liebensteiner Thesen 2004

Professor Abramovici hatte den Begriff Produkt-Lebenszyklus-Management schon
lange geprägt, im Rahmen der damals gut besuchten, seit 1992 jährlich vom Beratungshaus Ploenzke organisierten EDM Kongresse. Zehn Jahre später griffen die Anbieter von Standardsoftware und Systemintegration den Begriff auf. Als erste nutzten
IBM und SAP die Bezeichnung, um damit ihre Produkte für den Produktentstehungsprozess zu umschreiben.

IBM änderte den Namen ihres Bereichs, der die Software von Dassault Systèmes
vermarktete, von Engineering Solutions in PLM Solutions. Begründet wurde der
Schritt mit Erkenntnissen des eigenen Hauses als Computerhersteller. Eine Integration
von CAD und PDM mit ERP, Customer Relationship Management (CRM) und Supply
Chain Management (SCM) wurde als Ziel definiert, also eine Kopplung der IT-Lösungen für Entwicklung, Produktion, Logistik, Kundendienst und das Management der
Zulieferkette. Bei SAP war der Fokus ähnlich, wenn auch aus anderem Blickwinkel:
Weil letztlich jedes Unternehmen versuchen muss, Produkte von der ersten Idee an zu
managen, müsse der Bereich Produktentwicklung und also auch das Produktdaten-
Management als Kernbereich der Unternehmens-IT betrachtet und nicht weiter losge-
löst von den anderen Themen behandelt werden.

Zwei Jahre lang wurde danach in der Branche der Anbieter von Software für das
Engineering erstmals eine regelrechte Grundsatzdebatte geführt. Die Interessengemeinschaft sendler\circle it-forum, in der alle wichtigen Hersteller vertreten waren,
erwies sich dafür als geeigneter Rahmen. Das stärkste Motiv war dabei sicher die
Suche nach einem Oberbegriff, unter dem sich alle IT-Produkte zusammenfassen
ließen, die für den industriellen Produktentwicklungsprozess angeboten wurden. Dazu
war eine Definition von PLM erforderlich, mit der sich alle identifizieren konnten. Im
Mai 2004 wurde diese Begriffsbestimmung gefunden. Auf einer Mitgliederversammlung des sendler\circle it-forum im Schlosshotel Liebenstein einigten sich die Teilnehmer einstimmig auf folgende Definition, die anschließend in zahlreichen Medien
als ‚Liebensteiner Thesen' veröffentlicht wurde:

Liebensteiner Thesen

> ❭ Produkt Lifecycle Management (PLM) ist ein Konzept, kein System und kei-
>   ne (in sich abgeschlossene) Lösung.
> ❭ Zur Umsetzung/Realisierung eines PLM-Konzeptes werden Lösungskompo-
>   nenten benötigt. Dazu zählen CAD, CAE, CAM, VR, PDM und andere Appli-
>   kationen für den Produktentstehungsprozess.

4

> ⟩ Auch Schnittstellen zu anderen Anwendungsbereichen wie ERP, SCM oder CRM sind Komponenten eines PLM-Konzeptes.
> ⟩ PLM-Anbieter offerieren Komponenten und/oder Dienstleistungen zur Umsetzung von PLM Konzepten.

Die Thesen sind in verschiedener Hinsicht bemerkenswert. Es ist das erste Mal, dass sich die Hersteller dieser Art von Software quer über alle Fachbereiche des Engineering hinweg auf ein gemeinsames Thema verständigt haben, auf einen gemeinsamen Ansatz, an dem sich das Angebot ihrer Produkte und Dienstleistungen messen lässt. Mehr als zehn Jahre lang hatten sich allein die Hersteller von PDM-Systemen darin geübt, durch immer neue Kürzel von EDM über PDM bis zu cPDM und ePDM ihre jeweiligen Sondergesichtspunkte in den Vordergrund zu stellen. Nun einigten sie sich zusammen mit den Anbietern von Einzelkomponenten wie ECAD oder VR auf eine gemeinsame Sprache. Darin drückt sich auch ein wichtiger Abschnitt eines Reifeprozesses aus. Aus einer großen Fülle von Einzelanbietern fachspezifischer Anwendungssysteme ist eine Branche geworden, mit der sich die Industrie über anstehende Herausforderungen auseinandersetzen kann.

Die erste These macht deutlich, dass es sich bei PLM nicht um die Bezeichnung einer Software oder eines Systems handelt, sondern um die eines Konzeptes. Auch diese Festlegung hat leider nicht verhindern können, dass teilweise dennoch von PLM-Systemen gesprochen wird. Aber es gibt zumindest für den deutschsprachigen Raum eine Sprachregelung, auf die sich die Beteiligten stützen können.

Die zweite These reiht alle Softwaretools, die innerhalb des Produktentstehungsprozesses zum Einsatz kommen, als Komponenten ein, die zur Umsetzung von PLM benötigt werden. Das ist wichtig, weil in der Tat alle Komponenten ihren Beitrag zum Gelingen von PLM leisten müssen, nicht nur die Kernkomponente PDM.

Gleichzeitig macht diese These allerdings auch die besondere Sicht der IT-Anbieter deutlich: PLM wird hauptsächlich als eine Strategie betrachtet, die mit Hilfe von IT umgesetzt wird. Dass die Informationstechnik selbst auch nur eine Komponente darstellt, und dass zu einem erfolgreichen Produkt-Lebenszyklus-Management mehr gehört als eine funktionierende IT, dass Analyse und Definition der Prozesse Vorrang vor den Werkzeugen zu ihrer Steuerung und Kontrolle haben – das steht zwar nicht im Widerspruch zur These, lässt sich aber auch nicht ausdrücklich daraus ableiten.

Die dritte These erwähnt die Notwendigkeit der Integration des Produktentstehungsprozesses mit den anderen Kernprozessen des Unternehmens, zu deren wichtigsten IT-Systemen deshalb im Rahmen von PLM Schnittstellen gehören. Es ist vor allem diese These, mit der sich die Sicht der IT-Anbieter von jener der Industrie unterscheidet. Eine solch klare Trennung zwischen den Unternehmensprozessen lässt sich in der Praxis immer weniger durchhalten. Nach den Liebensteiner Thesen geht eine übergreifende Lösung, die zumindest Teile von Produktion oder Produktionsplanung, Marketing, Vertrieb und Service einbezieht und nicht nur Schnittstellen dorthin vorsieht, über den Rahmen von PLM hinaus.

Die vierte These schließlich unterstreicht die wachsende Bedeutung, die Prozessberatung und Systemintegration durch externe Dienstleistungsanbieter zukommt. Oft braucht das Unternehmen gerade in Zusammenhang mit PDM-Einführung oder Umstieg, und erst recht bei der Formulierung und Umsetzung von PLM Konzepten, nicht nur den Anbieter von Software und seine Berater, sondern zieht von Anfang an ein Beratungshaus hinzu, das dann Vertragspartner sowohl für die Software, als auch für ihre erfolgreiche Implementierung ist. Ausdruck der gewachsenen Komplexität der Informationstechnik, die wiederum ein Spiegelbild der gewachsenen Prozesskomplexität ist, die sie unterstützen soll.

Wohin entwickelt sich PLM?   5

In den fünf Jahren seit der Verabschiedung der Liebensteiner Thesen ist viel geschehen. Von der Öffentlichkeit fast unbemerkt haben die Methoden und die eingesetzten Technologien der Produktentwicklung, der Produktionsplanung und der Produktion einen großen Sprung in Richtung Digitalisierung gemacht. Einen Sprung, der auch die Vision eines umfassenden PLM-Ansatzes nicht unberührt lässt. Wir wollen versuchen, die wichtigsten Aspekte dieser aktuellen Entwicklung und ihre Auswirkungen auf PLM festzuhalten.

Sie betreffen einerseits die Breite des Ansatzes, der ursprünglich fast ausschließlich auf die Mechanik beschränkt war. Andererseits verändert sich aber auch die Länge der Prozesskette, die von PLM-Ansätzen erfasst werden muss. Hier geraten zunehmend auch solche Bereiche ins Visier, die bislang eher vor oder nach der Produktentwicklung angesiedelt und von PLM-Konzepten kaum tangiert waren.

5.1
In die Breite: Multidisziplinäre Produktentwicklung

Die Digitalisierung hat nicht nur IT-Werkzeuge mit sich gebracht, die neue Methoden und Arbeitsabläufe ermöglicht und schließlich auch erzwungen haben. Sie hat Zug um Zug die Produkte selbst verändert, die heute in der Regel mit Embedded Software ausgestattet sind und über Sensoren, Aktoren und andere Arten neuerer Komponenten viel Automatisierung gestatten. Mechatronik hat sich als Begriff eingebürgert, der diese Veränderung der Produkte beschreiben soll. Er greift aber viel zu kurz.

Mechatronik ist ein Kunstwort, das 1969 – so ist es in Wikipedia nachzulesen – von der japanischen Firma *Yaskawa Electric Corporation* aus den beiden Bestandteilen Mechanik und Elektronik geprägt wurde und seinen Ursprung in der Feinmechanik hatte. Erst später kam die Informatik als drittes Kernelement hinzu, das allerdings keine Berücksichtigung mehr im Namen gefunden hat.

Heute darf man davon ausgehen, dass bereits etwa ein Viertel aller Produktwertschöpfung durch die Informatik bestimmt ist. Mit offensichtlich immer noch stark

U. Sendler, *Das PLM-Kompendium*,
© Springer 2009

5

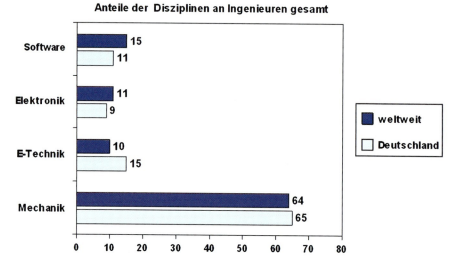

Abb. 5.1 Die Zusammensetzung der Entwicklungsmannschaften entspricht nicht dem Anteil der Disziplinen an der Wertschöpfung (Quelle Engineering Trends 2008, sendler\circle)

steigender Tendenz, während der Anteil vor allem der Mechanik weiter sinkt. Weder in den vorhandenen Organisationsstrukturen, noch in den Prozessen, noch in den Methoden des Managements der Produktentwicklung hat die Industrie bisher eine angemessene Antwort auf diese Tendenz gefunden.

Die Strukturen in der Industrie sind über viele Jahrzehnte gewachsen und schlagen sich unter anderem in den Zahlen der in den jeweiligen Unternehmensbereichen Beschäftigten nieder. Im Vergleich zur Produktwertschöpfung zeigt sich hier das umgekehrte Verhältnis. Zwei Drittel der Ingenieure haben ein Maschinenbaustudium abgeschlossen, das übrige Drittel teilen sich E-Techniker, Elektroniker und Informatiker.

Selbst die gewagte Annahme, dass für die neueren Disziplinen möglicherweise mit weniger Manpower schneller mehr geleistet werden kann, dürfte nur einen Teil dieses Missverhältnisses erklären. Tatsächlich entsprechen den Zahlen nämlich auch Macht- und Beziehungsstrukturen, die eher noch an den früheren Verhältnissen ausgerichtet sind als an den aktuellen. Das gilt natürlich auch und besonders für die Entscheidungsfindung. Ob eine geforderte Funktion mechanisch, elektronisch, hydraulisch, elektrotechnisch, informationstechnisch oder mit welcher Mischung verschiedener Disziplinen realisiert werden soll, wird nicht nur rein sachlich entschieden. Historisch war der Entscheidungsträger meist ein Maschinenbauingenieur. Oft ist er es immer noch, auch wenn die Entscheidung längst disziplinübergreifend getroffen werden muss. Auch die Ressourcen an Spezialisten spielen sicher eine große Rolle.

Um ein Beispiel herauszugreifen, zu dem der BITKOM (Bundesverband Informationswirtschaft, Telekommunikation und neue Medien) 2008 erstmals entsprechende Zahlen veröffentlicht hat: Demnach waren zum Zeitpunkt der Erhebung allein rund 2.500 Stellen für Elektrotechniker und Technische Informatiker nicht zu besetzen. Oder anders ausgedrückt: Für moderne Produkte wären dringend mehr Elektro-Ingenieure und Informatiker nötig, als es gibt. Diese Dringlichkeit hat mit der gegenwärtigen Krise sicherlich nicht abgenommen. Eher im Gegenteil.

Das Missverhältnis in den Entwicklungsmannschaften spiegelt sich auch in der Integration der in den Fachdisziplinen genutzten Entwicklungssysteme. Hier wird PLM in den kommenden Jahren eine große Aufgabe zufallen. Ohne gemeinsamen Zugriff auf alle in einem Produktentwicklungsprojekt benötigten Daten, ohne ihre transparente Verwaltung und ihr durchgängiges Versionsmanagement wird es nicht gelingen, die multidisziplinär entstehenden Produkte mit höchster Qualität zu versehen, sie in der nötigen Kürze der Zeit und zu möglichst niedrigen Kosten zu entwickeln und zu fertigen.

Bislang ist die Frage der Integration fachspezifischer Autorensysteme fast ausschließlich als Frage von Schnittstellen zum Austausch von Daten zwecks interdisziplinärer Abstimmung, oder aber als Frage der zentralen Verwaltung der Ergebnisdaten behandelt worden. Beides ist schon heute zu wenig.

Datenaustausch via Konvertierung ist nur eine Nothilfe. Es geht beispielsweise um die Abstimmung zwischen dem Elektroniker, der eine Leiterplatte entwirft, und dem Maschinenbauer, der das Gerät konstruiert, in das die Leiterplatte eingebaut werden soll. Passt eine vorgesehene elektronische Komponente in den Bauraum? Sind Befestigungen und Kühlung wie geplant realisierbar? Wer kann eine erforderliche Anpassung besser und effizienter vornehmen?

Solche Abstimmungen sind Tagesgeschäft. Momentan zwingen sie die Beteiligten dazu, entweder gemeinsam auf den Bildschirm des einen und dann des anderen zu schauen und mit dem Finger auf die fragliche Stelle zu deuten. Oder eine Datei zu konvertieren und auszutauschen, die der jeweils andere in seinem System darstellen und mit den eigenen Entwicklungsdaten vergleichen kann. Es fehlt an einfach und gemeinsam zu nutzenden Visualisierungstools, in denen die Daten beider Disziplinen gleichzeitig dargestellt werden können. Und wo solche Tools verfügbar sind, fehlt es an ihrer systematischen Integration in die PLM-Umgebung. In neutralen Dateien angebrachte Kommentare oder Markierungen gehen verloren. Die unmittelbare Rückkopplung aus der gemeinsamen Ansicht in das fachspezifische Autorentool ist nicht ohne Weiteres möglich.

Auch die zentrale Verwaltung der Ergebnisdaten löst nur einen Teil der Anforderungen. Zwar ist damit zumindest möglich, zuverlässig und schnell etwa alle zu einem Entwicklungsprojekt gehörenden Dateien in ihrer aktuellen Version zu finden. Aber ihre effiziente Nutzung im Produkt-Lebenszyklus ist damit nicht gewährleistet. Erwähnt sei nur die naheliegende Verwendung der Entwicklungsdaten für die Fertigungsstückliste. Hier führt der – aus dem Maschinenbau stammende – Zwang zur Angabe von Material und Gewicht für jede Stücklistenposition immer wieder zu kuriosen ‚Lösungen‘: Um beispielsweise Embedded Software überhaupt aufführen und ihren ‚Einbau‘ verwalten zu können, wird der immateriellen Software irgendein Material und ein fiktives Gewicht zugeordnet. Mit dem Ergebnis, dass ein PDM-System unter Umständen den Neuaufbau kompletter Produktstrukturen durchführt, wenn die Softwareversion sich ändert. Das System kann ja nicht wissen, dass hier gar keine Veränderung der Produktstruktur eingetreten ist, weil Platz, Größe, Form und Gewicht des Steuergerätes sich durch die neu aufgespielte Software überhaupt nicht verändert haben. Auch wenn solche Kapriolen sicher nicht die Regel sind – es wird gemeinsamer Anstrengungen bedürfen, um von der zentralen Verwaltung abgelegter Daten zu einem gemeinsamen, sinnvollen Management ihrer Lebenszyklen zu gelangen.

5

An dieser Stelle sei im Übrigen der Hinweis erlaubt, dass die Frage der Zusammenarbeit über Disziplinen und Fachbereichsgrenzen, über Standorte, Firmen und Kontinente hinweg, keineswegs nur eine Frage der IT-Integration ist. Sie ist nicht einmal nur eine technische oder technologische Frage. Hier spielen unter anderem – und damit werden sich PLM-Konzepte in der nächsten Zeit mehr als bisher auseinandersetzen müssen – auch Fragen der Kultur, des Miteinanders von Menschen, also der Soziologie, der Verlustängste, also der Psychologie, und nicht zuletzt der sprachlichen Verständigung, also der Linguistik, eine große Rolle. Wobei unter Sprache nicht nur die Landessprache zu verstehen ist. Vielleicht noch wichtiger wird sein, dass die Spezialisten der einzelnen Fachgebiete zumindest teilweise eine gemeinsame Sprache entwickeln. Und eine gemeinsame Kultur der Abstimmung ihrer Arbeit. Ohne diese untechnischen, gern als weich bezeichneten Faktoren zu berücksichtigen, wird auch die technische Integration mit Hilfe von PLM nicht funktionieren.

Interdisziplinäre Zusammenarbeit erfordert eine größere Anstrengung, als gegenwärtig in den meisten Debatten darüber zu erkennen ist. Die Spezialisten haben ihre Ausbildung an einer Fakultät erhalten, die ihnen den Stolz ihrer Besonderheit als Elektronik-Ingenieur, als Informatiker oder als Maschinenbauer mitgegeben hat. Nur in wenigen Ausnahmen sind heute zwischen den Fakultäten interdisziplinäre Netzwerke entstanden. Nur sehr selten können Studenten sich ihr Studium aus den Inhalten verschiedener Fachbereiche selbst zusammenstellen. Die disziplinübergreifenden Projektarbeiten, in denen Studenten verschiedener Fächer ein gemeinsames Team bilden, das industriellen Projektteams vergleichbar wäre, kann man zählen.

PLM Ansätze haben an dieser Stelle also nicht nur mit den Hindernissen der diversen IT-Barrieren und fehlenden Standards zu kämpfen. Sie müssen auch einen Weg durch die Mauern des Abteilungsdenkens finden, das sowohl in den gewachsenen Organisationsstrukturen und Hierarchien der Unternehmen, als auch – und das ist der schwierigere Teil – in den Köpfen der Beteiligten fest verwurzelt ist.

5.2
Vor der Entwicklung

Bevor die Entwicklung eines Produktes tatsächlich angestoßen wird, müssen zahlreiche Aufgaben erledigt werden, die in den letzten Jahrzehnten das Augenmerk der Industrie immer stärker auf sich gezogen haben. Je größer der Druck des internationalen Wettbewerbs, desto stärker suchen die einzelnen Unternehmen nach ihrem besonderen Wettbewerbsvorteil. Ihre Produkte müssen den aktuellen Nerv des Marktes treffen, innovativer als andere sein. Sie müssen möglichst genau die Kundenbedürfnisse befriedigen und sie so individuell wie möglich berücksichtigen. Veränderungen der gesetzlichen Rahmenbedingungen, der Umweltbestimmungen und mögliche Risiken für Kunden oder Umwelt dürfen das Unternehmen nicht überraschen, sondern müssen so weit wie möglich in die Planung einbezogen sein. Für den Einsatz neuer Technologien, Werkstoffe und Verfahren zum richtigen Zeitpunkt sollte die Industrie gerüstet sein.

Je enger Zeitfenster und Kostenrahmen werden, um unter diesen Bedingungen erfolgreich Produkte zu entwickeln und in den Markt einzuführen, desto weniger können solche Fragen von Vertrieb, Marketing oder Produktmanager gleichsam nebenher beantwortet werden. Noch relativ selten verfügen Unternehmen über eine eigene Abteilung für Innovations- oder Strategiemanagement. Aber die Zahl der Mitarbeiter in den Firmen, die sich mit professionellen Methoden und hauptamtlich mit derlei Fragen befassen, nimmt zu. Und zwar nicht nur in den großen Konzernen von Luft- und Raumfahrt, Automotive oder Rüstungsindustrie. Auch mittlere Unternehmen sehen zumindest Teile entsprechender Maßnahmen bereits als dringende Herausforderung. Strategisches Denken hält vermehrt Einzug in die Management-Ebenen. Vision und Zukunftsszenarien sind auf dem Weg aus der ungeliebten Ecke einer Krankheit – wer Visionen hat, sollte zum Arzt gehen – in die Werkzeugkiste der Verantwortlichen.

Mit diesen Fragen können wir uns hier natürlich nicht im Detail befassen. Dafür gibt es die jeweils kompetente Fachliteratur. Uns muss aber beschäftigen, unter welchen Aspekten diese vor der Produktentwicklung angesiedelten Themen für das Management des Produkt-Lebenszyklus von Belang sind, und welche Konsequenzen das für PLM-Konzepte in Zukunft haben wird. Lässt sich die Trennung von betriebswirtschaftlicher Strategiefindung und Vorausplanung noch länger trennen von der Entwicklung der Produkte und Produktionssysteme? Wird ein Unternehmen noch erfolgreich sein, dessen Entwicklungsleitung für ihre Aufgabe als Startpunkt erst den Projektstart einer bereits beschlossenen Entwicklung begreift? PLM könnte hier als Katalysator fungieren und die Suche nach geeigneten Konzepten für ein stärker vernetztes Arbeiten von Strategiemanagement und Technischer Prozesssteuerung anstoßen.

Die folgenden Unterkapitel beschäftigen sich mit Themen, die vor der eigentlichen Produktentwicklung angesiedelt sind. Sie scheinen zumindest aus heutiger Sicht die größte strategische Bedeutung für die Unternehmen zu haben, ihre Einbeziehung in eine umfassende PLM-Lösung scheint besonders dringend zu sein.

Daneben gibt es noch weitere Vorentwicklungsaufgaben, die je nach Unternehmen ebenfalls in Zusammenhang mit PLM diskutiert werden. So existieren beispielsweise für Produkt- und Portfolioplanung professionelle Tools, die in etlichen größeren Unternehmen ebenfalls zu den eingesetzten Standardsystemen gehören. Einige der PLM-Anbieter haben solche Tools integriert, andere bieten Schnittstellen. Insgesamt ist das Thema aber wohl nur für bestimmte Produkte und wenige Großbetriebe ein zentrales Thema. Es findet in diesem Buch zunächst keine besondere Berücksichtigung.

5.2.1
Innovationsmanagement

Innovation ist auf verschiedenen Feldern zuhause. Es gibt die Innovation des Geschäftsmodells, der Produkte und der Prozesse zu ihrer Entwicklung und Herstellung. Die Innovation des Geschäftsmodells betrifft den Produkt-Lebenszyklus nur insofern, als damit die Grundlagen definiert werden für die Art der Produkte und für die zu ihnen führenden Prozesse. Die beiden anderen Felder aber haben zahlreiche Berührpunkte, die bislang nur erst in Nebensätzen im Umfeld von PLM diskutiert werden.

Produktinnovation beginnt mit der Idee für ein neues Produkt. Sie beginnt also mit der Frage, wie möglichst viele Ideen gesammelt werden können. Dafür gibt es zahlrei-

5

che Methoden, und viele Unternehmen haben ihre eigenen Vorgehensweisen entwickelt. Sie reichen vom betrieblichen Vorschlagswesen, das Ideen und Verbesserungsvorschläge belohnt, über gezielte Marktforschung und Workshops zur Anregung der Kreativität der Mitarbeiter, bis hin zur Nutzung von firmenübergreifenden Themennetzwerken mit Kunden, Partnern und Lieferanten, wofür sich das Schlagwort Open Innovation etabliert hat.

Aus der Menge der gesammelten Ideen gilt es nun die herauszufiltern, die sich möglicherweise für eine erfolgreiche Realisierung als Produkt eignen. Schritt für Schritt wird untersucht, ob eine Idee genügend Substanz hat, um in ein Vorprojekt einzufließen; ob die Kriterien erfüllt sind, um eine Konzeptphase zu begründen; ob das Konzept schließlich Aussicht auf Erfüllung der Marktanforderungen und zugleich auf Erfolg in diesem Markt bietet.

Auf diesem Weg fallen die meisten Ideen aus den unterschiedlichsten Gründen durch, sind nicht gut genug, erfüllen die an den Quality Gates gestellten Bedingungen nicht ausreichend. Natürlich werden diese Entscheidungen immer vor dem Hintergrund der aktuellen Marktentwicklung getroffen, aufgrund der aktuellen Entwicklungs- und Fertigungsmethoden, unter Berücksichtigung verfügbarer Mensch-, Werkstoff- und Maschinenressourcen und Technologien. Die durchgefallenen Ideen werden meist nicht weiter gepflegt. Sie landen vielleicht in einem Ordner, und kaum je wird eine von ihnen wiedergefunden und in einem neuen Innovationsprozess weiter berücksichtigt.

Das ist bedauerlich, denn viele dieser Ideen hätten unter anderen Bedingungen durchaus das Zeug zum Erfolg. So wenig effizient und sinnvoll es ist, bei jeder neuen Maschine jedes Einzelteil neu zu konstruieren, wenn 80 Prozent der Maschine aus erprobten Teilen besteht, die man wiederverwenden kann, so wenig effizient ist es, 90 bis 95 Prozent von Ideen dauerhaft wegzuwerfen, die nur für den Augenblick und unter aktuellen Gesichtspunkten verworfen wurden. Sie sollten – zum Beispiel in Verbindung mit den letztlich ausgewählten Produktideen – jederzeit zu finden sein.

Aber nicht nur um einer Idee zu einem späteren Zeitpunkt doch noch einen Weg zu ebnen, ist ein dauerhaftes und nachhaltiges Management der Vorprojekte empfehlenswert. Im Rahmen des Innovationsprozesses, beim Durchlaufen der Quality Gates oder anderer Filtermethoden ist Wissen entstanden, das keineswegs auf die jeweiligen Produktideen beschränkt ist. Viele der Überlegungen müssen auch im Zusammenhang mit anderen Ideen angestellt werden. Darüber hinaus sind die Ergebnisse solcher Untersuchungen unter Umständen in Zusammenhang mit bestimmten Entscheidungen in laufenden Produktprojekten hilfreich. Stattdessen wird zwar nicht das Rad neu erfunden, aber dieselben Überlegungen und Nachforschungen werden immer wieder erneut angestellt.

Für das Produkt-Lebenszyklus-Management ist aber nicht nur die Verwaltung von Ideen, Prüfvorgängen und Entscheidungsgrundlagen in Form von Daten interessant. Auf dem Gebiet des Innovationsmanagements gibt es heute sowohl zahlreiche Softwaretools, die bestimmte Methoden wie Technologie-Roadmaps und Technologiefrüherkennung oder Szenariotechnik unterstützen, als auch Portale und Datenbanken, die für solche Aufgaben herangezogen werden können. Die Integration von Innovationsmanagement in PLM-Ansätze erfordert auch die Berücksichtigung solcher Tools und Internet-Adressen. Wie eng oder wie lose die Verbindung sinnvollerweise sein sollte, muss ausgelotet werden. Dass beide Themen besser gekoppelt werden müssen als derzeit, ist offensichtlich.

5.2.2
Anforderungsmanagement und Systems Engineering

Lastenhefte für Maschinen, Anlagen oder Systeme zum Einbau in Kraftfahrzeuge, Flugzeuge oder Schiffe sind seit langen Jahrzehnten geübte Praxis. In ihnen formuliert der Auftraggeber seine Anforderungen an das zu liefernde Produkt in freier Prosa, die nicht selten tausende von zu erfüllenden Funktionen auf hunderten Seiten für ein einzelnes Projekt umfasst. Das Gegenstück ist das Pflichtenheft, in dem der Auftragnehmer formuliert, wie er diese Anforderungen umzusetzen gedenkt. Beides ist in der Regel Grundlage für den Vertragsabschluss. Beides ist nicht selten auch Grundlage für endlose Auseinandersetzungen zwischen den Vertragsparteien und für die Bestimmung des Partners, der beispielsweise für kostenträchtige Änderungen am ursprünglichen Auftrag finanziell aufzukommen hat.

In großen Unternehmen und Konzernen hat sich das Pflichtenheft oft auch innerhalb des Hauses etabliert, um die von einzelnen Abteilungen oder Bereichen zu erbringende Leistung festzuschreiben und überprüfbar zu gestalten. Mit dem Aufkommen der Informatik und also mit dem Aufkommen von Softwareprodukten und -komponenten reichten die so getroffenen Festlegungen nicht mehr aus. Wo selbst bei großen und komplexen Apparaten und Anlagen in der vor-informationstechnischen Zeit die Funktionen immer noch einigermaßen überschaubar waren, wuchs in der Informatik die Komplexität sehr schnell in Dimensionen, die ihre Behandlung auf diese Weise nicht mehr zuließ. Bis ins Detail mussten die Anforderungen und die Programmfunktionen definiert sein, damit sich die Software-Ingenieure exakt auf die beste Lösung für die geforderte Funktionalität konzentrieren konnten.

Welche Funktion ist vorrangig, welche untergeordnet? In welcher Beziehung steht sie zu welchen anderen? Und später: Welche Standardobjekte sind zu verwenden, welche Klassen von Objekten zu erzeugen, welche Modelliersprache zu nutzen? Noch wichtiger wurde die saubere Definition der Requirements, wenn für die Entwicklung eines Stücks Software ein externer Partner, möglicherweise in einem fernen Land mit völlig anderer Kultur, beauftragt werden sollte.

Unter Anforderungsmanagement wird aber nicht nur die Spezifikation der Anforderungen und der Funktionen zu ihrer Erfüllung verstanden. Auch die schrittweise Überprüfung, wie weit eine Funktion tatsächlich die entsprechende Anforderung erfüllt, gehört dazu. In der Informatik entstand das V-Modell, das inzwischen immer häufiger auch der Entwicklung multidisziplinärer Produkte zugrunde gelegt wird.

Auf der linken Seite des V entsteht über Anforderung, Funktionsbeschreibung und Aufbau der Architektur des Gesamtproduktes das Modell, auf der rechten Seite des V werden die Komponenten entwickelt und zum realen Produkt zusammengeführt. Der Begriff Systems Engineering, der dafür gebraucht wird, kam ursprünglich vom Militär, aus der Flugzeugindustrie, aus der Luft- und Raumfahrt. Inzwischen sind selbst Mobiltelefone und vor allem die in ihnen verfügbare Funktionalität von einer vergleichbaren Komplexität, die jedenfalls mit den herkömmlichen Entwicklungsmethoden nicht mehr zu beherrschen ist. Es gibt neben dem V-Modell auch andere Ansätze, die in unterschiedlicher Weise die nötigen Iterationsschritte oder die Geschwindigkeit der Änderungen in der Entwicklung berücksichtigen. Im Prinzip erlaubt das V-Modell ein gutes Verständnis der Aufgabenstellung.

5

Systems Engineering für mechatronische Produkte

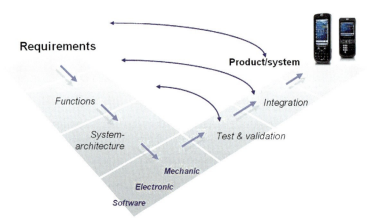

Abb. 5.2   Eine der vielen Darstellungen des V-Modells (Quelle IBM)

Hier ist der Zusammenhang mit PLM keine Frage. Die Produktentwicklung ist eine unmittelbare Antwort auf die Anforderungen, mit denen ein Entwicklungsprojekt startet. Wenn der neue Abschnitt des Produkt-Lebenszyklus nicht mit den davor festgelegten Anforderungen gekoppelt wird, ist das V-Modell nicht anwendbar. Die Überprüfung, ob und wie weit Tests und Prototypen einzelner Komponenten, Baugruppen und schließlich des Produktes den jeweiligen Festlegungen entsprechen, lässt sich dann nicht systematisch prüfen.

Das kann bedeuten, dass professionelles Anforderungsmanagement zum Bestandteil von Kernsystemen in PLM-Konzepten wird, was verschiedene Anbieter von PDM bereits anstreben. In jedem Fall muss aber der Link zu den Anforderungen durch PLM-Ansätze realisiert werden, um ihre Nachverfolgbarkeit (Traceability) im Produkt zu gewährleisten.

5.2.3
Projektmanagement (PM) und Prozessmanagement

Auch dieses Thema kommt aus Bereichen, mit denen die Industrie generell bis vor gar nicht langer Zeit nur am Rande zu tun hatte. Große, internationale Luft- und Raumfahrtprojekte der US-amerikanischen NASA zu Beginn der Sechzigerjahre und dann der europäischen ESA in den Siebzigerjahren waren die ersten. Diese Projekte hatten eine Komplexität erreicht, die ohne professionelle Ansätze von Projektmanagement nicht zu bewältigen waren. Ende der Siebzigerjahre griff das Thema zunehmend auch auf andere Industrien über. Komplex wurde es nämlich jetzt allenthalben. Besonders die Automobilindustrie hat seither auf diesem Gebiet eine Vorreiterstellung erobert. Heute ist Projektmanagement eine Aufgabenstellung, die selbst in kleinen und mittleren Firmen in Angriff genommen wird. Die Interdisziplinarität der Produkte und

Projektteams und die firmenübergreifende Organisation der Projekte machen ihr Management zu einer besonderen Aufgabe.

Um Entwicklungsprojekte planen und steuern zu können, sind die wichtigsten Ressourcen, die dabei benötigt werden, zu berücksichtigen. Die Zeit steht hier an erster Stelle. In Form von Gantt Diagrammen und Netzplänen werden Zeitpläne entworfen, in denen der einzelnen Aufgabe ein Zeitabschnitt zugeordnet wird, in dem sie jeweils erfüllt sein soll. Da solche Pläne in der Regel nicht ohne Korrektur beizubehalten sind, spielt die Frage der Änderung eine große Rolle für die Brauchbarkeit der Lösung. Weil Änderungen an diversen Detailstellen eines Projektes auftauchen können, die auf mehr oder weniger große Teile des gesamten Projektes Auswirkungen haben, ist auch die Frage von Bedeutung, wie solche Veränderungen gegenüber der ursprünglichen Planung allen Betroffenen schnell und sicher mitgeteilt werden. Für die Reaktionen der Betroffenen gilt dasselbe: Die von ihnen getroffenen Entscheidungen zur Veränderung ihrer Detailpläne werden möglicherweise wieder weitere Teile des Teams betreffen.

Besonders schwierig wird die konsequente Planung, wenn – was ja inzwischen die Regel ist – die Mitglieder der Projektteams nicht in einem Haus sitzen. Unterschiedliche Systeme und Formate, per e-Mail zu überwindende Firewalls, verschiedene Projektplanungskulturen müssen berücksichtigt werden. Mit einem gemeinsamen Plan, mit der berühmten bunten Landkarte für die Wand des Besprechungsbüros ist es da oft nicht mehr getan.

Die Terminplanung ist das eine, aber mindestens ebenso wichtig sind natürlich auch die anderen Ressourcen, die während eines Projektes im Spiel sind. Die Personen sind bereits über den Zeitplan berücksichtigt, aber wie steht es mit Maschinen oder Softwaresystemen? Und vor allem: wie mit den Kosten, die für das Projekt eingeplant und eventuell bei einer Terminänderung neu gerechnet werden müssen?

Betrachtet man die hier nur kurz angerissene Aufgabenstellung etwas genauer, wird schnell klar, dass es sich dabei um einen wesentlichen Aspekt des Prozessmanagements handelt. Welcher Arbeitsschritt hängt wie mit anderen zusammen? Was muss abgeschlossen sein, bevor ein anderer Schritt erfolgen kann? Wer sind die Beteiligten, welche Zeiten benötigen sie für welche Aufgabe? Wer diese Fragen mit Hilfe des Projektmanagements beantworten kann, der hat für das betreffende Projekt die dahinter liegenden Prozesse im Griff. Der Unterschied zum Prozessmanagement besteht vor allem darin, dass hier für ein konkretes Projekt definiert und geplant wird. Eine allgemeine Definition der Prozesse, der Teilprozesse und einzelnen Schritte in den Abläufen, der jeweiligen Ziele und Ergebnisse, des notwendigen In- und Ouputs ist damit nicht gegeben.

Heute werden beide Aufgaben in aller Regel nicht von denen erledigt, die mit der Umsetzung betraut sind. Nicht die Ingenieure, meist nicht einmal die Projektverantwortlichen innerhalb der Produktentwicklung, betreiben Projektmanagement oder gar Prozessmanagement. Wenn diese Aufgaben professionell angegangen werden, dann von einer Stelle aus, die sich ausschließlich damit befasst. Es gelingt nach wie vor nur in Ausnahmefällen, die Akteure in den Entwicklungsabteilungen unmittelbar in die Projektplanung einzubeziehen. Aber nur dann kann Projektmanagement eigentlich erfolgreich sein. Nicht, wenn es eher als Überwachungs- und Kontrollfunktion wahrgenommen wird.

PLM Konzepten kommt in diesem Zusammenhang eine besondere Rolle zu. Erstens können Projekt- und Prozessmanagement unmittelbar in die führenden Systeme einer PLM-Umgebung integriert werden. Das wird inzwischen von den meisten Anbie-

5

tern angestrebt, auch in diesem Fall entweder über Zukauf und vollständige Integration in die eigene Software oder über strategische Partnerschaften mit Spezialanbietern.

Zweitens bietet sich an, die Projektplanung direkt zu verknüpfen mit den Dokumenten, Daten und Dateien, die jeweils als In- und Output definiert werden. Bei einer allgemeinen Definition von Prozessen können sogar viele Vorgänge standardisiert werden. Wenn beispielsweise bei einem Arbeitsschritt zur Bestellung einer Komponente immer bestimmte Formulare benötigt und ausgefüllt werden müssen, dann können solche Dateien als vorgefertigte Dokumente bereitgestellt und im jeweiligen Prozessschritt automatisch aktiviert werden. Die Suche nach dem Formular, die Information über die zu beachtenden Formalitäten, die Unsicherheit des Prozesses und die Gefahr unterschiedlicher Vorgehensweise in jeder Abteilung des Hauses – es steckt viel Verbesserungspotenzial allein in solch kleinen Dingen.

Allerdings besteht wie so oft die Kunst auch hier darin, nur das Nötige zu tun. Nicht alles, was möglich wäre. Jede Festlegung von Prozessschritten, die zu weit ins Detail geht, muss sich binnen kürzester Frist als Bremsklotz für die nächste Veränderung erweisen. Standardisierung muss zugleich die Flexibilität sichern. Deshalb wird es beispielsweise nicht sehr hilfreich sein, Arbeitsschritte oder Projektabschnitte von Dateien und Dokumenten abhängig zu machen. Wichtiger ist die jeweils benötigte Funktion, die erfüllt sein muss. Auch wenn ein Dokument verzögert ist, kann möglicherweise der nächste Schritt angestoßen werden. Der Spagat zwischen Festschreibung von Abläufen bei gleichzeitiger Gewährleistung maximaler Beweglichkeit – das wird eine Kür sein in PLM.

5.3
Produktentwicklung und Produktentstehung

So wie sich die Prozesskette nach vorne, in den Bereich von Vorentwicklung, Strategie- und Innovationsmanagement verlängert, so lässt sich auch die Trennung zwischen Produktentwicklung und der Entwicklung von Produktionssystemen, Produktionsplanung und -steuerung, den traditionell nachgelagerten Aufgabenbereichen, immer weniger aufrechterhalten. Für die Industrie kommt der Druck aus der nötigen Prozesssicherheit und der maximalen Zeitverkürzung. So schnell wie möglich soll die Produktion mit hoher Qualität starten können. Das funktioniert immer besser über die Simulation der Fertigungsanlage und über die Simulation des Produktionsprozesses selbst. Wenn eine neue Anlage oder ein neues Fabrikgebäude erforderlich ist, wird zunehmend auch die Planung dieser Fertigungsumgebung einschließlich der Gebäude Bestandteil der Simulation.

Für Industrien außerhalb von Automotive und Flugzeugbau mag übrigens von Interesse sein, dass in diesen Sparten das Wort Prozess eine doppelte Bedeutung hat. Neben der gebräuchlichen generellen Verwendung des Begriffs für eine Abfolge von Arbeitsschritten, also für eine Kette von Arbeitsabläufen oder Workflows, existiert hier die besondere Bedeutung als Synonym für Fertigungsplanung und -steuerung. Deshalb wird dort von Produkt- und Prozessentwicklung gesprochen, wenn die beiden Bereiche der Entwicklung von Produkt und Produktionssystem gemeint sind.

Der Zusammenhang zwischen beiden Bereichen ist unübersehbar. Für die virtuelle Fertigung benötigt der Planer selbstverständlich vor allem das zu produzierende Teil, die zu montierenden Baugruppen, das vollständige Produkt, also beispielsweise das komplette Digital Mock-up eines Autos oder einer ICE Zugmaschine. Je früher diese Daten, die ja als 3D-Modelle in den Entwicklungsabteilungen entstehen, zur Verfügung gestellt werden, desto früher kann mit der Planung von Fertigung und Montage begonnen werden.

Vieles ist dabei heute schon möglich, aber noch mehr bedarf weiterführender Forschung und Pilotprojekte zur Praxiserprobung. Denn nur ein kleiner Teil der Aufgaben in der Fertigungsplanung und -simulation ist allein mit den virtuellen Endprodukten – einschließlich eben der virtuellen Investitionsgüter zu ihrer Herstellung – zu bestreiten.

Neben den Fertigteilen oder gar dem vollständigen Endprodukt sind für die Produktion zum Beispiel auch die vielen Zwischenstufen wichtig, die jedes Einzelteil und das ganze Produkt durchlaufen. Neben dem reinen Geometriemodell einer Maschine oder eines Roboters sind vor allem ihre kinematischen Eigenschaften und beispielsweise ihre Steuerungsfunktionen und Bedienelemente wichtig.

Für die Simulation der Arbeitsschritte an einer Fräsmaschine wird neben dem Fertigteil das Rohteil gebraucht. Unter Umständen auch eine Zwischengeometrie, falls ein Teil auf mehreren Maschinen in mehreren Stufen zu fertigen ist. Für die Simulation einer Tiefziehfertigung benötigt die Planung nicht nur die verschiedenen virtuellen Stufenwerkzeuge in den jeweiligen Pressen einschließlich zugehöriger Roboter zum Beladen und Entladen der Pressen, sondern auch die entsprechenden Blechformen, die jeweils das Ergebnis eines einzelnen Tiefziehvorgangs sind.

Es sei der Phantasie des Lesers überlassen, diese Liste möglicher Fertigungsverfahren und der jeweils benötigten Zwischenstufen von Fertigteilen und Produkten zu erweitern. Die Aufzählung umfasst potenziell alle Teile, Produkte, Maschinen, Anlagen, Gebäude, Automatisierungssysteme, die eben auch in der Realität zu einem produzierenden Unternehmen gehören. Dieses große Feld der Simulationsmöglichkeiten ist auf der Seite der Fertigung und Montage gerade erst aufgetan. Kaum etwas davon ist bereits geübte Praxis.

Die Entwicklungsbereiche haben bisher ihre Aufgabe darin gesehen, Produkte und die dazu nötigen Komponenten zu entwickeln und virtuell zum DMU zusammenzusetzen. Wenn zu einzelnen Zwischenschritten der Fertigung – etwa im Werkzeug- und Formenbau – auch Modelle von Zwischenprodukten erzeugt werden, dann sind sie in der Regel nicht gemeinsam mit dem fertigen Produktmodell in der Datenbank gespeichert. Die meisten Zwischenschritte aber werden in der Produktentwicklung überhaupt nicht modelliert. Ebenso wenig wie der tatsächliche Endzustand etwa eines Fahrzeugs oder einer Maschine in der jeweils bestellten Lackierung.

Zur Simulation von Fertigung und Montage gehört selbstverständlich das Modell des Menschen, der in seinen Aktivitäten dargestellt werden kann. Seine Bewegungen müssen Rückschlüsse auf ergonomische Gestaltung der Arbeitsplätze und der Arbeitsschritte gestatten, letztlich auch Fragen wie die von möglichen Kollisionen zwischen Mensch, Werkzeugen, Maschinen und Fertigteilen während der Produktion. Technisch machbar ist das alles, wirtschaftlich eingesetzt nur in einzelnen Ansätzen.

Vielfach sind völlig neue Kombinationen herkömmlicher Werkzeuge mit moderner IT denkbar und erforderlich. Wenn die Fertigung einer neuen Produktreihe eines Autos geplant wird, stellt sich zum Beispiel die Frage, welche Modifikation der vorhandenen

5

Fertigungsstraße zur Kollisionsvermeidung eine Verbreiterung der Karosserie gegenüber der alten Baureihe um 1,5 cm notwendig macht. Das lässt sich herausfinden, wenn man Fotos oder Videos der Montagestraße – ihre vollständigen Computermodelle sind nicht verfügbar – kombiniert mit CAD-Modellen der neuen Produkte. Hier sind Techniken in der Erprobung, die aus Fotos der Montagelinie 3D-Modelle generieren, durch die sich dann das neue Modell virtuell hindurchbewegen lässt. Mit der Möglichkeit der Messung benötigter Mindestabstände.

Noch mehr als in der Produktentwicklung könnten sich in der Entwicklung der Produktionssysteme Virtual Reality und Augmented Reality als wichtige Werkzeuge erweisen. Je komplexer und auch je größer die Anlagen sind, desto schwieriger wird es, sie auf Bildschirmen darzustellen, um anhand der Visualisierung Entscheidungen zu treffen. Hier entwickelt sich ein Gebiet für den Einsatz von VR, bei dem sich der Aufwand der Großleinwände, der sogenannten Powerwalls, der Stereoaufbereitung der Daten und anderer Spezialtools möglicherweise besser rechnen lässt als in der Entscheidungsfindung für oder gegen eine Konstruktionsalternative eines Einzelteils. Schon heute ist Montage und Montagetraining eines der wichtigsten Einsatzgebiete von Augmented Reality.

Auch ohne das regelrechte Eintauchen in VR können Powerwall und Großprojektion hier in Zukunft vermehrt zum Einsatz kommen. Denn parallel zur Virtual Reality hat sich die Visualisierung gerenderter Computermodelle ohne den Stereoeffekt bereits einen erheblich größeren Markt erobert. Die Animation beispielsweise von Fahrzeugen in repräsentativen Verkaufsräumen gehört seit Jahren zum Standard. Der Kunde kann sich das Fahrzeug in Originalgröße anschauen, mit den Originalfarben, die er auf Knopfdruck wählen kann, mit Vorführung der Dachbewegung beim Cabrio, mit der Bewegung der Räder während der Fahrt. Solche Art der Simulation hat aber noch kaum den Weg in die Produktentstehung gefunden, sondern wird derzeit mehr als Marketing- und Vertriebstool betrachtet.

Schließlich – und dieser Punkt hat eher höchste als niedrigste Priorität – gilt auch für die Produktionsplanung und -steuerung, dass eine grundlegende Verbesserung nur zu erreichen ist, wenn nicht jede Disziplin nach ihrer Teillösung sucht, sondern alle nach der gemeinsamen. Was schon auf die Produkte zutrifft, das hat noch größeres Gewicht beim Produktionssystem. Informatik, Elektronik, Mechanik, Berechnungsspezialisten und Produktionsplaner müssen bereits in der Entwicklung die Gräben ihrer Spezialisierung überwinden. Weder in der automatisierten Fertigung noch in ihrer virtuellen Planung kann einer noch etwas erreichen oder die anderen.

Eine große Palette an Aufgaben also, für die im Rahmen einer Strategie für das Produkt-Lebenszyklus-Management eine Lösung gefunden werden kann. Grundsätzlich betreffen diese Aufgaben folgende Themen:

1 Verfügbarkeit der in der Produktentwicklung erzeugten Daten
2 Verfügbarkeit der Maschinen und Anlagen als Computermodelle
3 Verfügbarkeit von system- und disziplinübergreifend einsetzbaren Tools zur Simulation und Visualisierung
4 Abstimmung der Entwicklung zwischen den Ingenieurdisziplinen
5 Abstimmung der Entwicklung zwischen Produktentwicklung und Fertigungsplanung

5.4
Der Service im Produkt-Lebenszyklus

Wir haben schon an anderer Stelle darauf hingewiesen: Mit der Fertigstellung des Produktes und seinem Verkauf oder seiner Inbetriebnahme ist die Aufgabe des Managements seines Lebenszyklus keineswegs beendet. Auch wenn die Distanz zwischen dem traditionellen Kundendienst oder neudeutsch Service After Sales (SAS) und dem Produktentstehungsprozess noch erheblich größer ist als die zwischen Produktentwicklung und Produktion, tut sich hier mit wachsender Dringlichkeit ein Thema auf, das bereits heute in verschiedenen Industrien eine für den Wettbewerb entscheidende Bedeutung hat.

Aber das ist nur die eine Seite des Service, der Dienstleistung, die in der Fertigungsindustrie eine Rolle spielt. Die andere Seite wird möglicherweise bald noch wichtiger sein: die produktbegleitende Dienstleistung. Und nur einen kleinen Schritt weiter steht die Dienstleistung als Ersatz des herkömmlichen Produktes.

Befassen wir uns zunächst mit dem, was wir als Kundendienst bezeichnen.

5.4.1
Kundendienst

Mit dem Produkt liefert der Hersteller irgendeine Art der Beschreibung. Das kann eine Bedienungsanleitung scin, ein technisches Handbuch oder eine Montageanleitung. All diese Dokumente entstehen normalerweise in besonderen Abteilungen. Die möglichen – und zunehmend dringend nötigen – Verknüpfungen zur Produktentwicklung sind vielfältig. Die tatsächlich genutzten Drähte sind äußerst dünn und selten.

Wer hat nicht schon ein Gerät ausgepackt und bei der ersten Benutzung in den Gebrauchsanweisungen vergeblich nach der Funktion eines Schalters gesucht, der an der Rückseite des Gerätes befestigt ist, aber auf dem Foto in der Bedienungsanleitung nicht auftaucht? Wer hat sich nicht schon über die vielen unnötig komplizierten Montageanleitungen für Mitnahmemöbel geärgert? Je höher der Preis eines Produktes, desto negativer wirken Dokumentationen, die ihren Zweck nicht oder schlecht erfüllen. Nicht nur mit Ärger, sondern mit empfindlichen Kosten sind solche Mängel verbunden, wenn das Produkt ein Investitionsgut und der Endkunde ein Konzern ist, der nach der Inbetriebnahme einer Anlage noch Tage oder Wochen auf Teile des technischen Handbuchs warten muss.

Die technische Dokumentation ist kostenintensiv, denn sie muss in den meisten Fällen nicht nur in einer Sprache, sondern oft in zehn oder fünfzehn Sprachen vorliegen. Und sie enthält üblicherweise Grafiken oder Ansichten vom Produkt und/oder seinen Komponenten, die sowohl für die Veranschaulichung von Funktionen als auch von Methoden der Bedienung oder eben des Zusammenbaus entscheidend sind. Damit sind drei der wichtigsten Punkte genannt, an denen Kosten eingespart werden können. Leider wird dabei nicht immer berücksichtigt, dass die Qualität der Dokumentation einen Teil der Qualität des Produktes darstellt.

Die schlechte Art zu sparen kennt jeder. Ihre Ergebnisse gehören zum Standardrepertoire von Kabarettveranstaltungen. Billige Texte, die schon in der Ursprungssprache kaum verständlich sind; automatische Übersetzungen, die ihre Funktion vollständig verfehlen; billige Zeichnungen oder Fotos, die in etwa die wichtigsten Teile der Produkte darstellen sollen.

Man kann den ungeliebten Kosten technischer Dokumentationen zumindest teilweise auch wesentlich eleganter zuleibe rücken und dabei sogar dafür sorgen, dass die Qualität des Produktes noch aufgewertet wird. Dann muss allerdings dieser Teil des Service als fester Bestandteil des Produkt-Lebenszyklus begriffen werden.

An der sprachlichen Gestaltung lässt sich nicht sparen. Aber bei der Anfertigung der Dokumentation – besonders in verschiedenen Sprachvarianten – und erst recht bei den Illustrationen sind mit modernen Mitteln und Methoden Dinge möglich, die noch viel zu selten zum Einsatz kommen.

Das Erste ist natürlich die Verwendung der bereits vorhandenen Daten aus der Entwicklung. Wenn Modelle dem echten Produkt bereits so nahe kommen, dass sie – je nach Qualität der Visualisierung – gerne mit einem Foto verwechselt werden, gibt es eigentlich keinen Grund, sie nicht für die Illustration in den verschiedenen Dokumentationen zu nutzen. Sie entsprechen dem Produkt und lassen sich zu unterschiedlichsten Zwecken verwenden, etwa die Explosionsdarstellung in der Montageanleitung. Dass solche 3D-Daten im Unternehmen nicht vorliegen, ist in den selteneren Fällen wahr. Meist findet diese Nutzung nicht statt, weil die Mauer zwischen Produktentwicklung und Service nicht überwunden wird. Weil der Service eine andere Baustelle ist, fehlt ihm der gute Draht zu den entscheidenden Daten.

Aber auch in der Erzeugung der Gesamtdokumente, zum Beispiel umfangreicher technischer Handbücher für Automatisierungsanlagen, könnte mancher Hersteller vieles besser machen und dabei auch noch Kosten senken. Wenn alle Dokumente, alle Modelle und Ansichten, alle Daten und Dateien, die zu einem Projekt gehören, in einer zentralen Produktdatenbank verwaltet werden, dann lässt sich mit etwas Geschick die jeweils benötigte Dokumentation – beispielsweise über Nacht in einem Batch-Job – automatisch aus der Datenbank erstellen. In wie vielen Sprachen auch immer.

Ähnliches gilt für die Angebote von Ersatzteilen oder Reparaturanleitungen. Oft findet der Kunde heute im Internet eine Seite, auf der technische Zeichnungen in schlechter Auflösung und Darstellung das explodierte Produkt zeigen, das beispielsweise an den einzelnen Positionen der verfügbaren Ersatzteile mit den entsprechenden Positionsbezeichnungen versehen ist. Der mühsame Weg über das Entziffern der Bezeichnungen und meist auch noch die telefonische Hotline bis zur Bestellung wird den Kunden nicht fester an den Hersteller binden. Dabei ist es kein Problem, ein neutrales 3D-Modell des echten Produktes auf einer Seite so abzubilden, dass der Kunde die richtigen Teile erstens schnell und sicher findet, und dass sich ihre Positionsnummern zweitens per Mausklick bequem in ein vorbereitetes Online-Formular einbinden lassen.

Es sind nur einzelne Beispiele, aber sie zeigen, welch riesiges Potenzial selbst in der Nutzung der verfügbaren und oft sogar vorhandenen Tools brachliegt. Und dabei haben wir nur auf den Teil der Services geschaut, die als klassischer Kundendienst gelten. Noch wichtiger wird die Einbindung des Themas Service, wenn wir die Veränderung der Produkte in Richtung Dienstleistung betrachten.

5.4.2
Dienstleistung als Teil des Produkts

Wir sprechen von der Dienstleistungsgesellschaft und meinen die Tatsache, dass sich die Zahl der Dienstleistungsanbieter gegenüber der Zahl der Produzenten allmählich, aber deutlich erhöht. Das bedeutet aber keineswegs, dass die Produkte verschwinden. Es gibt zwar jede Menge neuer Dienstleistungen, die ihre Existenz zum großen Teil der Informationstechnik verdanken. Meist sind es sogar unmittelbar Dienste, die mit der Aufbereitung, Bereitstellung oder Übermittlung von Information zu tun haben. Was uns in Zusammenhang mit PLM interessiert, ist die Ergänzung der Produkte um Dienstleistungen und deren wachsende Rolle in der Wertschöpfung der Produzenten.

Produkte, ausschließlich zum Verkauf und zur Nutzung durch den Endkunden entwickelt und hergestellt, werden weniger. Kaum ein Bereich, kaum eine Ware, wo nicht die Computerunterstützung spürbar und sichtbar wird, wo nicht mit Hilfe von Embedded Software zusätzliche Funktionen angeboten werden, die es bislang gar nicht gab. Oder es werden Funktionen ersetzt, die bislang einfacher, zum Beispiel mechanisch oder mit Hilfe eines Elektromotors, erledigt wurden. Der Übergang ist schleichend. Oft fällt es sogar schwer auszumachen, was eigentlich Produkt ist und was Dienstleistung.

Ein sehr einfaches Beispiel für die Ergänzung des Produktes um Funktionen, die dem Kunden zusätzlichen Nutzen bringen sollen, ist die Zahnbürste, die in vielen Haushalten keine Zahnbürste mehr ist. Weit verbreitet sind inzwischen mechatronische Geräte, die unterschiedliche Antriebsarten kennen, mit und ohne Vibration, mit und ohne variierte Geschwindigkeit. Ein kleines Zusatzgerät ist via Sensor mit der mechatronischen Zahnbürste synchronisiert und zeigt neben der Uhrzeit an, wie lange das Gerät am Zahn im Einsatz ist und wie lange es nach wissenschaftlicher Erkenntnis im Einsatz sein sollte. Eine kleine Hilfe für Menschen, die ihre Zähne lieber nur eine halbe Minute bürsten statt der zu empfehlenden zwei bis drei. Die Bürste selbst ist der kleinste Teil des Produktes. Auch hier gibt es zwar viel Innovation mit Bürstchen für Spangenträger, für den Vorrang auf der Säuberung der Zahnzwischenräume und anderes mehr. Aber der Entwicklungs- und Fertigungsaufwand konzentriert sich zum allergrößten Teil auf die Maschine, Zusatzgeräte und Befestigungen. Die Bürste ist Zubehör.

Ähnlich hat sich das Automobil gewandelt. Wer heute ein neues Fahrzeug kauft, interessiert sich nur noch am Rande für die eigentlichen Funktionen des Fahrens. Das wird vorausgesetzt. Unterscheidungsmerkmale liegen in vielen anderen Funktionen, die in den derzeit 40 bis 60 Steuergeräten pro Auto stecken. Navigationssystem, Sicherheit, Informationen über Kraftstoffverbrauch, Instrumente zur Anzeige von Mängeln, Unterhaltungselektronik und anderes mehr.

Manche der zusätzlichen Funktionen haben einen unmittelbaren Zusammenhang zum Kundendienst. Sie unterstützen den Käufer bei der Wartung des Produktes, informieren über nötige Reparaturen oder Ersatzteile. Und sie unterstützen den Kundendienst, die Werkstatt, den Einzelhandel, in dem sie die Fehlersuche verkürzen, die Information über ein zu ersetzendes Teil gleich mitliefern.

Damit sind wir bereits beim zweiten Aspekt produktbegleitender Dienstleistungen. Bei einer Maschine oder Anlage, bei einem Flugzeug oder einer Zugmaschine im Schienverkehr ist die Frage des sicheren Betriebs essentiell. Welche Funktionalität hier zusätzlich angeboten wird, könnte künftig manchen Vertragsabschluss entscheiden.

5

Eine Maschine zu warten, kostet Zeit. Viel Geld kostet es, wenn dafür die Maschine abgeschaltet werden muss. Noch mehr, wenn sie infolge einer Fehlfunktion oder Störung ausfällt. Diese Stillstandszeiten so klein wie möglich zu machen, ist eine große Herausforderung für die Hersteller. Neben der Messung der wichtigen Parameter wie Energiezufuhr oder Verschleißteilwechsel können heute viele Aufgaben automatisiert oder teilautomatisiert werden. Oft lassen sich Wartungs- und Pflegeaufgaben sogar per Internet von fern überwachen. Dann kommt der Kundendienst beispielsweise ungefragt und wechselt ein verschlissenes Teil aus, weil beim Hersteller eine Warnung registriert wurde. Oder der Hersteller liefert eine eigene Software mit der Maschine aus, die dem Kunden die Wartung, Überwachung und Instandhaltung einer Anlage erleichtert.

Der Schritt von solchen produktergänzenden Dienstleistungen zum Dienstleister, der seine Leistung nur noch auf ein Produkt stützt, ist nicht groß. Wir wissen, dass der Drucker neben dem PC inzwischen möglicherweise weniger kostet als die Druckerpatrone. Das Mobiltelefon gibt es zum Vertrag kostenlos dazu, es ist nur noch Mittel zum Zweck des Vertrages. Nur für besondere Funktionalitäten oder besonderes Design ist der Kunde aufgerufen, zusätzliche Ausgaben zu tätigen.

Auch bei den Herstellern großer Anlagen und Maschinen geht der Trend in dieselbe Richtung. Ein Anbieter von Werkzeugmaschinen muss in der Lage sein, die Anforderungen, denen sich seine Kunden gegenübersehen, zu verstehen. Er muss die Prozesse der Kunden kennen und mit seinen Produkten bestmöglich unterstützen. In der Tendenz könnte das – bereits mittelfristig – dazu führen, dass der Maschinenhersteller nicht die Maschine verkauft, sondern deren Funktion im Betrieb. Die Entwicklung und Fertigung der Maschine oder Anlage ist Sache des Herstellers. Der Kunde bezahlt für Zeiträume, in denen er sie nutzt. Für Funktion und reibungslosen Einsatz ist der Hersteller verantwortlich.

Was hat diese Entwicklung der Produkte und der Schwerpunkte der produzierenden Unternehmen mit unserem Thema PLM zu tun? Ist das nicht endgültig ein Thema, mit dem sich die Geschäftsleitung und ihre Berater befassen sollten, und mit dem der Ingenieur, der Produktentwickler, die Entwicklungsleitung und Prozesssteuerung möglichst wenig von ihrer Arbeit abgehalten werden sollte? Wenn dann feststeht, welcher Teil der Ware Produkt und welcher Dienstleistung ist, dann erst kommt der Produktentstehungsprozess zu Zug, beginnt der Produkt-Lebenszyklus? Aus mehreren Gründen ist auch hier leider keine Vereinfachung und Begrenzung der Aufgabenstellung in Sicht.

1   Eine klare Trennung zwischen dem eigentlichen Produkt und der eigentlichen Dienstleistung ist zunehmend weniger möglich. Es findet eine Vermischung statt zwischen der Produktfunktionalität, dem Kundendienst und der zusätzlichen Dienstleistung, die sich bei jedem neuen Produkt ändern kann.

2   Der Prozess, der insbesondere den Betrieb von Investitionsgütern bestimmt, rückt stärker in den Mittelpunkt der Anforderungen an die Funktion der Maschinen und Anlagen. Wie gut dieser Prozess beherrscht und vom künftigen Produkt unterstützt wird, das entscheidet sich im Produktenstehungsprozess des Herstellers.

3 Die Funktionen moderner Produkte unterliegen einem permanenten und sehr schnellen Wandel. Was gestern noch die Hauptfunktion des Telefons war, ist heute selbstverständliche Basisfunktion. Datenbank (Telefonnummernverzeichnis), Konferenzfähigkeit, Lautsprech-Einrichtung, SMS-Bereitschaft sind heute kaufentscheidend. Diese Mutation der Produkte wird zunehmend sogar während eines Entwicklungsprojektes die Veränderung der Zielvorgaben beeinflussen.

4 Alle Beteiligten am Produktleben nach der Entwicklung – also Fertigung und Montage, Vertrieb und Marketing, Kunde und Service – sind auf die Daten aus dem Produktentstehungsprozess angewiesen. Auch und gerade für die zusätzlichen Dienstleistungen, die das Produkt begleiten. Ein Denken in den alten Kategorien eines ‚die Entwicklungsdaten sind nur für die Ingenieure interessant' verhindert viele Dienstleistungen und behindert den Weg der Unternehmen zum Anbieter von qualitativ hochwertigen, das eigentliche Produkt aufwertenden Services.

5 Spätestens mit der Ausdehnung der Produktbestandteile auf IT-basierte Dienstleistungen ist ein professionelles Anforderungsmanagement, das die Erfüllung der Anforderungen in den Komponenten überprüfbar macht, unverzichtbar.

Ohne Anspruch auf die Vollständigkeit der Gründe dürfte dem Leser deutlich geworden sein, dass die Berücksichtigung der Services im Unternehmen mehr heißt als die gute Verwaltung der Kundendaten, die Unterstützung der Händler und die Lieferung von Ersatzteilen und technischen Handbüchern.

Die Entwicklung solcher Services ist kein Kinderspiel. Die dazu nötige Integration der verschiedenen Ingenieurdisziplinen, die Überbückung der Barrieren zwischen den Kernprozessen des Unternehmens und vor allem der Link zwischen dem strategischen Management der Geschäftsführung und den Operateuren und Managern im Produktentstehungsprozess – mit diesen Aufgaben sind viele Unternehmen momentan überfordert.

Die Initiierung eines PLM Projektes und die Formulierung einer mittel- und langfristigen Strategie für das Management des Produkt-Lebenszyklus kann hier hilfreich sein. Einerseits durch die Sicherung der Verfügbarkeit aller dabei benötigten Daten für alle Beteiligten. Andererseits durch die Verankerung eines nachhaltigen und fachübergreifenden Denkens im Unternehmen.

Um den Rahmen des Buches nicht zu sprengen, wird hier ausdrücklich auf die Behandlung weiterer Unternehmensbereiche verzichtet, die ebenfalls von PLM betroffen sind. Der Einkauf ist für seine Kommunikation mit den Lieferanten ebenso auf Daten aus der Entwicklung angewiesen wie Marketing und Vertrieb in ihrer Beziehung zum Markt und zum Kunden. Möglich, dass sich die Berücksichtigung auch dieser Bereiche in der nächsten Zeit als so wichtig erweist, dass sie in einer nächsten Auflage ausführlich gewürdigt werden.

In den Gesprächen, die ich für dieses Buch mit den Verantwortlichen für beispielhafte PLM-Konzepte in der Industrie führte, wurde immer wieder deutlich: Produkt-Lebenszyklus Management verlangt nicht nur nach einer Verständigung über die Aufgaben, die damit gelöst, die Prozesse, die damit verbessert werden sollen. Es verlangt auch nach einer genaueren Definition dessen, was mit dem Bestandteil ‚Management' im Begriff eigentlich gemeint ist.

Auch das Management in der Industrie ist in einem ständigen Wandel begriffen. Wer heute in einem börsennotierten Unternehmen als CEO fungiert, hat unter Umständen nicht mehr viel gemein mit dem Geschäftsführer, wie er beispielsweise in einem Familienunternehmen anzutreffen ist. Die Überlegungen, die ein Corporate Technology Officer (CTO) in einem global agierenden Großkonzern anstellt, sind andere als die des technischen Leiters einer Firma des baden-württembergischen Maschinenbaus. Und auch wenn sich das kurzfristige Denken in Quartalszahlen schon stark ausgebreitet hat, gibt es noch sehr viele Unternehmen, in denen Investitionen vor allem danach beurteilt werden, ob und wie sie dem Haus, seinen Produkten und seiner Position im Markt langfristig nutzen. Diese Unterschiede in der Führung industrieller Organisationen haben großen Einfluss auf die Frage, ob und mit welchen Aussichten auf eine erfolgreiche Umsetzung PLM-Konzepte auf die Schiene gebracht werden.

Bei einem Thema wie PLM, das alle Bereiche, alle Kernprozesse des Unternehmens mehr oder weniger stark tangiert, kann natürlich nicht außer Acht gelassen werden, wie das Management organisiert ist, welche Aufgaben von welchem Teil der Unternehmensführung verantwortet werden. Denn wenn die These stimmt, dass das Thema strategische Bedeutung hat und das Wort Management nicht nur zufällig oder in einem übertragenen Sinne im Namen auftaucht, dann müssen wir die Frage beantworten, welcher Bereich des Managements im Unternehmen sich denn damit beschäftigen soll.

Wir haben uns schon mit den unterschiedlichen Sichtweisen von Industrie und IT-Branche auf PLM befasst. Bezogen auf das Management wird die Frage nun nochmals brisant. Ist es ein IT-Thema, oder geht es um das Management der Prozesse und der Organisationsstruktur? Oder um beides? Diese Aufgaben sind üblicherweise nicht in denselben Händen. In wessen Verantwortungsbereich PLM gehört, welche Investi-

U. Sendler, *Das PLM-Kompendium*,
© Springer 2009

tionen hier gerechtfertigt oder notwendig sind, wird leicht zu einem Politikum. Das liegt unter anderem an den historisch gewachsenen Management-Strukturen in der Industrie. Sie werden sich genau wie die Fachbereiche verändern müssen, um die Herausforderungen der Zeit zu meistern.

6.1
Technische IT – Thema des Finanzvorstands?

Historisch hat sich die Computerisierung der Industrie zuerst in den Bereichen vollzogen, die sich um die Buchhaltung, das Finanzwesen und die Personalverwaltung gedreht haben. Die ersten EDV-Systeme in den meisten Firmen waren Systeme, die Aufgaben wie die Gehaltsabrechnung und das Rechnungswesen unterstützten. Gefolgt sind ihnen jene, die unter dem Begriff Produktionsplanung und -steuerung (PPS) eingeführt wurden, was heute unter Enterprise Resource Planning (ERP) subsumiert ist. Auch hier standen weniger die technischen Aspekte im Vordergrund als vielmehr die organisatorischen, logistischen und finanztechnischen. Solche Systeme waren schon im Einsatz, lange bevor erste Standardsoftware für CAD oder CAM auf den Markt kam. Die großen Aufgaben technischer EDV brauchten etwas mehr Zeit zu ihrer Durchsetzung.

Neben der Verarbeitung alphanumerischer Daten, also Zahlen und Buchstaben, worauf sich die ersten EDV-Systeme ausschließlich konzentrierten, mussten hier geometrische Daten exakt generiert, dargestellt und ausgegeben, komplexe Methoden wie die Matrizenrechnung beherrscht werden. Aber es dauerte nicht nur deshalb länger, weil die Aufgabenstellung schwieriger war und ist – besonders seit es um die wirkliche Nutzung dreidimensionaler Modelle und Produktstrukturen geht. Hinzu kam, dass die Details der technischen Entwicklung kein Thema für die gesamte Chefetage sind, sondern vornehmlich für den Entwicklungsleiter oder den technischen Direktor.

Je größer das Thema EDV oder später IT wurde, desto notwendiger erwies sich eine Stabsstelle, die sich ihres Managements annahm. Auswahl und Einführung von Systemen, Roll-out und Anpassung, Training der Mitarbeiter, Pflege und Wartung waren die Aufgaben, die von den EDV- oder IT-Leitern zentral in Angriff genommen wurden. Organisatorisch unterstanden sie – es ging ja vornehmlich um dessen Themen – dem Finanzressort.

Als in den Siebziger- und Achtzigerjahren begonnen wurde, CAD und noch später PDM einzuführen, als auf der technischen Seite die Computerunterstützung zu massiven Investments in allen Abteilungen führte, da gab es in den größeren Unternehmen fast überall bereits eine EDV-Abteilung, die sich nun auch dieses Themas annahm. Eine EDV-Abteilung, die ihre Erfahrung mit Systemen aus der Finanz- und Organisationsverwaltung gesammelt hatte und in der Regel nur kaum über einen technischen Hintergrund verfügte. Mit einiger Verzögerung hat sich eine ähnliche Struktur auch in den mittleren Unternehmen durchgesetzt. In den kleinen Firmen, die nur wenige hundert Mitarbeiter haben, mag das immer noch anders aussehen.

Erst mit einer gehörigen Verzögerung kam es zur Einrichtung von Verantwortlichkeiten für die technische EDV. Meist hatten die Betreffenden dann Positionsbezeichnungen wie CAD-Verantwortliche, CAD-CAM-Leiter oder ähnliches, und die meisten haben solche Bezeichnungen heute noch. Aber auch wenn die technische IT als Leitungsfunktion mittlerweile in sehr vielen Unternehmen anzutreffen ist, bleibt sie in der Regel der Unternehmens-IT – und damit meist dem Finanzvorstand – untergeordnet.

In den Siebziger- und Achtzigerjahren sprachen die Anbieter von Standardsoftware für das Engineering überwiegend direkt mit den Konstruktionsleitern oder CAD/CAM-Verantwortlichen. Einerseits ging es – verglichen mit den Investitionen in die große EDV – um relativ kleine Beträge. Andererseits wurden CAD-Systeme und ähnliches mehr als Spezialwerkzeug für die Konstruktion betrachtet, und das IT-Management mischte sich nur selten ein.

Das hat sich mit dem Aufkommen des Produktdaten-Managements und erst recht mit PLM grundlegend geändert. Jetzt wurde ja der Anspruch erhoben, dass dafür erforderliche Systeme nicht nur für die Konstruktion, nicht nur für den begrenzten Prozess der Produktentwicklung wichtig seien, sondern für das Management des gesamten Produkt-Lebenszyklus. Damit aber kamen sie in eine mit der betriebswirtschaftlichen IT vergleichbare Rangordnung. Zunehmend fühlte sich in den vergangenen Jahren das IT-Management auch zuständig für die technischen Systeme. Die Anbieter registrierten ein wachsendes Problem, nicht mehr mit Fachleuten aus der Anwendungsumgebung, sondern mit IT-Spezialisten aus dem Umfeld der Betriebswirtschaft und vor allem mit den Finanzvorständen reden zu müssen, wenn es um Update, Auswahl oder Anpassung ging.

In den letzten zwanzig Jahren ist die Bedeutung der technischen IT stetig gestiegen. Daneben sind weitere Anwendungsgebiete hinzugekommen, die sich teilweise gar nicht der einen oder anderen Kategorie zuordnen lassen. Data Warehouse, Datenbank-Management, Enterprise Content Management (ECM), Dokumentenmanagement oder Groupware bieten eher Querfunktionen über diverse Fachbereiche hinweg.

Das Marktforschungsinstitut TechConsult in Kassel, das sich seit vielen Jahren schwerpunktmäßig mit der Entwicklung der IT und ihrem Einsatz in der Industrie beschäftigt, liefert dazu interessante Zahlen. Der TechConsult eAnalyzer stützt sich auf die Befragung von rund 5.000 Entscheidungsträgern in beinahe 3.500 deutschen Unternehmen. Im ersten Quartal 2008 wurde unter anderem nach den Investitionen für Softwarelizenzen im laufenden Jahr und nach den für die beiden Folgejahre geplanten Ausgaben gefragt. Die hier verwendeten Zahlen beziehen sich ausschließlich auf Neu-Installationen, die zwar Erweiterungen und Anpassungszusätze zu installierten Systemen einschließen, nicht aber Update, Pflege oder Wartung.

Gefragt wurde in drei verschiedenen Kategorien. Zu den betriebswirtschaftlichen und e-Business-Lösungen zählen ERP, CRM, SCM und eProcurement. Zu den technischen Lösungen werden PLM, CAD/CAM und Softwareentwicklungswerkzeuge gerechnet. Unter Business Informationssysteme fallen Datenbank-Management, Data Warehouse, Groupware und Enterprise Content Management (ECM).

Wie immer geben solche Angaben nur ein ungefähres Bild. Einerseits wird in unterschiedlichen Sparten der Industrie mit unterschiedlichen Begriffen gearbeitet. Andererseits können breit angelegte Studien wie diese nicht in die Details gehen. So fehlen in den Fragen viele Softwaresysteme, die im Umfeld von PLM oder generell technischer IT eine Rolle spielen, zum Beispiel Simulation und Berechnung, Visualisierung, Virtual Reality oder Projektmanagement. Hinzu kommt die Unschärfe des Begriffs PLM. Er dürfte, da Software-Entwicklungswerkzeuge und CAD/CAM separat aufgeführt sind, im wesentlichen auf die PDM-Installationen abzielen.

6

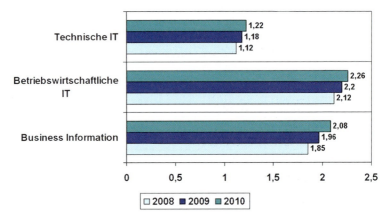

Abb. 6.1 Betriebswirtschaftliche IT macht nur noch etwa ein Drittel aus (Quelle Tech Consult 2008)

Nach den Ausführungen der vorhergehenden Kapitel ist für den Leser klar, dass alle drei Arten der technischen IT, wie sie hier aufgeführt sind, nach unserer Definition unter PLM fallen: Software-Entwicklungswerkzeuge, CAD/CAM und PDM. Dass es sich um sehr realistische Vergleichszahlen handelt, beweist ein Blick auf die Umsatz-zahlen, die die Mitgliedsunternehmen des sendler\circle it-forums seit 2002 für den Bereich Deutschland, Österreich und Schweiz (D,A,CH) zusammentragen.

Für 2007 meldeten die Anbieter von Software und Service rund um PLM, also ein-schließlich CAD und PDM, Umsätze in Höhe von 2,42 Mrd. Euro für den Bereich

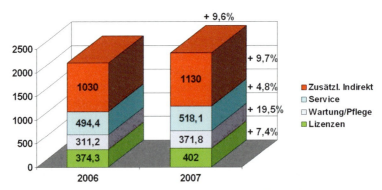

Abb. 6.2 Ergebnis der Internen Erhebung der IT-Anbieter (Quelle sendler\circle 2008)

Wachstum der Ausgaben in Prozent

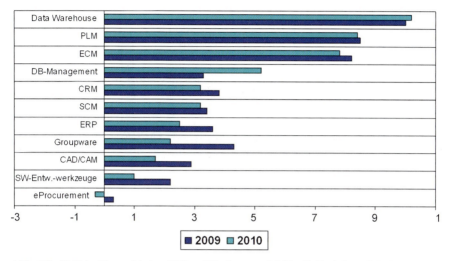

Abb. 6.3   PLM im Unterschied zu ERP auf Wachstumspfad (Quelle TechConsult 2008)

D,A,CH. Da sich inzwischen in den internen Erhebungen herausgestellt hat, dass die Dienstleistungsumsätze, einschließlich Update und Wartung, etwa die Hälfte ausmachen, entspricht der von den Anbietern genannte Betrag in seiner Größenordnung ziemlich genau den Angaben der Industrie über ihre diesbezüglichen Investitionen. Wir dürfen also davon ausgehen, dass technische IT in der Studie in etwa identisch ist mit PLM.

Was im Bild über die Ausgaben für Unternehmens-IT noch dazu verleiten könnte, den Vorrang und die Hoheit der betriebswirtschaftlichen IT – zumindest gegenüber der technischen IT – zu bestätigen, weicht einer völlig anderen Perspektive, wenn man die Zuwachsraten der einzelnen Bestandteile vergleicht.

Für 2009 und 2010 ergibt sich eine klare Rangfolge. Mit großem Abstand wachsen die IT-Ausgaben für drei Bereiche: Data Warehouse, PLM und ECM. Die größte Steigerungsrate von 2009 nach 2010 ist beim Datenbankmanagement zu verzeichnen. ERP dagegen liegt an fünftletzter Stelle, mit ähnlich sinkender Tendenz wie CAD/CAM. Lediglich um 3,6 Prozent steigen die Investitionen 2009, und nur noch 2,5 im Jahr darauf. Bei PLM dagegen ist laut TechConsult eAnalyzer in denselben Jahren mit 8,5 und 8,4 Prozent Steigerung zu rechnen.

Bestätigt wird dieser Trend bei einem Blick auf die Nennungen der Anbieter. Die Zahlen von 2006 und 2007 zeigen ein Wachstum von 9,6 Prozent. Nimmt man die Zahlen seit 2002, dann sind allein in diesem Zeitraum die Umsätze um 63 Prozent gestiegen. Das entspricht sogar einer durchschnittlichen, jährlichen Steigerungsrate von 12,6 Prozent. Und dies, obwohl die Branche im Jahr 2003 ein Minus zu verkraften hatte.

Mit anderen Worten: Die Ausgaben für PLM sind in starkem Wachstum begriffen, wozu der CAD/CAM-Einsatz nur noch zu einem kleinen Teil beiträgt. Verglichen mit dem Wachstum der gesamten betriebswirtschaftlichen IT, deren Investment 2009

6

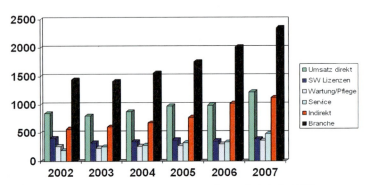

PLM Umsatz 2002 bis 2007
in Mio. €, Basis 18 Unternehmen

Abb. 6.4   Die Delle 2003 hat PLM gut verkraftet (Quelle sendler\circle 2008)

und 2010 nur um weniger als 3 Prozent wächst, hat PLM ein um Faktoren größeres Gewicht.

Berücksichtigt man auch die IT-Querfunktionen wie Datenbanken oder Enterprise Content Management, ist der betriebswirtschaftlichen IT, zumindest von der Bedeutung der Investitionen her, eigentlich längst der Führungsanspruch abhanden gekommen. Und dennoch gilt – vermutlich in der Mehrzahl der Industrieunternehmen – nach wie vor die Unterordnung der gesamten IT unter das Finanzmanagement.

Es ist an der Zeit, generell die Frage aufzuwerfen, ob in einer Neuordnung dieser Zuständigkeiten für die Unternehmen nicht ein erhebliches Verbesserungspotenzial steckt. Wenn die IT zu einem der maßgeblichen Werkzeuge in der Industrie geworden ist, die nicht nur rechnen hilft, sondern in allen Kernprozessen über Innovation, Effizienz und Wettbewerbsvorteil entscheidet, sollten über ihren Einsatz, ihre Auswahl und die entsprechenden Investitionen dann nicht die Bereiche entscheiden, die jeweils auch für die Prozesse verantwortlichen zeichnen?

6.2
PLM ist nicht (nur) IT-Thema

Warum ist die Fragestellung, wer über IT und speziell über technische IT entscheidet, überhaupt so wichtig? Die IT hat über einige Jahrzehnte eine absolut treibende Rolle gespielt. Der Einsatz von 2D-CAD, dann von 3D, die Nutzung von PDM, die Implementierung von zuverlässigen Berechnungs- und Simulationsmethoden – darüber wurde der Wettbewerbsvorteil errungen, darüber entschied sich, wie weit und wie gut teure physikalische Prototypen durch virtuelle ersetzt werden konnten. Deshalb hat sich eine Denkweise etabliert, die der IT eine führende Rolle auch gegenüber den Prozessen einräumt.

Die Folge sind zahlreiche PLM-Projekte, die als IT-Projekte eingeführt werden. Das Hauptaugenmerk liegt auf der Einführung des richtigen PDM-Systems, das dann vielleicht als PLM-System bezeichnet wird. Und schon ist der PLM-Verantwortliche, wenn es ihn gibt, in der Situation, dass er sich natürlich mit dem Finanzvorstand über den Nutzen der IT-Investition für das Unternehmen unterhalten muss. Nicht so sehr, weil es um eine nicht unerheblich Ausgabe handelt, sondern weil dieser Vorstandsbereich die Hoheit über das Thema IT hat.

Das Ergebnis sind nicht selten Entscheidungen, die darauf hinauslaufen, das im Einsatz befindliche ERP-System, sofern es eine PLM-Funktionalität anbietet, auch für diese Aufgabenstellung zu nutzen. Das System sei bereits erprobt, es sei in vergleichbaren Unternehmen weit verbreitet, also offenbar erwiesenermaßen gut. Eine andere Lösung berge das Risiko hoher Einführungskosten und unerwarteter Probleme. Generell wird ja eher auf eine Verringerung der IT-Inseln hingearbeitet, eine weitere Insel – etwa in Form eines PLM Backbones – stößt hier nicht auf besondere Gegenliebe.

Aber auch wenn die Entscheidung nicht auf das ERP-System hinausläuft, sondern eine Neuauswahl überlegt wird, ist die Debatte über PLM als IT-Projekt von vornherein falsch aufgesetzt. Die Informationstechnologie ist auch hier wie in allen anderen Bereichen nur das Werkzeug. Allmählich besinnen sich die Beteiligten darauf, dass sie zuallererst ihre Prozesse kennen und im Griff haben müssen. Mit welcher IT sie diese Prozesse dann unterstützen, ist zunächst zweitrangig.

Das gilt generell, aber besonders für den Produktentstehungsprozess als Kern- und Ursprungsprozess von PLM. Nirgends ändern sich die Herausforderungen so schnell wie hier. Nirgends ändert sich der Gegenstand des Prozesses und die Aufgabenstellung in so kurzen Zeiträumen, nämlich täglich oder stündlich. Nirgends unterliegen die Abläufe einem so hohen Druck zur Flexibilität wie hier.

In der Produktion ist das Produkt definiert. Seine Bestandteile stehen fest und sind aus der Stückliste abzulesen. Was zugekauft und was im eigenen Haus entwickelt wurde, steht für die Fertigung und den Zusammenbau bereit. Der Prozess selbst muss so stabil wie möglich, die Qualität und Ausführung auch bei Stückzahlen von Millionen gleich hochwertig sein. In Einkauf, Vertrieb und Verwaltung kann vieles standardisiert und automatisiert werden. In der Produktentstehung regiert demgegenüber – wenn alles gut geht – ein positives Chaos. Die Änderung ist der Dauerzustand, sie zu beherrschen die wichtigste Herausforderung für die Verantwortlichen für das Prozessmanagement.

Auch in den betriebswirtschaftlichen Prozessen der Unternehmen ist es nicht besonders glücklich, dass sie sich zusehends ähneln wie ein Ei dem anderen. Die Art und Weise, wie Rechnungen bearbeitet, gestellt und beglichen werden, funktioniert in vielen Firmen heute so, wie es das ERP-System vorschreibt. Anders geht es eben nicht mehr. Firmenspezifische Besonderheiten lassen sich da schwer aufrechterhalten. Ein Abheben auf diesem Sektor gegenüber dem Wettbewerb ist kaum noch möglich. Die Grenzen, die das System den Prozessen – aus Kostengründen und wegen der Effizienz – setzt, sind zu eng. Für den Produktentstehungsprozess wäre solch eine Abhängigkeit tödlich. Sie ist aufgrund des Prozesses aber auch gar nicht durchführbar.

Wir haben schon an anderer Stelle die Besonderheiten des Produktentstehungsprozesses besprochen, seine Komplexität und Vielseitigkeit, die eine Standardisierung höchstens für einzelne Aufgaben erlaubt, aber nicht für die kompletten Abläufe. Für diese Verhältnisse braucht es das Verständnis eines Ingenieurs oder zumindest eines

6

Wirtschaftsingenieurs, der die Besonderheiten kennt und weiß, worauf es in diesem für die Unternehmen so zentralen Feld ankommt.

Die momentane Entscheidungslage im Umfeld von PLM ist deshalb aus zwei Gründen ausgesprochen problematisch. Erstens darf es nicht hauptsächlich um die dazu notwendige IT gehen, sondern primär um die bestmögliche Prozesssteuerung. Und zweitens sollte darüber nicht in erster Linie der Finanzvorstand entscheiden, sondern das technische Management, weil nur hier die nötige Kompetenz anzutreffen ist.

Natürlich werden zunehmend fachübergreifende Teams gebildet, wenn es um derartige Entscheidungen geht. Das Problem aber bleibt bestehen. Nicht selten muss der Prozessverantwortliche in der Produktentwicklung oder Produktionsplanung mit den von der IT-Seite beschlossenen und eingeführten Systemen versuchen, seine Abläufe zu optimieren. Viel Anpassungsaufwand und zusätzlich einzukaufende Beratungsleistung könnte man sich sparen, wenn der Prozessverantwortliche auch für die zu implementierende IT die Verantwortung trüge.

Diese Verantwortlichkeiten haben aber nicht nur mit Sachfragen und Kompetenz, sondern auch mit den Machtverhältnissen im Unternehmen zu tun. Jede Änderung von Zuständigkeiten wird also auch zu einer Verschiebung des Machtgefüges führen, und mit Widerstand ist von beiden Seiten zu rechnen.

Wie auch immer die konkrete Situation im Unternehmen aussieht – in Zusammenhang mit einem strategischen PLM-Konzept muss die Frage mit auf die Tagesordnung, wie diese Zuständigkeiten künftig verteilt sind. Nur wenn die Prozesse die führende Rolle haben und die dafür am besten passenden Systeme genutzt werden können, haben PLM-Konzepte Aussicht auf einen Erfolg in absehbarem Zeitraum.

6.3
Biotop statt grüne Wiese

Neue Lösungsansätze bergen die Chance des Neuanfangs und des Aufräumens mit Althergebrachtem. Wer würde nicht gerne mit Hilfe eines PLM-Konzeptes die vielen Beschränktheiten der laufenden Prozesse und der verkrusteten Organisationsstrukturen und die unüberschaubare IT-Inselwelt hinter sich lassen? Wenn theoretisch klar ist, wie etwas funktionieren kann, dann sollte die Theorie in die Praxis umgesetzt werden. Aber nicht einmal in der Politik demokratisch organisierter Staaten, wo es an herausgehobener Stelle immerhin in regelmäßigen Abständen zu einem kompletten Personalwechsel kommt, ist das realistisch. In der Wirtschaft noch weniger. PLM macht da keine Ausnahme.

Die berühmte grüne Wiese, auf der ein PLM-Konzept von Grund auf umsetzbar ist, ohne Rücksicht auf gewachsene Strukturen, Machtverhältnisse und Altsysteme – es gibt sie nicht. Eher sollte man die Ausgangssituation in den Unternehmen als Biotop betrachten.

Das Biotop, erfahren wir beispielsweise in Wikipedia, ist eine räumlich abgrenzbare Einheit, deren nicht belebte Bestandteile sein Ökotop bilden. Ein Ort des Lebens, der ebenso natürlich entstandene – Bachlandschaften, Moore – wie auch vom Menschen erschaffene Landschaftsbestandteile – etwa Betonwüsten von Städten – umfasst. Er kann sowohl die vorhandene Lebensgemeinschaft prägen als auch von ihr geprägt werden. Bei einem Biotop kommt es auf die Wechselwirkung zwischen Leben und Lebensraum an.

Betrachten wir die Prozesslandschaft und die IT-Landschaft in den Unternehmen als Biotop, wird eher deutlich, worauf bei einem PLM-Konzept zu achten ist. Die Wechselwirkung zwischen Leben und Lebensraum müsste hier heißen: Wechselwirkung zwischen den Strukturen, Prozessen, Methoden und Werkzeugen auf der einen sowie den Akteuren auf der Operations- und Managementebene auf der anderen Seite. Der vorhandene ‚Lebensraum' hat seine Wirkung getan, hat Verantwortliche hervorgebracht, zu bestimmten Arbeitsabläufen geführt, und im Laufe der Jahrzehnte wurde er durch Systeme erweitert, mit denen heute gearbeitet wird. Damit müssen die in diesem Biotop Lebenden umgehen, darin müssen sie sich zurechtfinden, und zugleich verändern sie es permanent. Sie führen hier eine neue Methode ein und dort ein neues Werkzeug, sie installieren einen neuen Verantwortungsbereich und erlassen Vorschriften.

Jedes PLM-Konzept muss auf einer sorgsamen Analyse dieses Biotops aufsetzen. Wer nicht gut weiß, welche Prozesse im Unternehmen wie miteinander zusammenhängen und sich gegenseitig bedingen, mit welchen Verfahren und Tools welche Arbeitsschritte erledigt werden, der kann keine Ziele setzen, die realisierbar sind. Und er wird auch keine Mitstreiter finden, die für ein solches Projekt notwendig sind.

Aus der Analyse der Ist-Situation muss sich herleiten lassen, welches die neuralgischen Punkte sind, an denen eine erfolgversprechende Strategie ansetzen kann. In sinnvollen Stufenschritten sollten dann die Ziele ins Auge gefasst und angegangen werden, denn ebenso wenig wie eine grüne Wiese anzutreffen ist, wird sich eine Tabula rasa machen lassen.

Weder für die wichtigsten Ansatzpunkte noch für die dringendsten Ziele lassen sich – das ist für mich eines der Ergebnisse aus zahlreichen Gesprächen mit den Verantwortlichen in der Industrie – allgemeingültige Aussagen treffen. Einfach zu adaptierende PLM-Rezepte gibt es nicht. Auch nicht von Seiten der Professoren, die sich seit etlichen Jahren vornehmlich mit diesem Thema befassen. Auch nicht von den Beratungshäusern, die über PLM-Kompetenz verfügen. Jedes Unternehmen muss seinen eigenen Weg finden.

Es hat sich sogar herausgestellt, dass es die großen Unterschiede zwischen den Ansätzen in der Großindustrie und in den kleinen und mittelständischen Unternehmen nicht gibt. Die Themen sind dieselben, die Probleme liegen ähnlich. Hinsichtlich der Umsetzbarkeit von Entscheidungen gibt es bei den kleineren freilich einen Vorteil, der allerdings wieder aufgewogen wird durch die kleineren Ressourcen und das kleinere Budget. Wo externe Fachleute nicht hinzugezogen und Spezialisten nicht eingestellt werden, können Entscheidungen nicht nur schneller getroffen werden, sondern auch leichter in die falsche Richtung führen. Und dann ist es kein Vorteil mehr, wenn sie besonders konsequent umgesetzt werden.

Ein weiterer Unterschied ist die Komplexität der Prozesse und Produkte, die meist mit der Größe der Unternehmen zunimmt. Aber da auch beinahe jede kleine Firma inzwischen Teil eines erweiterten, virtuellen Unternehmens ist, das in verteilter Entwicklung gemeinsame Projekte abwickelt, hat selbst im kleinsten Haus die Produktentwicklung heute ihre Überschaubarkeit oft eingebüßt.

6

6.4
Der Mensch im Zentrum

PLM impliziert möglicherweise die größten Veränderungen in den betrieblichen Abläufen, die es in den letzten hundert Jahren gegeben hat. Das ist nicht nur eine Frage neuer Methoden, Verfahren und Werkzeuge. Es ist vor allem auch eine Frage, die den Menschen emotional betrifft. Jede Veränderung hat zwei Seiten. Die eine öffnet Chancen für Neuerung und Verbesserung, und die meisten Menschen reagieren auf diese Seite positiv. Die andere Seite aber enthält das Risiko, dass mit dem Neuen auch Gewohntes, Bekanntes und Vertrautes auf Nimmerwiedersehen verschwindet, und auf diese Seite reagiert der Mensch mit Ablehnung, denn sie macht ihm Angst vor einer ungewissen Zukunft. Natürlich gilt dies auch und besonders in Zusammenhang mit einer so umfassenden Veränderung, wie sie PLM für die Industrie darstellt.

Change Management – dabei denkt man in Zusammenhang mit PLM gerne an das Engineering Change Management, an die Organisation der Produktänderungen während des Produktentstehungsprozesses. Das Change Management aus der Betriebswirtschaft ist hier weniger bekannt. Es hält Methoden bereit, mit denen sich Veränderungen in den Strukturen, Abläufen und Methoden im Unternehmen unterstützen lassen. Für ein erfolgreiches PLM wird es auch – und vielleicht sogar vor allem – darauf ankommen, diese Art von Change Management gut zu beherrschen.

Gleichgültig, welche strukturellen Veränderungen beschlossen, welche Prozessschritte definiert, welche Verantwortlichkeiten neu geregelt werden – die größte Veränderung, die erforderlich ist, betrifft das Denken der beteiligten Menschen. Deshalb ist beides nötig: die volle Unterstützung durch das Management, aber eben auch die volle Akzeptanz von Seiten der Mitarbeiter. Möglicherweise wird sich dabei herausstellen, dass es noch erheblich schwieriger ist, die Mitarbeiter zu begeistern, als das Management zu überzeugen. Für Letzteres braucht man gute Zahlen, für die Mitarbeiter eine gute Hand und viel Einfühlungsvermögen.

Die industrielle Praxis

7

In den folgenden Kapiteln wird an sieben Beispielen das Herangehen von Verantwortlichen in der Industrie an die Definition und Umsetzung von PLM Konzepten beschrieben. Auch diese Beispiele sind nicht als Rezepte zu lesen. Sie sollen nicht zeigen, wie ‚man es machen muss', oder wie es in einer bestimmten Branche oder Größenordnung am besten funktioniert. Aber sie werden für andere, die dieselbe Aufgabe zu meistern haben, den einen oder anderen Hinweis enthalten, wie man es auch machen kann, welche Erfahrungen aus dieser oder jener Herangehensweise gezogen wurden.

Es sind durchweg namhafte Unternehmen, die jeweils ein Licht werfen auf bestimmte Industriesparten und Unternehmensgrößen. Alle wurden nach der Rolle derselben Themen in Zusammenhang mit PLM gefragt und nach dem jeweiligen Stand der Realisierung und nach den besonderen Erfahrungen, Problemen oder Fortschritten. Diese Themen waren:

> Datenmanagement
> Prozessmanagement / Standardisierung des Produktentstehungsprozesses
> Requirements Management
> Projektmanagement
> Integration des Engineerings mit den anderen Kernprozessen
> Interdisziplinäre Entwicklung
> Harmonisierung der IT-Landschaft generell
> Harmonisierung der IT-Landschaft im Engineering
> Bessere, durchgängigere Nutzung von 3D
> Verstärkter Einsatz von Simulation und Berechnung (Virtual Prototyping)
> Produktionsplanung
> Produktion
> Service

Da sich die Ansätze und der Grad der Umsetzung als sehr unterschiedlich erwiesen, ergibt sich aus diesen Fragen allerdings kein Schema, nach dem sich die einzelnen

Beispiele ordnen lassen. Vielmehr erzwingen die unterschiedlichen Gewichtungen auch unterschiedliche Schwerpunkte, um die Besonderheiten herauszustellen. Manche Punkte haben in den erläuterten Beispielen eine so kleine Bedeutung, dass sie gar keine Erwähnung finden. Manchmal hat das Datenmanagement Vorrang, manchmal das Management der Prozesse.

Das Gespräch mit der Siemens AG behandelt eher die Frage, wie in einem der größten Weltkonzerne dies strategische Thema eingeordnet und in Angriff genommen wird, weniger die konkrete Umsetzung in der Praxis. Dieses Beispiel ist deshalb an den Anfang gestellt. Die Praxisbeispiele, die sich anschließen, sind alphabetisch nach den Firmennamen geordnet.

Siemens AG

8

Unternehmensdaten

› 1847 Gründung der Telegraphen-Bauanstalt von Siemens & Halske

› Sitz: Berlin/München

› Branche: Elektrotechnik, Elektronik
› Arbeitsgebiete: Industrie, Energie, Gesundheit

› Vorstandsvorsitz: **Peter Löscher**

› Corporate Technology, Leiter Produktionsprozesse
› bis 31.3.2009: **Dr. Bernhard Nottbeck**
› seit 1.4.2009: **Dr. Torsten Niederdränk**

› Mitarbeiter 2008
› weltweit: 427.000
› Deutschland: 132.000

› Umsatz 2008: 77,3 Mrd. Euro

› Homepage: http://www.siemens.de/

Siemens ist mit seinen Maschinen, Anlagen und Systemen in den drei Geschäftsbereichen Industrie, Energie und Gesundheit eines der größten Unternehmen der Welt. Software spielt dabei in den Produkten, in ihrer Entwicklung und Fertigung längst eine zentrale Rolle, und zwar in mehrerer Hinsicht. Die Zahl der Software-Ingenieure steigt seit vielen Jahren stetig an und hat die der anderen Ingenieurdisziplinen überholt. Die Produkte werden in ihren Eigenschaften hauptsächlich durch Software bestimmt. Ihre Entwicklung geschieht in rasch wachsendem Umfang virtuell. Die Fertigung ist durch Software gesteuert und zunehmend auch virtuell geplant. In all diesen Feldern ist

U. Sendler, *Das PLM-Kompendium*,
© Springer 2009

8

Siemens sowohl Anwender und Nutzer als auch Hersteller und Anbieter entsprechender Systeme und Werkzeuge. Inzwischen gilt dies auch für das Thema PLM, denn im Mai 2007 übernahm der Sektor Industrie Automation den amerikanischen Anbieter UGS und machte daraus Siemens PLM Software.

Bezüglich der von Siemens PLM Software angebotenen Produktlinien NX (für Produktmodellierung und virtuelles Engineering mit CAx), Teamcenter (für PDM) und Tecnomatix (für die digitale Fabrik) entsteht damit für die Siemens AG eine einmalige Situation. Einerseits kann der Bereich Siemens Industrie Automation seine eigenen Angebote zur Fertigungssteuerung und Fabrik-Automatisierung ergänzen um die vorgelagerten beziehungsweise übergreifenden Tools für Produktentwicklung, Fertigungssimulation und Datenmanagement – und ist damit momentan der einzige Anbieter eines dermaßen durchgängigen Portfolios. Andererseits können sich Forschung und Entwicklung, Produktentwicklung und Produktionsplanung sämtlicher Geschäftsbereiche und Untergliederungen von Siemens nun bei Bedarf auf Software aus dem eigenen Haus stützen und unter Umständen auch auf deren Entwicklung stärker Einfluss nehmen als dies bei der Software eines anderen Anbieters möglich wäre. Beides ist allerdings leichter gesagt als getan, und beides bietet nicht nur Chancen, sondern auch Risiken.

Für Dr. Nottbeck, der bis Ende März 2009 in der zentralen Einheit Corporate Technology für die Produktionsprozesse (CT PP) verantwortlich zeichnete und unser Gesprächspartner für dieses Kapitel war, ist dies allerdings nur ein kleiner Teil der Frage, welche Rolle Produkt-Lebenszyklus-Management bei und für Siemens spielt, denn es zielt lediglich auf die Frage des Angebots und der Nutzung von IT-Werkzeugen. PLM muss aber ganzheitlich betrachtet werden, unter Berücksichtigung aller Ebenen eines Unternehmens, auf denen es eine Rolle spielt. Und vor allem: PLM ist ein Konzept, das einem produzierenden Unternehmen helfen muss, seine Produkte zu verbessern, schneller zu entwickeln und zu fertigen. Das ist das Ziel. PLM ist eines der Mittel, die dabei helfen können.

Die Ausgangslage stellt sich für Siemens so dar: Bei wachsender Komplexität der Produkte und der Prozesse zu ihrer Entwicklung, Herstellung und Vermarktung hat sich gleichzeitig das Profil der Kundenanforderungen radikal verändert. In immer kürzeren Abständen werden grundlegende Innovationen erwartet, und immer präziser verlangt der Markt Lösungen, die exakt auf die Kundenbedürfnisse zugeschnitten sind. Daraus folgt für ein Fertigungsunternehmen: Höchste Priorität muss darauf gelegt werden, innovative Produkte so schnell wie möglich auf den Markt zu bringen und gleichzeitig hohe Qualität sicherzustellen. Die Kostensenkung ist dabei nicht vorrangig, sondern eher die Resultante aus der erfolgreichen Verfolgung der beiden anderen Ziele im sogenannten ‚magischen Dreieck‘ aus Time to Market, Qualität und Kosten.

8.1
5 Hebel – ein Ziel

Ein sogenannter ‚5-Hebel' Ansatz war bei Siemens schon gebräuchlich, bevor von PLM geredet wurde. Er hilft auch bei der richtigen Einordnung dieses Themas. Die ‚5 Hebel' sind auf fünf Ebenen angeordnet, auf denen jeweils andere Überlegungen notwendig und andere Argumente die schlagenden sind, um richtige Entscheidungen zu treffen. Alle fünf Ebenen bedingen sich gegenseitig und haben Einfluss aufeinander, keine kann außer Acht gelassen werden. Diese fünf Ebenen sind:

> ❯ Produktebene
> ❯ Prozessebene
> ❯ Technologieebene
> ❯ Organisationsebene
> ❯ die Ebene von Menschen und Ressourcen

Am Anfang steht das Produkt, das möglichst genau die sich schnell ändernden Kundenbedürfnisse treffen soll. Es kann sich um ein Endkundenprodukt handeln oder um ein Investitionsgut. Der Unterschied liegt lediglich darin, dass sich beim Endprodukt die Anforderungen noch schneller ändern als bei etwa bei einer Anlage. Wenn es gelingt, nicht nur vorauszusehen, wie sich diese Anforderungen aus dem Markt entwickeln, sondern sogar selbst Trends zu setzen und gewissermaßen mit dem Produkt schneller da zu sein als der Markt es erwartet, dann ist das gleichbedeutend mit einer Marktführerschaft in diesem Punkt. Das Marketing, die Marktbeobachtung, das Ideen- und Innovationsmanagement sind also wichtige Bestandteile der Lösung.

Der zweite Baustein sind die Prozesse. Vom richtigen Ineinandergreifen der einzelnen Arbeitsschritte, ihrer weitgehenden Parallelisierung und Optimierung hängt ab, wie gut und wie schnell die Idee in ein marktreifes Produkt umgesetzt werden kann.

Beides, Produkt- und Prozessinnovation, wird zu einem großen Teil bestimmt durch die Nutzung und den Einsatz der jeweils verfügbaren Technologien. Die beste Idee hätte heute keine Chance, rechtzeitig den Markt zu erreichen, wenn der Weg über das Zeichenbrett führte. Und sie hätte auch keine Chance, den Geschmack des Marktes zu treffen, denn die erwartete Qualität und Funktionalität, die gesamten Eigenschaften des Produktes sind mit den alten Technologien nicht zu erreichen. Alt ist dabei ein Begriff, der immer schneller überholt ist. Technologien, die vor fünf Jahren noch nicht verfügbar waren, können bereits veraltet sein, bevor die Masse der Unternehmen sie überhaupt zum Einsatz gebracht hat.

Die Organisationsstruktur der Unternehmen muss diese Entwicklung ermöglichen und unterstützen, sie muss ihr adäquat sein, darf sie nicht behindern. Das beinhaltet auch: Sie muss verteilte Entwicklung und Fertigung ermöglichen. Die Abwicklung von Projekten mit wechselnden Partnern, intern wie extern, verlangt einen hohen Grad an Flexibilität und die Unterstützung von Strukturen eines sich ständig neu definierenden, erweiterten Unternehmens. Ein Nebeneinander von Hierarchien und Netzwerken, ein Ineinandergreifen von unterschiedlichen Organisationen muss so gestaltet sein, dass

8

alle Beteiligten an einem Projekt das gemeinsame Ziel – das innovative, marktgerechte Produkt – nicht aus den Augen verlieren.

Und damit ist der letzte und entscheidende Aspekt bereits im Blick: Der Mensch, seine Fähigkeiten, seine Kenntnisse und sein Wissen sind die wichtigste Ressource, um die es geht. Wird sie nicht richtig erkannt, eingesetzt und unterstützt, nutzen weder gute Ideen, noch perfekte Prozesse, moderne Technologien oder ausgefeilte Organisationsstrukturen etwas. Der Mensch, der Mitarbeiter, der Anwender von Systemen und Nutzer von Werkzeugen, der Ingenieur, Fertigungstechniker und Verkäufer muss sich mit dem Ziel und den Rahmenbedingungen identifizieren können.

8.2
Die fünf Ebenen von PLM

Produkt-Lebenszyklus-Management muss, wenn es ein hilfreiches Konzept für die Fertigungsindustrie sein soll, alle fünf Ebenen unterstützen.

Das Produkt:

Mit Hilfe der CAx-Komponenten lassen sich Produktideen nicht nur modellieren, also virtuell gestalten und detaillieren. 3D-Technik ermöglicht dies in einer Form, die jedermann verstehen kann. In Verbindung mit Berechnungsmodulen und Simulationswerkzeugen kann das Modell sogar weitgehend zum Abbild des realen Produktes werden und viele – tendenziell alle – künftigen Eigenschaften vorwegnehmen und testen. PLM erleichtert die Umsetzung der Idee in ein virtuelles Produkt.

Die digitale Fabrik erlaubt den virtuellen Aufbau – und tendenziell die virtuelle Inbetriebnahme – und letztlich die Steuerung der Produktionsanlage. Kombiniert mit den Modellen des zu fertigenden Produktes ist dies ein entscheidender Schritt auf dem Weg zur Fertigung ohne Prototypen. Ein Bestückungsautomat, der statt zwei Jahre nur 99 Tage vom Konzept bis zur Inbetriebnahme benötigt – das ist es, was PLM unterstützen muss.

Die Prozesse:

Verbessert schon die höhere Verständlichkeit der Modelle von Produkt und Produktionsanlage die Abstimmung in den Prozessen, so ist PDM das zentrale Werkzeug, um die Prozesse in der Projektabwicklung zu definieren, zu steuern, zu managen und mit den für die jeweiligen Schritte benötigten Daten zu versorgen. Das zentrale Datenmanagement ist gleichzeitig hilfreich, wenn Änderungsanforderungen aufgenommen und umgesetzt werden müssen. Und es bietet die Drehscheibe für das Andocken und die Kommunikation der vielen am Projekt Beteiligten.

Die Technologie:

PLM ist natürlich einerseits selbst die moderne Technologie, die den Wettbewerbsvorteil ausmacht und die Umsetzung innovativer Produktideen ermöglicht. PLM ist aber zugleich die Strategie, mit der die Verknüpfung und der Einsatz anderer Technologien in Angriff genommen werden kann. Aus der Simulation und dem Test von Produkt und Fertigung, um ein Beispiel zu nehmen, wird dann die Kopie einer Produktionsanlage, die sowohl den Aufbau eines neuen Fertigungsstandortes unterstützt, als auch die schnelle Restrukturierung einer vorhandenen. Die Nutzung von PLM für die aktuellen Produkte und Anlagen schafft selbst wieder die Voraussetzung für die Entwicklung neuer Technologien.

Die Organisation:

PLM Konzepte führen nicht zu besseren Organisationsstrukturen und sollten sie auch nicht erzwingen. Sie können sie aber abbilden und dadurch die Abwicklung von Entwicklungs- und Fertigungsprojekten wesentlich erleichtern.

Der Mensch:

PLM ist als ein Lösungsansatz der Informationstechnologie entstanden. Der Mensch als Umsetzer von Produktideen, Akteur im Prozess, Anwender der Technologie in unterschiedlichen Organisationen – er rückt nun mehr und mehr ins Zentrum der PLM-Konzepte. Nur wenn dies gelingt, wenn PLM den Beteiligten deutlich und nachvollziehbar hilft, ihre Aufgaben besser zu erfüllen und bessere Produkte schneller zu entwickeln, wird es erfolgreich sein. Dazu müssen die eingesetzten Systeme offener werden und besser zusammenwirken.

8.3
PLM unter dem Dach von Siemens

Für die Siemens AG und ihre drei Geschäftsbereiche mit Aktivitäten und Standorten in über 190 Ländern der Erde ist PLM ein anderes Thema als für ein mittelständisches Fertigungsunternehmen oder für einen Automobilkonzern. Siemens ist ein Dach für eine große Zahl von kleinen, mittleren und großen Unternehmen, die jeweils ihren Fokus auf bestimmte Produkte in konkreten Märkten legen. Manche haben mehr, andere weniger Gemeinsamkeiten. Jedes dieser Teile muss sich selbst optimal auf den beschriebenen fünf Ebenen positionieren. Wenn das Produkt der Ausgangspunkt aller Überlegungen und Strategien ist, dann kann nicht der Name Siemens die Basis für ein einheitliches Konzept ihrer Entwicklung sein.

Siemens sieht deshalb die Aufgabe des Leiters Produktionsprozesse in der Zentraleinheit Corporate Technology nicht in der Vereinheitlichung der Prozesse, Methoden, Strukturen und eingesetzten Systeme für alle Siemens-Gliederungen. Die Mannschaft will vielmehr dazu beitragen, dass die Menschen darin – vom Management bis zu den operativ Tätigen – die jeweils für ihre Produkte am besten passenden Prozesse, Technologien und Strukturen kennen und zur Verfügung haben. Dies gilt in vollem Umfang auch für PLM.

Das Bild, das Dr. Nottbeck dafür zeichnet, ist ein Rahmen, der gesteckt wird wie für ein überdimensionales Puzzle. Dieser Rahmen muss stimmen, und dann müssen die

8

richtigen Teile identifiziert werden, die hineinpassen, und zu denen wiederum andere passen müssen. Dabei kann es sein, dass Teile bereits innerhalb des Rahmens liegen, schon vorhanden sind. Oder sie liegen noch außerhalb, werden aber gut passen.

Konkret heißt das: Siemens PLM Software ist zwar jetzt Bestandteil der Siemens AG, aber das bedeutet nicht, dass die eigenen Tools auch für jedes Unternehmen von Siemens am besten passen. Jede Firma – auch innerhalb des Siemens Konzerns – muss ihre eigenen Werkzeuge bestimmen. Daran soll sich auch in der Zukunft nichts ändern.

Für die Einführung umfassender Lösungen wie PLM muss zunächst das Management überzeugt werden. Ein Konzept, das alle Bereiche des Unternehmens betrifft, tangiert und verändert, kann nicht ohne Unterstützung von oben in die Tat umgesetzt, ja nicht einmal definiert und in Angriff genommen werden. An dieser Stelle sind Kosten-/Nutzenbetrachtungen und die Berechnung eines Return on Investment (ROI) unverzichtbar. Wer nicht nachweisen kann, dass PLM für das Unternehmen von wirtschaftlichem Nutzen ist, wird das Management nicht dafür gewinnen können.

Aber ohne die beteiligten Menschen zu überzeugen, gleichsam auf Befehl von oben, geht es auch nicht. Für PLM ist nicht nur Akzeptanz erforderlich wie bei der Einführung eines neuen Systems. Benötigt werden – im positiven Sinne – Überzeugungstäter in großer Zahl.

Abb. 8.1 Im PLM Technology Center lassen sich alle Aspekte von PLM veranschaulichen (Quelle: Siemens)

Deshalb muss sowohl der Führungsebene als auch den Beteiligten der Nutzen gezeigt werden können. Siemens verfolgt zu diesem Zweck zwei Wege. Den der Community und den der praktischen Demonstration. Aus der langjährig aktiven CAD-Usergroup ist seit einigen Jahren eine PLM Community geworden, die sich zwei- bis dreimal pro Jahr trifft. Konzernweit kommen hier Verantwortliche zusammen, die sich über ihre Erfahrungen, ihre Ansätze und natürlich auch über ihre Probleme mit diesem Thema austauschen.

Das zweite Mittel zur Überzeugung von Management und Mitarbeitern ist dagegen noch sehr jung. Im Mai 2009 nahm Siemens CT in München ein „PLM Technology Center" in Betrieb. Ähnliche Pläne gibt es für die USA und China. Ziel ist zum einen, das PLM Know-how der verschiedenen CT-Teams zu bündeln – von der Software-Architektur bis zum virtuellen Design, von der Fabrikoptimierung bis zu Visualisierungstechniken und optimierten Bedienoberflächen – und Best-Practice-Lösungen und Zukunftstrends aufzuzeigen. Das Zentrum soll besser als mit Worten und Definitionen begreifbar machen, was hinter PLM steckt. Zum anderen geht es darum, einzelnen Geschäftsbereichen ganz konkret bei ihren Entwicklungsprozessen oder konkreten Entwicklungsaufgaben behilflich zu sein, deren Technologien, Prozesse, Organisationsstrukturen und Ressourcen zu analysieren und zu einem optimalen Arbeitsablauf zu verbinden.

Dr. Torsten Niederdränk, Nachfolger von Dr. Nottbeck erläutert das so: „PLM bedeutet eine übergreifende Betrachtung des Produkt-Lebenszyklus von der Produktidee über die Entwicklung und Fertigung bis zur Wartung und Entsorgung. Es zeigt sich, dass eine Optimierung des PLM zunehmend an Bedeutung gewinnt, um neue Produkte schnell und kostengünstig auf den Markt bringen zu können. Es ist inzwischen kaum mehr möglich, über singuläre Optimierungen in Teilprozessen des PLM essentielle Verbesserungen zu erreichen. Mit einem integrativen Ansatz, der alle Beteiligten von den verschiedenen Fachdisziplinen der Entwicklung, d. h. Software, Elektronik, Mechanik etc., über das Marketing und die Fertigung bis zum Vertrieb und Service von Anfang an verkoppelt, besteht ein deutlich höheres Potenzial zur Senkung der Kostenposition und einer zeitlichen Verkürzung der Produktentstehungsprozesse bei hoher Produktqualität für den Kunden.

Mit dem Center haben wir die Möglichkeit geschaffen, die Kompetenzen und Leistungen, die Corporate Technology in der gesamten Kette des PLM bietet, geschlossen, systematisch strukturiert und mit Räumlichkeiten unterstützt anbieten zu können. Das gilt sowohl für das technische und operative Wissen, als auch für das Methoden- und Prozess-Know-how. Das Center demonstriert eine State-of-the-Art-Prozesskette mit modernsten durchgängigen Kommunikations- und Entwicklungswerkzeugen, die den Geschäftsbereichen hier für ihre Entwicklungen zur Verfügung stehen. Es gibt also nichts, was fehlt, um das Thema PLM in seiner ganzen Breite zu diskutieren und prototypisch einzusetzen. Das Center bietet die Möglichkeit, den Geschäftsbereichen an Hand konkreter Beispiele zeigen zu können, was heute mit modernen Methoden, Prozessen und Werkzeugen möglich ist und welche Vorteile ein integrativer Ansatz mit sich bringt."

Dabei ist die Palette der eingesetzten und unterstützten Systeme keineswegs auf das Portfolio von Siemens PLM Software beschränkt. Auch wenn Siemens CT beispielsweise seit ungefähr zehn Jahren ausschließlich Tecnomatix und die Vorgängerprodukte für die Fabrikplanung nutzt. Zu den Beratungsdienstleistungen für die Kunden – extern wie intern – gehört auch Integration und Migration. Und dabei gibt es mehr als eine Richtung. „Siemens," sagt Dr. Nottbeck, „ist ein sehr komplexes Gebilde. Es wird nicht zentralistisch geführt. Die für die Technik Verantwortlichen müssen ihre Anforderungen kennen und möglichst genau beschreiben. Bei der Umsetzung findet sie dann die nötige Unterstützung, sei es durch Tools, sei es durch Beratung und Know-how."

Unternehmensdaten

> 1909 Gründung August Horch Automobilwerke
> 1910 Umbenennung in Audi Automobilwerke

> Sitz: Ingolstadt

> Branche: Automobilhersteller

> Vorsitzender
> des Vorstands: **Rupert Stadler**

> Ansprechpartner
> für PLM: **Dr. Oliver Riedel, Leiter Prozessintegration und Informationsmanagement Produktentwicklung**

> Mitarbeiter 2008:   Ø 57.533

> Umsatz 2008:   34.196 Millionen Euro

> Homepage: http://www.audi.de/

PLM – das heißt für Audi in erster Linie: Umsetzung eines zentralen Produktdaten-Managements, das nicht nur für Audi, sondern für den gesamten VW-Konzern mit seinen neun verschiedenen Marken gilt. Ein umfassendes Produkt-Lebenszyklus-Management, das die Standardisierung und Integration der Prozesse einschließt, hat sich als ein Thema erwiesen, dem sich ein Konzern von der Größe VW – und selbst ein Teil davon wie Audi – in Etappen nähern muss. Zumal die Bedeutung der Zulie-ferketten in der Automobilindustrie in der Vergangenheit so immens gewachsen ist, dass dieses Thema ja immer auch die Einbeziehung eines großen Lieferanten- und Partnernetzwerks beinhaltet. Allein über das Portal VWGroupsupply.com arbeiten

U. Sendler, *Das PLM-Kompendium*,
© Springer 2009

Abb. 9.1   Das Audi Werk in Ingolstadt (Quelle: Audi)

derzeit mehr als 30.000 Partner und Lieferanten mit dem Konzern zusammen. Etwa 750 Partner sind über das Engineering Portal mit der AUDI AG verbunden. Auch solche Verbindungen müssen in ein PLM Konzept einbezogen werden.

2008 machte die Entscheidung des Volkswagen Konzerns Schlagzeilen, weltweit in allen Einheiten auf das PDM-System Teamcenter (TC) von Siemens PLM Software zu standardisieren. Seitens der IT mit verantwortlich für dieses Großprojekt ist Dr. Oliver Riedel, bei Audi Leiter Prozessintegration und Informationsmanagement Produktent-

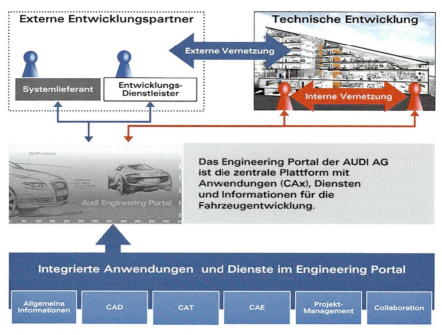

Abb. 9.2   Engineering Portal zur Anbindung der Partner (Quelle: Audi)

wicklung. Die Einführung von TC ist für Audi kein Einzelprojekt, sondern eine komplexe Aufgabenstellung mit dem Ziel, die Basis für ein durchgängiges Produktdaten Management im gesamten Volkswagen Konzern zu schaffen. Dafür wird das Vorhaben in zahlreiche Einzelprojekte unterteilt und in sinnvollen Stufen angegangen. Teile sind relativ rasch auf dem Wege der Migration abzuwickeln. Anderes wächst allmählich als Konzept, ist durch die Komplexität aber von der praktischen Umsetzung noch weit entfernt.

9.1
Prozesse

Audi hat sein Business in vier Hauptprozesse unterteilt: den Produktprozess, den Kundenauftragsprozess, den Serviceprozess vor Kunde und die steuernden und unterstützenden Prozesse, zu denen beispielsweise Personal und Controlling gehören. Von fünf Ebenen sind für diese Hauptprozesse drei bereits durchgehend erfasst, beschrieben und dokumentiert: die Geschäftsobjekte, die Prozesse und Methoden sowie die Informationsobjekte und Systeme, die jeweils Bestandteil des Prozesses sind.

Auf Basis dieser Prozess-Beschreibungen existieren Muster, die dann abgeleitet und angepasst die Grundlage für Fahrzeug-Projekte werden. So gibt es z. B. einen „Master-PEP", der die Prozesse der Fahrzeug-Entwicklung umfassend beschreibt und als Ausrichtung für die einzelnen Fahrzeug-Projekte gilt. Ein Problem dabei ist, dass die Prozesse ausgesprochen lebendig sind und sich ständig weiter entwickeln, und zwar erheblich schneller, als die Dokumentation und Erfassung des Ist-Zustandes folgen kann.

Ein anderer Aspekt ist die zunehmende Modularisierung innerhalb der Produktlinien. Nur sehr selten kommt es zu einer kompletten Fahrzeugneuentwicklung. Die meisten Projekte haben Derivate vorhandener Fahrzeuge zum Ziel, etwa neben der Limousine des A4 den A4 Avant oder das A5 Coupé. So kann sich die Produktentwicklung dabei zu einem erheblichen Teil aus Komponenten und Baugruppen bedienen, die bereits entwickelt und erprobt sind. Es ist nicht zu erkennen, dass diese Modularisierung bereits ihren Höhepunkt erreicht hat. Im Gegenteil: das Tempo, in dem immer neue Derivate entstehen, nimmt sogar noch zu.

Für die Prozess-Standardisierung bedeutet dies, dass es immer schwieriger wird, die innerhalb eines Projektes zu durchlaufenden Schritte zu beschreiben. Ihre Abfolge und Kombination ändert sich beinahe in jedem Projekt.

Die Verknüpfung der Produktentwicklung mit den anderen Unternehmensprozessen wird bei Audi nicht als klassische Aufgabe von PLM angesehen. Die Stückliste passt besser, um die Kernprozesse miteinander zu verbinden und abzustimmen.

Es existieren klare Vereinbarungen über Übergabepunkte, die jeweils wichtige Meilensteine in der Abwicklung von Kundenaufträgen darstellen. Beispielsweise an der Nahtstelle zwischen Entwicklung und Fertigung wird aus der Konstruktionsstückliste, die als Brutto-Werkstückliste alle Teile umfasst, ohne sie für den konkreten Einzelauftrag aufzulösen, die Netto-Werkstückliste. Und darin findet sich jedes Teil mit exakten Angaben, wann es wo an welcher Stelle ans Band geliefert wird, und von welchem Lieferanten es kommt.

9

Anforderungsmanagement bezüglich der Produktgeometrie ist für Audi seit mehr als zehn Jahren gängige Praxis, für die Funktionen auch schon seit einigen Jahren. Für E-Technik und Elektronik arbeitet das Haus an einer Standardisierung und Konsolidierung, die bis Ende 2009 abgeschlossen sein soll. Geometrieanforderungen sind Teil der Teamcenter-Migration. Für E-Technik und Elektronik wird das System Doors zum Einsatz kommen.

Das Projektmanagement wird vorerst nicht auf ein Modul von Teamcenter umgestellt. Eine Untersuchung hat ergeben, dass die vorhandene eigene Lösung vorläufig auch weiterhin die bessere ist.

9.2
Daten

Wichtigste Voraussetzung für PLM ist in den Augen der Verantwortlichen bei VW und Audi eine einheitliche Methode für die zentrale Datenverwaltung im gesamten VW Konzern. Sie stellt sämtliche Daten über alle Bereiche hinweg bis ins kleinste Modul so bereit, dass sie auch die Basis für die Anbindung der Prozesspartner und der externen Entwicklungspartner darstellen kann.

Für die Geometriedaten der Produkte ist dies bereits heute der Fall. Seit über zehn Jahren verwendet die gesamte Gruppe dabei eine eigene Lösung. Das Konstruktionsdaten-Verwaltungs-System (KVS) – und seine Web-basierte Variante Hyper-KVS – dient der revisionssicheren Verwaltung und dem Datenaustausch aller bei der Konstruktion anfallenden Dokumente sowie der Umwandlung von CAD-Daten in jeweils benötigte weitere Datenformate. Außer allen Mitgliedern des VW-Konzerns sind mehr als 750 Partner über KVS verlinkt. Die Einführung von Teamcenter zielt im ersten Schritt auf die mittelfristige Migration des gesamten KVS Datenbestands. Einige Jahre wird dieser Wechsel zur Standardsoftware vermutlich in Anspruch nehmen.

Der zweite große Block zentral zu verwaltender Daten betrifft die Funktionen der Teile und Produkte. Alles, was sich unter Simulation und Berechnung zusammenfassen lässt, von der FEM-Berechnung eines Einzelteils bis zum DMU kompletter Fahrzeuge, fällt darunter. Für die reinen Ausgangsdaten der Berechnung, das Computer Aided Engineering (CAE), gilt: Sie sind bereits im KVS erfasst und zentral verfügbar. Aber in der großen Mehrzahl beruht die Verwaltung von Berechnungsergebnissen auf Insellösungen, die nicht durchgängig eingebunden sind. Insbesondere sind hier die Daten nicht, wie bei der Produktgeometrie, mit ihrer vollständigen Struktur abgelegt. Wie andere Automobilhersteller setzen Audi und VW hier auf die Ergebnisse des Projektes SimPDM, das der ProSTEP iViP Verein durchführt, und an dem der VDA Arbeitskreis PLM beteiligt ist.

Auch die Integration der elektrotechnischen und elektronischen Entwicklungsdaten in das zentrale Produktdaten-Management ist noch nicht abgeschlossen. Während dies eine Frage der Zeit ist, wird die Integration der Softwareentwicklung möglicherweise gar nicht Bestandteil der Teamcenter Implementierung, obwohl sie Bestandteil des PLM-Ansatzes ist. Einerseits liegt dies an den großen Unterschieden in der Entwicklungsmethodik. Versionsnummern, die in der Mechanik-Entwicklung bis zum Start der

Produktion gezählt werden, erreichen die Entwicklung von Embedded Software innerhalb von wenigen Tagen.

Andererseits will der VW Konzern hier aus anderen Gründen nicht auf ein Standardprodukt wie Teamcenter oder SAP setzen, sondern eigene Wege beschreiten. Denn in diesem Umfeld gibt es viele Ansatzpunkte, um dem Wettbewerb den Rücken zu zeigen. So wurde Audi in den vergangenen Jahren mehrfach für besonders effektiven Diebstahlschutz durch elektronische Wegfahrsperren ausgezeichnet. Dazu mussten die Fahrzeuge zahlreiche Prüfungen über sich ergehen lassen: die Auslegung der elektronischen Wegfahrsperre und den Schutz der Diebstahlschutzsysteme vor Manipulation, die durchgängige Überwachung des Vertriebs von sicherheitsrelevanten Ersatzteilen und umfangreiche Auswertungs- und Analysemöglichkeiten beim Hersteller im Falle eines Diebstahls sowie weitere zusätzliche Sicherungs- und Schutzkomponenten.

Für diesen Vorsprung arbeiten Fachleute aus Elektronik, Mechanik und Kundendienst in enger Kooperation mit externen Forschungsinstituten, Kriminalbehörden und Kraftfahrzeugversicherern an der permanenten Weiterentwicklung des Diebstahlschutzes. Dabei spielt natürlich die Integration der verschiedenen Ingenieurdisziplinen eine herausragende Rolle. Mit Hilfe eines Standardsystems wäre dieser Wettbewerbsvorteil möglicherweise nicht zu erzielen.

Der dritte Datenbereich, der langfristig ins gemeinsame Datenmanagement einbezogen werden soll, betrifft technische Informationen wie Termine, Preise und Logistik. Hier gilt bis auf weiteres: Die Stückliste ist das einzige Medium, über das eine vollständige Kopplung der Entwicklung mit der Fertigung und den anderen Phasen des Produkt-Lebenszyklus zu realisieren ist.

9.3
IT-Harmonisierung

Die Standardisierung der IT-Systeme ist für die Automobilhersteller ein besonders wichtiges Thema im Umfeld von PLM. Dabei versucht Audi wie VW insgesamt einerseits die Anzahl der zentral implementierten Backbone Systeme zu verringern, andererseits möglichst viele der eingesetzten Speziallösungen durch Standardsoftware zu ersetzen.

Stärker als viele andere Unternehmen leiden die Konzerne der Automobilindustrie an einer großen Zahl von Datenbanksystemen, die jeweils der Verwaltung eines bestimmten Teils der Gesamtinformationen dienen. Die konzernweite und weltweite Einführung von Teamcenter ist für VW ein wichtiger Schritt auf dem Weg zu einer dramatischen Reduzierung solcher Lösungen. Dabei steht allerdings die sinnvolle Konsolidierung im Vordergrund. Neben dem Engineering Backbone und dem kaufmännischen Backbone darf und wird es auch künftig einzelne andere geben, aber nicht mehr im bisherigen Umfang.

Auf der anderen Seite verwenden die Ingenieure in Forschung und Entwicklung und in der gesamten Produktentstehung eine Vielzahl von Spezialapplikationen, von denen sehr viele Eigenentwicklungen, beziehungsweise stark an den jeweiligen Bedarf angepasste Standardprogramme sind. Hier geht Audi den Weg, entsprechend den fest-

9

gelegten Prozessschritten zum Beispiel für das Änderungsmanagement zu definieren, mit welchen Werkzeugen jeweils gearbeitet werden muss. Dabei wird eine große Zahl von konkurrierenden Systemen abgelöst, die inzwischen überflüssig sind, weil die jeweilige Funktionalität innerhalb von Standardsoftware als Workflow zur Verfügung steht. Von sieben Systemen können da innerhalb eines Prozesses durchaus sechs entfallen und durch ein einziges ersetzt werden. Diese Seite der Harmonisierung betrifft heute in erster Linie die Individuallösungen. Die eingesetzten Standardtools sind dagegen bereits auf eine relativ überschaubare Zahl reduziert.

9.4
Virtual Prototyping

Die Simulation und Vorausberechnung von Fahrzeugeigenschaften nimmt an Bedeutung weiterhin stark zu. Dabei verlagert sich der Schwerpunkt allmählich immer weiter in Richtung Visualisierung beziehungsweise in Richtung Simulation von Eigenschaften, die sich einer expliziten Berechnung entziehen. Um dies zu realisieren, sind bei Audi Computer-Cluster im Einsatz, denn die hohen Anforderungen an die Qualität der Simulation zwingen zur Bündelung von Rechenkapazitäten und zum Parallel-Computing.

So lassen sich etwa Spiegelung und Lichtbrechung von Innenraumbeleuchtung in Seitenfenstern, Heck- und Windschutzscheibe physikalisch korrekt darstellen. Das Aussehen von Material und Lack, die Wirkung von Licht und Schatten sind in der Simulation fast nicht mehr vom Eindruck des realen Fahrzeugs auf das Auge zu unterscheiden. Für die Karosserieentwicklung setzt Audi hier auf Software von Herstellern wie RTT und Opticore, letzteres inzwischen Teil des Portfolios von Autodesk.

Abb. 9.3 Gerenderte Darstellung eines Modells des Audi R8 (Quelle: Audi)

Seit langem ist Virtual Reality (VR) und Augmented Reality (AR) im Einsatz, um die Entscheidungsfindung während des gesamten Produktentstehungsprozesses zu unterstützen und zu beschleunigen.

9.5
Produktion

In Richtung Fertigung ist Audi bereits recht weit auf dem Weg zur digitalen Fabrik. Die Planung der Produktion basiert weitgehend auf ihrer Simulation mit Tecnomatix und DELMIA Werkzeugen. Damit kann die Produktionsplanung erheblich besser abgesichert werden. Alle Informationen über die Produktionsanlagen sind digital verfügbar und gestatten die Überprüfung des Reifegrads der Gesamtstruktur.

Das Ziel dahinter ist weit gesteckt. In etwa zehn Jahren, so die Vision, will Audi in der Lage sein, die gesamte Produktion mit denselben IT-Werkzeugen zu steuern, mit denen heute bereits die Planung betrieben wird. Wie heute eine virtuelle Maschine zum Einrichten der realen genutzt wird, so soll bald die komplette Fertigung von Fahrzeugen virtuell in Betrieb genommen werden. Bis zur Befestigung eines Clips am Fahrzeug.

Tatsächlich wurde diese Vision auch schon in einzelnen Teilprojekten getestet, unter anderem am Beispiel der Tiefziehumformung.

9.6
Service

Die Unterstützung des Kundendienstes ist Bestandteil von PDM. Nicht zuletzt die wachsende Bedeutung der Software in der Fahrzeugwertschöpfung hat dies notwendig gemacht.

Wenn ein Fahrzeug in die Werkstatt kommt, weil irgendein Software-Steuergerät nicht richtig funktioniert, muss eventuell die neueste Software aufgespielt werden. Der Flash-Vorgang selbst erfordert einerseits die exakte Kenntnis der eingebauten Versionen der Steuergeräte und möglicher Ersatz-Software für die aktuelle Kombination der verbauten Hard- und Softwarekomponenten. Andererseits müssen entsprechende Erkenntnisse aus dem Betrieb des Fahrzeugs in die Produktentwicklung und das Qualitätsmanagement zurückgemeldet werden.

9.7
Blick voraus

Es ist vor allem die enorme Komplexität von Produkt und Prozess, die PLM in der Automobilindustrie zu einer besonders anspruchsvollen Aufgabe macht. Wobei alle

9

Methoden, die dabei helfen, diese Komplexität in den Griff zu bekommen, gleichzeitig die Anforderungen an das Management des Produkt-Lebenszyklus noch erhöhen. Nachdem die Plattformstrategie mehr oder weniger von allen Herstellern beherrscht wird, und nachdem sich auch die Verwendung von Gleichteilen, den sogenannten Carry-Over Parts, branchenweit durchgesetzt hat, steht nun die Modultechnik im Vordergrund. Dabei werden nicht nur einzelne Teile standardisiert, so dass sie als Zukaufteil für verschiedene Fahrzeugtypen genutzt werden können. Module sind ganze Baugruppen oder Systeme, die serienmäßig hergestellt werden, aber nicht nur für ein Fahrzeug zum Einsatz kommen.

Dr. Riedel: „Die Modultechnik ist für Audi in den kommenden Jahren eines der zentralen Mittel, um Qualität, Kosten und Zeit trotz weiter wachsender Komplexität zu beherrschen. Diese Module konzernweit zentral über das Produktdaten-Management bis in ihre Ausprägungen hinein transparent zu verwalten, das wird im Sinne des Produkt-Lebenszyklus-Managements eine unserer größten Herausforderungen darstellen."

Unternehmensdaten

> 1877 Gründung Blohm + Voss

> Sitz: Hamburg

> Branche: Marineschiffe, Großyachten

> Mitglied des Vorstands: ThyssenKrupp
> Marine Systems: **Dr. Herbert Aly**

> Zuständig für PLM: **Stefan Cyrus, Abteilungsleiter PDM**

> Mitarbeiter: 1.050
> Entwicklung: 280

> Homepage: http://www.blohmvoss.com/

Vergleicht man Schiffbau und Werftindustrie mit Automobilindustrie und Flugzeugbau, fällt vor allem auf, dass hier nicht für die Serie entwickelt wird. Es geht um Einzelaufträge oder beispielsweise um eine kleine Zahl von Fregatten für die Marine, und nicht um Millionen von Fahrzeugen, die im Einzelfall zugleich exakt auf den Kundenwunsch passen müssen. Bezüglich der Komplexität der Gesamtprodukte steht der Schiffbau dem Bereich Automotive allerdings keineswegs nach. Im Gegenteil. Die Berücksichtigung von Zusammenhängen zwischen Bauteilen und Baugruppen, die Zusammenarbeit des Herstellers mit einer Vielzahl von Partnern und Zulieferern machen das Thema PLM hier schon seit einiger Zeit zum Muss. Seit 2001 verfolgt Blohm + Voss in Hamburg ein PLM-Projekt. Für das Engineering Backbone setzt das Haus auf Teamcenter, für das kaufmännische auf SAP.

10

Dr. Wolfgang Vogel war bis Ende 2008 für dieses Projekt zuständig. Seiner Meinung nach spielen die Besonderheiten einzelner Branchen, Produkte oder Märkte keine besondere Rolle bei der Formulierung und Umsetzung von PLM-Strategien. Überall ist das Hauptthema: Mit Hilfe von IT die Prozesse so flexibel zu gestalten, dass alle Projektbeteiligten besser zusammenarbeiten können, um schneller und sicherer zu guten Ergebnissen zu kommen.

10.1
Daten

Auslöser für das PLM-Projekt waren vor allem Defizite in der Qualität der Unterlagen, die für den Bau der Schiffe maßgeblich sind. Unterschiedliche Systeme, aus denen die Daten zusammenzutragen waren, fehlende Transparenz über den Status und die Aktualität, Inkonsistenz zwischen Zeichnungsangaben und tatsächlich verbauten Geräten – vor diesem Hintergrund waren weder die Herausforderungen der Märkte noch die Anforderungen militärischer Auftraggeber zu erfüllen.

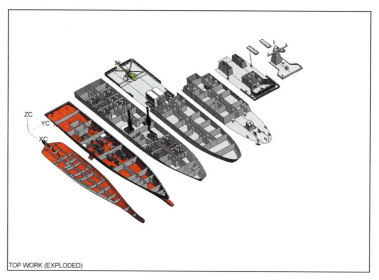

Abb. 10.1   Konzeptmodell einer Korvette (Quelle: Blohm + Voss)

So garantiert die Werft, dass eineinhalb Jahre nach dem Verlassen der Docks alle Daten eines Schiffes online verfügbar sind. Zu einer Fregatte beispielsweise gehören mehr als 20.000 Baudokumente. Der durchschnittliche Revisionsstand bei der Ablieferung des Schiffes an den Kunden ist 7. Ohne ein Engineering Backbone, ohne zentrales, elektronisches Datenmanagement ist das nicht zu managen.

In Hamburg definierten die Spezialisten unterschiedliche Niveaus der Zusammenarbeit, um die jeweils beste, aber auch möglichst genau an die Anforderungen angepasste Unterstützung zu ermöglichen. Die loseste Form ist die ‚Kommunikation'. Sie betrifft weniger abgestimmte und harmonisierte Prozesse und Tools und basiert auf einem Datei-Transfer, auf dem Versenden von e-Mails, auf Telefon und Fax. ‚Koordination' verlangt bereits punktuell abgestimmte Prozesse, allerdings ohne dass die Tools harmonisiert oder standardisiert sein müssen. Einsicht in die benötigten Daten und Modelle wird in diesem Fall über gemeinsame Portale und Internetanwendungen ermöglicht. ‚Kooperation' als höchste Form der Zusammenarbeit erfordert die Harmonisierung und Standardisierung bestimmter Tätigkeitsfelder und der dafür eingesetzten Software. Für ‚Kooperation' ist eine einheitliche Dokumentenverwaltung in zentralen Datenbanken und die gemeinsame Nutzung derselben Anwendungen zwingend.

Nachdem Untersuchungen ergeben hatten, dass eine Anpassung der früheren PDM-Lösung mehr Aufwand und Kosten verursacht hätte als eine Neuauswahl, entschied sich Blohm + Voss 2002 für Teamcenter. Die Einführung – einschließlich der Übernahme von 14 Millionen Altdokumenten, der Realisierung einer einheitlichen Stücklistenerzeugung und -übergabe sowie der Integration zahlreicher Autoren- und Spezialsysteme – wurde 2005 erfolgreich abgeschlossen.

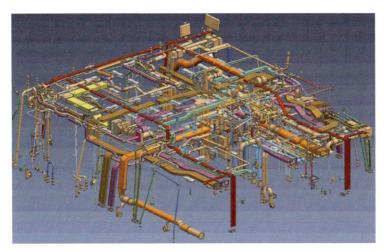

Abb. 10.2 Modell der für den Helikopter Hangar benötigten Rohrleitungen (Quelle: Blohm + Voss)

Parallel wurde auf der kaufmännischen Seite auf SAP/R3 standardisiert, nachdem zuvor verschiedene Versionen und Releasestände im Einsatz waren. Auch dieses Teilprojekt konnte Anfang 2005 erfolgreich beendet werden.

Aber auch wenn das unzureichende elektronische Datenmanagement der Auslöser war, die oberste Priorität hatte bei Blohm + Voss die Restrukturierung des Produktentstehungsprozesses, und sie ging der Implementierung der Backbone Systeme voraus.

10

10.2
Prozesse

Wie gut die Prozesse vor einem PLM-Projekt analysiert wurden, wie treffend sie in der neuen Systemumgebung abgebildet sind, und wie erfolgreich die gesamte Mannschaft mitgenommen wird auf eine Reise, deren vorläufiges Ziel zwar benannt ist, deren Route sich aber ständig ändert, darüber entscheidet sich, wie erfolgreich PLM umgesetzt werden kann.

Blohm + Voss gehört seit Anfang 2005 zum Werftenverbund ThyssenKrupp Marine Systems (TKMS), zu dem außerdem die Howaldtswerke-Deutsche Werft (HDW) in Kiel, die Nordseewerke in Emden, Kockums in Schweden und Hellenic Shipyards in Griechenland zählen. Projekte werden in der Regel als Gemeinschaftsprojekte mehrerer Teile dieses Verbundes abgewickelt. Bei einer Fregatte stammt das Vorderschiff aus Emden, das Hinterschiff aus Bremen und die Waffensysteme von Blohm + Voss. Hinzu kommt noch ein umfangreiches Netz internationaler Zulieferer. Mehr als zwei Drittel aller Teile werden extern entwickelt und gebaut.

Alles hat miteinander zu tun. Selbst wenn ein Gerät – etwa ein Waffensystem – nicht unmittelbar für das Funktionieren des Schiffes von Bedeutung ist, sein Gewicht und sein Schwerpunkt, seine Positionierung, sein Verhalten im Einsatz haben sehr wohl großen Einfluss darauf, ob das Schiff wie gewünscht funktioniert. Dabei handelt es sich seit langem um typische Mechatronik. Neben Mechanik, Elektrik und Elektronik steckt in jeder Fregatte allein ein Softwareentwicklungsaufwand im Wert von circa 200 Millionen Euro.

Bei hochgradig verteilter Entwicklung und Fertigung solcher Produkte ist das Unternehmen auf eine weitgehende Digitalisierung angewiesen, auf die möglichst umfassende Nutzung von virtuellem Design und Prototyping. Bei einem Unikat muss bereits das virtuelle Schiff sicherstellen, dass alles stimmt, einschließlich der Integration der Untersysteme, Einbaugeräte und Infrastruktur. Die Steuerung der gesamten Produktentwicklung erfolgt deshalb heute nach dem ANSI/EIA Standard 632 für Systems Engineering. Anders ist der Komplexität des Gesamtproduktes nicht mehr beizukommen.

Bei solcher Komplexität der Produktentstehung kann es leicht vorkommen, dass wichtige Einzelprozesse in der Analysephase und bei der Festlegung der Sollprozesse nicht genügend Berücksichtigung finden. In Hamburg wurde beispielsweise in einzelnen Entwicklungsbereichen nach Konstruktionsrichtlinien gearbeitet, die nirgends eindeutig schriftlich festgehalten waren und deshalb beim Prozess-Redesign ‚übersehen' wurden. Tatsächlich widersprachen sie sogar den neu definierten Prozessen und führten zu Anlaufschwierigkeiten. Die Soll-Abläufe kollidierten massiv mit den gut eingespielten, ohne dass die Leitung des PLM-Projektes darauf vorbereitet war.

Eine Alternative zu diesem prozessorientierten Vorgehen gibt es aber nicht. Vor allem die Kommunikation zwischen den Fachbereichen und erst recht zwischen Entwicklung und Fertigung funktioniert nicht ausreichend gut, wenn die Abläufe nicht für alle nachvollziehbar vorgegeben sind. Dabei besteht das Kunststück darin, den jeweils unbedingt erforderlichen In- und Output zu definieren und gleichzeitig den Beteiligten genügend Luft zu lassen, dass sie sich kreativ entfalten können und nicht unnötig eingeengt fühlen.

Das heißt zum Beispiel auch, dass von einer Standardisierung am besten gar nicht gesprochen wird, selbst wenn dieses Ziel in wichtigen Punkten die Triebfeder darstellt.

Standardisierung wird von den Menschen oft als negativ empfunden, als Geringschätzung ihrer besonderen Fähigkeiten und der Besonderheit ihrer jeweiligen Aufgabe. Nach den Erfahrungen von Dr. Vogel ist es für alle Beteiligten erheblich besser und für das PLM-Projekt nützlicher, das Hauptgewicht auf die entscheidenden Abläufe zu legen und auf spürbare, sichtbare Verbesserungen gegenüber dem herkömmlichen Prozedere. Dann sind es die Mitarbeiter, die, weil sie von den Vorzügen der neuen Arbeitsweise gehört haben, auch einbezogen werden wollen. Auf diese Weise breitet sich PLM besser aus als mit ausgeklügelten Ausroll-Strategien.

10.3
Anforderungen

Für Blohm + Voss ist das Management der Anforderungen und das Verfolgen ihrer schrittweisen Umsetzung in Funktionen und dann in Bauteile, Baugruppen und Systeme ein zentraler Bestandteil von PLM. 7.000 Anforderungen in Spezifikationen mit einem Umfang von über 2.000 Textseiten sind nicht der Gipfel, sondern eher der Normalfall.

Diese Anforderungen wurden natürlich auch vor dem PLM-Projekt erfasst und zusammengestellt. Aber sie waren erstens nicht genügend konkret formuliert, und zweitens kamen sie nicht überall an, wo sie die Grundlage von Tätigkeiten und Entscheidungen hätten sein müssen.

Wenn der Auftraggeber verlangt, dass das Schiff auch nördlich des 71. Breitengrades sicher fahren können muss, bedeutet dies unter anderem, dass der Kreiselkompass nicht ausreicht, sondern ein Navigationssystem benötigt wird. Es hat Konsequenzen für die Auslegung der Stahlplattform des Decks mit Verstärkungen für das zu erwartende Packeis. Es hat Auswirkungen auf die Größe der Tanks, die für einen Aufenthalt in der Nähe der Antarktis ausgelegt sein müssen. Es reicht also nicht, eine Anforderung zu dokumentieren. Sie muss auf alle Details heruntergebrochen werden, die sich daraus für die Entwicklung ergeben.

Als das PLM-Projekt startete, verfügte Teamcenter noch nicht über ein eigenes Modul für Requirements Management. Die Spezialisten bei Blohm + Voss entwickelten daher ihre eigene Lösung. Sie gestattet die Ableitung von neuen Dokumenten, die beispielsweise bestimmte Anforderungen für einzelne Teilprojekte oder Fachbereiche beinhalten. Dieses Tool ist nach wie vor im Einsatz, seine Daten werden aber inzwischen mit Teamcenter verwaltet.

10.4
Integration der Kernprozesse

Bezüglich der engeren Anbindung des Engineerings an die übrigen Kernprozesse findet sich eine sehr unterschiedliche Entwicklung. Die Fertigung ist hier Hauptnutz-

10

nießer und zugleich Haupttreiber von PLM, während die anderen Prozesse noch eher wenig betroffen sind.

Auf vielfältige Weise haben sich die Verbesserungen im Produktentstehungsprozess positiv auf die Produktion ausgewirkt. Es gibt heute keine umfangreiche Arbeitsvorbereitung (AV) mehr. Die Verantwortlichen für die Fertigung können dank der Verfügbarkeit digitaler Modelle sehr früh in den Entwicklungsprozess einbezogen werden und damit auch ihren Einfluss ausüben, wo sie früher warten mussten, bis die Fertigungsfreigabe erfolgte. Diese Möglichkeiten bieten solch enorme Vorteile, dass die Fertigung sie sehr intensiv nutzt.

Heute kommen Arbeitspakete aus der Konstruktion, die auf elektronischen Leitständen angepasst und modifiziert werden können. Die Auslastung der Produktionskapazitäten wurde gleichmäßiger, die Reaktion auf kurzfristige Änderungen flexibler. Manche zeitraubende Routinetätigkeiten fielen ersatzlos weg. Gab es beispielsweise früher riesige Mengen ausgedruckter Arbeitspapiere, so wird heute auf dem Bildschirm erst geprüft und entschieden, bevor nur das tatsächlich benötigte Dokument gedruckt wird.

Die anderen Prozesse – Vertrieb und Marketing sowie Kundendienst – konnten bislang durch PLM nicht wirklich erreicht werden.

10.5
Integration der Ingenieurdisziplinen

Ein wichtiger Bestandteil der PLM-Strategie bei Blohm + Voss war die Harmonisierung der IT für die mechanische Konstruktion. Hier waren – vor allem unter Einbeziehung des Werftenverbundes – zahlreiche unterschiedliche Systeme im Einsatz. Auch wenn darunter schon lange auch 3D-Modellierer anzutreffen waren, hat das dreidimensionale Modell erst durch die Standardisierung auf eine gemeinsame Plattform die Grundlage für wirkliche Durchgängigkeit geschaffen.

Zusammen mit der Implementierung wurde die Verbesserung der Arbeitsmethodik in den Vordergrund gestellt. Wie lassen sich 250.000 Teile eines Schiffes am sinnvollsten verwalten, um für die Bearbeitung eines konkreten Bauteils am Rumpf nicht zu viele Teile laden zu müssen? Wie und für welche Aufgaben lässt sich das neutrale Datenformat JT so einsetzen, dass die 3D-Modelldaten tatsächlich in der gesamten Entwicklung und Fertigung zum Tragen kommen? Dass zum Vermessen von Bauraum nicht das originäre CAD-System installiert und gestartet sein muss, sondern die Visualisierung mit JT dafür völlig ausreichend ist, gehörte zu den Punkten, die 3D als zentrales Medium des Produktentstehungsprozesses etablieren halfen.

Das Ergebnis ist nicht nur Kosteneinsparung durch eine harmonisierte Engineering IT Landschaft. Vor allem hat diese Standardisierung zu einer erheblich besseren Zusammenarbeit der verschiedenen Fachbereiche in der Entwicklung und zwischen Entwicklung und Fertigung geführt.

Jeder kann anhand der räumlichen Modelle sehen, wo die anderen Teile des Teams stehen, kann die Ergebnisse einsehen. Gleichzeitig hat die Integration vieler Systeme mit Teamcenter dazu geführt, dass nicht mehr an verschiedenen Stellen

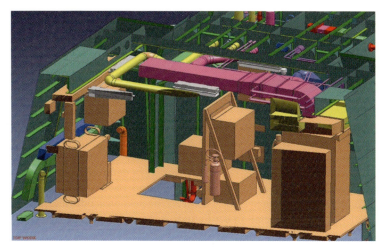

Abb. 10.3 Gezielt ausgeblendete Bauteile gestatten die Nutzung großer Baugruppen (Quelle: Blohm + Voss)

gesucht werden muss. Fast alle Daten, die zu einem Projekt gehören, sind auch dort zu finden.

Interessant war für Dr. Vogel, dass nicht die Ingenieure aus den Entwicklungsabteilungen die Haupttreiber der 3D-Standardisierung waren. Den größten Nutzen hatten die Spezialisten der Fertigung. Dort wurde der Ruf nach 3D immer lauter.

10.6
IT-Harmonisierung

Auch die Harmonisierung der gesamten IT-Systemumgebung in der Werft war ein wichtiger Aspekt des PLM-Konzeptes. Vier verschiedene Grundtechnologien und diverse Hardwareplattformen hatten zu einer Situation geführt, die schon aus Kostengründen nicht aufrechtzuerhalten war. Das zeigt allein die Notwendigkeit, zwölf Systemspezialisten für die permanente Pflege dieser Infrastruktur vorzuhalten.

Auf der inhaltlichen Seite war das Resultat der IT-Landschaft nicht weniger unbefriedigend. Jede Werft, ja zum Teil jeder Bereich hatte darauf seine eigenen Nummern- und Dateisysteme aufgebaut. Von einer optimalen Unterstützung der Gesamtprozesse war diese IT-Bebauung weit entfernt.

Im Rahmen des PLM-Projektes wurden mit TC und SAP zwei Backbone Systeme zu den Eckpfeilern, auf die sich nun der gesamte Werftenverbund stützt. Einheitliche Nummersysteme, transparente Datenhaltung mit einfachem Zugriff aller Beteiligten konnten auf dieser Basis umgesetzt werden. Neben einer massiven Verbesserung der Kommunikation – vor allem zwischen Entwicklung und Fertigung – war diese Harmonisierung Grundlage deutlicher Kostensenkung und Verkürzung der Entwicklungszeiten. Zum Vergleich: Heute können fünf Systemverantwortliche die gesamte Umgebung pflegen.

10

10.7
Blick voraus

Dr. Vogel sieht für die Werft Handlungsbedarf vor allem in zwei Richtungen: Ausdehnung des PLM Konzeptes auf die Kernprozesse des Unternehmens und verstärkter Einsatz von Simulation.

Nachdem die Beteiligten an Entwicklung und Fertigung ihre Arbeit und vor allem ihre Zusammenarbeit durch die bisherigen Maßnahmen nachweislich verbessern konnten, steht die Einbeziehung der anderen Bereiche auf der Tagesordnung. Einkauf, Vertrieb, Marketing und Service. Die Voraussetzungen dafür sind geschaffen. Wie im bisherigen Projekt wird der weitere Fortschritt sehr stark davon abhängen, ob die beteiligten Mitarbeiter für sich einen Nutzen darin erkennen können oder nicht.

Simulation spielt wie überall in der Fertigungsindustrie auch auf den Werften eine zentrale Rolle, um schneller und ohne irgendwelche Hardware-Prototypen zum funktionierenden Produkt zu kommen. Hier gibt es gute Ansätze, aber noch zu wenig Durchgängigkeit. Insbesondere die Simulation der Fertigung selbst ist noch nicht Gegenstand des Projektes.

Von den führenden IT-Anbietern erwartet Dr. Vogel eine zunehmende Offenlegung ihrer Datenmodelle und zugehörigen Services. Nur über den möglichst einfachen Zugriff auf die innerhalb unterschiedlicher Systeme entstehenden Daten kann eine durchgängige Nutzung für die Simulation, aber auch eine durchgängige Nutzung von PLM im Unternehmen erreicht werden.

Seine Erfahrungen bei der Gestaltung nachhaltiger Verbesserungen von Produktentstehungsprozessen nutzt Dr. Vogel heute dazu, als unabhängiger Berater die häufig zu beobachtende Lücke zwischen klassischem Management Consulting und IT-Systemanbietern zu schließen.

Unternehmensdaten

> 1913 Gründung

> Sitz: Harsewinkel

> Branche: Landmaschinen

> Vorstand Technologie
> und Qualität: **Dr. Hermann Garbers**

> Ansprechpartner
> für PLM: **Fritz Eckert, Leiter Technical Standards, PLM**

> Mitarbeiter: 9.100
> Entwicklung: circa 900

> Umsatz 2008:   3,24 Milliarden Euro

> Homepage: http://www.claas.com/

CLAAS in Harsewinkel hat in den vergangenen zehn Jahren einen großen Sprung gemacht. Von einem führenden Landmaschinenhersteller zu einem globalen Konzern, der weltweit unter den ersten vier rangiert und an 14 Standorten in Europa, Amerika und Asien produziert. Im Geschäftsjahr 2007/2008 lag der außerhalb Deutschlands erwirtschaftete Anteil des Umsatzes bei 77,6 Prozent. Die Tendenz ist seit Jahren steigend.

Unternehmen und Standorte sind hinzugekommen. Auch die Produktentwicklung ist deshalb schon lange kein Thema mehr, das nur ein Land oder gar einen Standort betrifft. PLM wurde dabei im Laufe der Jahre immer wichtiger. Dr. Hermann Garbers, der in der Geschäftsführung für Technologie und Qualität zuständig ist, hat dieses Thema zum Bestandteil seiner Strategie gemacht.

U. Sendler, *Das PLM-Kompendium*,
© Springer 2009

11

Seit 2006 verfügt CLAAS mit Fritz Eckert über einen Verantwortlichen, der zugleich Leiter Technical Standards und PLM ist. Früher reichte es aus, wenn die Normenstelle für einheitliche Lieferscheine oder Bestellzettel gesorgt oder definiert hat, welche Teile, welches Material vorzugsweise zum Einsatz kommen sollte. Heute müssen die Prozesse selbst vereinheitlicht werden, über den Standort und sogar über die Firmengrenzen hinaus, denn wie die meisten Unternehmen ist auch CLAAS auf ein ganzes Netz von Partnern und Zulieferern angewiesen.

Landmaschinen – vom Traktor über den Mähdrescher bis zum Feldhäcksler – haben viel mit dem Automobil zu tun, denn an den Produktentstehungsprozess werden zumindest teilweise sehr ähnliche Anforderungen gestellt. Aber von der Seriengröße und der Komplexität des einzelnen Produktes her ist das Unternehmen eher mit dem Maschinen- und Anlagenbau verwandt. Von seiner Größe ist es dazwischen angesiedelt, von seiner Struktur her nach wie vor ein typisches Familienunternehmen.

Abb. 11.1   Das Flaggschiff von CLAAS: der Lexion 600 (Quelle: CLAAS)

11.1
Prozesse

Zusammen mit dem PLM Beratungshaus Mieschke Hofmann und Partner und nach dessen Vorgehensmodell wurden rund 2.600 Auffälligkeiten innerhalb der gesamten Verfahrenslandschaft mit dem Produktentstehungsprozess als Kern identifiziert. Zu ihrer Beseitigung befinden sich 28 Lösungen in der Umsetzung. Sie gehören zu einer umfassenden PLM Roadmap, die bei CLAAS unter dem Namen *Agenda 2012* geführt wird, und für deren zentrale Steuerung und Realisierung ein Programm von PLM Maßnahmen beschlossen wurde. Es umfasst Abläufe und Organisation ebenso wie die eingesetzte IT. Die führende Rolle allerdings haben die Prozesse. Die Abfolge der einzelnen Schritte über den gesamten Produkt-Lebenszyklus transparenter und effektiver zu gestalten, ist das Hauptziel. Dazu muss die Organisationsstruktur passen, dem müssen die eingesetzten Systeme dienen. Wo passende auf dem Markt nicht verfügbar sind, setzt CLAAS auch auf Eigenentwicklung.

Ausgehend vom Prozess der Konstruktionsänderung, die ja eher der Normalfall ist als die Neuentwicklung, und vom Freigabeprozess arbeitet das Team an der Standardisierung sämtlicher Prozessschritte. Allein die Analyse der in den verschiedenen Standorten und Landesorganisationen bisher geübten Vorgehensweisen ist eine Aufgabe, die viel Zeit in Anspruch nimmt.

Im Bereich Produktentstehung helfen dabei unter anderem die Lead-Engineers, ein bereichsübergreifender Kreis führender Fachleute, der ursprünglich ins Leben gerufen wurde, um die verschiedenen Technologien im Haus voranzutreiben. Jetzt beteiligen sich die Hydraulik-, Kabinen-, Schneidwerkspezialisten und andere daran, den Output ihres jeweiligen Fachgebiets so zu definieren, dass er als Input für andere Bereiche dienen kann.

In einem Lead-Buying hatten sich noch früher Teamleiter zusammengetan, um optimale Einkaufsergebnisse zu erzielen. Innerhalb des PLM Projektes kommen von ihnen nun beispielsweise Informationen darüber, welche Hindernisse im eigenen Haus einem einheitlichen Einkaufsprozess im Wege stehen, beziehungsweise welches die wichtigsten Punkte einer solchen Vereinheitlichung sein müssen.

Das Ergebnis dieser Analysen ist die Festlegung der künftig weltweit einzuhaltenden Prozess-Standards für alle Bereiche. Die jeweils zu erfüllende Aufgabe und ihre Funktion im Gesamtprozess soll den Ablauf bestimmen, und nicht der Standort und die dort über Jahrzehnte eingefahrenen Methoden und Gewohnheiten. Mit dem Ziel, dass jeder Standort nach denselben Regeln verfährt, auf die sich alle Beteiligten weltweit verlassen können, und dass beispielsweise in einer Stückliste die Kabine stets an derselben Stelle zu finden ist, und nicht von Land zu Land, von Standort zu Standort unterschiedlich.

Die Vorgaben werden in elektronische Workflows gegossen, derzeit mit Lotus Notes unterstützt. Einschließlich der exakten Angabe, was wer in welchem Schritt von wem erhalten muss, um seine Aufgabe auszuführen, und was er an wen zu liefern hat, wenn seine Arbeit getan ist. Das betrifft Dokumente, Daten und Dateien, aber vor allem die genaue Beschreibung der Funktion, die entsprechend der ermittelten Anforderungen erfüllt sein muss. Das ist die Voraussetzung dafür, dass in Zukunft anhand der definierten Anforderungen verfolgt werden kann, wie weit und wie genau sie erfüllt wurden, wie weit das fertige Teil der ursprünglichen Anforderung entspricht. Anforderungs- oder neudeutsch Requirements Management ist also für CLAAS unverzichtbarer Bestandteil von PLM.

11.2
Daten

Das Produktdaten-Management stellt ein Kernelement des PLM-Projektes dar, denn hier wird die Produktstruktur definiert. PDM liefert die fertigungsorientierten Stücklisten, die sich letztlich alle aus der Entwicklungsstückliste ableiten, und es muss in der Lage sein, Master-Produktstrukturen zu verwalten, die für jede Phase des Lebenszyklus von der Neuentwicklung bis zum Ersatzteil die aktuellen und richtigen Daten bereitstellen. Für das Thema PDM hat sich das Haus zu einer Neuauswahl entschlossen, die zum Zeitpunkt der Veröffentlichung dieses Buches bereits abgeschlossen sein wird. Zur Wahl stehen für den langjährigen Dassault-Kunden drei Systeme. Die Kriterien ergeben sich aus einem kompakten Anforderungskatalog, denen sich die Anbieter in entsprechend aufgebauten Use Cases stellen müssen. Das Briefing erfolgt gemeinsam an einem einzigen Tag, an dem die Hersteller die noch offenen Fragen formulieren. Anschließend wird jedes System eine Woche getestet.

PLM hat also auch bezüglich der Systemauswahl die Verhältnisse grundlegend verändert. Nicht mehr monatelange Benchmarks und unüberschaubare Anforderungskataloge stehen zur Debatte. Die Anforderungen sind aufgrund der Prozessanalyse und der geplanten Ausrichtung für die Zukunft klar, die Anwendungsbeispiele eindeutig. Das Ergebnis der Tests wird nicht lange auf sich warten lassen. Das Unternehmen konzentriert sich auf die Implementierung und gegebenenfalls die Anpassung des gewählten Systems.

Auf der kaufmännischen Seite wurde die Entscheidung schon vor einigen Jahren getroffen. Das Backbone, über das Logistik und Fertigungssteuerung geregelt werden, ist SAP/R3. Für das Projektmanagement wird gerade SAP Projektsystem (PS) eingeführt, mit dem künftig alle produktbezogenen Projekte im Detail geplant werden.

11.3
IT-Harmonisierung

Nachdem die Prozesse weitgehend analysiert und geordnet sind, und nachdem für die kaufmännische und technische Seite jeweils ein zentrales Backbone für das Datenmanagement definiert wurde, steht mit hoher Priorität die Harmonisierung der gesamten IT auf der Tagesordnung. Dabei verfolgt CLAAS vor allem zwei Ziele: die Senkung der Kosten, denn jedes System, das abgestellt wird, spart nicht nur die regelmäßigen Wartungs- und Updatekosten, sondern insbesondere Kosten und Aufwand für kontinuierliche Pflege und Support im eigenen Haus; mindestens ebenso wichtig ist allerdings der zweite Grund, möglichst weitgehend die Systembrüche und Inkonsistenzen in den Abläufen zu beseitigen.

Diese Brüche sind nicht überall gleich schwerwiegend und haben unterschiedliche Gründe. Ein Grund sind abweichende Prozess- und Systemlandschaften in übernommenen Firmen. Das frühere Traktorenwerk von Renault zum Beispiel hatte nur an einzelnen Punkten dieselben Tools im Einsatz, und die Prozesse hatten noch weniger

Übereinstimmung. Auch gewachsene Verfahrensweisen in unterschiedlichen Produktlinien führen zu Bruchstellen. So orientiert sich der Bereich Traktoren, der zwischen 15.000 und 20.000 Fahrzeuge pro Jahr herstellt, stark an den Prozessen der Automobilindustrie, während Entwicklung und Fertigung selbst fahrender Erntemaschinen viel eher dem Vorgehen im allgemeinen Maschinenbau ähneln. In Teilen der Traktorenantriebsentwicklung, nämlich bei der Firma GIMA, einem Joint Venture von AGCO und CLAAS, sind Pro/Engineer und Pro/Intralink im Einsatz, während die anderen Bereiche mit CATIA V5 arbeiten.

Abb. 11.2 Das ‚Zwiebelmodell‘, mit dem bei CLAAS das PLM-Konzept dargestellt wird (Quelle: CLAAS)

Das Ziel des PLM-Konzeptes ist in dieser Hinsicht nicht, alles mit einem einzigen System zu erledigen. Vielmehr wird in allen Bereichen nach dem kleinsten gemeinsamen Vielfachen gesucht, um das beste Tool oder die beste Kombination von Systemen zu identifizieren, die die fragliche Aufgabe im Prozess am besten unterstützen.

Das zielt einerseits auf die bessere Zusammenarbeit über Ingenieurdisziplinen hinweg. Interdisziplinäre Teams gibt es schon seit etlichen Jahren, aber weder haben die Beteiligten bereits ausreichende Transparenz über den Stand der jeweils anderen Fachbereiche, noch waren alle Systeme überhaupt vollständig im PDM integriert. So hat jedes Stück kompilierter Software im SAP-System eine CLAAS Sachnummer, die beispielsweise auch im Engineering Change Management genutzt wird. Dabei werden Softwarekomponenten als nichtlagerhaltige Teile, als sogenanntes ‚NL-Material‘ behandelt, und auch der Sourcecode wird mit verwaltet. Beides soll künftig auch im PDM-System integriert sein.

Andererseits zielt die Harmonisierung auch auf die Integration über Unternehmensprozesse hinweg. Die Produktion etwa muss an jedem Standort der Welt in der Lage sein, die entwickelten Maschinen zu fertigen und zu montieren. Dafür müssen in einem Weltkonzern die Stücklisten ausgelegt sein. Alle Varianten müssen verfügbar, jede Konfiguration sicher möglich, jeder Kundenauftrag in einen Fertigungsauftrag umsetzbar sein. Gegenwärtig geschieht der Feinschliff dazu innerhalb von SAP, künftig wird die Konstruktionsstückliste vollständig aus dem PDM übergeben werden.

11

Das Qualitätsmanagement – um ein anderes Beispiel zu nehmen – muss über einheitliche Kriterien verfügen. In einem Qualitätshandbuch werden bei CLAAS zukünftig dafür alle verbindlichen Verfahrensrichtlinien abgebildet. Jeder Benutzer wird automatisch per e-Mail über etwaige Änderungen der Dokumente informiert und muss die Kenntnisnahme bestätigen.

11.4
Virtual Prototyping

Auch für CLAAS werden die Tests am virtuellen Prototypen und die Simulation der künftigen Produkteigenschaften immer wichtiger. Das Ziel ist dabei, die endgültige Produktionsfreigabe bereits am digitalen Modell des Produktes vorzunehmen. Dazu werden auf allen Ebenen verstärkt entsprechende Tools und Verfahren eingesetzt.

Die Logik mechatronischer Systeme muss sich im Modell überprüfen lassen. Deshalb gibt es zum Beispiel eine bidirektionale Kopplung von ECAD und Kabelbaumkonstruktion in CATIA V5. Das Modell wird der Master, und nicht mehr die Maschine auf dem Hof.

Schweißnähte müssen nach dem Schweißvorgang natürlich nochmals geprüft werden, aber ob sie richtig ausgelegt sind und ihre Funktion optimal erfüllen, lässt sich bereits am Modell feststellen. Die Temperaturverteilung in und um technische Aggregate, erforderliche Kühlsysteme – es gibt keinen Bereich, der nicht am digitalen Prototypen abgesichert werden kann. Für die Simulation der Fertigung und Produktionsplanung hat CLAAS ein Pilotprojekt mit DELMIA gestartet.

11.5
Service

Ein besonders wichtiger Geschäftsbereich für die Einbeziehung in das Produkt-Lebenszyklus-Management ist bei CLAAS der Service. Der Hersteller muss nicht dabei nur seine Händler bestmöglich unterstützen, sondern betrachtet – in wachsendem Umfang – auch den direkten Support von Kunden als wichtiges Geschäftsfeld. Etwa wenn es um die richtige Auslegung der Korntanks geht, damit Lohnunternehmer ihre Arbeitszeit exakt planen können. Wo früher schwer zu ermitteln war, ob nun die Angaben aus dem Lastenheft gelten oder die möglicherweise etwas positiveren aus dem Marketing-Prospekt, dazu müssen sich alle Details für jede einzelne Maschine aus der Produktstruktur ablesen lassen, wie sie im PDM-System gespeichert ist.

Schulung und Training von Mitarbeitern, Kunden und Händlern stützen sich auf dieselben Daten. Mit Hilfe von 3dvia werden aus den CATIA Modellen Montageanleitungen und 3D-Animationen erzeugt. Das Bedienungshandbuch basiert ebenfalls auf den im PDM freigegebenen Daten. Die speziell für den Service benötigten Informationen werden dafür schon in den Freigabeprozess einbezogen. Dasselbe gilt für Ersatzteilinformationen, die es schließlich dem Service leicht machen, für jede konkrete Maschine sehr schnell das jeweils relevante Teil in der Engineering Stückliste zu identifizieren.

11.6
Blick voraus

Aus dem Bereich des Data Warehouse kommt das Schlagwort Single Point of Truth (SPOT), das für Fritz Eckert das eigentliche Ziel des PLM-Projektes gut beschreibt. Ob Daten mehrfach vorhanden sind oder nicht, ob es Kopien gibt oder nur Referenzen auf den zentralen Speicherort singulärer Informationen, ist nicht entscheidend für das Funktionieren des Produkt-Lebenszyklus-Managements. Entscheidend ist dagegen, ob es für jeden der vielen Beteiligten an den diversen Prozessen während des gesamten Lebenszyklus möglich ist, stets an einem einzigen Ort die einzig gültige Information zu finden.

Heterogene Datenquellen so konsistent zu integrieren, dass es sich für alle Beteiligten so anfühlt, als gäbe es nur eine einzige – dieses Kunststück erfordert auf Seiten der Industrie konsequente PLM-Projekte mit Unterstützung des Managements zur Integration der eigenen Prozesse. Auf Seiten der IT-Anbieter erfordert es größere Durchlässigkeit der Systeme und bessere Unterstützung des Aufbaus durchgängiger IT-Strukturen.

Heidelberger Druckmaschinen AG

12

Unternehmensdaten

› 1850 Gründung einer Glockengießerei in Frankenthal durch Andreas Hamm
› 1896 Umsiedlung und Umfirmierung: Schnellpressenfabrik AG Heidelberg

› Sitz: Heidelberg

› Branche: Maschinenbau

› Vorstand Produkte
  und Technik: **Stephan Plenz**

› Ansprechpartner
  für PLM: **Hartmut Ball, Leiter Prozesse und Systeme, F&E**

› Mitarbeiter: rund 19.500
› Entwicklung: circa 1.300

› Umsatz 2007/08:   3,67 Milliarden Euro

› Homepage: http://www.heidelberg.com/

Die Heidelberger Druckmaschinen AG (Heidelberg) ist mit über 40 Prozent Marktanteil bei Bogenoffset-Druckmaschinen der international führende Lösungsanbieter für die Printmedien-Industrie. Der Name Heidelberg steht weltweit für Spitzentechnologie, Topqualität und Kundennähe. Das Kerngeschäft des Technologiekonzerns umfasst die vollständige Prozess- und Wertschöpfungskette der Formatklassen von 35×50 cm bis 121×162 cm im Bogenoffsetdruck.

Das Unternehmen entwickelt und produziert Präzisionsdruckmaschinen, Geräte zur Druckplattenbebilderung, zur Druckweiterverarbeitung sowie Software zur Integration aller Prozesse in einer Druckerei. Dabei kommt dem Umweltschutz eine nachhaltige

Bedeutung zu. Der Ressourcenverbrauch sowie Emissionen und Abfälle werden durch Maßnahmen in der Entwicklung, der Produktion und der Nutzung von Druckmaschinen reduziert. Zudem umfasst das Portfolio Service- und Beratungsleistungen von der Ersatzteilversorgung über Verbrauchsmaterialien und den Vertrieb von Gebrauchtmaschinen bis zum Schulungsangebot der Print Media Academy.

Abb. 12.1 Internationale Hauptverwaltung Heidelberg (Quelle: Heidelberger Druckmaschinen AG)

Eine solche Position erfordert ein hohes Maß an Innovation, und zwar sowohl in Bezug auf die Produkte als auch auf die Prozesse. Bereits in den Neunzigerjahren, noch vor den ersten Ansätzen eines PLM-Konzeptes, wurden beispielsweise die Änderungsabläufe von der Konstruktion bis in die Produktion hinein einer Restrukturierung unterzogen. Seit Anfang des Jahrzehnts verfügt Heidelberg über eine umfassende PLM-Strategie. Seit 2006 zeichnet dafür Hartmut Ball verantwortlich, einerseits in einer Querschnittsfunktion für die Prozesse und Systeme in der Produktentstehung, andererseits als Leiter eines eigenen PLM-Bereichs mit 55 Kollegen, der sich unter anderem um Normung, CAx, Datenmanagement und die Schnittstellen zur Produktion kümmert.

Forschung und Entwicklung sind bei Heidelberg in Form einer Matrix organisiert. Die Produktlinien – Druckmaschinen, im Klein-, Mittel- und Großformat, Vorstufe und Weiterverarbeitung – tragen die Funktionsverantwortung. Zur technischen Umsetzung steuern die Querschnittsbereiche tausende Teile und Dienstleistungen bei: Der Bereich Engineering Services liefert Know-how für Industriedesign, Umweltaspekte, Mess- und Drucktechnik, Simulation und Belastungstests. Aus dem Bereich Automation kommen Software, Aggregate, Maschinensteuerung und elektrische Ausrüstung.

Eine Bogenoffset-Druckmaschine besteht aus 50.000 bis 100.000 Einzelteilen. Zu den beteiligten Disziplinen zählen Thermodynamik, Akustik, Werkstofftechnik, Drucktechnik, Sensorik, Leistungselektronik, Maschinendynamik, Design, Ergonomie, Getriebetechnik, Informationstechnologie, Strömungsmechanik, Produktsicherheit, Umweltschutz und elektromagnetische Verträglichkeit.

Die Komplexität liegt nicht nur in der Variantenvielfalt und der Berücksichtigung
detaillierter Kundenwünsche in der Großserienproduktion. Sie liegt vielmehr vor allem
in der Größe der Maschine, der Vielzahl ihrer Teile und der Vielzahl der zu ihrer Entwicklung zu integrierenden Disziplinen. Heidelberg gehörte neben den großen Auto-
mobilherstellern zu den ersten Unternehmen mit einer umfassenden PLM-Strategie,
die vom Vorstand getragen wird.

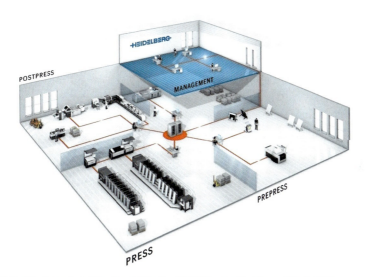

Abb. 12.2   Die integrierte Druckerei (Quelle: Heidelberger Druckmaschinen AG)

12.1
Prozesse

Als Ziel des Product Lifecycle Managements (PLM) wird in einer Broschüre des Un-
ternehmens formuliert, die richtige Balance zwischen kreativen Freiräumen und stan-
dardisierten Prozessen herzustellen: Ein dokumentierter Prozess für alle Stationen des
Produkt-Lebenszyklus von der Produktidee über den Geschäftsplan, die technische
Umsetzung in der Konstruktion, intensive Funktionstests, den Bau von Prototypen,
Feldtests, Markteinführung, Produktionsanlauf, Service und Support bis zum Auslauf.
Zur Unterstützung des PLM-Prozesses hat Heidelberg sogenannte Quality Gates
eingeführt, Meilensteine zur Beurteilung des Produktreifegrads mit verbindlichen
Prozessen und Checklisten für Produkte mit unterschiedlichen Lebenszyklen: Druck-
maschinen bleiben 20 Jahre oder länger im Markt, Geräte in der Druckvorstufe fünf
Jahre, Softwarekomponenten viel kürzer. Jedes der Quality Gates hat seine spezielle
Bedeutung innerhalb der Projekte – etwa das Erstellen des Businessplans, die Freigabe
der Projektmittel, Funktionsnachweis und schließlich die Marktfreigabe.

Dabei soll den Entwicklern Raum bleiben für Kreativität und ergebnisoffene Forschung. PLM dient dazu, Ideen aufzunehmen und effizient in marktfähige Produkte umzusetzen. PLM dient aber auch dazu, in einer möglichst frühen Phase einen Schlussstrich zu ziehen, wenn eine Idee keine Aussichten hat, sich am Markt zu behaupten. Insofern wird auch das Stoppen oder Parken von Projekten belohnt, die letztlich eine Verschwendung von Ressourcen darstellen würden.

Insgesamt verfolgt Heidelberg circa 200 Projekte unter dem Leitmotiv Best in Research and Development (BIRD), von denen etliche auch den PLM-Prozess betreffen. Alle Schwachstellen im Produktentstehungsprozess sollen identifiziert und behoben werden.

12.2
Harmonisierte IT

Die Basis des Prozessmanagements ist der Materialstamm, der für alle im selben System verfügbar. Bei Heidelberg fiel 2001 die Entscheidung, hierfür weltweit auf SAP/R3 zu standardisieren, während für die CAD-Seite der Wechsel von CATIA auf NX vollzogen wurde. Der Karlsruher Systemintegrator DSC hat dafür eine Direktschnittstelle zwischen NX und SAP entwickelt, die ein gutes Handling erlaubt und nach Einschätzung von Hartmut Ball der Integration von NX und Teamcenter nicht nachsteht.

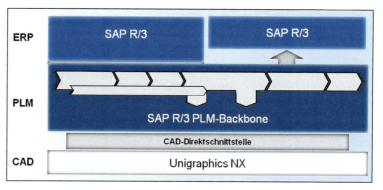

Abb. 12.3   IT-Architektur mit PLM-Backbone (Quelle: Heidelberger Druckmaschinen AG)

Lokale, individuelle Speicherung von CAD-Daten unter Umgehung des zentralen Datenmanagements ist nicht mehr möglich. Alle Daten für Neuentwicklung und Serienbetreuung sind in einem System, von den 3D-Modellen bis zur Stückliste. 4.000 Anwender arbeiten derzeit mit SAP. Damit können sich die Prozesse im gesamten Lebenszyklus für jeden konkreten Schritt auf den Reifegrad-Status des betreffenden Dokuments stützen.

Während die meisten Unternehmen bei der Standardisierung auf ein Engineering Backbone und ein Backbone für die kaufmännischen Daten zielen, hat Heidelberg also eine noch weitergehende Vereinheitlichung bereits umgesetzt: ein zentraler PLM-Backbone mit durchgehender Änderungsabwicklung von den Dokumenten der erzeugenden Systeme (MCAD, ECAD, CorelDesigner, Office etc.) bis zur Umsetzung in Fertigung, Montage und Service.

Obwohl das Haus sich nur auf der CAD-Seite auf Produkte von Siemens PLM Software stützt, gilt es als deren größter Kunde im Maschinenbau. Der IT-Anbieter arbeitet eng mit den Spezialisten in Heidelberg zusammen, einschließlich mehrstündiger strategischer Gespräche auf Managementebene.

12.3
Integration der Ingenieurdisziplinen

Obwohl Elektronik und Software bei Heidelberg eine enorm große Rolle spielen, ist das gesamte Engineering nach wie vor stark an der Mechanik orientiert. Die Bereichsleiter der Mechanik sind für die einzelnen Maschinenreihen kleiner, mittlerer und großer Druckmaschinen verantwortlich. Andere Fachbereiche wie Technische Dokumentation, Berechnung, Simulation und Versuch sind als Querschnittsbereiche organisiert.

Wie kann die Erzeugung einer mechatronischen Stückliste mit mehr als 100.000 Teilen aus unterschiedlichen Disziplinen automatisiert werden? Wie lässt sich die Zusammenarbeit in den Projekten verbessern? Hier ist das Team davon überzeugt, dass die Entwicklung noch ziemlich in den Anfängen steckt. Selbst die Darstellung aller Teile einer Maschine überfordere derzeit jedes der gängigen 3D-CAD Systeme. Und auch die umgekehrte Aufgabenstellung, nur genau die für eine Einzelsicht erforderlichen Bauteile zu laden, ist nicht mit Standardhandgriffen zu lösen. Ein Versuchsprojekt befasst sich derzeit damit, für einen Teil einer Druckmaschine mit ungefähr 2.000 Teilen eine gemeinsame Stückliste einschließlich Elektrik, Elektronik und Mechanik zu erzeugen.

12.4
3D-Nutzung zur Integration der Kernprozesse

Nicht nur die Standardisierung der Unternehmens-IT spielt bei der möglichst engen Verzahnung des Engineering mit den anderen Unternehmensprozessen eine Rolle. Große Bedeutung kommt insbesondere auch der interdisziplinären und bereichsübergreifenden Nutzung von 3D-Modellen zu. Solche Modelle gibt es in großer Zahl, aber Heidelberg sieht sich noch ein gutes Stück davon entfernt, den vollen Nutzen daraus zu ziehen. Der nämlich entsteht nicht innerhalb der eigentlichen Entwicklungsabteilungen, sondern in den Folgeprozessen, vor allem in Montage, Fertigung und Service.

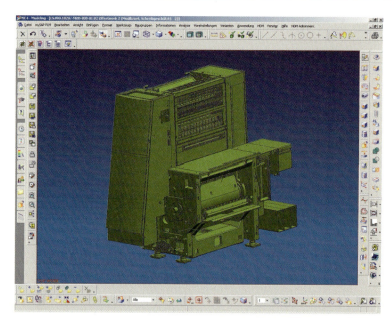

Abb. 12.4   3D-CAD-Modell eines Druckwerks (Quelle: Heidelberger Druckmaschinen AG)

Eines der Projekte in dieser Richtung heißt Computer Aided Assembly (CAA). Auf Basis von NX wurde ein spezielles Modul entwickelt, das 3D-Baugruppen beispielsweise an den Arbeitsplatz in der Montage bringt. Dort lassen sich die Modelle dann montagegerecht aufbereiten und unmittelbar für den Arbeitsplan verwenden.

In der Fertigung wird mit Hilfe von NX CAM und Tecnomatix an der Simulation der Maschinen bis hin zu ihrer Programmierung gearbeitet.

Für den Service ist derzeit ein neues System in der Entwicklung, das technische Handbücher und Dokumentationen gestützt auf die 3D-Daten aus der Konstruktion weltweit interaktiv zur Verfügung stellt. Letztlich soll auch die Rückkopplung von Informationen aus dem Service in die Entwicklung realisiert werden. Aber gute Servicetechniker sind nicht notwendigerweise auch gute Berichtschreiber.

Die Tools sind implementiert und im Einsatz, die Daten vorhanden und zentral verfügbar. Jetzt geht es um die Art und Weise, wie diese Ressourcen optimal eingesetzt werden können. Seit 2008 existieren verbindliche Festlegungen über prinzipielle Methoden und Regeln zur Erzeugung und Handhabung von CAD-Daten. Zweimal im Jahr wird unter Hinzuziehung einer externen Partnerfirma in einem Audit überprüft, wie gut diese Regeln eingehalten werden, welche Qualität die Teile und Baugruppen haben und wie weit sie in der Produktion und Montage Verwendung finden.

12.5
Blick voraus

Auch für die kommenden Jahre hat die weitere Durchdringung der Prozesse mit 3D-Daten hohe Priorität. Zu hundert Prozent sollen diese Daten für alle Prozesse im gesamten Produkt-Lebenszyklus das zentrale Medium werden. Vorrangiges Ziel ist dabei eine Realisierung von Virtual Prototyping für komplette Maschinen.

Das neutrale Format JT eignet sich dabei in seiner jetzigen Form für Visualisierung und einfache Arten von Simulation, aber nicht für diverse Arten von Berechnung. Das Unternehmen erwartet hier weitergehende Entwicklungen auf Seiten der IT-Anbieter.

Auf der Seite des Prozessmanagements steht die Einführung und Umsetzung eines umfassenden Anforderungsmanagements auf der Tagesordnung, gekoppelt mit Multi-Projektmanagement. Bis zu 200 Projekte mit gegenseitigen Abhängigkeiten parallel zu organisieren und dabei an jedem Punkt im Projekt beispielsweise zu wissen, welche Ressourcen welcher Querschnittsbereich jeweils dazu beisteuern kann – es gibt noch wenig Beispiele in der Industrie, die man als vorbildlich heranziehen könnte.

Unternehmensdaten

- ❯ 1854 Gründung der Joh. Weitzer Wagen- und Waggonfabriks AG
- ❯ 1934 Fusion: Simmering-Graz-Pauker AG (SGP)
- ❯ 2001 Übernahme durch Siemens AG

❯ Sitz:	Graz
❯ Branche:	Schienenfahrzeuge
❯ CEO:	**Mathias Koch**
❯ Ansprechpartner für PLM:	**Helmut Ritter** **Leiter Engineering Fahrwerke**
❯ Mitarbeiter:	1.500
❯ Entwicklung:	180
❯ Umsatz 2008:	210 Millionen Euro
❯ Homepage:	http://www.mobility.siemens.com/

Die Ursprünge von Siemens Transportation Systems in Graz reichen bis in die Mitte des 19. Jahrhunderts zur Gründung der Wagen- und Waggonbaufabrik durch Johann Weitzer, die später in Grazer Wagen- und Waggonfabriks AG umbenannt wurde. 1934 fusionierte das Unternehmen mit den Wiener Paukerwerken und der Maschinen- und Waggonbau Fabriks AG Simmering zur Simmering-Graz-Pauker AG (SGP), die einer der wichtigsten österreichischen Maschinen- und Motorenhersteller des 20. Jahrhunderts wurden. Nach dem zweiten Weltkrieg befand sich das Haus mehrheitlich in Staatsbesitz und war mit mehreren tausend Mitarbeitern international erfolgreich, vor

U. Sendler, *Das PLM-Kompendium*,
© Springer 2009

13

allem im Turbinenbau, mit Dieselmotoren, Waggons und Lokomotiven sowie Fahrzeugen für Verkehrsbetriebe in Wien und Graz.

1992 verkaufte die Republik Österreich ihre Anteile an die Siemens AG, die 2001 auch die übrigen Anteile erwarb und das Unternehmen seit 2004 als Siemens Transportation Systems Graz führt. Heute ist das Haus für Siemens weltweit das technische Kompetenzzentrum für Fahrwerke. Alle Entwicklungs- und Fertigungskompetenzen sind hier gebündelt, die modernsten Simulationsmethoden im Einsatz.

Die Kapazitäten der hoch automatisierten Produktionsanlagen sind für die Fertigung von 3.000 Fahrwerken pro Jahr ausgelegt, der Grad der Automatisierung erreicht bis zu 80 Prozent. Graz ist der weltgrößte Entwicklungs- und Fertigungsstandort von Fahrwerken für Metro und Straßenbahn, Triebzüge, Lokomotiven und Hochgeschwindigkeitszüge. Unter anderem stammt das Fahrwerk des in China eingesetzten Hochgeschwindigkeitszuges von hier. Seine Betriebsgeschwindigkeit beträgt 350 km/h, ausgelegt ist das Fahrwerk für 380 km/h, im Versuch wird es bis auf 400 km/h getestet.

Abb. 13.1   Fahrwerk von Siemens Transportation Systems in Graz (Quelle: Siemens)

Siemens Transportation Systems in Graz besteht nach einer kürzlichen Umstrukturierung aus mehreren Geschäftseinheiten, die sich auf die Siemens Standorte in Krefeld-Uerdingen, Erlangen, München, Wien und Graz verteilen. Der gesamte Geschäftsbereich gehört zur Divison Mobility im Industry Sector der Siemens AG.

Seit 2006 ist bei Siemens Transportation Systems in Graz ein PLM-Konzept in der Umsetzung. Verantwortlich ist der Leiter der Entwicklung Fahrwerke, Helmut Ritter. Mit PLM macht die Produktentstehung im Fahrwerksbau einen großen Sprung nach vorn. Die Strukturen und Abläufe waren hier zuvor typisch für ein mittelständisches Maschinenbau-Unternehmen.

13.1
Daten

Für Helmut Ritter ist ein zentrales Datenmanagement der Kern, um ausgehend von der Produktentwicklung das Produkt-Lebenszyklus-Management in Angriff zu nehmen. Für dieses Produktdaten-Management ist in Graz SAP PLM implementiert. Eine Anbindung des CAD-Systems Pro/Engineer und der zugehörigen Datenverwaltung PDMLink von PTC ist realisiert. Aber die Integration von Simulation und Berechnung, und auch die Anbindung der Fertigung ist noch nicht zufriedenstellend.

So kann ein Stücklistendatensatz erst dann außerhalb der Entwicklungsabteilungen veröffentlicht werden, wenn er vollständig ist, und das heißt: erst nach der Freigabe. Das zwingt während des Entwicklungsprozesses zu manuellen Behelfslösungen, um die Restriktionen der elektronischen Lösung zu umgehen. Oder die Freigabe erfolgt zu einem zu frühen Zeitpunkt, ist also eigentlich eine Vorfreigabe, so dass alle Folgeschritte dann wie Änderungen gehandhabt werden müssen. Eine realitätsnahe Beurteilung der Prozesse ist auf diese Weise natürlich nicht zu gewährleisten. Für den Betrachter müssen die zahlreichen Änderungen als Ausdruck unzureichender Planung der Entwicklung erscheinen.

Das Datenmanagements muss darüber hinaus auch erheblich benutzerfreundlicher werden und die praktischen Anforderungen der Entwicklungsmannschaft besser unterstützen, damit der zweite Bestandteil des PLM-Konzeptes, die Kopplung der Prozesse an die Daten und Dokumente, die während der Entwicklung entstehen, erfolgreich in Angriff genommen werden kann.

13.2
Prozesse

Auf der Ebene des Geschäftsprozessmanagements wird die Produktentwicklung nicht anders betrachtet als jeder andere Prozess im Unternehmen. Hier sind die Abläufe und zu erfüllenden Funktionen zu definieren, die Nahtstellen zu anderen Prozessen und die jeweiligen Verantwortlichkeiten. Das Ergebnis sind Prozessmodelle, für deren Erstellung und Gestaltung ARIS von IDS Scheer im Einsatz ist.

Das Ziel ist dabei bezogen auf die Produktentwicklung dasselbe wie in anderen Prozessen: Mit Hilfe von Messwerten und Kennzahlen wird ständig an einer dokumentierten Verbesserung gearbeitet. Wie schnell wird eine Entwicklung freigegeben? Liegt der Zeitpunkt im Rahmen des vorgegebenen Terminplans oder nicht? Wie ist die Qualität der Ergebnisse zu bewerten? Zu welchem Grad sind die Anforderungen an Funktionsziele bezogen auf das Gesamtprodukt, eine Baugruppe oder Einzelteile erfüllt? Oder gibt es Auflagen, die für eine Erreichung der Ziele noch zu erfüllen sind?

Auf diese Weise kann und muss auch der Produktentstehungsprozess modelliert, beurteilt und gesteuert werden. Nur so lassen sich Störungen erkennen und ausschalten. Hier hat Siemens Transportation Systems in den letzten Jahren große Fortschritte gemacht.

13

Heute ist das Geschäftsprozessmanagement sogar innerhalb des Engineerings besser verankert als in anderen Kernprozessen. Entsprechende Fortschritte dort sind nun die Voraussetzung für eine engere Integration der Produktentstehung beispielsweise mit Beschaffung, Qualitätswesen und Arbeitsvorbereitung.

13.3
Projekte

Unter Entwicklungsmanagement versteht das Team in Graz das Management von Entwicklungsprojekten. Ein Projektingenieur ist dafür jeweils verantwortlich. Er sitzt mitten im Team und ist der Ansprechpartner für alle, überwacht Start und Ende, Meilensteine und Fertigstellung von Arbeitspaketen. An ihn müssen sämtliche Fortschritte und Probleme gemeldet werden. Er ist oberste technische Entscheidungsinstanz im Projekt und Eskalationsebene.

Als Terminplanungssystem ist hier Microsoft Project im Einsatz. Mit diesem Tool werden Pläne mit sämtlichen Arbeitspaketen erstellt und verwaltet. Entscheidend für den Erfolg der Projekte ist allerdings vor allem die gute Abstimmung der Beteiligten untereinander und mit der Projektleitung. Das Tool gestattet zu dokumentieren, wer wann was macht. Es lässt deshalb Abweichungen vom geplanten Ablauf schnell erkennen. Auswirkungen eines Problems in einem Arbeitspaket auf andere Arbeitspakete werden frühzeitig erkannt. Damit kann eine Veränderung des Projektplans in Angriff genommen und umgesetzt werden. Das Projektmanagement kann agieren, statt zu reagieren, wenn Ziele bereits verfehlt wurden.

13.4
Anforderungen

Als weiteres zentrales Element für PLM wird das Management der Anforderungen oder Requirements Management gesehen. Dabei hat auch in dieser Frage die Nutzung eines Tools nicht die höchste Priorität.

Im Kern geht es um die exakte Erfassung der Anforderungen der Kunden, die in Bezug zu einer standardisierten Funktionsstruktur gesetzt und damit abgeglichen werden. Die gegebenen Anforderungen werden heruntergebrochen bis auf die konkreten Funktionen, die untergeordnete Teile oder Baugruppen wie Räder oder Federung erfüllen sollen. Daraus ergibt sich schließlich eine Funktionsstruktur, die direkt an die Produktstruktur gekoppelt ist. Das wiederum schafft die Voraussetzung, um später während des gesamten Produktentstehungsprozesses die Umsetzung und Realisierung am einzelnen Bauteil verfolgen und beurteilen zu können.

Dieses Vorgehen ist im Maschinenbau ungewohnt und unüblich. Kundenanforderungen zu übersetzen in eine Struktur von Funktionen, bedeutet oft auch zu identifizie-

Abb. 13.2 Analyse der Belastung eines Fahrwerksrahmens (Quelle: Siemens)

ren, welche Funktionen gemeint sind, auch wenn sie nicht ausdrücklich formuliert wurden. Denn auch die Auftraggeber denken keineswegs alle in Funktionen, die die bestellten Produkte später erfüllen sollen.

So sind manche Funktionsanforderungen versteckt in anderen oder in allgemeinen Anforderungen. Beispielsweise kann in einem Lastenheft eine maximale Geräuschentwicklung festgeschrieben sein, die ein Zug verursachen darf. Damit ist aber noch nicht definiert, welche Geräusche das Fahrwerk selbst verursacht, welche durch die Übertragung von Schwingungen angrenzender Bauteile herrühren, wie laut es aufgrund der Fahrwerksgeräusche in einem Zug (Körperschall) werden darf, und wie laut maximal die Vorbeifahrt des Zuges (Luftschall) sein soll.

Von einem schlagkräftigen Tool für Requirements Management wird darüber hinaus erwartet, dass es die Verifizierung der Zielerreichung bezüglich der einzelnen Anforderungen unterstützt. Dazu müssen Produkt- und Funktionsstruktur sich einer Nachweisstruktur gegenüberstellen und damit vergleichen lassen, in der beispielsweise die Ergebnisse von Simulationen, Tests und Messungen zusammengefasst und verwaltet werden. Ein solcher Vergleich lässt den Grad der Zielerreichung für jedes Teil des Produktes erkennen und beurteilen.

Ein weiterer Schritt wäre die Abbildung der Termine und Meilensteine der Projektstruktur auf die Produkt- und Funktionsstruktur. Die auf diese Weise mit berücksichtigte Zeiteinheit ließe auch eine Beurteilung der Zielerreichung unter Zeitgesichtspunkten zu. Für ein perfektes Controlling und Monitoring fehlt dann nur noch eins: der Bezug der überprüften Funktionserfüllung eines Bauteils oder einer Baugruppe auf die zuständige Abteilung, also der Abgleich mit der Organisationsstruktur.

13

13.5
Virtual Prototyping

Das 3D-Modell nicht nur als Ersatz für die technische Zeichnung zu nutzen, sondern als Basis für den virtuellen Prototypen – das ist eine der vordringlichen Aufgaben in PLM. Dazu ist mehr erforderlich als der durchgängige Einsatz von 3D in der Konstruktion. Das digitale Produktmodell muss die Basis für die Arbeit aller Fachdisziplinen sein.

Abb. 13.3   Modell eines Fahrwerks (Quelle: Siemens)

Gegenwärtig arbeiten die Spezialisten bei Siemens Transportation Systems an der Integration von Simulation und Berechnung. In der Fahrwerkentwicklung bedeutet das unter anderem den Einsatz von Mehrkörper-Simulation (MKS), die in Verbindung mit CAD und PDM besondere Fragen aufwirft.

Bei der Mehrkörper-Simulation wird untersucht, wie sich Baugruppen und Systeme, die sich aus unterschiedlich vielen Einzelteilen zusammensetzen, in ihrer Summe verhalten. Das heißt, dass beispielsweise für die Kinematiksimulation nicht die Drehmomente oder Schwerpunkte der Einzelteile benötigt werden, sondern Drehmoment und Schwerpunkt der Baugruppe oder des Systems. Oder dass die Masse eines Einzelteils umgekehrt für die Betrachtung in Zusammenhang mit der Mehrkörper-Simulation in mehrere fiktive Einzelmassen zerlegt werden muss.

Das lässt sich nicht ohne weiteres aus den CAD-Modellen ableiten. Vor allem aber lässt sich mit herkömmlichen Methoden der Zusammenhang zwischen den Eigenschaften des Mehrkörpersystems und der einzelnen Parts nicht im PDM-System verwalten.

Ziel ist in Graz deshalb die Vereinfachung solcher Aufgaben bei der Erstellung virtueller Prototypen, um schnell und einfach Veränderungen daran testen zu können, mit denen die eingesetzten Entwicklungsmethoden frühzeitig überprüft und bei Bedarf verbessert werden können. Dazu wird derzeit eine Open Source Lösung getestet, mit deren Hilfe eine Individuallösung entwickelt wird, die dann mit dem PDM-System integriert werden kann.

Für die effektive Nutzung digitaler Produktionsplanung und -steuerung fehlt es aus Sicht von Helmut Ritter generell noch an den nötigen Mindeststandards. Sofern diese verfügbar sind, ist ein zu hoher Aufwand für die Integration erforderlich, um die CAD- und PDM-Daten der Entwicklung mit denen der Produktion für die Simulation zu koppeln.

13.6
Blick voraus

Die Nutzung räumlicher Modelle muss vor der eigentlichen Entwicklung beginnen. Bereits das Entwerfen erster Konzepte sollte in 3D erfolgen können. Innerhalb weniger Tage ein Konzeptmodell zu gestalten, das Festigkeitsberechnung und andere Arten von Simulation gestattet, ist die Herausforderung für die kommenden Jahre. Solche Modelle würden mehr Zeit verfügbar machen, um verschiedene Konzepte durchspielen und bewerten zu können. Einmal vorhanden, könnten solche Konzeptmodelle dann unmittelbar als Vorlage für die Detailkonstruktion herangezogen werden. Und zwar nicht geometrieorientiert, sondern als Repräsentation für Berechnung und Simulation, die eine Bewertung der Funktionen erlaubt.

Demgegenüber sind die herkömmlichen Methoden mehrfach im Nachteil. Für die Berechnung beispielsweise von Fahrzeugrahmen, die als Rohkonzept vorliegen, wird viel zu viel Zeit benötigt. Und nach beschlossenem Entwicklungsprojekt steht die Konstruktion am Nullpunkt, statt bereits auf die Vorarbeiten aufsetzen zu können.

Wichtigste Anforderung bezüglich PLM ist aus Sicht von Siemens Transportation Systems das Ermöglichen einer einheitlichen, zentralen Datenbasis, die es erlaubt, alle Daten von der ersten Anforderung an über die gesamte Zeitschiene so verfügbar zu haben, dass zu jedem Augenblick, in jedem einzelnen Prozessschritt auf den jeweils aktuellen, gültigen Stand zugegriffen werden kann. Und diese Daten müssen von den CAD-Modellen über die Stücklisten bis zu Logistikinformationen und Daten für die Fertigung alles umfassen.

Eines der Probleme, die dies bislang verhindern, ist die Tatsache, dass die Entwickler von Standardsoftware die Prozesse ihrer Kunden nicht genau genug kennen, während die Anwender zu wenig Kenntnisse über die Möglichkeiten der Informationstechnologie mitbringen. Hier ist die Industrie auf PLM-Spezialisten angewiesen, die wie Dolmetscher fungieren – ob intern oder als externe Berater – und aus der Kenntnis der Prozesse heraus passende Anforderungen an die IT-Anbieter formulieren oder entsprechende Anpassungen selbst programmieren.

Unternehmensdaten

> 1867 offizielles Gründungsjahr von Voith als Papiermaschinenhersteller

> Sitz: Heidenheim

> Branche: Papiermaschinen

> CEO: **Mathias Koch**

> Vorsitzender der
für PLM: **Werner Kisters, Leiter Geschäftsprozesse und IT**

> Mitarbeiter: ca. 10.000
> Entwicklung: ca. 1.000

> Umsatz 2007/2008:   1,98 Milliarden Euro

> Homepage: http://www.voithpaper.com/

Das älteste der im PLM Kompendium mit einem Konzept zum Management des Produkt-Lebenszyklus vorgestellten Unternehmen ist Voith Paper. Der Hersteller von Papiermaschinen ist heute einer von vier Bereichen der Voith AG, die mit rund 43.000 Mitarbeitern weltweit zu den größten Familienunternehmen zählt. Voith Paper ist der größte Konzernbereich nach Umsatz, beschäftigt circa 10.000 Mitarbeiter, und der Umsatz betrug 2008 annähernd zwei Milliarden Euro. Der Hersteller ist seit vielen Jahren in bestimmten Segmenten Marktführer. Jedes dritte Blatt Papier wird mit einer Maschine von Voith produziert.

Was ist notwendig, um in diesem Markt Marktführer zu sein? Was muss ein Anlagenbauer liefern, damit die Kunden Zeitungs- und Kopierpapier oder Verpackungsmaterial – es gibt rund 3.000 verschiedene Papier- und Kartonsorten – in jeder gewünschten Bandbreite und Anzahl Tonnen pro Jahr wirtschaftlich herstellen können? Zahlen geben nur eine grobe Vorstellung, aber sie machen deutlich, in welchen Größenordnungen bei Voith Paper entwickelt und produziert wird.

Bis zu 350 Meter lang und 12 Meter breit sind solche Anlagen, die aus circa 250.000 Teilen bestehen. 50.000 davon sind verschiedene Teile. Bis zu 2.000 Tonnen Papier pro Tag können sie produzieren, bei einer Geschwindigkeit von bis zu 2.000 m/min. 5.000 Steuerkreise gehören dazu, 7.500 Modelle beziehungsweise Zeichnungen sind erforderlich. 50.000 Stunden arbeiten Ingenieure an der Entwicklung. Am Ende steht eine Investition von 450 Millionen Euro.

Abb. 14.1 Die Dagang PM 3, betrieben von Gold East Paper in China, ist die momentan leistungsstärkste Feinpapiermaschine der Welt. Sie enthält mehr Stahl als für den Bau von 2 Eifeltürmen nötig wäre. (Quelle: Voith Paper)

Diese Investition bei steigenden Rohstoff-, Energie- und Personalkosten so niedrig wie möglich zu halten, während die Anforderung an Ausstoß und Qualität, aber auch an spezifische Marktanforderungen steigen, ist das Hauptmotiv von Innovationen bei Voith Paper. Dazu gehört auch PLM und die Gestaltung der Produktentstehungsprozesse.

Eine möglichst weitgehende Standardisierung und Modularisierung der Maschinen hat sich als die zentrale Methode erwiesen, um trotz großer Bandbreiten in der Funktionalität und erheblichen Unterschieden im Leistungsumfang die jeweils gewünschte Maschine liefern zu können.

Die Standardisierung der Maschinen erfordert auch die Standardisierung der Prozesse zu ihrer Entwicklung und Fertigung.

14.1
Prozesse

Die führende Rolle des Prozesses gegenüber der zu seiner Unterstützung eingesetzten IT ist schon aus der Reihenfolge der Begriffe in der neuen Bezeichnung für das Team von Werner Kisters abzulesen: Business Processes and IT (BPIT). 14 Prozessmanager umfasst das Team, ergänzt um zehn Prozess-Owner in den Kernprozessen, die an den verschiedenen Standorten in den Fachbereichen arbeiten. Sie sind diejenigen, mit denen BPIT am engsten zusammenarbeitet. Sie und alle Managementebenen einzubeziehen und für die neuen Methoden zu begeistern, war die wichtigste Aufgabe beim Start. Und sie bleibt die wichtigste Aufgabe bei der Umsetzung und beim Ausbau der Projekte.

Abb. 14.2 Ein voller Tambour ist 10 m breit, hat einen Durchmesser von 3,50 m und wiegt 130 Tonnen. Das aufgerollte Papier misst 3.000 km, das entspricht einer Strecke von Berlin nach Lissabon. (Quelle: Voith Paper)

Prozesse, Systeme und Menschen sind aus dieser Sicht eine Einheit, deren einzelne Bestandteile nur insgesamt richtig bewertet und berücksichtigt werden können. Dabei muss als erstes der Prozess analysiert und definiert werden. Bei Voith war das auch schon anders. Nach ausführlichen Versuchen mit Intergraph EMS und Solid Edge entschied Voith Paper sich für die Autodesk Inventor Series Produktlinie. SAP/R3 wurde implementiert, um darüber die kaufmännischen Abläufe zu vereinheitlichen und besser zu erledigen. Jetzt haben die Systeme eine eindeutig untergeordnete Funktion, und der Prozess hat Vorrang.

Begonnen wurde mit einem Projekt, das unter Verwendung von Inventor und SAP die Abwicklung eines Auftrags von der Kundenauftragserteilung und Freigabe bis zur Auslieferung beinhaltete. Nach der Definition der Arbeitsschritte, die dafür nötig waren, nach der Festlegung, welche Stelle dafür wann welche Ergebnisse abliefern muss, wurde dieser Prozess wie eine Standardsoftware zum fertigen ‚Release' erklärt, der nun ‚ausgerollt' werden konnte.

14

Für ein solches Vorgehen müssen die gewachsenen ‚Fürstentümer' aufgegeben werden. Und die Perfektion in der Einzelaufgabe erweist sich als weniger wichtig verglichen mit dem Zusammenwirken aller Beteiligten. Die Integration der Arbeitsschritte zum Prozess, der für das Unternehmen und seine Kunden das beste Gesamtergebnis liefert, bekam oberste Priorität. Dabei mussten die Standards grob genug definiert sein, um nicht die Kreativität der Beteiligten zu behindern. Standardisierung bedeutet demnach die Installation von Leitplanken, innerhalb derer sich die Prozesse entfalten können.

Nach der Freigabe des ersten Prozesses ging es zügig weiter. Mit ‚Opportunity to Order' wurde der Ablauf von der Verkaufschance bis zur Auftragserteilung beschrieben. Das Ergebnis ist ein Angebot, das zwar technisch noch nicht alle Aspekte abschließend behandelt. Aber es erlaubt bereits eine Bewertung der wirschaftlichen Erfolgsaussichten, die in einem Rahmen von plus/minus 10 bis 20 Prozent zuverlässig ist.

Ein weiteres wichtiges Projekt betraf die Aufträge zum Umbau bereits laufender Maschinen. Hierfür wurde ein ‚Rebuild-Programm' unter dem Namen ‚Perfect Fit' aufgesetzt. Immer wichtiger wird für Hersteller von Großmaschinen und Anlagen wie Voith dieser Teil des Gesamtgeschäfts. Schnelle Reaktionszeiten und Umbauten, ein guter Ersatzteilkatalog, guter Service sind hier entscheidend.

Die Summe aller Projekte zum Design und Roll-out der Geschäftsvorfälle, Prozesse und Systeme sowie der Installation erforderlicher Supportorganisationen in Business und IT – das heißt bei Voith Paper heute BPIT Programm. Diese Vorgaben und Lösungen wurden mittlerweile bereits im Voith Konzern kopiert.

14.2
Systeme

Die Integration der Prozesse funktioniert nur mit einer ebenfalls integrierten Systemlandschaft. Eine Harmonisierung reicht nicht. Durchgängiges Produktdaten-Management ist eines der zentralen Elemente, und hierfür setzt Voith Paper auf SAP PLM. Ein anderes zentrales Element sind die unzähligen Modelle der Maschinenkomponenten, Bauteile und Ersatzteile, wobei ihre Verfügbarkeit in 3D eines der wichtigsten Kriterien für die Akzeptanz der Prozesse bei den Mitarbeitern ist. Und zwar nicht nur innerhalb des Hauses, sondern ebenso in der Zusammenarbeit mit den Partnern, und auch in der Kommunikation mit dem Kunden. Hier ist Autodesk Inventor die generelle Basis, in enger Anbindung an SAP.

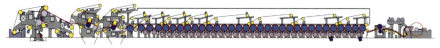

Abb.14.3 Schematische Darstellung einer Zeitungsdruck-Papiermaschine vom Stoffauflauf bis zur Aufrollung (Quelle: Voith Paper)

Alles bis zum letzten Schräubchen soll in 3D verfügbar sein. Dazu wird die Verbindung zwischen Inventor und CADENAS Normteilebibliotheken genutzt. Dazu ist angedacht, Inventor bereits in der Angebotsphase einzusetzen. ‚Plant Lifecycle Management' ist bei Voith der Begriff, für den die Abkürzung PLM steht.

Neben der Verfügbarkeit von 3D-Modellen, die über SAP PLM einfach gefunden und wiederverwendet werden können, ist die wesentlichste Verbesserung die Minimierung von Fehlern durch Verwendung erprobter Teile und Baugruppen. Und vor allem die Tatsache, dass jedes Teil nur noch ein einziges Mal digital vorhanden ist. Jeder Beteiligte weiß, wo er es finden kann, einschließlich der großen Zahl von externen Entwicklungspartnern und Konstruktionsbüros.

Die Vorteile von 3D-Methodik in diesem Gesamtumfeld sind nicht oder nur sehr schwer quantitativ zu messen. Der messbare Vorteil des Einsatzes von 3D ist die Reduktion der Durchlaufzeit bei gleichzeitiger Erhöhung der Qualität. Dies ist letztlich auch der Grund, warum die Geschäftsleitung dem BPIT Programm volle Rückendeckung gibt.

Auch jetzt ist hier noch keineswegs das Ziel erreicht. Erst ein Nukleus ist das 3D-Datenmaterial, das im integrierten System zur Verfügung steht. Das Ziel ist aber erstens, vollständige Maschinen abzubilden, und zweitens, dass auch die verteilten Entwicklungspartner nach denselben Leitplanken der Prozesse arbeiten.

In Brasilien etwa stützt sich die Fertigung bereits vollständig auf 3D-Daten. Dort wird nun ein Standard vorangetrieben, nachdem künftig die Fertigungsprozesse des ganzen Unternehmens ausgerichtet sind.

14.3
Service

Nach der Prozessoptimierung in der Auftragsabwicklung rücken auch die Belieferung der Kunden mit Ersatzteilen und die Erfüllung von Verbesserungswünschen immer stärker in den Mittelpunkt der Vertriebstätigkeit. Dazu mussten natürlich auch die Prozesse verändert werden. Der Umbau und die Anpassung installierter Maschinen an neue gesetzliche Bestimmungen oder Marktanforderungen werden immer wichtiger. Komponenten und Anlagenteile werden zu einem wichtigen Umsatzträger. Die Unterstützung der Kunden in ihren Prozessen wird immer stärker zum Inhalt neuer Geschäftsbeziehungen. Allmählich und fast unmerklich vollzieht sich hier ein Wandel: Der Hersteller und Anbieter von Maschinen wird mehr und mehr zum Anbieter von Diensten für den Kunden, bei denen die Maschine zwar das Kernelement darstellt, aber der Kunde nicht unbedingt zu ihrem Besitzer werden muss.

So bietet Voith Paper heute seinen Kunden zusätzlich zur Maschine bereits dieselben Systeme als PLM Komponente an, die auch für die Entwicklung und Fertigung genutzt wurden. Die 3D-Modelle und ihre Beziehungen untereinander können den Kunden so bei der Wartung und Pflege unterstützen und erleichtern ihm beispielsweise das Bestellen von Teilen und Komponenten. Dieses Vorgehen vereinfacht aber auch dem Service bei Voith die Arbeit, denn die Anforderungen beziehen sich auf exakt jene Teile und deren Bezeichnungen, die im System entstanden und gespeichert sind.

14

14.4
Blick voraus

In wenigen Jahren hat Voith Paper in Richtung auf ein umfassendes Plant Lifecycle Management große Fortschritte gemacht. Die Standardisierung und Integration von Prozessen und Systemen hat ein Niveau erreicht, das in der Industrie beispielhaft ist. Dennoch sind natürlich auch Baustellen noch offen und manche noch gar nicht eröffnet.

So ist die Verfügbarkeit von 3D-Modellen der Teile nur die Grundlage. Darauf aufbauend müssen sich die Simulation und der möglichst vollständige Test am virtuellen Prototypen anschließen. Diese Aufgabe ist nur in ersten Ansätzen in Angriff genommen. Etwa mit der Bauraumuntersuchung und Kollisionsprüfung mit Inventor am Bildschirm. Die Definition der notwendigen Prozesse und die Realisierung kompletter Funktionssimulation sind bei Maschinen von der beschriebenen Größe und Komplexität bei diesem Thema die eine Schwierigkeit. Die andere steckt in der Funktionalität der dafür einsetzbaren Systeme, die bei solcher Komplexität das Laden und Simulieren überhaupt zu vertretbaren Zeiten gestatten.

Hier wird es ein Prozess-Release mit integrierter, abgeleiteter Stückliste geben. Ein nächster großer Schritt wird dann die Integration der Gewerke der Papieranlage wie Gebäude, Rohrleitungen, Versorgungseinrichtungen und der mechanischen Konstruktion sein, mit dem Ziel der vollständigen Abbildung einer Papierfabrik beispielsweise durch ein Digital Mock-up.

Eine weitere Aufgabe ist die tiefere Integration der verschiedenen Ingenieurdisziplinen, die zur Gesamtanlage ihre Beiträge leisten wie etwa die Steuergeräte aus der Division ‚Automation'. Auch hier muss mittelfristig eine Integration mit den anderen Teilen des Entwicklungsprozesses greifen.

Übersicht über IT-Tools und Anbieter

- › Zentrale IT-Komponenten für PLM:
- › **Produktdaten-Management (PDM)**
- › **CAD/CAM-Autorensysteme für Mechanik, E-Technik, Elektronik**
- › **Autorensysteme für Softwareentwicklung**
- › **Simulation, Berechnung**
- › **Digital Mock-up (DMU)**
- › **Digitale Fabrik**
- › **Visualisierung**

- › Künftig verstärkt auch:
- › **Requirements Management (RM)**
- › **Projektmanagement (PM)**
- › **Prozessmanagement**

- › Wichtige Anbieter von IT für PLM:
- › **AUCOTEC**
- › **Autodesk**
- › **Cadence Design Systems**
- › **CONTACT Software**
- › **Dassault Systèmes**
- › **EPLAN Software und Service**
- › **IGE+XAO**
- › **Mentor Graphics**
- › **PROCAD**
- › **PTC**
- › **SAP**
- › **Siemens PLM Software**
- › **Zuken**

U. Sendler, *Das PLM-Kompendium*,
© Springer 2009

15

> › Wichtige Anbieter von Systemintegration:
> › **CIMPA**
> › **IBM**
> › **PROSTEP AG**
> › **TESIS PLMware**
> › **T-Systems**

PLM ist nicht gleichzusetzen mit der Auswahl und Implementierung eines IT-Systems. Aber die Integration der Prozesse und die Neuausrichtung der Organisation werden nicht funktionieren, wenn die IT-Landschaft nicht ins PLM-Konzept passt und das PLM-Konzept nicht optimal unterstützt.

Insofern sind die Anbieter der im Umfeld des Produktentstehungsprozesses und des Produkt-Lebenszyklus-Managements eingesetzten Standardsoftware sicher zu den zentralen Mitspielern im Umfeld PLM zu rechnen. Jeder, der sich mit PLM befasst, sollte zumindest die wichtigen Anbieter kennen und wissen, was sie in ihrem Portfolio haben. Nach etlichen Jahren durchgreifender Marktkonsolidierung ist die Zahl dieser Player ja auch überschaubar geworden. Und da wir uns in einem Themenkreis bewegen, der nicht kurzfristig abzuarbeiten ist, sollte auch eingeschätzt werden können, was von diesen Anbietern in den nächsten Jahren zu erwarten ist, wo sie ihre Stärken haben, wohin ihre Strategien zielen.

PLM ist auch kein Thema, das unbedingt und in jedem Fall von externen Beratern unterstützt werden muss. Aber selten haben Unternehmen einen Spezialisten unter ihren Mitarbeitern, der ein solches Projekt aus eigener Erfahrung und ohne professionelle Hilfe bewältigen kann. Mangels verfügbarer Experten auf dem Arbeitsmarkt gelingt es auch nur selten, solche Kapazitäten einzustellen. Manchmal ist es sogar gerade bei einem Thema wie PLM, das so viele unterschiedliche Bereiche und Personenkreise, so viele Machtgefüge und lange geübte Vorgehensweisen betrifft, besonders wichtig, den Rat eines Externen zu hören, der nicht selbst in diesem Gefüge verankert ist. Insofern spielen auch die Dienstleistungsanbieter im Umfeld PLM eine zentrale Rolle. Und auch hier sollten zumindest die führenden Anbieter im Blickfeld sein.

Um diesen Anforderungen im PLM Kompendium gerecht zu werden, nähern wir uns dem Thema auf mehreren Ebenen.

1 Die Anwendungsbereiche

   Zunächst wird – in den folgenden Unterkapiteln – anhand der wichtigsten Anwendungsbereiche untersucht, welche der Hauptanbieter jeweils Tools zu deren Unterstützung anbieten.

2 Der Markt der Anbieter

   Dann werden – im nächsten Kapitel – anhand von aktuellen Zahlen aus dem Hause CIMdata (Stand April 2009) wichtige Anbieter in ihrer weltweiten Positionierung am Markt dargestellt.

3   Ausgewählte Anbieter von IT und Dienstleistung
Schließlich gibt es für fünf der Anbieter und zwei der Systemintegratoren jeweils
eigene Kapitel. Diese Anbieter haben aktiv und finanziell maßgeblich zum Entstehen des PLM Kompendiums beigetragen und sich für ausführliche Gespräche über
ihre Häuser, ihre Produkte, ihre Firmenphilosophie und ihre Strategien zur Verfügung gestellt.

Trotz Marktkonsolidierung ist die IT-Branche erheblich größer, als sie im Rahmen
dieses Buches dargestellt werden kann. Start-up Unternehmen konzentrieren sich auf
neue Aufgabenbereiche. Eine Vielzahl von Anwendungsfeldern entsteht ständig neu.
Die IT zur Unterstützung industrieller Produktentwicklung hat von Anfang an stets
durch die Schaffung neuer Technologien auch selbst wieder die Grundlage für die
Entwicklung weiterer Innovationen geschaffen. In der nächsten Zeit sind beispielsweise im Bereich der Simulation und Visualisierung, der Erzeugung von Funktionsmodellen und insbesondere für die Kommunikation im Rahmen verteilter, firmenübergreifender Entwicklungsprojekte noch viele Neuerungen zu erwarten.
   Generelle Übersichten über alle Arten von IT- und Service-Anbietern im Bereich
von Produktentwicklung, Ingenieurwesen und Industriemanagement sind auf dem
Markt verfügbar. Das Kompendium versucht nicht, ihnen eine weitere hinzuzufügen.
   In diesem Buch sollen die Marktführer eingehender vorgestellt werden, von denen
auch in den kommenden Jahren mit großer Wahrscheinlichkeit in Zusammenhang mit
PLM an vorderster Stelle zu sprechen sein wird. Die von ihnen angebotenen Produkte
sind heute – in der Mehrzahl weltweit – so in der Industrie etabliert, dass die meisten
von ihnen auch unter neuen Dächern weitergeführt werden dürften.
   Das Angebot an Beratung und Systemintegration ist in den vergangenen zehn bis
fünfzehn Jahren einerseits infolge der hier ebenfalls stattfindenden Marktkonsolidierung übersichtlich geworden, was die Marktführer betrifft. Aber es ist schier unmöglich, den Überblick über das Gesamtangebot zu behalten. In jedem Spezialbereich gibt
es ständig neue kleine und auch mittlere Beratungshäuser und Dienstleistungsanbieter,
die jeweils mit besonderem Know-how aufwarten und die Industrie in Teilgebieten
von PLM oder in der Umsetzung von PLM für ein Spezialgebiet unterstützen.
   In der IT konnte sich eine weltweite Konsolidierung durchsetzen, die nur ein knappes Dutzend Hersteller übrig ließ. Eine Standardsoftware für CAD oder Datenmanagement muss in Japan oder China nicht neu erfunden werden, wenn sie in Europa oder
den USA funktioniert. Die PLM-Dienstleistung steht hier dagegen vor einem Dilemma: Einerseits zwingt die Globalisierung der Wirtschaft immer mehr Unternehmen
dazu, PLM-Konzepte aufzusetzen und zu realisieren, weil sie anders der Komplexität
der verteilten Entwicklung nicht Herr werden. In dieser Hinsicht müssen Beratungshäuser folglich in der Lage sein, auch globale PLM-Projekte zu unterstützen oder
sogar zu leiten. Aber im Detail ist die Anwesenheit der Berater im Industrieunternehmen, an den einzelnen Standorten, als Beteiligte im Team vor Ort unverzichtbar. Diesen Spagat können sich aufgrund der hohen Anforderungen an hochqualifiziertem
Personal nur wenige Beratungshäuser leisten. Dagegen wächst die Zahl der kleineren
Unternehmen, die sich auf die Arbeit vor Ort konzentrieren und in der Nähe der zu
unterstützenden Firmen ihren eigenen Standort haben. In der vorliegenden Auflage
befassen wir uns vorwiegend mit solchen Anbietern, die im deutschsprachigen Raum
ihren Hauptsitz oder eines ihrer Haupttätigkeitsgebiete haben.

15.1
Prozessmanagement

Obwohl vielen Beteiligten seit etlichen Jahren klar ist, dass PLM nicht nur – und nicht einmal in erster Linie – als eine Frage des Datenmanagements, sondern vor allem des Managements der Prozesse betrachtet werden muss, zeigt sich die IT-Unterstützung dieses Aspekts von PLM noch relativ schwach entwickelt. Jedenfalls, wenn man den Leistungsumfang mit dem von CAD- oder PDM-Systemen vergleicht. Dies hat eine Reihe von Ursachen.

Die erste dürfte darin zu suchen sein, dass ein Denken in Prozessen, also in festgelegten Abläufen mit Quality Gates zur Überprüfung der Zwischenschritte und Kennzahlen für die Bewertung der Aufgabenerfüllung – dass solches Denken nicht zu den traditionellen Stärken des Ingenieurwesens zählt. Wichtig war die Funktion des entwickelten Produktes, seine Haltbarkeit, die Methoden und Werkzeuge zu seiner Entwicklung und dann zu seiner Fertigung. Selbst Überlegungen, welche Kosten welches Material oder Zukaufteil in der Fertigung oder Montage verursachen werde, galten noch vor nicht allzu langer Zeit als etwas, das den Ingenieur eher am Rande tangierte und bei seiner eigentlichen Arbeit störte.

Die Unterstützung eines Prozessmanagements war deshalb bis vor kurzem keine vordringliche Forderung an die Hersteller von Engineering IT. Gefordert wurde es durch die betriebswirtschaftlichen Anwender der anderen Kernprozesse der Unternehmen von den Herstellern entsprechender Spezialsysteme. Business Process Management (BPM), Geschäftsprozess Management, heißt deshalb nicht zufällig die Gattung von Standardsoftware, die sich darauf konzentriert.

Widerstand gegen die Prozessorientierung in der Produktentstehung kommt aber nicht nur aus dem Denken. Die Prozesse sind ja tatsächlich andere als in anderen Kernbereichen der Unternehmen: die enorme Flexibilität, die hier gefordert ist; die ständigen Änderungen, die innerhalb eines Tages die Ziele von Projekten oder Teilprojekten verschieben oder gar über den Haufen werfen können; die Kreativität der Entwicklungsingenieure, die keinesfalls durch zu starre Prozessdefinitionen eingeengt werden darf; und auch dies: die manchmal geradezu ausufernde Nutzung von immer neuen Tools, Systemen und Technologien, die ja im Rahmen eines Prozessmanagements berücksichtigt werden müssen.

Diejenigen, die BPM-Software anbieten, kennen diese Prozesse des Engineerings meist nicht. Ihre Software ist primär für andere geschrieben und funktioniert sehr anders als die Software, die der Ingenieur einzusetzen pflegt. Ihm wiederum ist diese Prozess-Software fremd. Deshalb findet der Einsatz etwa von ARIS, einem der weltweit marktführenden Systeme von IDS Scheer, in dieser Umgebung nur eher zögerlich Einsatz. Doch die Einführung und Umsetzung von PLM zwingt die Unternehmen dazu, sich mit der Frage der Modellierung und Steuerung auch des Produktentstehungsprozesses auf demselben Niveau zu befassen, wie sie dies in anderen Kernprozessen bereits tun.

Auf der anderen Seite haben sich die Anbieter der Engineering IT in der letzten Zeit verstärkt auch dem Thema Prozessmanagement zu widmen begonnen. Die Sicht entspricht dabei häufig eher der ihrer bisherigen Kundschaft. Im Vordergrund steht dann die Geometrie, die Baugruppe, das beschreibende Dokument oder die verwaltete Datei, also das, was für die Entwicklungsingenieure und das technische Management meist das Wichtigste ist.

So sind inzwischen fast alle PDM-Systeme nicht nur mit Versionsmanagement, Produktstruktur und Wiederholteile-Bibliotheken auf dem Markt, sondern auch mit Workflow-Management und teilweise mit eigenen Funktionen zur Prozessbeschreibung und -steuerung. Am umfassendsten wird solche Funktionalität von Dassault Systèmes, PTC, SAP und Siemens PLM Software geboten, aber auch Autodesk, CONTACT Software und PROCAD entwickeln ihre Systeme in diese Richtung weiter.

Die Verknüpfung von PDM und Prozessmanagement hat Vor- und Nachteile. Der Vorteil ist, dass die im System ohnehin verwalteten Daten, sofern sie Bestandteil von Input oder Output eines Prozessschrittes sind, diesen Schritten unmittelbar zugeordnet werden können. Der Status eines Objekts in der Datenbank kann dann gleichbedeutend sein mit dem Ergebnis oder der Aufgabe, die in einem Arbeitsschritt zu liefern oder zu erfüllen ist. Eine bidirektionale Verbindung von Daten- oder Dateistatus auf der einen und dem Status innerhalb des Prozesses, der in einem konkreten Projekt zu durchlaufen ist, auf der anderen Seite ermöglicht einen schnellen Überblick, ist also auf jeden Fall hilfreich für die Entscheidungsfindung.

Eher ein Nachteil ist, dass das Dokument oder die Datei damit in den Vordergrund geschoben wird gegenüber der eigentlichen Funktion, die ein Arbeitsschritt aus der Sicht des Geschäftsprozesses zu erfüllen hat. Ob eine Datei freigegeben ist oder nicht, beschreibt ja nur einen einzelnen Aspekt eines Arbeitsablaufs. Und der betroffene Arbeitsablauf ist selbst nur ein kleiner Abschnitt in einem Gesamtprozess.

Neuere Methoden der Prozessoptimierung versuchen, das Unternehmen mit Hilfe von Geschäftsfeldern, Entscheidungsebenen und Geschäftskomponenten in einem übersichtlichen Modell darzustellen, das dem Geschäftsmodell des Unternehmens entspricht. Ein Geschäftsfeld (die Spalten) ist zum Beispiel die Produktentstehung oder das Marketing. Die Entscheidungsebenen (die Reihen) beinhalten in der Regel die Steuerung, die Kontrolle und die Ausführung von Aktivitäten. Die Komponenten schließlich sind solche Einheiten eines Unternehmens, die prinzipiell auch autark operieren können, deren Tätigkeiten also eventuell auch von externen Partnern ausgeführt werden können.

Ein solches Komponentenmodell gestattet die Abbildung aller wesentlichen Bausteine eines Unternehmens. Jede Komponente beinhaltet dabei die Beschreibung des Geschäftsziels, der dafür nötigen Aktivitäten, der dazu eingesetzten Ressourcen und Anwendungen sowie der Infrastruktur. Sie hat einen Eigentümer. Und sie hat eine Schnittstelle zu anderen Komponenten, über die die Ergebnisse der Aktivitäten zur Verfügung gestellt werden, beziehungsweise der Input zu ihrer Ausführung erhalten wird.

Entsprechende Modelle sind übrigens auch Ausgangspunkt für die Ansätze serviceorientierter Architekturen (SOA). Dabei sind die Services dann definiert als die Schnittstellen zwischen den Geschäftskomponenten. In unserem Fall des Produktentstehungsprozesses gibt es also zahlreiche Komponenten, die so beschrieben werden können. Offensichtlich wird dabei, dass alles, was bislang unter PLM subsumiert wurde, nur einen begrenzten Teil des Geschäftsfeldes Produktentstehung betrifft. Etliche vor- und nachgelagerte Komponenten tauchen da noch nicht auf. Zweitens wird klar, dass die Daten und Dokumente als Inhalte etlicher Services oder Schnittstellen zwischen den Komponenten eine große Rolle spielen, aber eben nur eine.

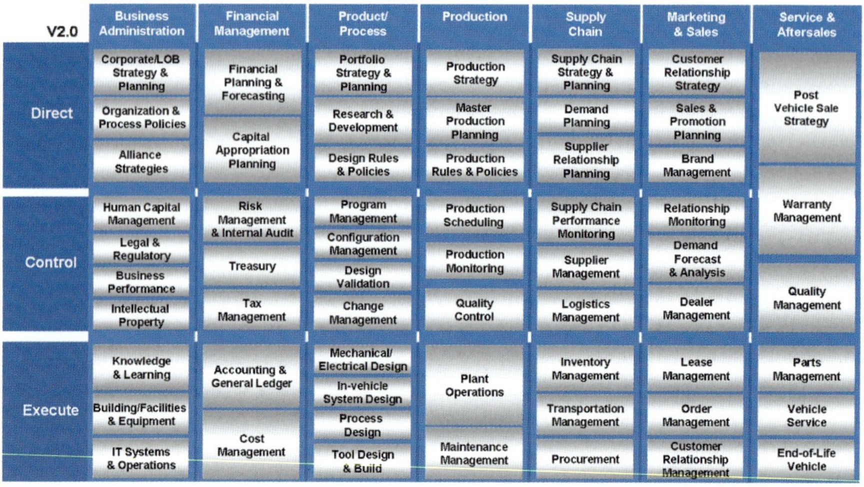

15

V2.0		Business Administration	Financial Management	Product/Process	Production	Supply Chain	Marketing & Sales	Service & Aftersales
Direct		Corporate/LOB Strategy & Planning	Financial Planning & Forecasting	Portfolio Strategy & Planning	Production Strategy	Supply Chain Strategy & Planning	Customer Relationship Strategy	Post Vehicle Sale Strategy
		Organization & Process Policies		Research & Development	Master Production Planning	Demand Planning	Sales & Promotion Planning	
		Alliance Strategies	Capital Appropriation Planning	Design Rules & Policies	Production Rules & Policies	Supplier Relationship Planning	Brand Management	
Control		Human Capital Management	Risk Management & Internal Audit	Program Management	Production Scheduling	Supply Chain Performance Monitoring	Relationship Monitoring	Warranty Management
		Legal & Regulatory	Treasury	Configuration Management	Production Monitoring	Supplier Management	Demand Forecast & Analysis	
		Business Performance		Design Validation				
		Intellectual Property	Tax Management	Change Management	Quality Control	Logistics Management	Dealer Management	Quality Management
Execute		Knowledge & Learning	Accounting & General Ledger	Mechanical/Electrical Design	Plant Operations	Inventory Management	Lease Management	Parts Management
		Building/Facilities & Equipment		In-vehicle System Design		Transportation Management	Order Management	Vehicle Service
			Cost Management	Process Design				
		IT Systems & Operations		Tool Design & Build	Maintenance Management	Procurement	Customer Relationship Management	End-of-Life Vehicle

Abb. 15.1   Geschäftskomponentenmodell von IBM (Quelle: IBM)

Das Management des Produktentstehungsprozesses ist ein typischer Fall für die Zusammenarbeit zwischen Ingenieuren und Betriebswirten. Auch aus diesem Grund ist PLM ein Thema, das immer häufiger die Hinzuziehung von externen Beratern impliziert. Sie haben nicht nur die Aufgabe, Prozesse in ihre Komponenten zu zerlegen und zu definieren, was welche Position wann von welcher Stelle benötigt und an wen zu liefern hat. Sie müssen oft auch als Vermittler und Moderatoren wirken, wo entweder die Betriebswirte im Unternehmen die Besonderheiten des Engineerings – und etwa des Produktdaten-Managements – unterschätzen, oder wo die Ingenieure sich schwertun mit der Betrachtung ihrer Arbeit unter Gesichtspunkten der Geschäftsprozesse. Bezüglich des sinnvollen Einsatzes der zentralen IT-Systeme sind deshalb viele der Dienstleistungsunternehmen gerade hinsichtlich des Prozessmanagements gefragt.

Am wenigsten von allen Anwendungsbereichen eignet sich das Prozessmanagement dazu, als IT-Thema behandelt zu werden. Die geringsten Erfolge werden hier verzeichnet, wenn Verantwortliche glauben, durch den Kauf eines Prozessmanagement-Systems einen entscheidenden Schritt getan zu haben.

Nachhaltige IT-Unterstützung des Prozessmanagements ist weder allein von Seiten der betriebswirtschaftlichen Software zu erwarten, noch von den Engineering Systemen. Sie wird vielmehr ein wirksames, zentrales Management der Produktdaten kombinieren müssen mit professioneller Geschäftsprozess-Modellierung.

15.2
Datenmanagement

Auf das Produktdaten-Management (PDM) hat sich eine ganze Sparte von Softwarehäusern spezialisiert. Teilweise betrachten sie es als ihr Kerngeschäft, wie CONTACT

Software in Bremen, PROCAD in Karlsruhe oder auch das noch junge Haus ARAS, das sich auf Service rund um eine Open Source PDM-Lösung konzentriert. Sie sind grundsätzlich neutral gegenüber Autorensystemen und anderer Software, ihr besonderer Vorteil liegt in ihrer Spezialisierung auf neutrales, systemübergreifendes Daten- und Dokumentenmanagement und der Integration beliebiger Fremdsysteme.

Teils ist PDM eine Komponente zur Ergänzung des Kerngeschäfts mit anderen Systemen. So ergänzen bei Autodesk Productstream und Productstream Professional das CAD-Portfolio. Bei SAP dient PDM als Bestandteil von mySAP PLM der Einbindung von Daten aus diversen Engineering Systemen in die SAP-Umgebung.

Teils ist PDM die zentrale Komponente eines Gesamtportfolios, die daraus dann tatsächlich ein PLM Portfolio macht, wie bei Dassault Systèmes, PTC und Siemens PLM Software. Diese letztgenannten haben in ihr Angebot Autorensysteme und Tools für die Kommunikation und Visualisierung integriert und nutzen PDM zur zentralen Verwaltung dieser, aber auch der Daten aus Drittsystemen. Auch wenn die Produkte dieser drei einem Gesamtsystem, das den Namen PLM-Lösung verdiente, noch am nächsten kommen: Kein Unternehmen kann allein auf das Portfolio einzelner Anbieter gestützt ein PLM-Konzept umsetzen. Bestenfalls ist es der Kern einer entsprechenden IT-Landschaft.

Die Systeme der hier genannten Anbieter haben – mit Ausnahme von SAP – alle ihren Ursprung in der Verwaltung mechanischer Konstruktionsdaten. Sehr früh wurde der große Nutzen eines Versionsmanagements und einer Verwaltung von Produktmodellstrukturen erkannt. PDM hat nicht nur seinen Ursprung in der Konstruktion des Maschinenbaus und verwandter Industrien, es hat sich sogar inzwischen zu einer Kernkompetenz des maschinenbaulichen Ingenieurwesens entwickelt.

Das liegt zum einen sicher an der Hauptrolle, die die Mechanik bis vor kurzem in der Produktentwicklung generell spielte. Zum zweiten vielleicht daran, dass die Geometrie der Fertigteile, ihre Beziehungen zueinander und ihre Wirkungen aufeinander eine wesentlich größere Bedeutung haben als in anderen Ingenieurdisziplinen, dass also das automatisierte Management dieser komplexen Beziehungsgeflechte dringender benötigt wurde als anderswo.

Auch in der Elektronik und Elektrotechnik gibt es bei den Anbietern – von AUCOTEC und Cadence über EPLAN, IGE+XAO und Mentor bis Zuken – eigene Werkzeuge für das Datenmanagement. Aber sie sind stets beschränkt auf die Verwaltung der jeweils spezifischen Daten des eigenen Autorensystems. Keiner dieser Hersteller erhebt den Anspruch, mit seinem System ein generelles Produktdaten-Management eines Unternehmens zu bieten. Keiner versucht etwa in nennenswertem Umfang auch mechanische Produktgeometrien mitzuverwalten. Ausgenommen jene mechanischen Bauteile, die unmittelbar in ihren Bereich fallen, wie Schaltschrankgeometrien, Steckverbindungen oder Kabelbäume. Ähnliches gilt für die Tools der Informatiker, wo unter anderem ClearCase und ClearQuest von IBM für die Entwicklung und Verwaltung von Softwaremodulen weite Verbreitung finden, völlig unabhängig von den Gehäusegeometrien, in denen beispielsweise eine eingebettete Software Steuerfunktionen übernimmt.

Umgekehrt allerdings haben die PDM-Anbieter aus dem Mechanik-Umfeld erkannt, dass die Produktdatenverwaltung unvollständig und letztlich unbefriedigend für die anwendenden Unternehmen bleiben muss, solange nicht die Daten aller beteiligten

15

Fachbereiche zentral erfasst und für die nachfolgenden Unternehmensprozesse bereitgestellt werden können. Bezüglich der Elektronik und Elektrotechnik existieren bereits zahlreiche Integrationen, die unterschiedlich tief gehen. Bezüglich der Software sind erst wenige Ansätze zu entdecken.

Gerade auf diesem Gebiet, der disziplinübergreifenden Verwaltung von Produktentwicklungsdaten, wird sich in den kommenden Jahren viel tun. Erst wenn wirklich alle zu einem Produkt gehörenden Daten vollständig miteinander verlinkt sind – wie auch immer die technologische Lösung aussieht – kann von einem echten Engineering Backbone gesprochen werden.

Eine weitere ungelöste Aufgabe betrifft die Simulations- und Berechnungsdaten, die ein großes Vielfaches der ursprünglichen Produktdaten ausmachen. Gegenwärtig sind sie noch fast nirgends Bestandteil des zentralen elektronischen Datenmanagements.

Zunehmend interessant wurde in jüngster Zeit die Kombination von Produktdaten-Management und Verwaltung allgemeiner Dokumente. Insbesondere in kleineren Unternehmen könnte dieser Ansatz helfen, die Unzahl von Datentöpfen zu verringern, die sich inzwischen angesammelt haben. Eine Untersuchung des Informatik-Instituts von Prof. Broy in München kam zu dem Ergebnis, dass in einem Unternehmen der Fertigungsindustrie durchschnittlich rund 80 (!) Datenbanken nebeneinander existieren.

Auch die Langzeitarchivierung gehört zu den Themen, die in Zusammenhang mit dem Datenmanagement in Angriff genommen werden müssen. Oft nicht mit demselben System, denn nur wenige PDM-Anbieter haben hier dieselbe Expertise wie in der aktuellen Verwaltung von Produktstrukturen. Auf lange Sicht geht es ja weniger um die reibungslose Integration verschiedener Autorensysteme und ihrer Daten als um die Sicherheit, nach zwanzig, dreißig oder noch mehr Jahren Daten heutiger Autorensysteme überhaupt noch lesen zu können.

Ähnlich verhält es sich mit der Datensicherheit. Noch sind ausgerechnet in der Umgebung so hochbrisanter Daten wie denen aus der Entwicklung innovativer Produkte die meisten Unternehmen sehr leichtsinnig und leisten sich beträchtliche Sicherheitslücken. Die Frage, wie möglichst umfassende Sicherheit der Daten im PDM-System, aber noch mehr bei der Nutzung unterwegs in mobilen Geräten, und erst recht im Transport zwischen Standorten oder Entwicklungspartnern gewährleistet werden kann, ist noch nicht zu einem Hauptthema des Datenmanagements geworden. Auch an dieser Stelle ist Potenzial für Verbesserung.

15.3
Autorensysteme, Simulation

Müssen wir uns mit den Autorensystemen überhaupt noch befassen? Ist CAD noch ein Thema? Es ist zwar richtig, dass 3D inzwischen der Standard ist auch in vielen kleineren und mittleren Unternehmen, und dass der Einsatz von CAD generell so selbstverständlich geworden ist, wie es früher das Zeichenbrett war. Aber es gibt noch etliche Themen in Zusammenhang mit dem Einsatz von CAD, die insbesondere für die Definition und Umsetzung von PLM-Konzepten von entscheidender Bedeutung sind.

Zu diesen Themen gehört nicht oder nur noch am Rande, welches der verbliebenen Systeme man einsetzt. In der Mechanik-Konstruktion sind dies die High-end Systeme CATIA (Dassault Systèmes), NX (Siemens PLM Software) und Pro/E Wildfire (PTC), sowie die eher auf die mittelständische Industrie ausgerichteten Autodesk Inventor, Solid Edge (Siemens PLM Software) und SolidWorks (Dassault Systèmes). Mehr gibt es nicht mehr, die heute in Auswahlverfahren eine bedeutende Aufmerksamkeit genießen. Alle sind inzwischen als ausgereift zu bezeichnen. Alle sind in vollem Umfang 3D-Modellierer. Alle bieten von ihrer Hauptfunktionalität, was die Fertigungsindustrie in der Konstruktion braucht.

Entscheidend ist aber beispielsweise, wie die Systeme eingesetzt werden, ob überhaupt, und wenn ja, mit welchen Methoden konstruiert wird. Ob ausreichende Kenntnisse über Feature-Modellierung, Parametrik, wissensbasierte Konstruktion und andere Besonderheiten von CAD vorhanden sind. Es ist immer noch eine weit verbreitete Vorgehensweise – außer eventuell bei der Einführung – auf das Training der Mitarbeiter weitgehend zu verzichten. Das ergab unter anderem die Kampagne *Engineering produktiv!* im Jahre 2008, in deren Verlauf sich herausstellte, dass 64 Prozent der befragten Unternehmen CAD-Schulung in Form des Selbststudiums der Konstrukteure pflegen, 35 Prozent sich Rat in Internet-Foren suchen, 7 Prozent überhaupt nicht trainiert werden, und lediglich bei 26 Prozent von regelmäßiger Schulung gesprochen wird. Nicht zu reden von der gar nicht so unbedeutenden Minderheit eingefleischter 2D-Spezialisten, die immer noch an der technischen Zeichnung als Hauptmedium der Produktentwicklung festhalten möchten. Wer die Möglichkeiten der Systeme nicht kennt und beherrscht, kann ihren Nutzen im Rahmen von PLM nicht entfalten.

Ähnliches gilt natürlich für die Ingenieurdisziplinen der Elektrotechnik und Elektronik und die hier eingesetzten Autorensysteme, beispielsweise von AUCOTEC, Autodesk, Cadence, EPLAN, IGE-XAO, Mentor Graphics und Zuken. Hier ist 3D zwar nur in Zusammenhang mit der Geometrie der Endgeräte wichtig, aber eben auch für den Zusammenbau und die Simulation, beispielsweise um die richtige Kühlung elektronischer Bauteile sicherzustellen oder die elektromagnetische Verträglichkeit von Komponenten im montierten Zustand zu testen.

Noch am weitesten weg scheint die Integration der Informatik, und zwar in jeder Hinsicht. Dies wird ein Thema sein, das in den kommenden Jahren immer stärker die Diskussion über die interdisziplinäre Zusammenarbeit im Rahmen von PLM beeinflussen wird.

15.4
Visualisierung, Digital Mock-up

Gegenüber dem Einsatz der Autorensystemen wird es immer wichtiger für die Unternehmen, die im Engineering entstandenen Daten und Modelle auch in anderen Bereichen sichtbar zu machen, sie zu visualisieren. Dabei geht es nicht um eine Ausdehnung des CAD-Einsatzes, sondern um die Darstellung der CAD-Daten in einer Form, die auf einem Nicht-CAD-Arbeitsplatz, möglichst selbst in einem Internet-Browser, problem-

15

los möglich ist. Eine Darstellung, die nicht die Spezialkenntnisse des Ingenieurs erfordert, sondern die jedermann beherrscht.

Dazu wird nicht das Originalformat benötigt, das ja wegen zahlreicher ingenieurspezifischer Inhalte erheblich mehr als nur die reine Darstellung von Geometrie beinhaltet. Hier haben sich eine Reihe von neutralen Datenformaten etablieren können, die nur einen (vom Anwender nach gewünschter Genauigkeit zu definierenden) Bruchteil des Umfangs der Originaldaten haben und erheblich leichter zu handhaben und zu nutzen sind.

Einerseits handelt es sich systemnahe Tools, die jeder der Hersteller von Autorensystemen mittlerweile anbietet. Meist sind diese Werkzeuge aber dann nur zur Darstellung der eigenen und von Modellen ausgewählter Partner geeignet.

Darüber hinaus sind inzwischen auch neutrale Fromate verfügbar, die eine 3D-Darstellung ebenso gestatten wie die Visualisierung der Modelle unterschiedlicher Disziplinen. In diese Kategorie fallen vor allem JT und 3D-PDF, auch hinsichtlich ihrer systemübergreifenden Verbreitung.

JT (Jupiter Tesselation) wurde von dem US-amerikanischen Unternehmen Engineering Animation Inc. (EAI) entwickelt, das sich die Visualisierung unterschiedlichster Daten zum Ziel gesetzt hatte – von der Analyse innerer Organe des menschlichen Körpers am virtuellen Modell bis hin zur digitalen Nachbildung komplexer Unfallsituationen. UGS übernahm EAI im Jahr 1999. Heute ist deshalb Siemens PLM Software im Besitz des Formats, das Modelle fast aller Autorensysteme darzustellen vermag. Im Oktober 2009 wird die Veröffentlichung der Publicly Available Specification (PAS) als ISO-Norm erwartet.

3D-PDF ist eine Erweiterung des Industriestandards PDF für neutrale 2D- und Schriftdarstellungen von Adobe Systems, die 2005 auf den Markt kam. Dieses Format kann ebenfalls mit fast allen CAD-Formaten umgehen. Hier kommt die Verbreitung nicht aus dem Ingenieurwesen, sondern aus der Verbreitung des kostenlosen Acrobat Reader, der PDF und nun eben auch 3D-PDF zu lesen vermag und kostenlos fast auf jedem PC heruntergeladen wurde. Wer ein entsprechendes 3D-Modell zum Beispiel per e-Mail bekommt, braucht keinen separaten Viewer. Er hat ihn in der Regel ohnehin. Zur Herstellung der Modelle und zu ihrer Verarbeitung in Animation und Dokumentation benötigt der Anwender das System Adobe Acrobat Pro.

Solche vom Umfang reduzierten Visualisierungsformate erhöhen in der Praxis den Wert der installierten Autorensysteme enorm, denn sie gestatten die Nutzung der im Engineering entstehenden Modelle für verschiedenste Zwecke und in verschiedensten Bereichen. Sie sind daher im Rahmen von PLM kein Luxus, sondern sollten fester Bestandteil der Konzepte sein. Zumal alle Seiten darum bemüht sind, zu wirklich neutralen Standards zu kommen, die zu weit mehr verwendet werden können als nur zur Visualisierung.

Innerhalb der Produktentwicklung erlauben solche Tools die gemeinsame Darstellung von Modellen unterschiedlicher Systemherkunft, sind also für die Kommunikation und Abstimmung in Teams mit heterogenen IT-Landschaften essentiell. Da sie zunehmend auch in der Lage sind, Modelle unterschiedlicher Disziplinen umzusetzen, unterstützen sie auch das Bedürfnis der interdisziplinären Abstimmung.

Durch die drastische Reduzierung des Datenumfangs können mit Hilfe solcher Formate selbst Maschinen und Anlagen von Übergröße in vertretbarer Qualität und Zeit auf den Bildschirm gebracht werden. Das Digital Mock-up, mit den Originalformaten nur für einfache Produkte realisierbar, wird auf diese Weise auch für hoch komplexe Produkte wie Flugzeuge, Schiffe und komplette Fahrzeuge praktikabel.

Digital Mock-up, in Zukunft noch durch Eigenschaften und Verhaltensweisen der virtuell zusammengebauten Teile einschließlich der eingebetteten Software und Elektronik zum Functional Mock-up erweitert, bedeutet nichts anderes als den Kern des virtuellen Prototypen, der allmählich die Erzeugung physikalischer Prototypen weitgehend und für viele Tests überflüssig macht. Für diese virtuellen Prototypen ist die Visualisierung mit Hilfe eines neutralen Standardformats entscheidende Voraussetzung.

Zum Thema Visualisierung und Digital Mock-up gehört selbstverständlich auch Virtual Reality und Augmented Reality. Sie bieten realitätsgetreue und gefühlte Wirklichkeit in der Darstellung von Computermodellen. Gegenwärtig noch eine Technologie, die vor allem in den Großkonzernen und ansonsten nur in Ausnahmefällen eingesetzt wird, ist zu erwarten, dass sie von der Handhabung und der Preisgestaltung allmählich auch zur allgemeinen Einsatzfähigkeit, also auch in der mittelständischen Industrie, weiterentwickelt wird. Gegenwärtig findet sie vor allem in verschiedenen Instituten in zukunftsträchtigen Forschungsprojekten Verwendung.

Die beiden in Deutschland aus dem Fraunhofer-Institut für Graphische Datenverarbeitung (IGD) in Darmstadt und Stuttgart entstandenen Anbieter vrcom und ICIDO sind inzwischen unter dem Dach ICIDO zusammengefasst. Weitere nennenswerte Anbieter für Standardsoftware in diesem Bereich gibt es nicht.

Bezüglich der fotorealistischen Darstellung und Animation von Computermodellen auch in wahrer Größe auf Großleinwänden, vorwiegend für den Einsatz in Vertrieb und Marketing, gibt es ebenfalls einige wenige Anbieter von Bedeutung. Realtime Technology (RTT) hat sich hier als Marktführer etabliert und zeichnet verantwortlich für die realistische Darstellung zum Beispiel von Fahrzeugmodellen diverser Hersteller in Vertriebsshows und auf Messen. Mit Opticore hat Autodesk den Hersteller eines Produktes übernommen, das ähnliche Funktionalitäten bietet.

15.5
Digitale Fabrik

Standardsoftware, die die Planung und den Aufbau digitaler Fabriken und Produktionsanlagen unterstützt, ist einer der jüngeren Sprosse der Engineering IT. Dennoch gibt es lediglich zwei Hersteller, die solche Systeme bieten: Dassault Systèmes mit DELMIA und Siemens PLM Software mit Tecnomatix. Beide haben die entsprechenden Softwarehäuser zugekauft und sind dabei, die Produkte in ihr Kernportfolio zu integrieren.

In diesem Anwendungsbereich ist es allerdings weniger die Marktbereinigung, die diese kleine Zahl von Anbietern erklärt. Es hat nie eine größere Zahl von Herstellern gegeben, die nennenswerte Bedeutung erlangt hätten. Der Grund liegt einerseits darin, dass die Aufgabenstellung insgesamt kaum mit Hilfe eines einzelnen Systems gelöst werden kann. Andererseits bewegt sich die Engineering IT mit der Digitalen Fabrik eindeutig aus dem reinen Bereich der Produktentwicklung heraus und betritt das Feld der Produktionsplanung. Und damit ist die Digitale Fabrik einer der Brennpunkte der aktuellen Entwicklung des Produktentstehungsprozesses.

15

Die Grundlagen der Digitalen Fabrik wurden von einem neu gebildeten Fachausschuss des VDI 2008 in der VDI-Richtlinie VDI 4499 definiert. Diese Definition umfasst allerdings bereits erheblich mehr als nur die digitale Planung und Vorbereitung der Produktion. Sie geht davon aus, dass das Ziel der Digitalen Fabrik auch die Inbetriebnahme, Steuerung und laufende Anpassung der Produktion beinhaltet. In der Richtlinie heißt es:

„Digitaler Fabrikbetrieb bezeichnet die Nutzung von Methoden, Modellen und Werkzeugen der Digitalen Fabrik, die bei der Inbetriebnahme, dem Anlauf und der Durchführung realer Produktionsprozesse eingesetzt werden. Ziele sind die Absicherung und Verkürzung des Anlaufs sowie die kontinuierliche Verbesserung des laufenden Betriebs.

Dazu werden der strukturelle Aufbau und das zeitliche und dynamische Verhalten einzelner Produktionsanlagen und komplexer Produktionssysteme einschließlich der Informations- und Steuerungstechnik realitätsnah abgebildet. Virtuelle und reale Komponenten können dabei miteinander gekoppelt sein.

Auf Basis eines durchgängigen Datenmanagements nutzt der Digitale Fabrikbetrieb die Ergebnisse der Produktionsplanung in der Digitalen Fabrik und stellt seinerseits Daten für operative Systeme bereit. Bei der Nutzung im laufenden Betrieb werden die Modelle an die Realität angepasst."

Einerseits wird unter der digitalen Fabrik ein Abbild der realen Fabrik verstanden, um die darin ablaufenden Prozesse visualisieren, simulieren und damit besser verstehen zu können. Andererseits wird die digitale Fabrik als die Gesamtheit aller Mitarbeiter, Softwarewerkzeuge und Prozesse definiert, die zur Erstellung der virtuellen und realen Produktion notwendig sind.

Die CAD-Modelle der zu fertigenden Produkte und die CAD-Modelle der Produktionsanlagen und Produktionssysteme, der Maschinen und Bearbeitungszentren, der Roboter und Pressenstraßen, der Förder- und Transportsysteme – all das ist nur ein Teil, nämlich die geometrische Abbildung der realen Produktionssysteme. Hinzu kommen:

> ⟩ die kinematischen und sonstigen physikalischen Eigenschaften all dieser Bestandteile der Systeme
> ⟩ die elektrischen und elektronischen Komponenten einschließlich ihrer Eigenschaften und Funktionsweise, wie Sensoren und Aktoren
> ⟩ die informationstechnischen Elemente der Anlagen, zum Beispiel die SPS-Steuerungen der einzelnen Komponenten oder die Maschinensteuerungen

Mit anderen Worten: Was bezüglich der Entwicklung moderner Produkte immer dringender wird, nämlich die Integration der Daten aus den verschiedenen Ingenieurdisziplinen – für die Realisierung der Digitalen Fabrik ist es eine Grundvoraussetzung. Ohne solche Integration ist eine virtuelle Inbetriebnahme selbst kleinerer Produktionsanlagen, die einen Probebetrieb überflüssig machen könnte, pure Fiktion. Da noch weniger als im Bereich der reinen Produktentwicklung anzunehmen ist, dass solche Integration mittels einzelner oder gar eines einzigen Systems geleistet werden kann, ist es kein Wunder, dass bereits heftig an der Entwicklung internationaler Standards gearbeitet wird, die die gleichzeitige Nutzung unterschiedlichster Systeme und ihrer Daten erlauben.

So haben Daimler, ABB, KUKA, Rockwell Automation und Siemens gemeinsam mit dem Softwarehersteller netAllied, dem internationalen Beratungshaus Zühlke und den Universitäten von Karlsruhe und Magdeburg ein Konsortium gebildet. Ziel ist das auf XML basierende kostenlose, offene und neutrale Austauschformat AutomationML (Automation Markup Language) für alle im Entwurfs- und Implementierungsprozess relevanten Daten und seine internationale Standardisierung. (http://www.automationml.org/)

15.6
Systemintegration und PLM Dienstleistung

Je komplexer die IT-Landschaften im Umfeld der Produktentstehung wurden, je wichtiger ihre Integration und Standardisierung, desto stärker wuchs der Bedarf der Industrie an externen Beratern, die sich um diese Themen kümmern sollten. Der Begriff Systemintegration wurde geboren, und zahlreiche große und kleine Beratungshäuser widmen sich inzwischen hauptamtlich dieser Aufgabe. Worin unterscheiden sie sich?

Zunächst in ihrer Größe. IBM ist nach Einschätzungen von Analysten das Haus mit den meisten PLM-Spezialisten weltweit, und auch T-Systems zählt zu den Großen. Zu den mittleren Beratungshäusern mit jeweils deutlich mehr als 100 Beratern gehören CIMPA und PROSTEP. PRION und TESIS PLMware sind demgegenüber Vertreter der kleineren Systemintegratoren. Während die kleineren Anbieter durchaus auch von Großkonzernen mit der Durchführung von Projekten beauftragt werden, sind die größeren Beratungsunternehmen selten in typisch mittelständischen Firmen anzutreffen.

Ein anderes Kriterium für die Unterscheidung ist die Spezialisierung auf eine bestimmte Branche. IBM und T-Systems sind in dieser Hinsicht nicht festgelegt. PROSTEP hat zwar eine starke Affinität zur Automobilindustrie und Luftfahrt, aber das Haus bietet seine Beratungsdienstleistung branchenübergreifend an und ist in allen Sparten aktiv. TESIS PLMware und PRION haben ebenfalls Kunden in vielen Branchen. Lediglich CIMPA, hundertprozentige Tochter von EADS und Airbus, ist sehr stark auf die Luftfahrt ausgerichtet.

Schließlich unterscheiden sich die Dienstleister in der Frage der Neutralität. TESIS PLMware und PRION unterstützen die Kunden vor allem bei der Integration und dem Einsatz von Systemen der Anbieter Siemens PLM Software und SAP, CIMPA bevorzugt die bei Airbus eingesetzten Systeme von Dassault Systèmes und PTC, IBM, PROSTEP und T-Systems sehen sich herstellerneutral aufgestellt.

Offizielle Zahlen zu den Umsätzen der IT-Anbieter und Systemintegratoren sind schwer zu erhalten. Die meisten großen Anbieter geben Gesamtzahlen für ihren weltweiten Umsatz heraus. Eine Aufschlüsselung nach Software- und Service-Umsätzen liefern sie in der Regel nicht. Erst recht gibt es praktisch keine exakten Angaben über die Aufgliederung der Umsätze nach einzelnen Produktsparten wie MCAD, Simulation oder PDM. Wenn die Anbieter – wie Siemens PLM Software oder IBM – zu einem Konzern gehören, der seinen Umsatz auf vielen Geschäftsfeldern erwirtschaftet, sind nicht einmal die genauen Ergebnisse für Produkte im Umfeld PLM öffentlich zugänglich. Auch eine Aufschlüsselung nach den direkt erzielten Umsätzen und dem zusätzlichen Geschäft, das Vertriebspartner mit den Produkten oder mit Dienstleistungen um diese Produkte machen, gibt es nicht.

Zumindest bezüglich der Detailumsätze, die mit einzelnen Produktkategorien erzielt werden, sind solche Zahlen aus verschiedenen Gründen gar nicht zu finden. Der wichtigste Grund ist: Standardsoftware kommt in der Regel in einer Vielzahl von unterschiedlichen Bündelungen für bestimmte Zielmärkte – geografisch und industriespezifisch – auf den Markt, mit einem Preis für das angebotene Gesamtpaket.

Die einzigen Zahlen, die veröffentlicht werden, sind deshalb Schätzungen von Analysten. Dieses Kapitel stützt sich auf die Zahlen, die CIMdata (USA) im April 2009 veröffentlicht und dankenswerter Weise für den Abdruck im PLM Kompendium zur Verfügung gestellt hat. Sie zeigen die weltweiten Umsätze der Anbieter in US-Dollar. Darin fehlen folglich einige der in diesem Buch dargestellten Marktteilnehmer, deren Aktivitäten sich vorwiegend auf Deutschland, den deutschsprachigen Raum oder Europa beschränken. So tauchen AUCOTEC, CONTACT Software und EPLAN ebenso wenig auf den abgebildeten Rängen auf wie PROCAD, TESIS PLMware und Zuken, obwohl sie aus hiesiger Sicht bedeutende Anbieter sind.

Andererseits spielen in den Grafiken Hersteller eine Rolle, die in Europa kaum als Anbieter im Umfeld PLM wahrgenommen werden. So gehört Oracle hier vor allem nach der Übernahme von Agile zu den fünf Marktführern, obwohl das Haus – ähnlich wie vorher Agile – in Europa, besonders in Deutschland, sicher nicht zu den PLM-Vorreitern zählt. In den USA hat das kalifornische Unternehmen eine nicht unbeträchtliche Zahl von Referenzkunden quer durch verschiedene Industriebranchen.

U. Sendler, *Das PLM-Kompendium*,
© Springer 2009

16

Eine Besonderheit, die ebenfalls aus den Grafiken dieses Kapitels nicht deutlich wird, ist die Rolle von IBM im PLM-Markt. Auf der Seite der Anwendungssoftware ist IBM in einer sehr engen Vertriebspartnerschaft mit Dassault Systèmes unterwegs, erwirtschaftet aber darüber hinaus auch mit Dienstleistungen und komplementären Lösungselementen wie Infrastruktur und Middleware stattliche Umsätze. Da die hier abgedruckten Grafiken auf die Hersteller zielen, fehlt IBM in den weiterführenden Darstellungen, obwohl das Unternehmen gerade auf dem deutschen Markt eine wesentliche Rolle spielt.

Dennoch ist es für den Leser sicher interessant zu sehen, wie ein seit langen Jahren weltweit aktives Marktforschungsunternehmen wie CIMdata den Markt einschätzt.

16.1
PLM Gesamtmarkt

Zum PLM Gesamtmarkt zählen für CIMdata alle Produkte und Dienstleistungen, die der Erstellung und Nutzung, dem Management und der Verteilung von Informationen dienen, die Produkte und Anlagen aller Art beschreiben, und zwar über ihren gesamten Lebenszyklus vom Konzept bis zum Recycling. Dazu gehören also alle Arten von Autorensystemen der Produktentwicklung ebenso wie Tools für die Digitale Fabrik,

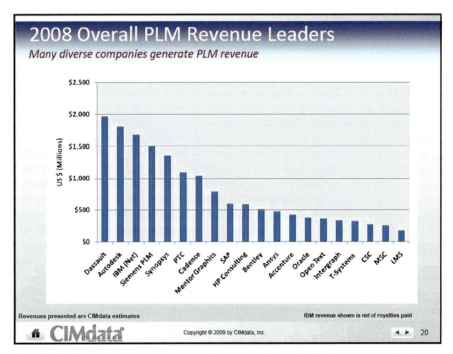

Abb. 16.1 Die aufgrund ihres Umsatzes führenden Anbieter im PLM Gesamtmarkt (Quelle: CIMdata)

Projektmanagement ebenso wie Werkzeuge für web-basierte Zusammenarbeit, Systemintegration und PLM Beratung ebenso wie diverse Arten von Simulation und Visualisierung.

Dabei bezieht diese Betrachtung alle Sparten diskreter Fertigung ebenso ein wie Chemie- oder Bekleidungsindustrie, Maschinen- und Anlagenbau ebenso wie Architektur und Straßenbau. Das erklärt, warum hier zahlreiche Anbieter an führender Stelle aufgeführt sind, die unter dem engeren Blickwinkel von PLM für die Fertigungsindustrie weniger Gewicht haben, etwa Bentley mit dem Angebot von Architektur- und Fabrikplanungssoftware oder Intergraph mit dem Schwerpunkt auf Geografische Informationssysteme.

CIMdata schätzt das Wachstum aller Segmente von PLM 2008 gegenüber dem Vorjahr auf 8,2 Prozent, womit die eigene Prognose von 10,4 Prozent nicht ganz erfüllt wurde. Dabei zeigte das erste Quartal eine sehr starke Aufwärtsentwicklung, die beiden mittleren waren ebenfalls gut, aber das letzte führte mit einsetzender Weltwirtschaftskrise zu schwachen bis negativen Ergebnissen.

Die verschiedenen Segmente entwickelten sich allerdings nicht gleichmäßig. Während die Standardsoftwaresysteme 2008 sogar etwas stärker wuchsen als prognostiziert (7,9% statt der erwarteten 6,9%), blieb cPDm (collaborative Product Definition management) mit 8,9 Prozent unter den Erwartungen und damit deutlich unter dem 15,8 Prozent Wachstum des Vorjahres. Digital Manufacturing traf mit 9 Prozent Wachstum exakt die Vorhersage.

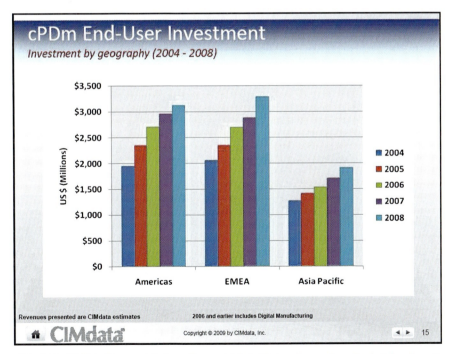

Abb. 16.2 EMEA (Europa, Mittlerer Osten, Afrika) führt noch vor Amerika bei den Investitionen in cPDm (Quelle: CIMdata)

16

Interessant sind die Zahlen, mit denen CIMdata die weltweite Entwicklung der Investitionen für cPDm beschreibt. Darunter sind alle Systeme zusammengefasst, die der Erfassung, Erstellung und Verteilung von Produktdaten und der Zusammenarbeit auf ihrer Basis dienen. Die Grafik könnte zum Ausdruck bringen, dass diese Kernelemente von PLM in Europa besser verankert sind als in den USA.

16.2
Führende PLM-Anbieter

Dassault Systèmes, Oracle, PTC, SAP und Siemens PLM Software sind nach Einschätzung von CIMdata weltweit die sogenannten ‚Mindshare Leader' für PLM. Sie rangieren an führender Stelle, wenn Verantwortliche gefragt werden, wen sie als Anbieter von PLM-Lösungen kennen.

Ihre Umsätze ergeben sehr unterschiedliche Rangfolgen, je nachdem, welche Teile ihres Lösungsangebots ins Zentrum gestellt werden. Liegt der Fokus auf cPDm, dann erscheint SAP auf dem ersten Platz, dicht gefolgt von Siemens PLM Software.

SAP, weltweit Marktführer mit ERP und anderen Komponenten kommerzieller IT, ist es offensichtlich gelungen, auch im Umfeld des Produkt-Lebenszyklus-Managements einen großen Marktanteil zu erringen. Wobei die Kunden ihre Entscheidungen

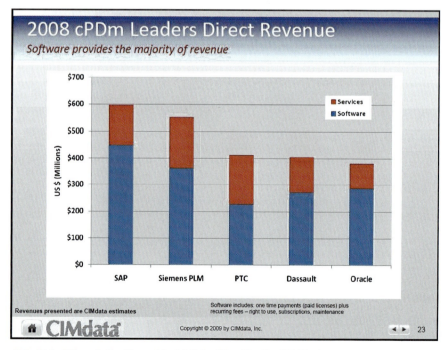

Abb. 16.3   Führende Positionen hinsichtlich cPDm (Quelle: CIMdata)

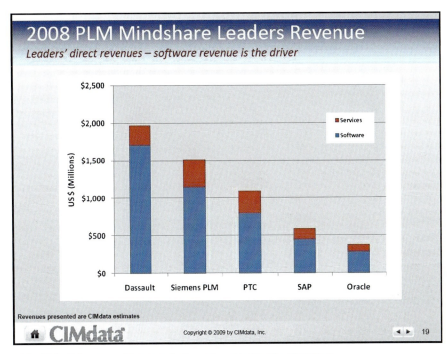

Abb. 16.4 Führungspositionen nach Gesamtumsatz (Quelle: CIMdata)

hier eher aus gesamtunternehmerischer Sicht als aus der Perspektive des Engineerings getroffen haben dürften. Der zweite Platz für Siemens PLM Software stützt sich sicher auf die extrem starke Verbreitung und die teilweise sehr großen Implementierungen von Teamcenter.

Betrachtet man dagegen die Gesamtumsätze, rückt Dassault Systèmes an die erste und SAP an Position 4.

Unternehmensdaten

> 1982 gegründet

> CEO: **Carl Bass, San Rafael, Kalifornien, USA**

> Geschäftsführer
> Zentraleuropa: **Roland Zelles, München, Deutschland**

> Ansprechpartner PLM: **Wolfgang Lynen, Industry Marketing Manager Manufacturing**

> Umsatz weltweit
> Geschäftsjahr 2009: 2,315 Mrd. $

> Mitarbeiter
> weltweit: 7.000
> Deutschland: 300

> Homepage: http://www.autodesk.com/

Autodesk gehört zu den großen Anbietern von Engineering IT. Autodesk hat seine Stärken im Bereich der Autorensysteme für digitale Produktentwicklung und zunehmend auch für Industriedesign sowie für Visualisierung, Simulation und Berechnung. Dabei zielt der Anbieter seit der Gründung vor allem auf den Massenmarkt der kleinen und mittleren Unternehmen der Fertigungsindustrie. Kein zweiter war und ist hier so erfolgreich.

Autodesk ist bekannt geworden mit AutoCAD, und zwar vor allem im Maschinenbau, aber die Produkte zielten schon früh auch auf Architektur, Elektrotechnik, Karto-

17

graphie, später auf Multimedia und Animation. Dennoch entwickelte sich M-CAD dauerhaft zum umsatzstärksten Produkt.

Heute ist der 3D-Modellierer Autodesk Inventor das Flaggschiff, aber auch mit AutoCAD und den zugehörigen Paketen werden nach wie vor nicht unerhebliche Teile des Umsatzes erzielt. Mit den Produkten für Industriedesign ist inzwischen auch die Automobilindustrie wichtige Kundschaft, denn diese Systeme sind dort in vielen Designbüros als Standardtools gesetzt.

Abb. 17.1   Firmengebäude von Autodesk Deutschland in München (Quelle: Autodesk)

17.1
Meilensteine der Firmengeschichte

17.1.1
Gründung und erste Jahre

Eine relativ lose Gruppe von 17 Computer-Spezialisten und Programmierern tat sich 1982 in Kalifornien zusammen, um neue Programme unterschiedlichster Art, die sie in ihrer Freizeit entwickelten, gemeinsam zu vermarkten. 15 Programme, darunter eins für Tabellenkalkulation und ein Compiler – und ein Zeichenprogramm, das zuerst Interact und dann MicroCAD hieß. Der Durchbruch gelang mit einem ersten Messeauftritt auf der COMDEX Ende 1982, und aufgrund von Namensrechten eines Wettbewerbers wurde das Zeichenprogramm nochmals umbenannt und dort als *AutoCAD-80* vorgestellt. Der Name sollte deutlich machen, dass die Software auf dem Z80 und auf dem Intel Mikroprozessor 8080 lief. Es wurde zum Renner und als bestes Produkt der Messe ausgezeichnet.

Das Startkapital des Unternehmens betrug 59.000 $, der Umsatz im ersten Jahr knapp 15.000 $, der Verlust fast 10.000 $. Bereits im zweiten Geschäftsjahr stieg der Umsatz auf über eine Million und der Gewinn auf mehr als 100.000 $. AutoCAD war das erste weltweit erfolgreiche CAD-System auf IBM-kompatiblen Personal Computern zu einer Zeit, da CAD hauptsächlich auf Großrechnern und auf den speziell entwickelten Grafikworkstations unter UNIX genutzt wurde. Auch von Auto-CAD wurden Versionen für verschiedene UNIX-Derivate auf den Markt gebracht, aber der Erfolg kam über das Massengeschäft mit dem sich gleichzeitig durchsetzenden PC. Der Preis der Software lag für die erste Version bei 1.000 $, ein Bemaßungsprogramm wurde mit 500 $ zusätzlich in Rechnung gestellt. Übliche Preise für CAD-Arbeitsplätze sogenannter schlüsselfertiger Systeme lagen zu dieser Zeit zwischen 80.000 und 100.000 $.

Die Software AutoCAD konnte sich als weltweit am häufigsten installiertes System für Mechanik-CAD etablieren. Das Datenformat DWG und das von Autodesk entwickelte Austauschformat DXF wurden für die mittelständische Industrie zu einem Quasistandard.

Auch wenn bereits 1983 bei Autodesk erste Überlegungen angestellt wurden bezüglich eines Ausbaus der Software in Richtung 3D, blieb der Kern des Geschäfts – die Industrie brauchte viele Jahre zur vollständigen Adaption von 2D-CAD – bis in die Anfänge des neuen Jahrtausends die Erstellung technischer Zeichnungen. Neben dem Hauptprodukt wurde (1993) mit *AutoCAD LT* zu reduziertem Preis noch eine abgespeckte Version auf den Markt gebracht. Heute sind beide Systeme etliche Millionen Mal verkauft, die Installationszahlen von AutoCAD liegen bei 4,3 Millionen, die von AutoCAD LT bei 3,7 Millionen. Und eine unbekannte, aber nicht unbedeutende Zahl von illegalen Kopien lässt die Zahl der Nutzer international auf weit mehr als zehn Millionen anwachsen.

Die Strategie des Herstellers hatte vor allem zwei Säulen: die Software sollte als Plattform genutzt werden, auf die durch Dritte möglichst einfach nützliche Applikationen für unterschiedlichste Anwendungsbereiche aufgesetzt werden konnten; für den Vertrieb setzten die Kalifornier von Anfang an fast zu hundert Prozent auf ein breites Netz von Wiederverkäufern.

In seinem empfehlenswerten Aufsatz *Autodesk History* beschreibt der US-Analyst David E. Weisberg, was den Erfolg von Autodesk ausgemacht hat – im Gegensatz zu so vielen CAD-Herstellern der ersten Jahre, die verkauft wurden oder sang- und klanglos verschwunden sind. (Die Firmengeschichte findet sich übrigens unter folgendem Link kostenlos zum Download bereitgestellt: http://www.cadhistory.net/chapters/08_Autodesk_and_AutoCAD.pdf)

Unter anderem zählt Weisberg folgende Besonderheiten auf:

> › Autodesk setzte soweit irgend möglich auf die Hardware des Standard-PC.
> › Während die großen Wettbewerber eigene Grafik-Workstations entwickelten und gemeinsam mit ihrer Software verkauften, war die Investition in Auto-CAD und die nötige Hardware in der Masse der Unternehmen viel leichter zu bewerkstelligen.

17

> Autodesk baute schnell ein weltweit schlagkräftiges Vertriebsnetz auf und übersetzte AutoCAD in zahlreiche Landessprachen. Bereits drei Jahre nach der Gründung existierten in den USA mehr als 1.000, in 40 anderen Ländern mehr als 500 weitere Vertragshändler.

> Der Vertriebskanal übernahm kostenintensive Aufgaben wie Training und technischen Kundendienst.

> Während andere Anbieter ihre Software gegenüber Dritten eher abschotteten, ermutigte Autodesk Programmierer, auf Basis von AutoCAD oder als Ergänzung dazu andere Software zu entwickeln. Mitte 1985 gab es schon über hundert derartige Zusatzpakete.

17.1.2
Die Ära Carol Bartz

Zu Beginn der Neunzigerjahre wurde allmählich deutlich: Der große Erfolg von Auto-CAD drohte Autodesk davon abzuhalten, den nächsten Schritt in der Technologieentwicklung – in erster Linie den Wechsel zu 3D – in Angriff zu nehmen und mit der nötigen Konsequenz zu verfolgen. Zehn Jahre nach der Gründung kam es zum großen Wechsel an der Spitze. Die zuvor bei Computerhersteller Sun Microsystems erfolgreiche Carol Bartz kam als CEO zu Autodesk.

Unter ihrer Führung wurde noch intensiver als zuvor auf die Produkte für die mechanische Konstruktion gesetzt. Der beschlossene Weg zur Erweiterung der Grundfunktionalität und Verbesserung der Performance von AutoCAD machte – in Verbindung mit dem Absturz der Hardwarepreise und der Verfügbarkeit vollständig ausreichender Standard-PC – den Vertriebspartnern große Probleme und zwang sie ebenfalls zu Veränderungen ihrer Geschäftsmodelle. In der Folge wurden Applikationen für NC-Programmierung, Simulation und Berechnung sowie Produktdaten-Management zu Schwerpunkten des Zusatzangebots, weniger Programme, die fehlende Funktionalitäten für den Konstrukteur beisteuerten oder bestimmte Anwendungsbereiche unterstützten.

Dann begann Autodesk, die Erweiterung des Portfolios durch Firmenübernahmen zu beschleunigen.

1992 übernahm Autodesk *Micro Engineering Solutions (MES)*, die mit Solution 3000 ein NC-Paket auf Basis von Freiformflächen-Modellierung entwickelt hatten. Dies war der Kern von AutoSURF, das 1993 mit der Version 12 integriert als Autodesk Design Expert vorgestellt wurde. Auch der Autodesk Manufacturing Expert beruhte auf der Software von MES. Der Flächenmodellierer blieb, die NC-Applikation wurde ein Jahr später wieder verkauft.

Ebenfalls 1993 wurde nach dem Zukauf des Softwarehauses *Woodbourne* der Auto-CAD Designer vorgestellt, ein 3D-Frontend für AutoCAD, das auf dem Volumenkern ACIS basierte. 1994 kam mit WorkCenter erstmals ein Zeichnungsverwaltungssystem hinzu, das sich aber nicht auf dem Markt durchsetzte. 1995 wurde Mechanical Desktop freigegeben, eine Kombination von AutoCAD Designer, AutoSURF und AutoCAD Version 13.

Doch auch die in Richtung 3D erweiterte Funktionalität reichte im Wettbewerb mit den völlig neuen, vollständig auf Windows basierenden sogenannten Midrange Syste-

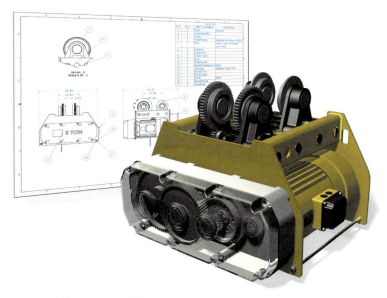

Abb. 17.2 Modellierung und Zeichnungserstellung mit Autodesk Inventor (Quelle: Autodesk)

men SolidWorks und Solid Edge nicht aus. Zunächst wuchsen die Umsätze zwar noch an bis auf knapp 900 Millionen $ 1999, aber dann fand sich der Hersteller einige Jahre in einer Umsatzflaute wieder, die ihm teilweise sogar Einbrüche bescherte.

1996 war mit der Entwicklung des von Grund auf neuen 3D-Systems *Autodesk Inventor* begonnen worden. Es dauerte bis zum Jahrtausendwechsel, bis das neue System in den Markt eingeführt werden konnte. Es basierte ebenfalls auf ACIS, wobei sich Autodesk die Rechte am Sourcecode gesichert hatte, was sich einige Jahre später nach der Übernahme des ACIS-Herstellers Spatial Technology durch Dassault Systèmes als ausgesprochen nützlich erwies.

1998 erfolgte die Übernahme von *Genius CAD Software* mit dem Flaggschiff Genius Desktop, das den Kunden in verschiedenen Bereichen der Fertigungsindustrie tiefer gehende Funktionalität brachte, etwa hinsichtlich elektromechanischer Konstruktion oder Maschinen- und Anlagenbau.

Ende 1999 wurde mit *Buzzsaw* unter Leitung von Carl Bass ein Tochterunternehmen ausgegründet, das sich vornehmlich der Entwicklung eines Systems für Web-basierten Projektmanagement widmete. Wie viele andere zielte damit auch Autodesk auf einen sich abzeichnenden Markt für Lösungen, mit denen auf die Herausforderung der gemeinsamen Nutzung von Engineering Daten in verteilten Entwicklungsprojekten geantwortet werden sollte.

17.1.3
Das neue Jahrtausend

Das erste Jahrzehnt des neuen Jahrtausends wird unter anderem wohl als Jahrzehnt massiver Firmenerweiterung durch Zukäufe in die Firmengeschichte eingehen. Es

17

begann aber mit der Markteinführung von Autodesk Inventor. Basierend auf ACIS wurde dafür nun ein eigener Modellierkern mit Namen *ShapeManager* entwickelt. 2002 setzte ein Paket den Startschuss für das großangelegte Ausrollen von 3D unter den Kunden im Mittelstand: Inventor, AutoCAD Mechanical und Mechanical Desktop wurden zur heutigen *Inventor Suite* zusammengefasst, deren Listenpreis nur unwesentlich über dem von Inventor lag.

2005 war die Flaute überwunden und Autodesk vermeldete mit 1,2 Milliarden $ den ersten einer neuen Reihe von Rekordumsätzen. Gestützt auf den Erfolg setzte das Haus den Ausbau der eigenen Produktpalette durch ergänzende Softwareprodukte fort.

2005 wurde das kanadische Unternehmen *Alias Wavefront* übernommen. Deren Produkt Studio Tools war in der Automobilindustrie und im Industriedesign als führende Designsoftware verbreitet. Der Name wurde geändert in Autodesk AliasStudio. Das zweite Kernprodukt Maya hatte seine Zielgruppe in der Film- und Computerspielindustrie und bot 3D-Animation und Visualisierung. Es war eine gute Ergänzung zu den Multimedia-Produkten von Autodesk, aber auch zur qualitativ hochwertigen Aufbereitung von Marketingpräsentationen in der Industrie.

Ebenfalls 2005 erfolgte die Übernahme des deutschen PDM-Systems *COMPASS*. Es sollte die inzwischen für einfache Datenmanagementaufgaben selbst entwickelte Software Productstream ergänzen, was im neuen Namen Productstream Professional zum Ausdruck kommt.

2007 folgte der Zukauf der kalifornischen Firma *PlassoTech*, die sich einen Namen in der Simulation und Finite Elemente Analyse (FEM) kompletter Baugruppen und in der Durchführung von Analysen auf Basis realer baulicher oder thermischer Randbedingungen gemacht hatte.

Auch der schwedische Softwarespezialist *Opticore* ist seit 2007 unter den Fittichen von Autodesk. Er hatte für die Berechnung von Ray Tracing Darstellungen eine neue Technologie entwickelt, mit der sich höchst interaktive und realistische 3D-Produktvisualisierungen und Präsentationen erstellen lassen

Mitte 2008 wurde eine weitere Übernahme im Umfeld der Simulation und Berechnung getätigt: die amerikanische *Moldflow Corporation*, deren Programme die Berechnung, Visualisierung und Optimierung von Kunststoffteilen und des zu ihrer Herstellung erforderlichen Spritzgießprozesses erlauben.

Noch eine Übernahme kam 2008: Vom deutschen Autodesk Distributor Mensch und Maschine kaufte Autodesk das System *ECSCAD* für die Schaltplanentwicklung – als Ergänzung des Systems AutoCAD Electrical.

Mit dem Zukauf von *ALGOR* erweiterte Autodesk 2009 nochmals das Portfolio um leistungsfähige Simulationsfunktionen, darunter Multiphysik, Mechanical Event Simulation (MES) und Strömungssimulation. Die Software wird vor allem in der Automobilindustrie und Luftfahrt, Medizintechnik und Konsumgüterindustrie eingesetzt.

Zum Jahreswechsel 2005-2006 übernahm Carl Bass die Position des CEO und Carol Bartz wechselte nach 13 Jahren in die Rolle des Executive Chairman of the Board. Mit ihrem Management ist für Autodesk die Neuausrichtung des Unternehmens und vor allem der Produktlinien für die mechanische Produktentwicklung verbunden. Die letztlich erfolgreichen Anstrengungen haben aus dem 2D-CAD-Anbieter der Achtziger- und Neunzigerjahre einen der Hauptakteure im Umfeld von PLM gemacht.

Die Zukäufe der letzten Jahre, die nun in eine Integration der entsprechenden Systeme münden müssen, zielen auf ein umfassendes Angebot für die digitale Produkt-

Abb. 17.3 Computerspiel-Steuergerät – Spritzgussanalyse (Quelle: Autodesk)

entwicklung, Prototypenerstellung und Simulation. Virtuelle Produktentwicklung für den Massenmarkt verfügbar zu machen, ist das Ziel, dem der Hersteller im ablaufenden Jahrzehnt einen großen Schritt näher gekommen ist. Der Slogan, unter dem Autodesk seine Produkte für den Maschinenbau anbietet, heißt heute *Digital Prototyping*.

17.2
Zentrale Produkte im Umfeld von PLM

Autodesk Alias Design

Das Programm bietet im Industriedesign erprobte und weit verbreitete Werkzeuge für die Skizzierung, Modellierung und Visualisierung im kreativen Designprozess. Designer können damit Ideen digital erfassen, und zwar sowohl mit eigenen Skizzen als auch in 3D-Konzeptmodellen. Die entstehenden Entwurfsdaten lassen sich mit geringem Aufwand in das zu entwickelnde Produktmodell – ob mit Inventor oder anderen Modellierern – integrieren.

Autodesk Showcase

Mit diesem Tool werden detailgetreue, realistische Bilder aus 3D-CAD-Daten erzeugt. Die Herkunft spielt dabei keine Rolle. Showcase unterstützt Entwicklungsteams durch

17

schnelles Ray Tracing dabei, Modelle in einer realen Umgebung zu präsentieren und zu überarbeiten.

Autodesk Inventor

Das ist das Herzstück der Produkte für Mechanik und Maschinenbau. Der 3D-Modellierer dient der Erstellung, Validierung und Dokumentation digitaler Prototypen, mit dem das Produkt visualisiert, simuliert und analysiert werden kann. Die Funktionalität ist breit gefächert und reicht von der allgemeinen mechanischen Konstruktion bis hin zu Kabelbaumentwicklung.

AutoCAD Mechanical

AutoCAD für die 2D-Konstruktion in der Mechanik wird für die immer noch große Zahl der Anwender weiter entwickelt und bietet inzwischen umfangreiche Normteile-bibliotheken und zahlreiche Werkzeuge zur Automatisierung von Routinearbeiten im Engineering.

AutoCAD LT

Die Software gilt als Spezialtool für Routinetätigkeiten beispielsweise von technischen Zeichnern.

AutoCAD ecscad

Das System zur Erstellung von Elektro-Schaltplänen bietet elektro-spezifische Funktionen und umfassende Symbolbibliotheken und Features etwa zum Entwurf von Schemata für Steuerungssysteme.

Autodesk Vault

Dieses Programm bietet Grundfunktionalität für die Speicherung und Verwaltung von Konstruktionsdaten und zugehörigen Dokumenten.

Autodesk Productstream Professional

Das aus dem Zukauf von COMPASS entstandene Productstream Professional gestattet über die reine Zeichnungsverwaltung und Versionierung hinaus die Abbildung eines kundenspezifischen Workflows der Konstruktionsfreigabe und der Änderungsverwaltung. Insbesondere die unternehmensspezifische Anpassungsfähigkeit unterscheidet diese Lösung vom Standardpaket Autodesk Vault.

Autodesk Streamline

Der Online-Service für Projektmanagement und Web-basierte Zusammenarbeit erlaubt einen sicheren Datenaustausch mit Partnern, Kunden und Lieferanten bei minimalem Aufwand. E-Mail-Benachrichtigung, projektbasiertes Reporting und Integration des Autodesk Design Web Format (DWF) unterstützen die Anzeige, Korrektur und Kommentierung von Dokumenten.

Autodesk Design Review

Mit der kostenlosen integrierten Lösung können Änderungen an Zeichnungen und Modellen ohne die ursprüngliche CAD-Anwendung angezeigt, gedruckt, geprüft, markiert und verfolgt werden.

Autodesk Raster Design

Mit diesem Tool lassen sich hybride Zeichnungen mit Raster- und Vektordaten bearbeiten und erstellen oder gescannte Zeichnungen vektorisieren.

17.3
Einsatzgebiete der Software

Zielmärkte

Autodesk ist allmählich dabei, seine Zielgruppe in der Industrie auszuweiten. Die Branche des Maschinen- und Anlagenbaus ist zwar nach wie vor die wichtigste, aber daneben treten – vor allem aufgrund der Funktionserweiterungen und Zukäufe der vergangenen Jahre – weitere Sparten, die bislang weniger im Fokus waren.

An erster Stelle ist hier die Automobilindustrie zu nennen. Durch die Übernahme von Alias Wavefront sind zahlreiche Hersteller und Zulieferer der Automobilindustrie zu Kunden geworden, die bis dato in der Produktentwicklung eher keine Produkte von Autodesk nutzten. Das gilt im selben Umfang für den gesamten Bereich Fahrzeuge und Transport, also auch für die Produzenten von Schienenfahrzeugen, Flugzeugen und Schiffen. AliasStudio eignet sich insbesondere für die Gestaltung sogenannter Class A Flächen, womit sichtbare Freiformflächen bezeichnet werden. Entsprechende

Abb. 17.4 Lokomotive von Vossloh, modelliert mit Inventor (Quelle: Autodesk)

Anforderungen finden sich neben der Automobilindustrie zunehmend auch in anderen Industrien, etwa zur Gestaltung von Sportartikeln, weißer Ware oder Schmuck.

Die Funktionen für Entwicklung und Prototyping von Spritzgießteilen haben die Tür zu weiten Teilen der Konsumgüterhersteller geöffnet. Einen wachsenden Kundenkreis verzeichnet Autodesk auch im Bereich der Gebäudeausstattung, also beispielsweise bei den Herstellern von Aufzügen, Rolltreppen, Fenstern und anderem. Hier kommt dem Anbieter auch die Kombination von Architektur-CAD und Software für die mechanische Konstruktion zustatten. Schließlich – und dabei spielt die Übernahme von Moldflow die Hauptrolle – ist auch das große Feld der Werkzeug- und Formenbauer zu den Zielgruppen hinzugekommen.

Referenzkunden

Voith Paper, Heidenheim, Papiermaschinen
Franke, Aarburg (Schweiz), Küchensysteme und Kaffeezubereitung
Amman, Langenthal (Schweiz), Asphalt- und Betonmischanlagen
Schindler, Wien (Österreich), Fahrtreppen
IKA, Staufen, Labor- und Analysetechnik, Maschinenbau
Vossloh, Werdohl, Bahntechnik und Bahninfrastruktur
RWE Power, Köln/Essen, Stromerzeugung
Siebtechnik, Mülheim an der Ruhr, Schüttgüteraufbereitung,
pro-beam AG, Planegg, Elektronenstrahltechnologie

Anwendungsbereiche

Auch der durch die Software von Autodesk unterstützte Anwendungsbereich innerhalb des Produktentstehungsprozesses hat sich im letzten Jahrzehnt deutlich ausgedehnt. Vom Schwerpunkt der mechanischen Konstruktion hin zu vielen Spezialbereichen der Entwicklung, aber auch in vor- und nachgelagerte Prozesse.

In der Konzept- und Entwurfsphase, bevor die Entscheidung für eine konkrete Produktentwicklung fällt, ist mit Autodesk Alias Design nicht irgendeine Software im Portfolio, sondern eine der wichtigsten. Alle Funktionalität, die ein Industriedesigner für High-end Produkte benötigt, ist verfügbar. Durch die Möglichkeit der unmittelbaren Kopplung mit CAD bietet Autodesk damit eine hohe Durchgängigkeit der IT-Unterstützung von der ersten Designskizze an.

Ein anderes wichtiges, bislang aber noch unzureichend unterstütztes Gebiet ist die Erstellung hochwertiger Bilder aus Computermodellen künftiger Produkte. Hier bietet Showcase die Möglichkeit, sowohl Konzeptmodelle als auch Produktentwicklungsdaten aus Inventor fotorealistisch in der Anwendungsumgebung abzubilden. Die Bedeutung dieser Funktionalität geht deutlich über die Fachbereiche hinaus, die die Ursprungsmodelle liefern. Vielmehr helfen entsprechende Modelle einerseits bereits bei der Entscheidungsfindung des Managements vor dem Start eines Projektes und in kritischen Phasen der Entwicklung, andererseits können solche Daten frühzeitig von Marketing und Vertrieb eingesetzt werden und die Erstellung von Handbüchern und technischen Dokumentationen – gedruckt oder in der Web-Darstellung – beschleunigen und verbessern.

Auf eine ganz andere Art dient Streamline der bereichsübergreifenden Zusammenarbeit. Daten, die in einem verteilt arbeitenden Projektteam erzeugt und bearbeitet werden müssen, können damit unabhängig vom Standort und der Firewall der beteiligten Unternehmen gespeichert und abgerufen werden. In Verbindung mit dem 3D-Format DWF, das CAD-Modelle auf einen Bruchteil des Umfangs reduzieren kann, entsteht ein Projektdatenraum, in dem alle zu einem Projekt gehörenden Daten schnell zu finden und zu prüfen sind.

Abgesehen von diesen Erweiterungen des Anwendungsbereiches hat sich auch innerhalb der eigentlichen Produktentwicklung der Funktionsumfang deutlich erweitert. Ganz ohne Zusatzsoftware von Partnern bietet Autodesk mittlerweile in einer Reihe von Spezialgebieten die passende Unterstützung.

Beispiel Blechbearbeitung: Der Anwender muss kein externes Blechpaket mehr installieren. Inventor verfügt über eigene, voll integrierte Werkzeuge für die Entwicklung von Blechteilen. Dabei unterstützt das System den Konstrukteur nicht nur mit den typischen Funktionen wie Freistellung, Abwicklung oder Durchbrüchen. Es kann auch maschinenabhängige Biegetabellen verwalten und parametrisch nutzen. Die Software fördert eine fertigungsgerechte Konstruktion, einschließlich der Ableitung von NC-Programmen für die Bearbeitung.

Beispiel Rohrleitungs- und Kabelkonstruktion: Inventor Professional beinhaltet über die normalen Konstruktionsfunktionen hinaus besondere Elemente, die die Entwicklung komplexer Leitungssysteme erleichtern. Der Konstrukteur kann beispielsweise gebogene, geschweißte oder geschraubte Rohre verlegen oder flexible Schläuche verwenden. Um die Selbstentleerung einer Anlage sicherzustellen, existiert eine Funktion, mit der die Leitungsneigung während der Konstruktion vorgegeben werden kann. Eine andere Funktion gestattet unter Berücksichtigung der Umgebungsgeometrie die minimale Rohrlänge als Ziel zu definieren.

Beispiel Stahlträgerkonstruktion: Die Entwicklung von Stahlträgern beliebiger Profile, die Definition von Profilknoten (Eckstoß, Gehrung, T-Stoß und anderes) wird mit der Standardversion von Inventor unterstützt. Die Funktionalität erlaubt beispielsweise die Entwicklung und Berechnung von geschweißten Stahlfundamenten für Maschinen.

Beispiel Werkzeug- und Formenbau: Nach ausführlichen Praxistests auf mehreren Märkten bietet die neue Applikation Inventor Tooling Suite – in Kombination mit den zugekauften Werkzeugen von Moldflow – sehr umfassende Funktionen für die Entwicklung von Spritzgießteilen. Neben dem Fertigteil kann damit die für die Herstellung erforderliche Spritzgießform generiert werden, einschließlich Definition der Trennflächen zur Formtrennung und der Aufteilung der Form in Ober- und Unterteil, der Festlegung des Anspritzpunktes und der Konstruktion der Auswerfer und der Formnestkonstruktion.

17.4
Marktauftritt

Der Funktionsumfang der Software hat sich geändert. Autodesk ist nicht mehr (nur) Plattformanbieter für Dritte, die dann die konkrete Anwendungssoftware aufsetzen, sondern stellt selbst eine Lösung bereit, die alle wichtigen Funktionalitäten für die

17

virtuelle Produktentwicklung beinhaltet. Die Gebiete, auf denen Partner Zusatzsoftware vermarkten können, ist also erheblich kleiner geworden. Für sie steht nicht mehr nur die Software im Vordergrund, sondern mehr und mehr die Beratung und der Service, die die optimale Nutzung durch die Anwender zum Ziel haben.

An der Vertriebsstrategie, sich (fast) ausschließlich auf das Netz der Vertriebshändler zu stützen und die Kunden nur in minimalem Umfang direkt zu betreuen, hat sich dagegen nichts geändert. Es gibt nur wenige Unternehmen, die entweder aufgrund ihrer Größe oder aufgrund ihrer Marktposition solche Bedeutung haben, dass Autodesk sie unmittelbar betreut. Im Übrigen sind in Deutschland rund 50 Vertriebspartner für die Mechanik-Lösungen die Schnittstelle zum Kunden. Dabei sind zehn von ihnen direkte Autodesk Partner, aber die Mehrzahl macht ihre Verträge mit dem Distributor Tech Data. Der bisherige Distributor Mensch und Maschine hat dagegen Anfang 2009 bekanntgegeben, dass sich das Unternehmen zum größten direkten Systemhaus unter den Vertriebspartnern wandelt.

Von der lange Jahre geübten Praxis der Updates, für die bei der Installation Kosten anfielen, geht Autodesk allmählich über zu dem, was bei den anderen Wettbewerbern seit jeher das wichtigste Mittel der langfristigen Kundenbindung darstellte. Subscription ist dabei das moderne Wort für Wartung und Pflege. Regelmäßige Zahlungen schließen dann das jeweils aktuelle Update auf die neueste Version ein und garantieren gleichzeitig, dass auch die Weiterverwendung einer älteren Version unterstützt wird.

Durch zahlreiche Aktivitäten unterstützt Autodesk seine Vertriebspartner bei ihrem Auftritt. Seit mehreren Jahren werden beispielsweise mit den Partnern zusammen regionale Kundentage durchgeführt. Im Frühjahr laden die Händler ihre Kunden zu den sogenannten „Inventor Days" ein. 2008 kamen dabei zu insgesamt 120 Veranstaltungen in Deutschland circa 2.900 Teilnehmer. 2009 werden – ebenfalls mit den Partnern – im deutschsprachigen Raum circa 40 Autodesk Data Management Days durchgeführt.

Auch publizistisch ist der Hersteller sehr aktiv. Der monatliche Newsletter, den es fachspezifisch auch für Architektur und Bauwesen sowie für Geografische Informationssysteme gibt, wird für den Bereich Mechanik und Maschinenbau derzeit an 27.000 Adressen verschickt. Der WIN Verlag gibt – auch mit Beiträgen von Autodesk – das AutoCAD Magazin und das Inventor Magazin heraus. Sie erscheinen achtmal pro Jahr und enthalten wie der Newsletter, aber ausführlicher, Tipps und Tricks, Anwenderberichte und Informationen zu aktuellen Entwicklungen.

Mit AUGIde hat die Autodesk User Group International (AUGI) auch eine deutschsprachige Vertretung. Die unabhängige Community setzt sich weltweit aus über 150.000 Mitgliedern zusammen. Sie bietet regelmäßige Online Trainings, Informationen, Newsletter und Veranstaltungen von Anwender für Anwender. Die Mitgliedschaft ist kostenlos.

17.5
Positionierung und Strategie

Autodesk verfolgt im Umfeld von PLM das Ziel, mit seinem Produktportfolio eine Gesamtlösung für ein Digital Prototyping zu bieten, die für die große Mehrheit der mittelständischen Industrie bezahlbar und machbar ist. Sie soll die Unternehmen im gesamten Prozess der Produktentwicklung unterstützen, und von den ersten Konzeptskizzen bis zur NC-Fertigung über Modellierung, Datenmanagement, Simulation und Berechnung sowie Werkzeugen für die Visualisierung und Zusammenarbeit alles bereitstellen, was virtuelle Produktentwicklung ausmacht.

Der Schwerpunkt liegt dabei nach wie vor auf der mechanischen Konstruktion. Die Verankerung des elektronischen Datenmanagements ist in der Masse der kleinen und mittleren Unternehmen noch keineswegs geschehen. Je kleiner die Firmen, desto mehr scheuen sie vor diesem Schritt zurück. Hier sieht der Hersteller ebenso wie in der Erweiterung der Produktpalette um Tools für Simulation und virtuelles Prototyping noch viel Potenzial für die kommenden Jahre.

Abb. 17.5 FEM-Berechnung einer Hubschrauberbaugruppe mit Inventor Professional (Quelle Autodesk)

Befragt zur Vision von Autodesk, kommt – noch vor der aktuellen Wirtschaftskrise – die Antwort: 4 Milliarden US$ Umsatz im Geschäftsjahr 2011. Die Erfolgsgeschichte von mehr als 25 Jahren soll fortgeschrieben werden, und zwar auf dem hohen Wachstumsniveau der vergangenen Jahre.

Generell heißt die offizielle Vision von Autodesk: der Hersteller möchte zur "Demokratisierung" von Technologien beitragen, mit denen Unternehmen ihre Produkte visualisieren, simulieren und analysieren können. Das soll ihnen die Möglichkeit bieten, ihre Produkte zu verbessern und zu optimieren, bevor sie tatsächlich gebaut werden, um die Unternehmen in die Lage zu versetzen, Zeit und Geld zu sparen, die Qualität zu verbessern und Innovationen voranzutreiben.

Unternehmensdaten

> 1981 gegründet

> President and CEO: **Bernard Charlès, Paris, Frankreich**

> Director PLM Value Channel
> Deutschland, Österreich, Schweiz:
>> **Achim Löhr, Stuttgart, Deutschland**

> Ansprechpartner PLM: **Michael Brückmann, Manager Marketing & Communications**

> Umsatz 2007
> weltweit: 1.275 Mrd. €
> Deutschland: circa 580 Mio. €

> Mitarbeiter
> weltweit: 7.500
> Deutschland: 580
> Entwicklung weltweit: 3.350

> Homepage: http://www.3ds.com/

Dassault Systèmes ist einer der großen PLM-Anbieter. Das Angebot umfasst nicht nur die Autorensysteme für mechanische Produktentwicklung und diverse Tools für Simulation und Berechnung, sondern auch Produktdaten-Management und Systeme zur Unterstützung des Managements der Produktentstehungsprozesse. Das Gesamtportfolio wird heute unter insgesamt sechs verschiedenen Marken entwickelt und vermarktet. Weltweit arbeiten über 3300 Softwareentwickler an 17 Standorten.

Abb. 18.1   Firmensitz von Dassault Systèmes in Stuttgart (Quelle: Dassault Systèmes)

Das zentrale und bekannteste System ist CATIA, dessen aktuelle Version CATIA V6 im Jahr 2008 vorgestellt wurde. 25 Jahre lang war die in der Branche ungewöhnliche Partnerschaft mit IBM weltweit exklusiv: Die Entwicklung der CAD-Software war Aufgabe von Dassault. Vertrieb, Marketing und Support waren Aufgabe von IBM. IBM wiederum baute ein starkes Netz von Vertriebspartnern als Agenten auf und beschränkte sich in der direkten Betreuung auf Großkunden.

Demgegenüber hat sich die Vertriebsstrategie von Dassault in wesentlichen Punkten grundsätzlich geändert, und sie ist keineswegs für alle Marken dieselbe. Für einzelne strategische Großkunden wie Boeing oder Airbus existiert eine eigene Vertriebs- und Supportmannschaft, die direkt von der Zentrale in Paris gesteuert wird. Weltweit wurden daneben seit 2005 eigene Ländergesellschaften aufgebaut, die den Vertrieb und Support für den Zielmarkt der mittelständischen Kunden – und damit zahlreiche der bis dato vertraglich mit IBM verbundenen Partner – Zug um Zug von IBM übernahmen. In Deutschland, Österreich und der Schweiz wurde dieser Prozess 2008 abgeschlossen. IBM bleibt weiterhin mit seinem Vertriebskanal wichtiger Partner für die größeren Kunden.

18.1
Meilensteine der Firmengeschichte

18.1.1
Gründung und erste Jahre

Avions Marcel Dassault (AMD), ein französischer Hersteller von Militär- Regional- und Geschäftsflugzeugen, war 1975 der erste Kunde, der das von Lockheed entwickelte 2D CAD/CAM-System *CADAM* einsetzte. Es wurde ab 1977 von IBM weltweit vermarktet. Im selben Jahr begann AMD mit der Entwicklung eines eigenen 3D-Systems, das später *CATIA* genannt wurde. Der Name stand für *Computer-Aided Three-Dimensional Interactive Application.*

1981 gründete AMD für die professionelle Weiterentwicklung von CATIA das neue Unternehmen Dassault Systèmes. Noch im selben Jahr wurden die Automobilkonzerne BMW, Mercedes und Honda wichtige Kunden. Dassault schloss mit IBM eine weltweite strategische Partnerschaft zur Vermarktung von CATIA.

1982 bot CATIA V1 neben 3D-Design auch Flächenmodellierung und NC-Programmierung. V2 erschien 1982 mit integrierter 2D- und 3D-Funktionalität. 1988 brachte V3 auf UNIX und Großrechnern auch Funktionen für Architekten.

1989 übernahm IBM das 2D-System CADAM von Lockheed und gründete das Unternehmen CADAM Inc., das bereits 1992 an Dassault Systèmes weiterverkauft wurde. Der Name änderte sich in Dassault Systèmes of America. 1993 kam *CATIA-CADAM Solutions* Version 4 auf den Markt. Für die Neunzigerjahre und darüber hinaus sollte dies das System werden, das sich vor allem in den Großunternehmen der Automobilindustrie und Luftfahrt große Marktanteile sichern konnte. Ab 1996 war V4 auch auf den Workstation-Plattformen von Hewlett-Packard (HP), Silicon Graphics (SGI) und Sun Microsystems unter den jeweiligen UNIX-Derivaten lauffähig.

1995 wurde Bernard Charlès zum President und CEO berufen, der die Geschicke des Unternehmens bis heute leitet. 1996 ging Dassault in New York und Paris an die Börse.

18.1.2
Die Ausdehnung des Portfolios

Mit dem Jahr 1995 begann Dassault durch eine ganze Reihe von Firmenakquisitionen seine Produktpalette auszudehnen. 1997 kam als erste Ergänzung die 3D-CAD Midrange Lösung *SolidWorks* hinzu. Im selben Jahr übernahm Dassault *Deneb*, den Hersteller einer Software zur Simulation der Fertigung, und damit den Kern der heutigen Marke DELMIA. 1998 folgte die Übernahme des PDM-Systems, das IBM entwickelt hatte und die Installation einer eigenen Marke für Produktdaten-Management namens *ENOVIA*.

Ebenfalls 1998 wurde *CATIA V5* in den Markt eingeführt. Es war eine vollständige Neuentwicklung, die den Abschied von UNIX als Betriebssystem einläutete. V5 lief als native Microsoft Windows Applikation zwar auch auf UNIX-Derivaten, aber dies war im Wesentlichen ein Zugeständnis an die große Installationsbasis von V4, das Microsoft Windows nicht unterstützte.

1999 erwarb Dassault die Mehrheit der Anteile am israelischen Unternehmen Smart Solutions, später *SmarTeam*, und ergänzte damit das PDM-Portfolio durch eine einfach zu implementierende Lösung für den Mittelstand. Ebenfalls 1999 gelangte die Entwicklungsmannschaft von CAD-Wettbewerber *Matra Datavision*, dem ebenfalls französischen Hersteller des 3D-Systems *EUCLID*, unter die Fittiche von Dassault.

Ein Jahr später kaufte das Haus *Spatial Technology*, den britischen Hersteller des 3D-Kerns *ACIS*. Ebenfalls 2000 wurde *DELMIA* vorgestellt als Lösung für die digitale Fabrik und virtuelle Produktionsplanung, wozu außer der deutschen Delmia auch die Akquisition von *Safework*, *EAI-DELTA* und *Les Consultants Génicom* gehörte.

18

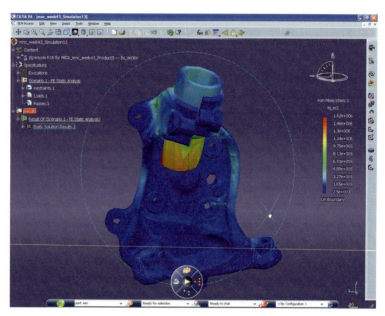

Abb. 18.2 V6 Abaqus for CATIA – Berechnung voll integriert (Quelle: Dassault Systèmes)

2001 folgte die Übernahme der *Structural Research and Analysis Corporation (SRAC)* und ihres Systems *COSMOS*, das später als Komponente für Simulation und Berechnung in die eigenen Produkte integriert wurde. Mit dem Zukauf von *Alliance Commerciale Technologies (ACT)* erwarb Dassault erstmals auch einen Anbieter von PLM- und Ingenieur-Dienstleistungen.

2002 unterzeichneten Dassault und IBM eine Vereinbarung für einen Ausbau der gemeinsamen Vertriebs- und Marketingaktivitäten, um sich auf das erwartete Wachstum des PLM-Marktes vorzubereiten. Im Jahr darauf adressierte Dassault durch eine strategische Partnerschaft mit *Gehry Technologies* auch PLM für die Bauindustrie.

2004 brachte ein Joint Venture mit *Rand Americas* für den Vertrieb in Nordamerika, und die Übernahme der fünf *RAND* Niederlassungen in Deutschland, Russland, Schweden, der Schweiz und Großbritannien für den Vertrieb in Europa.

2005 wurde *ABAQUS* akquiriert, einer der führenden Anbieter von Software für nichtlineare Berechnungen. Auch die Ankündigung der neuen Marke *SIMULIA* erfolgte 2005, einer Plattform zur Integration aller Arten von Simulationssoftware. Und noch eine Akquisition fiel in dieses Jahr: *Virtools*, ein Anbieter von Softwareentwicklungswerkzeugen für hoch interaktive 3D-Modelle.

2006 kaufte Dassault den PDM-Anbieter *MatrixOne* und fügte dessen System in die Produktpalette von ENOVIA ein. 2007 wurde die Liste der Zukäufe durch die Übernahme von *ICEM*, Spezialanbieter für Freiformflächendesign vor allem in der Automobilindustrie, ergänzt.

Zur Ergänzung des Portfolios für die Bereiche Produktdokumentation und Kommunikation übernahm Dassault 2007 das Unternehmen Seemage was heute als 3DVIA Composer in den Produktlinien aufgeht.

Mit den Firmen- und Produktübernahmen hat sich Dassault Systèmes ein sehr breites Spektrum an Systemen zugelegt, mit dem nahezu alle Aspekte des Produktentstehungsprozesses in der Industrie – mit klarem Schwerpunkt auf der mechanischen Konstruktion – abgedeckt werden können: vom Entwurfsmodell und der Designstudie über die vollständige Modellierung des Produktes, Berechnung und Simulation bis hin zur digitalen Fabrik, einschließlich der Bereitstellung von Werkzeugen für die Unterstützung fachübergreifender Zusammenarbeit unter Verwendung der 3D-Modelle.

In den letzten Jahren hat es der Anbieter darüber hinaus vermocht, vor allem über eine enge Zusammenarbeit mit Microsoft in Anwendungsgebiete vorzudringen, die nur entfernt mit dem Engineering zu tun haben. 3D aus der Welt der Ingenieure in den Bereich der Spiele und Lehrsysteme zu tragen, könnte neben dem Einsatz in der industriellen Produktentwicklung ein weiterer, interessanter Markt für Dassault werden.

18.1.3
Zentrale Produkte und Marken

Mit V6 hat Dassault Systèmes 2008 einen neuen Weg eingeschlagen. Die breite Palette von Tools für die virtuelle Produktentstehung wird unmittelbar mit dem weiter entwickelten PDM-System MatrixOne integriert. Der Anwender installiert nicht mehr CATIA, DELMIA oder andere Bausteine allein, sondern als vollständig mit Matrix-One integrierte Komponenten. Er speichert nicht mehr CATIA Modelle ab, die dann mit einem separaten PDM-System verwaltet werden. Die Modelle werden vielmehr mit allen Beziehungen zu den Daten der zugehörigen Simulation, Bearbeitung oder Berechnung als Objekte in einer einzigen Datenbank gehalten. Für alle Produkte, die die Zusatzbezeichnung V6 tragen, gilt deshalb eine besondere Art des integrierten Managements, die nicht im selben Umfang für alle anderen Produkte gelten kann. Dort muss vielmehr weiterhin von separaten Datenformaten und Speicherung als Datei ausgegangen werden. Auch gibt es natürlich für Kunden, die andere Datenmanagement-Lösungen implementiert haben, Möglichkeiten, über Schnittstellen mit V6 zu arbeiten wie mit anderen Systemen.

Derzeit gliedert sich das Gesamtportfolio von Dassault Systèmes in sechs Marken, die jeweils von einem gleichnamigen Unternehmen betreut werden. Teils werden sie im Paket unter dem Label PLM angeboten, teils nicht. Alle können selbstverständlich auch einzeln installiert und genutzt werden. Insgesamt umfasst das Angebot des Herstellers über 400 Einzelprodukte. In unserer Auflistung konzentrieren wir uns auf die wichtigsten.

18.1.3.1
Die Marke CATIA

CATIA for Design

CATIA for Design umfasst typische Funktionalität wie 2D-Skizzen und Konzeptmodelle für die Arbeit in der Konzeptphase und schlägt die Brücke zwischen der Ideenfindung – noch vor jeder Entscheidung für ein neues Produkt – und der eigentlichen Produktentwicklung. Durch die volle Integration können die Daten und Modelle unmittelbar als Grundlage der Konstruktionsarbeit verwendet werden.

Abb. 18.3   Realistische Modelle sind die Basis für Engineering mit CATIA (Quelle: Dassault Systèmes)

CATIA V6 und CATIA V5

CATIA V6 ist das Flaggschiff des Herstellers. Von der Funktion her in großen Teilen identisch mit CATIA V5, unterstützt das System in vollem Umfang die Entwicklung dreidimensionaler Produktmodelle über den ganzen Produkt-Lebenszyklus. Es bietet die Funktionalität, die für hoch komplexe Produkte wie Kraftfahrzeuge und Flugzeuge benötigt wird, findet aber neben diesen Industrien einschließlich ihrer Zuliefernetze ebenso Einsatz in nahezu allen anderen Bereichen der Fertigungsindustrie. Wesentlich stärker als in der Vorgängerversion wird bei V6 der Fokus auf die effiziente Unterstützung verteilter, interdisziplinärer Entwicklungsteams gelegt.

CATIA for Industrial Equipment

Dieses System ist speziell für Unternehmen gedacht, die Investitionsgüter wie große Maschinen und Anlagen entwickeln. Es ermöglicht die Präsentation der in der Entwicklung befindlichen Systeme zu einem sehr frühen Zeitpunkt, wobei nicht nur die Anlage selbst, sondern auch die zugehörige Ausrüstung dargestellt wird.

Component Application Architecture (CAA) V5

CAA ist die Entwicklungsplattform für alle Programmierer, die auf Basis von CATIA Applikationen anbieten wollen, die für den Anwender wie eine integrierte CATIA-Komponente funktionieren. Auf dieser Basis sind derzeit weltweit über 490 Programme auf dem Markt verfügbar. Sie sind in insgesamt elf Domänen gruppiert, die von Analysis über AutoForm für Blechbearbeitung, Applikationen für die Produktionssteuerung (MES) bis hin zur Unterstützung von Systems Engineering reichen.

18.1.3.2
Die Marke SIMULIA

Unified FEA

Die Berechnungsprogramme, die in der Produktgruppe Unified Finite Element Analysis (FEA) zusammengefasst sind, beinhalten vor allem die aus dem Hause Abaqus übernommenen High-end Systeme, die alle Arten von Ingenieurberechnung adressieren bis hin zur nichtlinearen Berechnung komplexer Geometrien. Daneben sind aber hier inzwischen auch zahlreiche Werkzeuge zu haben, die weniger zu den Spezialwerkzeugen der Berechnungsingenieure zählen. Vielmehr handelt es sich um vollständig in die CATIA-Umgebung integrierte Funktionen, die der Konstrukteur selbst einsetzt, sei es für einfache Aufgaben, sei es für Überschlags- oder nicht lineare Strömungsberechnungen, zu denen unter Umständen in der Berechnungsabteilung noch detaillierte Untersuchungen angestellt werden müssen.

Multiphysics

Auch für multiphysikalische Berechnungen stellt SIMULIA eine ganze Palette von Einzelprogrammen bereit, die sich mit Themen wie der Mechanik flüssiger und gasförmiger Körper, mechanischer Verformung und Piezoelektrizität, Akustik, Thermo-Elektrizität, Thermomechanik oder Berechnung von Porenstrukturen beschäftigen.

Simulation Lifecycle Management (SLM)

Auf der Basis von V6 bietet SIMULIA Lifecycle Management (SLM) den Kunden die Möglichkeit, auch die bisher meist separat verwalteten Daten aus Simulation und Berechnung über das integrierte Produktdaten-Management so zu managen, dass sie stets in Zusammenhang mit den Entwicklungsdaten der Produkte zu finden und bezüglich ihrer Aktualität und ihres Status zu bewerten sind.

18.1.3.3
Die Marke DELMIA

Von DELMIA werden Systemkomponenten bereitgestellt, die einerseits der Simulation der Fertigung und Montage dienen, andererseits der virtuellen Planung und Vorbereitung der Produktion.

18.1.3.4
Die Marke ENOVIA

Das ursprünglich unter dem Namen *ENOVIA VPM* entwickelte PDM-System ist noch im Portfolio, aber nicht mehr als Hauptprodukt. Das ist inzwischen das zugekaufte *MatrixOne*. Mit der Vorstellung von *ENOVIA V6* ist klar, dass Dassault aus MatrixOne die Plattform geschmiedet hat, die künftig eine Direktintegration aller zum Thema PLM gehörenden IT-Systeme und der mit ihnen erzeugten Daten möglich macht.

Außer dem großen Ansatz für PDM im Rahmen eines PLM-Konzeptes ist ENOVIA aber auch das Dach für die ‚kleinere' Lösung *Smarteam*, die sich in der Hauptsache an

18

mittelständische Kunden richtet, die noch nicht an die Umsetzung eines umfassenden PLM denken.

18.1.3.5
Die Marke SolidWorks

Die einzige Marke, die von Dassault Systèmes nicht unter das Thema PLM subsumiert wird, ist zuständig für Entwicklung und Vermarktung der gleichnamigen 3D-CAD Konstruktionssoftware für den Mittelstand. Ähnlich wie bei vergleichbaren Midrange-Produkten setzt auch SolidWorks ausschließlich auf indirekte Vertriebskanäle, die von denen der anderen Produkte getrennt sind. Circa 35 Händler und Partner sind dies allein im deutschsprachigen Raum. Und ähnlich wie beim Wettbewerb entwickeln Partner Zusatzsoftware für CAM, PDM, Berechnung und Simulation.

18.1.3.6
Die Marke 3DVIA

Dies ist die jüngste Marke von Dassault und Ausdruck davon, dass der Hersteller dem Aufgabenbereich Visualisierung und Zusammenarbeit unter Verwendung von 3D-Daten eine wichtige Rolle für die kommenden Jahre einräumt.

3DVIA Composer

Der Composer unterstützt die automatisierte Erstellung von Montage- und Demontage-verfahren, technischen Illustrationen, interaktiven 3D-Animationen, Schulungs-, Mar-

Abb. 18.4   Einsatz von 3DVIA bei Schuler (Quelle: Dassault Systèmes)

keting- und Vertriebsmaterialien und anderen Dokumenten. Mit dem System können auch Anwender, die nicht mit CAD arbeiten, assoziative 2D- und 3D-Produktdokumentationen direkt aus 3D-CAD-Daten erstellen.

3DVIA Virtools

Virtools ist eine Software zur Entwicklung von interaktiven 3D-Visualisierungen. Vorhandene Elemente einer Präsentation können damit verknüpft, Logik und Verhalten in einer interaktiven 3D-Szene definiert werden. Einfache Elemente wie Kameras und Lichtquellen lassen sich erzeugen, spezielle Eigenschaften von Objekten wie Material und Oberflächenbeschaffenheit editieren.

3DVIA Shape

Das kostenlose Web-Tool erlaubt das Erstellen einfacher 3D-Modelle, ihre Online Präsentation und das Austauschen von Modellen mit anderen Nutzern.

3DVIA Player

Der Player ist ein ebenfalls kostenloses Werkzeug für die gemeinsame Verwendung, Anzeige und Interaktion mit Dokumenten, die mit 3DIVA Composer generiert wurden.

http://www.3dvia.com/

Diese Internet Community hat Dassault Systèmes speziell für die Anwendung der ebenfalls über diese Seite zu erhaltenden 3dvia Softwaretools und den Erfahrungsaustausch darüber geschaffen.

18.2
Einsatzgebiete der Software

Zielmärkte

Das Spektrum der Industrieunternehmen, deren Produktentstehung Dassault Systèmes mit seiner Software unterstützt, ist groß. Zwar rangiert die Automobilindustrie einschließlich ihrer Zulieferer immer noch klar auf dem ersten Rang, und auch Flugzeugbau und Rüstungsindustrie stehen mit Rang 3 noch weit oben, aber schon auf dem zweiten Platz steht der allgemeine Maschinen- und Anlagenbau.

Es folgen eine Reihe von Sparten, die sehr unterschiedliche Produkte entwickeln und vermarkten. Angefangen von der Hightech-Industrie finden sich hier Verpackungsgüter, Schiffbau, Energiewirtschaft, Bio- und Chemie-Industrie, Konsumgüter sowie Hoch- und Tiefbau. Auch die Anbieter von Business Services, also Dienstleister wie IBM oder T-Systems, sind bisweilen nicht nur Partner, sondern teilweise selbst Kunden, die Software von Dassault zur Entwicklung ihrer Services einsetzen oder als Grundlage dafür nutzen.

Die mittelständische Industrie wird – auch unabhängig von der Spartenzugehörigkeit – als besondere Zielgruppe angesprochen. Deutlichster Ausdruck ist die neue

18

Struktur des Vertriebs, die in erster Linie auf diesen Markt ausgerichtet ist. Das Gros der Kunden, die durch die neuen Länderorganisationen und ihre Vertriebskanäle bedient werden, hat bis zu circa 1.500 Mitarbeiter.

Mit einem europäischen Umsatzanteil von 46 Prozent finden sich die wichtigsten Märkte für Dassault in Europa, gefolgt von den USA mit 31 Prozent. Asien/Pazifik liegt mit 23 Prozent an dritter Stelle. CATIA ist dabei nach wie vor die stärkste Marke, die allein 38 Prozent des Umsatzes erzielt. An zweiter Stelle listet der Hersteller den Mainstream mit 20 Prozent, wozu vor allem SolidWorks und Smarteam zählen. Der Service macht insgesamt 16 Prozent aus. Die Tendenz zeigt zwar steigende Service-Umsätze, aber den Löwenanteil des wirtschaftlichen Erfolgs stellt nach wie vor das Lizenzgeschäft.

Referenzkunden

Liebherr Aerospace, Lindenberg, Flugzeugausrüstungen
Schuler, Göppingen, Produktionsanlagen, Pressen
Homag, Schopfloch, Holzbearbeitungssysteme
Payr Engineering, Patergassen (Österreich), Automotive, Schiene, Luftfahrt
CLAAS, Harsewinkel, Landmaschinen
PROMA, Lichtenfels, Engineering Automotive, Haushaltswaren, Haustechnik
Busch & Müller, Meinerzhagen, Fahrradbeleuchtung
Fissler, Idar-Oberstein, Kochgeschirr
Meyerwerft, Papenburg, Schiffbau
Gigaset Communications, München, Telekommunikation, Home-Media

Anwendungsbereiche

Einen Bereich des Engineerings oder, noch weiter gefasst, der Produktentstehung, den Dassault mit seiner Software nicht adressiert, gibt es nicht. Die Stärken liegen dabei eindeutig in der mechanischen Konstruktion, im Ingenieurwesen des Maschinenbaus. Aber spätestens mit der Plattform V6 bietet der Hersteller eine Basis, auf die die Zusammenarbeit aller Ingenieurdisziplinen im Rahmen von Entwicklungsprojekten unterstützt wird, einschließlich des umfassenden Managements der während der Projekte erzeugten Daten.

Vom Requirements Management über Konzept und Entwurf, Funktionsbestimmung und Logikentwicklung bis zur Realisierung der Komponenten, Baugruppen und Produkte bietet der Hersteller eigene oder auf der eigenen Plattform entwickelte Systeme. Mit der Integration in ein zentrales Datenmanagement auf Basis von MatrixOne ergänzt Dassault nun auch das Portfolio in Richtung Enterprise Engineering Backbone.

Besondere Schwerpunkte sind Simulation und Analyse/Berechnung, aber auch die Digitale Fabrik mit dem Ziel von virtueller Inbetriebnahme und Betrieb der Produktion. Die jüngsten Produkte der Marke 3dvia sind dazu geeignet, den Bereich des Engineering nicht nur noch besser in den Entscheidungsprozessen zu unterstützen, sondern vor allem die Kommunikation zwischen Produzent und Kunde, zwischen Entwickler und Marketier, zwischen Ingenieuren und den Verantwortlichen für die technische Dokumentation, kurz: zwischen dem Ingenieurwesen und dem Rest der Welt zu verbessern. Die Drehscheibe auf dem Bildschirm ist innerhalb kurzer Zeit zu einem Markenzeichen der Produkte aus dem Hause Dassault geworden: auf ihr werden

Produkte automatisch in ihre Baugruppen und Einzelteile explodiert. Über Mausklicks wird der Anwender jeweils tiefer ins Detail geführt, wobei gleichzeitig relevante Informationen zu den dargestellten Geometrien angezeigt sein können. Bis hin zu den Koordinaten des Entwicklers eines Teils, mit dem man im selben Moment den Kontakt herstellen kann.

Dassault zielt aber neben den diversen Ebenen des Operativen zunehmend auch auf die übergreifenden Funktionen des Managements: auf die Integration des Engineering in die Kernprozesse des Unternehmens und die Unterstützung des Managements dieser Integration über den gesamten Lebenszyklus der Produkte.

18.3
Marktauftritt

Mit den Länderorganisationen ist Dassault dabei, das Netz der Vertriebspartner und Händler, das zum Teil von IBM übernommen wurde, auszubauen und zu erweitern. Von 15 Partnern im Jahr 2005 ist die Zahl bis 2008 bereits auf 25 angewachsen. IBM selbst hat daran nach wie vor wichtigen Anteil, aber Dassault verfolgt eine eigene Strategie, die sich nicht mit der von IBM decken muss.

2007 wurde erstmals – noch auf Basis von V5 – *CATIA PLM Express* vorgestellt. Damit bietet Dassault den Kunden die Möglichkeit, sich auf der Homepage des Herstellers recht einfach selbst ein passendes Paket zu schnüren. Statt aus dem Katalog mit insgesamt über 400 verschiedenen Tools die richtigen zu identifizieren, wird ihm nach Angabe der Branche, eventuell der zutreffenden Untersparte und den zu unterstützenden Anwendungsbereichen ein vordefinierter Set von möglichen Komponenten angeboten, in denen er an- und abhaken kann, was ihm als notwendig beziehungsweise überflüssig erscheint.

CATIA PLM Express schließt Microsoft Windows und Microsoft Office ein und soll eine möglichst schnelle Implementierung einer Komplettlösung gestatten. Starke Rabatte bieten zusätzlichen Anreiz. Das Angebot wurde 2007 von den Kunden sehr gut angenommen, und manche haben sogar ihre alte Konfiguration durch eine Express-Lösung ersetzt. Insgesamt wurde 2008 bereits rund 35 Prozent des Umsatzes mit CATIA über dieses Paket erzielt, das auch auf Basis von V6 weiter angeboten wird.

Dassault hat mit dem eigenen Vertrieb natürlich auch das Marketing und die Vertriebsunterstützung für die mittelständischen Kunden in eigene Regie übernommen. Dazu bietet der Hersteller seinen Partnern auf diversen Veranstaltungen wie wichtigen Messen und Kongressen die Plattform, um sich zu präsentieren. Allein in 2008 war Dassault an 30 Vertriebsveranstaltungen beteiligt. Eigene Veranstaltungen wie das *European CATIA Forum (ECF)*, das *Dassault Systèmes PLM Forum* oder der *DELMIA Customer Conference* ergänzen diese Auftritte. Darüber hinaus ist Dassault auch in verschiedenen Verbänden und Gremien aktiv, beispielsweise im Berliner Kreis, im ProSTEP iViP Verein und im VDMA.

Seit 2005 gibt es mit *Contact mag, das PLM Magazin* ein dreimal pro Jahr erscheinendes, kostenlos zu abonnierendes Fachmagazin, das über Neuigkeiten aus dem

18

Hause Dassault berichtet und Reportagen über Kundenerfahrungen und Fachbeiträge zu aktuellen Themen veröffentlicht.

Der Internet-Auftritt wird zunehmend als wichtige Schnittstelle zur Öffentlichkeit betrachtet. Die dort entstehenden Communities sieht Dassault sowohl als Quelle von Kundenrückmeldungen als auch als Plattform für PR-Aktivitäten. Insgesamt hat der Anbieter in den letzten Jahren eine deutliche Steigerung des Bekanntheitsgrades festgestellt, und zwar zunehmend als PLM-Anbieter und nicht mehr nur als Hersteller von CATIA. PLM sieht Dassault als gesetztes Thema, das nicht mehr erklärt und aufbereitet werden muss. Für die nächste Zeit geht es vielmehr darum, dieses Thema auszufüllen mit den Inhalten, die die Kunden von einem der wichtigen IT-Anbieter im Umfeld erwarten. Gerade auch in dieser Hinsicht will sich das Haus vom Wettbewerb unterscheiden.

18.4
Positionierung und Strategie

Dassault Systèmes betrachtet sich – insbesondere mit V6 – als Anbieter eines Lösungsportfolios, das die Produktentstehungsprozesse der Unternehmen so abbilden kann, dass jede beliebige Rolle darin unterstützt wird. Der Hersteller sieht eine Entwicklung in der Industrie, die der automatisierten Konfiguration vorhandener Komponenten und der Anpassung bereits erprobter Baugruppen und Produkte eine stark wachsende Bedeutung einräumt. Das Angebot von Werkzeugen, die Anforderungs- und Konfigurationsmanagement, Änderungsmanagement und technische Dokumentation unterstützen, haben deshalb für Dassault hohe Priorität.

Auch für alle Tools, die der Kommunikation und Zusammenarbeit in Projektteams mit wechselnden Strukturen im erweiterten Unternehmen dienen, wird ein großes Potenzial gesehen. Dazu gehört der jederzeitige Zugriff auf Daten – auch CAD-unabhängig – über das Internet. Auch die Abschaffung des dateibasierten Datenmanagements findet mit V6 in dieser Position eines der zentralen Motive. Die Zukunft der Zusammenarbeit liegt nicht mehr im Austausch und der Konvertierung von Dateien, sondern im flexiblen und dennoch sicheren Zugriff von jedem beliebigen Ort aus. Da die Nutzung auch CAD-neutraler Daten aus dieser Perspektive einen wichtigen Aspekt darstellt, ist nicht auszuschließen, dass sich Dassault auch den allgemeinen Bemühungen um einen Standard JT anschließt oder zumindest eine Schnittstelle dafür anbietet. Immerhin hat bereits der Partner Cimage NovaSoft bei der Entwicklung des 3dvia Composers Zugang zu diesem Format gehabt und es für die neue Software genutzt.

Sowohl für konfigurierte als auch für neu entwickelte Produkte gilt: Die Simulation muss noch früher greifen; sie muss tatsächlich die künftigen physikalischen Produkteigenschaften widerspiegeln, einschließlich Elektronik und Steuerungssoftware; sie muss ein realistisches Betriebsszenario beinhalten; und sie muss den Kunden und Benutzer bereits in frühen Entwicklungsphasen einbeziehen. Nur so kann die Industrie dabei unterstützt werden, noch schneller zu qualitativ hochwertigen Produkten zu kommen. Hier spielt die von Dassault in V6 angebotene Lösung von RFLP (Requirement – Function – Logic – Programming) eine wesentliche, übergeordnete Rolle um Abhängigkeiten zwischen den verschiedensten Disziplinen zu berücksichtigen.

Die Vision von Dassault Systèmes lautet daher *Lifelike Experience* und *PLM 2.0*. Die Simulation, das virtuelle Prototyping muss so real und gleichzeitig so einfach zu nutzen sein, dass es dem wirklichen Produkt und seinem Praxiseinsatz entsprechen kann. Informationstechnologie für das Engineering muss dieser Herausforderung gerecht werden.

Deshalb zielen die Firmenakquisitionen von Dassault auch nicht auf die Kunden der übernommenen Hersteller, sondern auf deren technologische Innovationen, mit denen die eigene Software schneller auf das gewünschte Niveau gebracht werden kann.

EPLAN Software & Service

19

Unternehmensdaten

> 1984 Gründung der WIECHERS & PARTNER Datentechnik GmbH
> 2000 Umfirmierung in EPLAN Software & Service GmbH & Co. KG

> Geschäftsführer: **Norbert Müller, Monheim am Rhein**
> **Hans Hässig, Monheim am Rhein**

> Ansprechpartner PLM: **Dieter Pesch, Mitglied der Geschäftsleitung**

> Umsatz 2008
> weltweit: 78 Mio. €
> Deutschland: 41 Mio. €

> Mitarbeiter
> weltweit: 550
> Deutschland: 330

> Mitarbeiter Entwicklung
> weltweit: 70
> Deutschland: 40

> Kunden weltweit: 18.000
> Lizenzen weltweit: 60.000

> Homepage: http://www. eplan.de /

EPLAN Software & Service GmbH & Co. KG ist Anbieter von Engineering-Lösungen mit dem Schwerpunkt auf Elektrotechnik und Mechatronik. Neben den eigenen Systemen der EPLAN-Produktreihe, die unter anderem Elektrotechnik-Entwicklung, Mess- und Regeltechnik sowie Fluid-Engineering umfassen, kann der Anbieter als

19

direkter Vertriebspartner von Autodesk auch auf der Seite der Mechanik und des Produktdaten-Managements mit passenden Lösungen aufwarten. Deutschland- und europaweit zählt das Produkt EPLAN zur führenden Software für E-CAD. Seit 2005 bietet EPLAN Engineering Center als Steuerzentrale für das Engineering von Maschinen und Anlagen die Integration von Mechanik, Elektrotechnik, Steuerungstechnik und Dokumentation.

Das Unternehmen ist eine hundertprozentige Tochter des Schaltschrankherstellers Rittal und gehört damit zum Unternehmensverbund der auf vielen Feldern – vom Stahl-Service-Center bis zur Solarenergie – aktiven Friedhelm Loh Group mit Sitz im hessischen Haiger. Die Zentrale von EPLAN ist in Monheim am Rhein.

Bei EPLAN verlagert sich das Geschäft schneller als bei anderen Engineering IT Anbietern vom Vertrieb der Software zum Serviceangebot. Dienstleistungen unterschiedlichster Form, von Schulung und Hotline über Beratungsprojekte bis zur kundenspezifischen Lösungsentwicklung, machten bereits 2008 rund 60 Prozent des Umsatzes aus. Nur 40 Prozent wurden mit Lizenzverkäufen erzielt. Der Hersteller bedient den Maschinen- und Anlagenbau, aber auch Teile der Prozessindustrie.

19.1
Meilensteine der Firmengeschichte

19.1.1
Von Wiechers & Partner zu EPLAN Software & Service

Zwei Jahre nachdem Harald Wiechers 1984 die *Wiechers & Partner Datentechnik GmbH* gegründet hatte, fand er seinen wichtigsten Partner in *Friedhelm Loh*, der als Privatperson in die junge Firma investierte.

Friedhelm Loh hatte 1974 die Geschäftsführung der Familienunternehmen Rittal und Ritto mit zusammen rund 200 Mitarbeitern übernommen. Rittal war Spezialist für Schaltschrank- und Gehäusebau sowie Klimatisierungsanlagen, Ritto entwickelte und vertrieb Systeme für Gebäudekommunikation, zum Beispiel Türsprechanlagen. Heute führt Friedhelm Loh die daraus entstandene *Friedhelm Loh Group* mit rund 11.600 Mitarbeitern. Allein 10.000 sind weltweit bei Rittal beschäftigt. Zur Friedhelm Loh Group gehören neben Rittal elf weitere Unternehmen in der Metallverarbeitung und im Bereich erneuerbarer Energien. Seit September 2006 ist Friedhelm Loh Präsident des Zentralverbandes Elektrotechnik- und Elektronikindustrie (ZVEI) und Vizepräsident des BDI.

Ende 1999, ein halbes Jahr nach dem Ausscheiden der Eheleute Wiechers, übernahm *Rittal* das Unternehmen. 2000 erfolgte die Umfirmierung in *EPLAN Software & Service*. Damit schloss sich ein Kreis. Der Partner aus Wiechers & Partner, Friedhelm Loh, übernahm mit seiner enorm gewachsenen Friedhelm Loh Group das Softwarehaus ganz und baute es fest in den Unternehmensverbund ein.

19.1.2
Von EPLAN zu Engineering Lösungen

Wiechers & Partner entwickelte in erster Linie und zunächst ausschließlich das E-CAD System *EPLAN* und konnte hier bald weltweit Standards setzen. Später kamen weitere CAD-Lösungen hinzu.

Abb. 19.1 Die EPLAN Plattform bietet Technologien für die Mechatronik-Entwicklung (Quelle: EPLAN)

Die Logotec Hardware GmbH stellte 1988 ihr 2D-CAD-System *Logocad* für den Maschinen- und Anlagenbau vor. Wiechers & Partner übernahm bald einen wichtigen Teil des Vertriebs und stieg auch in die Weiterentwicklung von Logocad ein. 1993 verfügte Logocad 5 auch über Lösungen für Gebäudetechnik, Stahlbau und Elektrotechnik sowie Zusätze für NC-Kopplung und Zeichnungsverwaltung.

Im Jahr 2000 kaufte EPLAN Software & Service den Geschäftsbereich Mechanische Konstruktion der *Logotec Software* GmbH auf. In den nachfolgenden Jahren zielten die Entwicklungsaktivitäten darauf, mit *LOGOCAD TRIGA* eine 3D-CAD Software für den Industriebau zu entwickeln, die sich im wachsenden – aber zugleich auch schon in der Konsolidierung befindlichen – Markt für 3D behaupten konnte.

2002 wurden die *Professional Services* installiert, mit denen EPLAN Software & Service gezielt den Weg in Richtung Ausweitung des Dienstleistungsangebots einschlug. 2004 wurde das *EPLAN Engineering Center* vorgestellt. EPLAN hatte mit der *Mind8* GmbH eine Vertriebspartnerschaft gestartet und begann den Vertrieb des Mind8 Engineering Center unter eigenem Namen.

19

2005 wurde die Entwicklung von LOGOCAD eingestellt. EPLAN vereinbarte stattdessen eine Kooperation mit Autodesk und wurde direkter Vertriebspartner für Autodesk Produkte wie *Inventor, AutoCAD* und *Productstream*. Dabei wurde aus der erfahrenen LOGOCAD Mannschaft gleichsam über Nacht eine schlagkräftige Truppe, die nun mit einem der führenden Mechanik-Systeme an den Markt ging. Durch Direktschnittstellen zu diesen Produkten wurde das eigene Lösungsangebot in Richtung Mechatronik erweitert.

2006 konnte mit *EPLAN PPE* eine Plattform zur Planung und Entwicklung von Automatisierungsanlagen vorgestellt werden, die erstmals das integrierte Arbeiten mit Daten aus Elektrotechnik, Fluidtechnik und EMSR ermöglichte. EMSR steht für Engineering, Mess-, Steuer- und Regelungstechnik.

2007 übernahm Rittal Mind8 und machte das Unternehmen zur Schwestergesellschaft von EPLAN Software & Service. Mit *EPLAN Mechatronic Integration* wurde die Integration der M-CAD und PDM-Produkte von Autodesk in eine durchgängige Automatisierungsplattform abgeschlossen. 2008 wurde das *EPLAN Data Portal* als webbasierte Lösung freigegeben, die Gerätedaten wie Teilschaltpläne, Aufbauzeichnungen, Funktionsschablonen zur intelligenten Geräteauswahl und anderes bereitstellt.

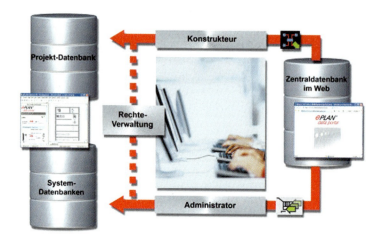

Abb. 19.2   Das webbasierte EPLAN Data Portal (Quelle: EPLAN)

19.1.3
Das Unternehmen wächst weltweit

Die Neunzigerjahre brachten eine erste Ausweitung der Aktivitäten von Wiechers & Partner durch neue Standorte. 1993 entstand eine Niederlassung in den USA, 1996 eine in Österreich und 1999 eine weitere in Dänemark.

In Schweden wurde 2000 eine EPLAN-Tochter gegründet. In Spanien, Norwegen und Finnland gründete der Hersteller 2001 Niederlassungen. Zusätzlich verstärkte er sein Vertriebsnetz durch weitere Partner in verschiedenen Ländern.

Anfang 2008 übernahm das Haus den Schweizer EPLAN- und Autodesk-Händler *Infographics*. Heute verfügt das Unternehmen über Gesellschaften und Vertretungen in mehr als 50 Ländern.

19.2
Zentrale Produkte

EPLAN Engineering Center (EEC)

Das Engineering Center ist das Herzstück der EPLAN Produktpalette. Jede Maschine oder Anlage kann damit in funktionale Einheiten unterteilt werden, die in einer Baumstruktur dargestellt sind und auf entsprechende Standards zur Wiederverwendung verweisen. Die benötigten Daten werden wie in einem Baukasten aufgerufen. Hierzu kommuniziert EEC mit dem M-CAD System, der SPS-Programmiersystem oder auch dem E-CAE System.

Das Engineering Center ist eine Art Steuerzentrale, die die Brücke zwischen Mechanik, Elektrotechnik, Steuerungstechnik und Dokumentation schlägt. Vorhandene Systeme werden in das EEC eingebunden und erfüllen weiterhin ihre typische Funktion.

Mit dem disziplinspezifischen Baukasten lassen sich sämtliche Software- und Hardware-Informationen generieren. Hierzu gehören beispielsweise Elektro-Schaltpläne, Sensor-/Aktorlisten, Stücklisten, Mechanik-Zeichnungen, technische Beschreibungen oder auch die SPS-Software.

Der mit dem Engineering Center mögliche Prozess steht im Kontrast zum konventionellen, sequenziellen Vorgehen. Das System generiert automatisiert die benötigte Projektdokumentation. Der Anwender erhält die Konstruktionszeichnung, den passenden Stromlaufplan, die Fluid-Schaltpläne und die SPS-Programmierung. Der auftragsspezifische Aufwand wird reduziert.

EPLAN Engineering Center ist das Dach, unter dem interdisziplinär mechatronische Systeme entworfen und auf Basis wieder verwendbarer Baukastenkomponenten funktional definiert werden. Im Anschluss daran können die für die einzelnen Fachbereiche relevanten Unterlagen und Daten generiert werden. Auf der EPLAN Plattform stehen dazu die Werkzeuge EPLAN Electric P8, EPLAN Fluid, EPLAN PPE, EPLAN Cabinet und Autodesk Inventor bereit.

EPLAN Electric P8

EPLAN Electric P8 ist die neue E-CAE Generation aus dem Hause EPLAN. Es setzt auf die EPLAN Plattform auf und bietet umfassende Funktionalität zur Projektierung, Dokumentation und Verwaltung von Engineering Projekten der Elektrotechnik. Daten aus vorgelagerten Planungsphasen lassen sich über Schnittstellen wie ODBC, XML und Excel übernehmen.

Grafik- und Objektorientierung, Variantentechnik, automatischer Normentransfer, beschleunigtes Änderungswesen durch Reverse Engineering, erweiterte SPS- und Bustechnologie und Steuerungsdokumentation gehören zum Funktionsumfang.

19

EPLAN Fluid

Dieses Tool erlaubt fluid-spezifisches Engineering mit automatisierter Dokumentation. Alles, was nicht elektrisch ist im Schaltschrank, also Hydraulik, Pneumatik und Kühltechnik, lässt sich hier berechnen, gestalten und simulieren.

EPLAN Fluid beinhaltet Logikfunktionen, Automatismen und umfangreiche Zeichnungsfunktionen. Sämtliche Verbindungen werden automatisch erzeugt und können mit logischen Eigenschaften versehen und ausgewertet werden. Das System bietet alle Bauelemente, einschließlich der Kleinteile wie Verbindungsstücke, Schläuche oder Rohre. Die fluid-technischen Aspekte mechatronischer Komponenten – beispielsweise Ventilinseln – können als Objekt in EPLAN Fluid, die elektrotechnischen Aspekte in EPLAN Electric P8 abgelegt werden.

EPLAN PPE

EPLAN PPE ist ein auf die EPLAN Plattform aufgesetztes Werkzeug, dediziert für die interdisziplinäre Planung und Entwicklung von Prozessanlagen, insbesondere auch unter Berücksichtigung internationaler Kooperationen. Dazu unterstützt das Werkzeug sämtliche NAMUR Empfehlungen und ein darauf basierendes Stellenkonzept der Prozessleittechnik (PLT). NAMUR ist ein internationaler Verband der Anwender von Automatisierungstechnik in der Prozessindustrie. Er gibt Empfehlungen heraus, die eine Erläuterung des Standes der Technik und der Vorschriften sowohl für die Mitgliedsfirmen als auch für Hersteller, Wissenschaftler und Behörden darstellen.

Neben einer einheitlichen Datenbank beinhaltet EPLAN PPE unter anderem einen grafischen Editor (für Stromlaufpläne, Fluidpläne, PLT-Stellenpläne), eine einheitliche Rechteverwaltung, einen Editor für Fremdsprachenübersetzungen und ein umfassendes Revisionswesen.

EPLAN Cabinet

Das System dient dem Schaltschrankaufbau und erlaubt hochwertige Dokumentationen einschließlich vollständiger Fertigungsdaten für Drahtkonfektioniermaschinen und NC-Bohrautomaten.

Das Basismodul EPLAN Cabinet Basic beinhaltet Funktionen zur Bestückung von Montageplatten und ganzen Schaltschränken. Ein Projekt-Assistent erleichtert den Einstieg in die Projektierung. Online-Kollisionskontrolle und automatische Berücksichtigung von Mindestabständen und Sperrflächen unterstützen die Konstruktion.

EPLAN Cabinet bietet zahlreiche Module für spezifische Aufgabenstellungen wie das Routing und den Export der Verdrahtungsliste, die Übermittlung der Fertigungsdaten zur Bearbeitung von Montageplatten, Türen und Seitenteilen direkt an Bohr- und Fräsautomaten oder den Datenaustausch in heterogenen CAD-Umgebungen mit einem STEP Interface.

API

Für EPLAN Electric P8, EPLAN Fluid und EPLAN PPE steht ein Application Programming Interface (API) zur Verfügung, mit dem Kunden oder Partner maßgeschneiderte Zusatzlösungen entwickeln können.

EPLAN View

EPLAN View wird eingesetzt, um Dokumentationen aus EPLAN Electric P8, EPLAN Fluid und EPLAN PPE auszuwählen, zu lesen und auszudrucken. Während der Konstruktionsphase ist EPLAN View das Werkzeug für die Verfolgung der Projektentwicklung über Disziplingrenzen hinweg, während der Inbetriebnahme und Wartung vor Ort ermöglicht das Tool den Zugriff auf das aktuelle Projekt einschließlich betriebsmittelrelevanter Informationen.

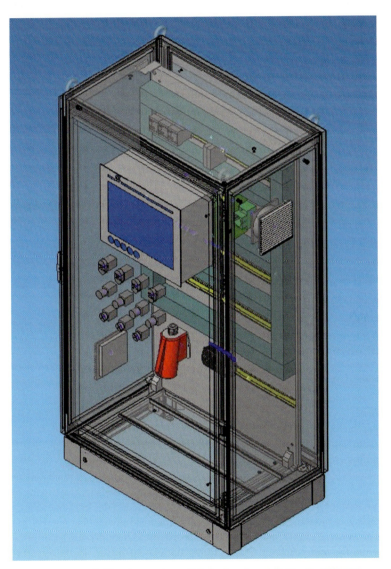

Abb. 19.3 Mit EPLAN Cabinet konstruiertes Schaltschrankmodell (Quelle: EPLAN)

19

EPLAN Mechatronic Integration (EMI)

Dieses Tool ermöglicht den Zugriff auf Konstruktionsdaten aus Maschinenbau und Automatisierungstechnik durch die Integration der Autodesk Produkte.

Bus-Data Export

Das optionale Bus-Data Export Modul gestattet eine einfache SPS-Konfiguration. Die standardmäßige SPS-Funktionalität – symbolische Adressierung und Ein-/Ausgabe der SPS-Zuordnungslisten – wird um die komplette Hardware-Konfiguration erweitert.

EPLAN Data Portal

Per Drag & Drop lassen sich aus dem EPLAN Data Portal Bestellnummern, technische Makros, Bestückungszeichnungen Funktionsschablonen und andere Komponenten ins Projekt übernehmen.

Autodesk Inventor

Mit Autodesk Inventor steht ein leistungsstarkes 3D-System für die mechanische Konstruktion im Maschinen- und Anlagenbau zur Verfügung. EPLAN hat Inventor als fünfte Säule seiner Engineering Plattform hinzugefügt.

AutoCAD Mechanical

Die 2D-Lösung für den Maschinenbau bietet inzwischen Normteilebibliotheken und zahlreiche Hilfsmittel zur Automatisierung von Routinetätigkeiten.

Autodesk Productstream und Autodesk Productstream Professional

Die beiden PDM-Lösungen können für das integrierte Management aller mit den Systemen der EPLAN Plattform erzeugten Daten benutzt werden.

SAP-Schnittstellen

Mit den SAP-Schnittstellen kann der Konstrukteur online auf den SAP-Materialstamm zugreifen und so mit den gleichen Informationen wie die Kollegen in den kaufmännischen Abteilungen arbeiten.

Professional Services

Seit der Installation der Professional Services konnte dieser Geschäftsbereich ständig ausgeweitet werden. Er ist seit Jahren das am stärksten wachsende Tätigkeitsfeld. Einerseits bietet EPLAN hier Hotline, Support, Schulung und Training, Wartung und Pflege. Um den Umfang zu verdeutlichen: 4.500 Teilnehmer an Trainings hat EPLAN 2008 gezählt.

Besonders stark aber wachsen andererseits Beratung sowie die Entwicklung und Lieferung individueller Kundenlösungen. Durch die Zunahme der Mechatronik im Maschinen- und Anlagenbau und in der Prozesstechnik ist der Bedarf der Industrie an kompetenter Beratung in modernen Methoden multidisziplinärer Entwicklung spürbar gestiegen und steigt weiter. EPLAN registriert dabei eine ständige Veränderung des erforderlichen Expertenprofils seiner Berater. War es früher stark von den Besonderheiten und Anforderungen der IT geprägt, verschiebt sich der Fokus zusehends in Richtung der praktischen Anforderungen aus den Prozessen des Anlagenbaus und der Anwendung.

19.3
Einsatzgebiete der Software

Zielmärkte

Der wichtigste Markt für EPLAN Software & Service ist der allgemeine Maschinen-bau, von der Röstmaschine für Tchibo über Roboteranlagen von Kuka bis zu Maschi-nen für diverse Arten der Lebensmittelproduktion, etwa Ritter Sport Schokoladen. Auch im Anlagenbau gibt es keine Sparte, in der der Anbieter nicht wichtige Kunden gewinnen konnte. Von der Anlage für die Fertigung von Sandwichblechen oder andere Arten der Metallbearbeitung, über Radsatzpressen für die Bahntechnik und Rohrbear-beitungsanlagen, Zementwerke und Asphaltmischanlagen bis zu Hochregallagern ist alles vertreten.

Ein Markt, der für den Anbieter zunehmend Bedeutung erlangt, ist die Prozessin-dustrie. Überall, wo Mess-, Steuer- und Regeltechnik eine wichtige Rolle spielen, wächst die Zahl der Kunden von EPLAN Software & Service, die etwa für Wasserfilt-ration und Abwasser oder für Verfahren zur Herstellung von Kohlenmonoxid oder Schwefelrückgewinnung auf Produkte von EPLAN setzen.

EPLAN hat rund 20 Key Accounts, die nicht ausschließlich aufgrund ihrer Größe, sondern vor allem aufgrund ihrer Rolle am Markt als strategische Partner betrachtet werden. Im Übrigen finden sich unter den Kunden alle Größenordnungen, vom Ein-mann-Ingenieurbüro bis zu Konzernen wie Siemens.

Referenzkunden (Auszug)

AUDI, Ingolstadt, Automobil OEM
BMW, München, Automobil OEM
General Motors, Automobil OEM
Gebr. Heller Maschinenfabrik, Nürtingen, Bearbeitungszentren Automotive
ThyssenKrupp Krause, Bremen, System Engineering
ARBURG, Loßburg, Spritzgießmaschinen
Bosch AG, Stuttgart, Maschinenbau
KUKA Roboter, Augsburg, Industrieroboter
ABB, Zürich, Energie- und Automationstechnik
Volkswagen AG, Automobil OEM

Anwendungsbereiche

Bei den Anwendungsbereichen der Softwareprodukte von EPLAN Software & Service fällt auf, dass sie im Unterschied zu Software für mechanisches Engineering nicht so stark auf den eigentlichen Entwicklungsbereich beschränkt sind, sondern deutlich darüber hinaus reichen. Dem Hersteller ist es – bezogen auf seinen Schwerpunkt des Engineerings in E-Technik und Mechatronik – gelungen, ein Produkt-Lebenszyklus-Management zu unterstützen, das die Prozesse vom Design und Konzept über den Vertrieb und die Entwicklung, Fertigung und Inbetriebnahme bis hin zu Wartung und Pflege der Maschinen und Anlagen umfasst. Das heißt nicht, dass mit der EPLAN Plattform und ihren Bausteinen ganze Maschinen und Anlagen entwickelt werden. Der

19

Aufgabenbereich dreht sich vor allem um die Steuerung solcher Produkte. Aber alles, was dazu benötigt wird, die Logik, Funktionalität, die elektrischen und nichtelektrischen Verbindungen, die zugehörigen Geräte, Gehäuse und Schaltschränke und auch die SPS-Komponenten selbst lassen sich auf dieser Plattform entwickeln, fertigen und im Betrieb steuern.

Auf allen Ebenen kommt dem Anbieter dabei die Rolle des Autodesk VAR zugute. In der Designphase steht mit AliasStudio ein professionelles Tool zur Verfügung, das in der Automobilindustrie zu den Standards gehört. Mit Inventor lassen sich alle Aufgaben der mechanischen Konstruktion bis hin zur Entwicklung von Rohrleitungen, Schläuchen und Kabelbäumen abwickeln, und das System hat im Umfeld des Maschinen- und Anlagenbaus eine hohe Verbreitung. Mit den PDM-Systemen schließlich bietet sich die Chance, neben den elektronischen und e-technischen Komponenten auch alle anderen Bauteile und Dokumente eines Maschinen- oder Analagenprojektes zu verwalten.

Mit den eigenen Tools lässt der Hersteller seinen Kunden zwei Wege offen. Sie können unter Verwendung des Engineering Center den umfassenden Ansatz des Systems Engineering wählen und bereits auf der Ebene der Konzeption mit mechatronischen Baukasten-Komponenten arbeiten. Sie können aber auch unmittelbar die klassische Vorgehensweise nutzen und mit den einzelnen Komponenten der EPLAN Plattform disziplinspezifisches Engineering betreiben.

Die Möglichkeiten der Ableitung aller benötigten Fertigungsunterlagen aus den Autorensystemen machen EPLAN zu einem CAD/CAM Anbieter mit Schwerpunkt auf der E-Technik. Ein noch größerer Nutzen liegt für die Kunden allerdings in der Fähigkeit der Systeme, die Daten aus der Entwicklung unmittelbar für die Inbetriebnahme und schließlich auch für den Betrieb und die Wartung zu nutzen. Das erleichtert im Bedarfsfall die Identifizierung von Problemen. So kommuniziert EPLAN View mit den SPS-Komponenten einer Anlage, in denen heute rund 80 Prozent aller Fehler behandelt werden. EPLAN View ist dann in der Lage, die entscheidenden Informationen des elektronischen Handbuchs zu öffnen und beispielsweise das betreffende Bauteil oder die in Frage kommende Position darzustellen. Damit erlauben die Tools auch den Einsatz des immer stärker gefragten Teleservice, über den global Ferndiagnose und unter Umständen auch Fernwartung geboten werden können. Falls EPLAN View nicht verfügbar ist, kann über den kostenlosen Acrobat Reader auch PDF für die Darstellung zum Zug kommen.

Immer stärker tritt die unmittelbare Unterstützung der Kundenprozesse und die Entwicklung entsprechender Technologien und Methoden in den Vordergrund. Als Beispiel dafür dienen einige Module der EPLAN Plattform. Cabling beispielsweise erlaubt dem Elektrokonstrukteur auf Basis des 3D-Modells aus der Mechanik, im CAE-System frühzeitig sämtliche Fertigungsunterlagen zur Verkabelung zu erstellen. Der Mechaniker platziert im 3D-Modell elektrotechnisch relevante Bauteile wie elektrische Antriebe oder Endschalter. Der Elektrokonstrukteur projektiert den korrespondierenden Schaltplan im CAE-System.

Mit dem Modul Piping wird die Fluid-Technik einbezogen – zur vereinfachten Projektierung von Hydraulik- und Pneumatikleitungen. Ohne realen Prototypen lassen sich damit die Länge und die Leitungsführung festlegen. Die Längen sind in EPLAN Fluid abrufbar, und die Leitungen können zuverlässig konfektioniert werden, ohne an der Maschine Maß zu nehmen.

Abb. 19.4 Der Zugriff auf alle Engineering Daten wird immer wichtiger (Quelle: EPLAN)

Das Modul Collaboration stellt die Verbindung der Gewerke auf Bauteilebene her. Der Mechanik-Konstrukteur erstellt bei seiner Arbeit einen Warenkorb, auf den der Projekteur bei der Planung der Automatisierungskomponenten zugreift. Erkennt das Modul Diskrepanzen, werden sie gemeldet und Fehler und Inkonsistenzen vermieden.

Der direkte Draht zum Vertrieb ist beispielsweise über SAP-Schnittstellen möglich. Dann lassen sich einerseits Leistungsmerkmale und Entwicklungsdaten für die Vertriebsunterlagen nutzen, andererseits können Parameter aus dem ERP-System im Engineering Verwendung finden.

19.4
Marktauftritt

EPLAN Software & Service stützt sich im Vertrieb hauptsächlich auf die direkte Kundenansprache. Ausnahmen sind Italien und Osteuropa, wo es indirekte Vertriebskanäle gibt.

Eine Hotline, die die Kunden 7 × 24 Stunden, also weltweit rund um die Uhr erreichen können, ist seit langem Standard. Für Unternehmen, bei denen Ausfälle von Maschinen und Anlagen nicht nur Kosten, sondern unter Umständen weitreichende Schäden – etwa in der Energie- oder Wasserwirtschaft – verursachen, ein absolutes Muss.

Um die Kundenbedürfnisse möglichst gut zu kennen und entsprechend darauf reagieren zu können, hat der Anbieter einen Kundenbeirat geschaffen. Ihm gehören etwa 60 Unternehmen an. Zu den jährlichen Treffen kommen regelmäßig ungefähr 40 von ihnen. Auf dieser Veranstaltung stellt der Hersteller seine neuesten Entwicklungen und seine Strategie vor, und in Workshops erhält er zwei Tage unmittelbares Feedback aus dem Einsatz der Software in der Praxis. Auch bei diesen Veranstaltungen geht es immer stärker um die interdisziplinäre Produktentwicklung, während die reine Elektrotechnik eher in den Hintergrund tritt.

Die Tatsache, dass EPLAN Software & Service heute eine hundertprozentige Tochter von Rittal und damit der Friedhelm Loh Group ist, bedeutet für die Kunden die Gewissheit, dass ihre Investitionen auch langfristig gesichert sind. Ganz abgesehen von etlichen Synergieeffekten, die sich aus dem Firmenverbund ergeben.

19.5
Positionierung und Strategie

EPLAN sieht sich nicht mehr nur als Hersteller von E-CAD Software, sondern als PLM-Anbieter, der seinen Kunden ein breites Portfolio von IT-Produkten, aber eben auch umfassende Technologie- und Methodenberatung zur Verfügung stellt. Im Unterschied zu den PLM-Anbietern, deren Hintergrund eher die Software für mechanische Konstruktion und PDM ist, liegt der Schwerpunkt hier auf der Automatisierung und Prozesssteuerung. Für diese Anwendungsgebiete und das Thema Mechatronik sowie die dafür erforderlichen Methoden und Verfahren will EPLAN eine gestalterische Rolle übernehmen.

Der Anbieter sieht noch großes Potenzial in der Standardisierung der Kommunikation zwischen Vertrieb und Produktentwicklung. Viele Routinetätigkeiten, viele Suchvorgänge und aufwendige Abstimmungsprozesse könnten beschleunigt oder ganz überflüssig gemacht werden, wenn die Durchgängigkeit der allen Projekten zugrunde-liegenden Daten gewährleistet wäre.

Ähnliches gilt für die Abstimmung zwischen den Ingenieurdisziplinen. Hier verfolgt EPLAN das Ziel der Simulation anhand eines Funktionsmodells, das tatsächlich alle Eigenschaften und Funktionen der künftigen Maschine oder Anlage beinhaltet. Gegenwärtig ist hier die Aufwendigkeit der Erstellung solcher Modelle noch ein Hemmschuh, der die Industrie daran hindert, dieses Potenzial auszuschöpfen.

Für die kommenden Jahre zielt EPLAN auf ein weiterhin gesundes Wachstum und vor allem auf zufriedene Kunden durch passende Produkte und Beratung zur Unterstützung mechatronischer Prozesse.

Unternehmensdaten

> 1985 Gründung als PROCAD GmbH
> 1994 Neugründung als PROCAD GmbH & Co. KG

> Geschäftsführer: **Volker Wawer, Karlsruhe**

> Ansprechpartner PLM: **Stefan Kühner, Marketing und Kommunikation**

> Umsatz 2008
> weltweit: 13 Mio. €
> Deutschland: 11 Mio. €

> Mitarbeiter
> weltweit: 105
> Deutschland: 95

> Mitarbeiter Entwicklung
> weltweit: 60
> Deutschland: 55

> Kunden
> weltweit: 750
> Deutschland: 600

> Homepage: http://www.procad.de/

PROCAD in Karlsruhe ist einer der wenigen erfolgreichen Hersteller von Standardsoftware in Deutschland, die sich auf IT für den Bereich des Engineering konzentrieren. Der Schwerpunkt ist das Produktdaten-Management (PDM), aber der Leistungsumfang der Software dehnt sich zunehmend aus. Das Management von CAD-

Produktdaten in 2D und 3D steht im Vordergrund, aber allgemeines Dokumentenmanagement, Langzeitarchivierung, Projekt- und Prozessmanagement sind zunehmend wichtige Bausteine des Portfolios.

Die Software bevorzugt keine Autorensysteme. Alle Daten und Dokumente, die während der Entwicklung und Fertigung erzeugt und benötigt werden, lassen sich über das Kernsystem PRO.FILE verwalten, versionieren, bereitstellen. Diese Neutralität ist eine der Besonderheiten von PROCAD. Bezüglich des Datenmanagements machen sich die Kunden damit weitgehend unabhängig von ihrer jeweiligen CAD-Installation.

Abb. 20.1   Das Kernprodukt PRO.FILE (Quelle: PROCAD)

Als typisch mittelständischer Anbieter findet PROCAD auch seine Kunden vorwiegend in der mittelständischen Industrie. Durch die Komponenten allgemeiner Dokumentenverwaltung und andere, nicht unbedingt auf die Produktentwicklung fokussierte Bestandteile des Portfolios finden sich aber auch immer häufiger Kunden aus eher fertigungsfernen Sparten wie der Energiewirtschaft.

PROCAD ist ein Privatunternehmen im Besitz des Gründers und Geschäftsführers Volker Wawer. Im Zusammenhang mit den umfangreichen Konsolidierungen der IT-Branche in den vergangenen Jahren stellt das Haus eine Ausnahme dar. Es gab seit 1994 keine Übernahmen oder Zusammenschlüsse, an denen PROCAD beteiligt war. Der Hersteller setzt auf gesundes, organisches Wachstum aus eigener Kraft, stützt sich dabei ausschließlich auf Eigenkapital und ist auch nicht in Teilen fremdfinanziert.

In enger Zusammenarbeit mit Partnern des CAD- und ERP-Umfeldes stellt er PLM-Lösungen zur Verfügung, die tatsächlich den gesamten Lebenszyklus von Produkten abdecken, nicht nur die Produktentstehung.

20.1
Meilensteine der Firmengeschichte

PROCAD wurde 1985 von Dr. Gerd Lang-Lendorff, dem ehemaligen Leiter des CADCAM-Labors am Kernforschungszentrum Karlsruhe (heute KIT Karlsruher Institute of Technology), mit finanzieller Unterstützung der baden-württembergischen Landesregierung als eigenständiges Unternehmen ausgegründet. Geschäftsziel war einerseits der Vertrieb des CAD-Systems Proren von Isykon insbesondere an die mittelständische Industrie, andererseits die Entwicklung einer Technologiedatenbank, die den Inhalt von technischen Dokumenten in Form von beschreibenden Metadaten sicher speichern und schnell finden ließ, ohne die Originaldatei öffnen zu müssen. Der Name PDM für eine entsprechende Produktsparte existierte noch nicht, aber die Software sollte von Anfang an mehr sein als nur eine Zeichnungsverwaltung.

Zwei Jahre später übernahm Mannesmann-Kienzle das Unternehmen. Zu diesem Zeitpunkt machte das Haus einen Jahresumsatz von zehn Millionen Mark. Die Absicht war, zusammen mit dem 1986 übernommenen Workstation-Hersteller PCS Computer Systeme eine Komplettlösung für CAD/CAM bieten zu können.

Im Januar 1991 wechselte das Unternehmen erneut den Besitzer. Mannesmann-Kienzle bildete zusammen mit Computerhersteller Digital Equipment (DEC), der 65 Prozent der Anteile erhielt, das Unternehmen Digital Kienzle. Unter dem neuen Dach wurden vor allem die Bereiche Kienzle Datensysteme, PCS und Procad zusammengeführt. 1993 kam noch der mittelständische ERP-Hersteller bäurer, heute Sage bäurer, hinzu.

1994 bot sich durch umfangreiche Umstrukturierungen von Digital Kienzle die Gelegenheit zum Neustart. Volker Wawer übernahm die Verantwortung für ein Management Buy Out und gründete die PROCAD GmbH & Co. KG, die er bis heute leitet, mit zunächst 25 Mitarbeitern.

Übernommen wurden die beiden Schwerpunkte CAD und Datenmanagement. Das System Proren, dessen Entwicklungsrechte sich PROCAD in der Zwischenzeit erworben hatte, wurde zunächst auf Microsoft Windows portiert. Aber sehr bald stand für die neue Leitung des Hauses fest, dass sich PROCAD ausschließlich auf das Thema PDM konzentrieren sollte. Mitte der Neunzigerjahre war PDM zu einem Megatrend in der Welt des Engineerings geworden. Im Unterschied zum CAD-Markt, der sich bereits auf dem Weg in die Konsolidierungsphase befand, wurden dem Produktdaten-Management erhebliche Wachstumschancen eingeräumt.

Das Unternehmen beschäftigt an Standorten in Karlsruhe, Essen, Hamburg und München 95 Mitarbeiterinnen und Mitarbeiter. Weitere zehn sind bei PROCAD USA und der PROCAD (Schweiz) AG beschäftigt. Außerdem unterhält PROCAD Vertriebspartnerschaften in einer Reihe weiterer Länder.

20

20.2
Zentrale Produkte und Lösungen

Das zentrale Produkt ist PRO.FILE. Alle Funktionalitäten im Umfeld von PDM, Dokumentenmanagement (DMS), Archivierung und anderen Anwendungsbereichen sind Funktionen von PRO.FILE. Der Kern und Ursprung ist das Management von Produktdaten, insbesondere die in CAD-Systemen erzeugten 2D-Zeichnungen und 3D-Modelle.

Produktdaten-Management

Für das Management der Produktdaten bietet PRO.FILE eine Vielzahl von Grundfunktionen, die alles abdecken, was heute Stand der Technik ist. Versionierung, Klassifizierung und Sachmerkmalsleisten, Workflow-Management, Bestandsdatenübernahme oder Stücklisten in verschiedenen Varianten – das System unterstützt die Ingenieure bei der Entwicklungsarbeit und sorgt für Transparenz bei allen, die auf diese Daten Zugriff erhalten.

Alle auf dem Markt befindlichen CAD-Systeme werden mit ihren produktspezifischen Besonderheiten unterstützt. Eine Liste umfasst derzeit 14 Systeme für M-CAD, sieben für E-Technik und acht für Elektronik/Logikdesign und Firmware. Damit gehört PRO.FILE auch zu den PDM-Lösungen, die für die Entwicklung mechatronischer Produkte hinsichtlich der Integrationsmöglichkeiten gerüstet sind.

Das System bietet zwei – sich äußerlich sehr ähnliche – Benutzeroberflächen. Der Windows-Client dient in der Client-Server Umgebung für das Handhaben großer Datenmengen, für den direkten Zugriff auf Primärdaten beliebigen Umfangs in der Erstellung oder Bearbeitung von 3D-Modellen oder Teilefamilien. Das Editieren der schlanken Metadaten, also der eigentlichen Informationen darüber, was in den einzelnen Dateien zu finden ist, kann genauso gut auch über den Web-Client aus dem Internet heraus geschehen. Damit gestattet das System den Anwendern den jederzeitigen Zugriff beispielsweise von unterwegs oder aus einem Kundengespräch heraus und bietet einer große Zahl von Mitarbeitern in den Unternehmen, die das Programm nur gelegentlich nutzen, einen schnellen Zugriff.

Um die Akzeptanz zu erhöhen, hat PROCAD das System mit der Möglichkeit ausgestattet, strukturierte und individuelle Ablage zu mischen. Die zentrale, strukturierte Ablage singulärer Dokumente wird ergänzt um die Freiheit, darüber eine individuelle Ablagestruktur zu definieren, die der Ablage in Festplattenverzeichnissen nachempfunden ist.

Verschiedene Möglichkeiten der Datenorganisationen erleichtern den Kunden die Nutzung von PDM in verteilter Entwicklung und Fertigung, über Standort- und Firmengrenzen hinweg. Von der zentralen Datenhaltung sowohl der Primär- als auch der Metadaten, über zentrale Datenhaltung mit dezentralen Kopien auf Cache-Servern, zentrale Haltung der Metadaten bei dezentraler Haltung der Primärdaten, verteilte Zentralen mit gegenseitigem Zugriff und Offline Replikation bis hin zur vorübergehenden Offline-Nutzung der Daten mit Hilfe eines PRO.FILE Pocket hat der Anwender die Wahl, die jeweils für ihn am besten passende Variante zu implementieren.

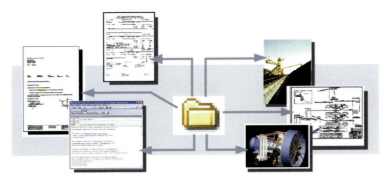

Abb. 20.2 Produktdaten- und Dokumentenmanagement mit PRO.FILE (Quelle: PROCAD)

Dokumentenmanagement

Neben den komplexeren Produktdaten technischer Abteilungen lassen sich mit dem System beliebige andere Dokumente wie Produktbeschreibungen mit eingebundenen Grafiken, Berechnungstabellen und anderen Strukturelementen, normale Text- oder Bilddateien und e-Mails verwalten. Dabei sind vor allem die besonderen Fähigkeiten des Managements von Dokumentstrukturen von großem Nutzen. Nicht nur zur gemeinsamen und verlinkten Ablage zusammengehörender Elemente, sondern auch, um die Strukturierungsmöglichkeiten auf andere Daten und Dokumente anzuwenden. Diese Tatsache führt dazu, dass der Kreis von Kunden, die PRO.FILE nicht in erster Linie zum CAD-Datenmanagement nutzen, seit einigen Jahren deutlich wächst.

Archivierung

Um Projektdokumente und Entwicklungsdaten auch in fernerer Zukunft anzeigen zu können, gestattet das System die automatisierte und über einen Workflow gesteuerte Erstellung von Kopien in den neutralen Datenformaten TIFF oder PDF. Auswahl und Separationsfunktionen ermöglichen es zusätzlich, Dokumente auf optische Datenträger, Jukebox-Systeme oder andere langlebige Speichermedien auszulagern, auf die bei Bedarf unabhängig von PRO.FILE zugegriffen werden kann. Zur Archivierung von Ausgangsrechnungen, Lieferscheinen, Auftragspapieren und anderen betriebswirtschaftlichen Belegen, die durch ERP-Systeme erstellt wurden, stehen COLD-Interfaces bereit.

Diese bei PROCAD integrierte Funktionalität stellt eine Besonderheit dar. Üblicherweise wird Langzeitarchivierung mit separaten, zusätzlich zu verwaltenden Systemen vorgenommen.

SOA-Architektur und ERP-Anbindung

PROCAD verfügt über Integrationslösungen für zahlreiche unterschiedliche ERP-Produkte und neuerdings auch CRM-Systeme. Den Austausch der Stammdaten zwischen PRO.FILE und diesen Systemen übernimmt seit einigen Jahren eine standardisierte und zertifizierte Schnittstelle auf Basis des Microsoft BizTalk Servers.

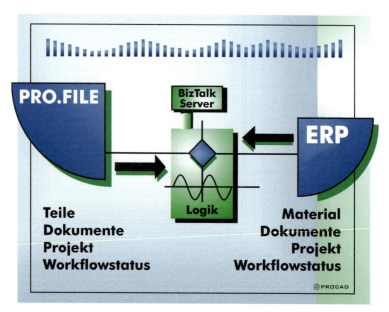

Abb. 20.3   SOA-Konzept im Produkt-Lebenszyklus-Management (Quelle PROCAD)

Die Schnittstelle umfasst den bidirektionalen Austausch von Artikelstammdaten, Stücklisten, Dokumentenstammdaten, Zuständen, Projektstammdaten und die Bereitstellung von Strukturinformationen. Diese Methode basiert auf XML. Die Daten werden asynchron übertragen, wenn die Kommunikationskanäle frei sind. Durch die standardisierte Vorgehensweise lässt sich die Schnittstelle relativ leicht anpassen und sowohl vom Umfang als auch von den beteiligten Systemen her modifizieren.

Projekt- und Prozessmanagement

Dem wachsenden Bedarf an IT-Unterstützung des Projekt- und Prozessmanagements tragen entsprechende Funktionen in PRO.FILE Rechnung. Dem Projekt kann ein Workflow unterlegt werden, der seinen zeitlichen Verlauf beschreibt. Transparent wird, in welchem Status sich ein Projekt befindet, wie weit einzelne Teilschritte in Angriff genommen oder abgearbeitet sind, wo mit Verzögerungen zu rechnen oder das Projekt gefährdet ist.

Über Aufgaben lassen sich beliebig komplexe Projekte strukturieren. Ihre grafische Darstellung über der Zeitachse erfolgt mit dem Gantt Diagramm. Aus Musterprojekten sind Vorlagen für ähnliche Projekte abzuleiten.

Für das Prozessmanagement stützt sich PRO.FILE auf das System VISIO von Microsoft. Es gestattet die Beschreibung von Aufgaben und den einzelnen Schritten zu ihrer Abwicklung in grafischer Form. Die entstehenden Ablaufpläne werden von PRO.FILE übernommen.

Datensicherheit

Der Hersteller bietet seinen Kunden zielgerichtete Beratung und Lösungsszenarien für Datensicherung in der Produktentwicklung an. Die Möglichkeiten reichen von Konzepten zur Verschlüsselung der Datenablage und der Übertragungswege über Verfahren zum Schutz der Rechner und Laptops mit personenbezogenen Hardware-Sicherungen bis zur Installation einer PKI (Personal Key Infrastructure), die sicherstellt, dass Rechner oder Benutzer erst nach Identifikation über ein digitales Zertifikat Zugriff auf ein Netz erhalten.

PROCAD erteilt darüber hinaus – in Zusammenarbeit mit Microsoft und Verisign – für alle Softwarebausteine Zertifikate, um sicherzustellen, dass diese nicht manipuliert oder mit Viren verseucht werde können.

20.3
Einsatzgebiete der Software

Zielmärkte

Der wichtigste Zielmarkt war seit der Gründung der mittelständische Maschinen- und Anlagenbau, die Investitionsgüterindustrie, die Antriebs- und Automatisierungstechnik. Diese Industriesparten stehen nach wie vor im Zentrum, aber PROCAD betreut zunehmend auch andere Branchen.

In Hightech und Elektronik ist es möglicherweise die Zunahme interdisziplinärer Produktentwicklung und die große Rolle, die heterogene Systemlandschaften dabei spielen, die zur Einführung von elektronischem Datenmanagement motiviert. Aber auch ganz andere Bereiche interessieren sich für PDM beziehungsweise für ein umfassendes Produkt-Lebenszyklus-Management.

Versorgungsunternehmen wie Gelsenwasser oder e-on Ruhrgas; Hafenmanagement bei bremenports, wo statt Produkt und Stückliste die Objekte verwaltet werden, die zu managen sind – die Unternehmen haben erkannt, dass der Nutzen des Datenmanagements nicht auf die diskrete Fertigung mit ihrer CAD-Konstruktion beschränkt ist, sondern überall zum Tragen kommt, wo technische Unterlagen unterschiedlichster Art transparent zu verwalten sind, und wo überwiegend projektorientiert gearbeitet wird.

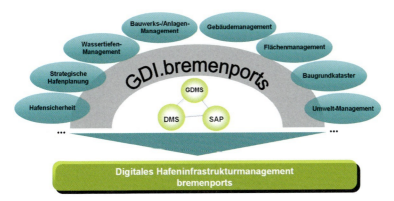

Abb. 20.4 PRO.FILE als Backbone zur Informationsstrukturierung im Hafenmanagement (Quelle: bremenports)

Bezüglich der Größenordnung schätzt PROCAD etwa 20 Prozent seiner Kunden auf Unternehmen mit weniger als 300 Mitarbeitern, ebenfalls rund 20 Prozent auf solche mit mehr als 1.000, während die große Mehrheit dazwischen angesiedelt ist. Wobei gerade die größeren Kunden das Bild in den letzten Jahren verändern. Installationen wie die mit mehr als tausend Lizenzen bei Gelsenwasser, dem größten Wasserversorger Deutschlands, werden zu circa 90 Prozent im kaufmännischen Umfeld eingesetzt.

Obwohl der Hersteller mit rund 600 Kunden seinen Schwerpunkt in Deutschland, Österreich und der Schweiz hat, führt die Globalisierung in allen Bereichen der Industrie auch hier zu einer immer breiteren Verteilung. Allein in den USA werden inzwischen 60 Kunden betreut, weitere 90 finden sich in Italien, Benelux und anderen Ländern.

Referenzkunden

Allgaier Werke, Uhingen, Systemlieferant Automotive, Maschinen, Apparate
ASYS, Dornstadt, Automatisierungssysteme für Elektronikfertigung
BRITA, Taunusstein, Wasserfiltration
CWA Constructions, Olten (Schweiz), Seilbahnkabinen, Shuttlesysteme
CeramTech, Plochingen, Technische Keramik
Fill Maschinenbau, Gurten (Österreich), Maschinen und Anlagen
Fella Werke, Feucht, Landmaschinen
Marchesini Group, Pianoro-Bologna (Italien), Verpackungsmaschinen
REIS ROBOTICS, Aschaffenburg, Robotertechnik und Systemintegration
LSW Maschinenfabrik, Bremen, Fertigungsstraßen für Automobilindustrie
VMI EPE Holland, Epe (Niederlande), Sondermaschinenbau Reifenindustrie

Anwendungsbereiche

An erster Stelle steht nach wie vor die Produktentwicklung. Bei der Mehrzahl der Kunden ist sie der Kern der Installationen, die dem Management der in diesem Bereich entstehenden Daten und ihrer Bereitstellung in den übrigen Bereichen dient.

Danach folgt das Qualitätsmanagement, das teilweise PDM dazu nutzt, Prüfvorgänge, Freigaben und diverse Maßnahmen der Qualitätssicherung zu automatisieren. Auch die kaufmännischen Abteilungen sowie Einkauf und Vertrieb werden immer stärker in die Gruppe der Anwender einbezogen. Einerseits zum Zweck der Belegarchivierung, andererseits um die verfügbaren Produktdaten direkt für den jeweiligen Aufgabenbereich zu verwenden.

Service und Wartung stehen bei der Mehrheit der Kunden des Maschinen- und Anlagenbaus derzeit noch hinten in der Prioritätenliste der Anwendung von PDM. Für PROCAD ist aber erkennbar, dass sich hier eine Veränderung abspielt. Immer stärker rückt beispielsweise das Thema der automatisierten Erstellung von Handbüchern und anderen technischen Dokumentationen in verschiedenen Sprachen in den Vordergrund.

Insgesamt stellt der Anbieter fest, dass sich der Einsatz von PDM mehr und mehr verlagert. Waren noch vor einigen Jahren etwa die Hälfte der Systeme im Engineering installiert, so sind dies derzeit nur noch rund 35 Prozent, während die Zahl der in anderen Prozessen genutzten Lizenzen weiter steigt.

Gleichzeitig verändert sich auch der Umfang der Nutzung der Funktionalität. Gab es vor Jahren viele Anwender, die nur Produktdaten-Management mit dem System organisierten, während andere es hauptsächlich für Dokumentenmanagement nutzten, so steigt nun stetig die Zahl derer, die den gesamten Leistungsumfang zum Einsatz bringen, von PDM über DMS und Archivierung bis zu Projekt- und Prozessmanagement. Ausdruck der Bemühungen in der Industrie, ihre IT-Landschaften zu vereinheitlichen und auf wenige Lösungen zu standardisieren.

20.4
Marktauftritt

Zehn Vertriebsberater sind für die direkte Kundenbetreuung zuständig. Im indirekten Vertrieb sind bei Partnern von PROCAD nochmals etwa 50 Mitarbeiter aktiv. Der Umsatz des Herstellers wird heute zu rund 60 Prozent direkt, zu 40 Prozent über Partner erwirtschaftet.

Partner sind einerseits Systemintegratoren wie SteinhilberSchwehr, 3D CAD oder Hellmig EDV, die neben Software auch eigene Beratung und andere Dienstleistungen anbieten. In Italien, den Niederlanden und Österreich gibt es jeweils einen Vertriebspartner. Einige Firmen vertreiben PRO.FILE als zusätzlichen Bestandteil ihres eigenen Portfolios, und PROCAD fungiert dabei als OEM.

Für ergänzende Funktionen pflegt PROCAD mit einer Reihe von Herstellern Lösungspartnerschaften. Die Liste reicht von Microsoft, wo PROCAD als Gold-Partner geführt wird, über den Teilekataloganbieter Cadenas bis zu Seal Systems für das Management der Dokumentenausgabe oder Cimmetry Systems für die Visualisierung.

Wie eine kürzlich in Auftrag gegebene Untersuchung zeigte, punktet PROCAD bei seinen Kunden vor allem durch eine sehr gute Organisation von Service und Hotline. Besonders wurde dabei die Unterstützung der Kunden bei der Einführung und Implementierung des Systems hervorgehoben.

PROCAD ist vielfältig im Markt präsent. Neben zahlreichen eigenen Veranstaltungen, auf denen den Kunden und Interessenten Produkt und Lösungsansätze präsentiert werden, nimmt der Hersteller auch aktiv an Veranstaltungen von Partnern teil und beteiligt sich an Initiativen. So war Geschäftsführer Volker Wawer 2004 einer der Initiatoren der Kampagne PDM produktiv, die gemeinsam mit PDM-Anbieter Compass, dem VDMA und weiteren Partnern die Nutzung von PDM-Technologie in die Breite tragen sollte. Ebenso beteiligt sich das Haus an Fachseminaren von Hochschulen, Verbänden und anderen Organisationen zum Themenkreis um PLM.

Für Kunden steht mit ein Internet-Support-Portal bereit, über das nicht nur typische Online-Hilfe angeboten wird, sondern auch Ferndiagnose, Produktfreigabe und andere Funktionen.

20.5
Positionierung und Strategie

Durch die Partnerschaft mit verschiedenen ERP-Anbietern und das breite Portfolio an Lösungen rund um PDM, DMS und Archivierung sieht sich der Hersteller gut posi-

20

tioniert für umfassende PLM-Lösungen, die mehr umfassen als nur den Entwicklungsprozess.

Gegenüber dem Ursprung von PDM, der Verwaltung von Engineering Daten, gewinnen andere Einsatzfelder kontinuierlich an Bedeutung. Dennoch sieht PROCAD gerade in der Verfügbarkeit aller zum Produkt, seiner Entwicklung und Fertigung gehörenden Daten für alle Kernprozesse der Unternehmen in einer zentralen Datenbank noch erhebliches Potenzial an Nutzen für seine Kunden. Insbesondere durch die anhaltenden internationalen Firmenzusammenschlüsse wird dieses Thema aus Sicht von PROCAD sogar noch weiter wachsen, denn jede Übernahme bedeutet heute auch die Zusammenführung unterschiedlicher IT-Landschaften.

Bereiche, die noch nicht in ausreichendem Umfang Zugriff auf die aktuellen Produktdaten und Dokumente haben, zählen neben dem Qualitätsmanagement vor allem Vertrieb und Marketing. Hier könnte beispielsweise über die IT-Unterstützung einer automatisierten Produktkonfiguration noch eine Menge an kostenintensiver Routinetätigkeit eingespart werden.

Auch die Bereitstellung von Produktdaten im Internet- oder Intranet-Auftritt der Kunden bietet noch Raum für Verbesserung, die neben Vertrieb und Marketing vor allem auch dem Service und der Kundenbetreuung zugute kommt. Erste Projekte wurden aber auch hier realisiert. So übernimmt die Schweizer Firma Sauter, Hersteller von Steuerungskomponenten für die Klimatechnik in Gebäuden, Produktdaten aus PRO.FILE, um sie automatisiert in einem Internet-Portal für Fachhändler und Endkunden bereitzustellen.

PROCAD selbst realisiert derzeit im eigenen Unternehmen eine Integration von PRO.FILE mit Microsoft CRM. Ziel ist, Dokumente zu den beim Kunden realisierten Projekten aus PRO.FILE und Schriftverkehr mit ihm aus dem CRM-System abzurufen.

Neben der zentralen Datenverwaltung, die derzeit im Mittelpunkt des Interesses steht, wandert allmählich die Frage des Managements interdisziplinärer Produktdaten in der Prioritätenliste nach oben. Hier sieht man in Karlsruhe längerfristig den Bedarf, tatsächlich Modelldaten zwischen den Disziplinen auszutauschen und ein gemeinsames Funktionsmodell zu verwalten. Dazu fehlen aber momentan noch entsprechende Standards.

Unternehmensdaten

> 1963 Gründung von United Computing, Vorläufer von Unigraphics
> 1967 Gründung von SDRC
> 2007 UGS PLM Solutions wird Siemens PLM Software

> CEO: **Tony Affuso, Plano, Texas**
> President: **Dr. Helmuth Ludwig, Plano, Texas**
> Senior Vice President und Managing
> Director Deutschland: **Martien Merks, Köln**

> Ansprechpartner PLM: **Jürgen Hasselbeck, Vice President Marketing D/A/CH**

> Mitarbeiter
> weltweit: 7.750
> Deutschland: 730

> Mitarbeiter Entwicklung
> weltweit: > 2.000
> Deutschland: ca. 70

> Kunden weltweit 56.000
> Lizenzen weltweit: 5,9 Millionen

> Umsatz 2008: 210 Millionen Euro

> Homepage: http://www.siemens.com/plm

Siemens PLM Software gibt es erst seit dem Mai 2007, als die damalige Siemens Automation & Drives die Firma UGS PLM Solutions gekauft und als eigenen Ge-

U. Sendler, *Das PLM-Kompendium*,   185
© Springer 2009

21

schäftsbereich eingegliedert hat. Das übernommene Unternehmen und seine Produkte allerdings haben die längste Geschichte aller auf dem Markt befindlichen Engineering IT Lösungen vorzuweisen. Kein anderer der verbliebenen Anbieter hat Wurzeln in der Mitte der Sechzigerjahre.

Für alle Anwendungsbereiche, die derzeit unter dem Dach des Produkt-Lebens-zyklus-Managements bedient werden, gibt es im Portfolio Programme oder Programm-module. Und seit Jahren ist der Anbieter auf einem konsequenten Weg zur Integration aller Softwarebausteine mit einem zentralen Datenmanagement.

Die Kernprodukte sind: NX, das als CAD/CAM/CAE-System aus der Zusammen-führung von Unigraphics und I-DEAS Master Series entstanden ist; das PDM-System Teamcenter, das sowohl entwicklungsnahes Datenmanagement als auch die Funk-tionalität eines Engineering Backbones für das ganze Unternehmen umfasst; und Tec-nomatix, das der Produktionsplanung und Fertigungssimulation dient. Speziell für die Anforderungen kleiner und mittelständischer Unternehmen wurde die Velocity Series mit vorkonfigurierten CAD-, CAE-, CAM- und PDM-Modulen entwickelt.

Mit einer großen Zahl von Modulen und Spezialpaketen reicht das Angebot von Lösungen für die Automobilkonzerne und Flugzeugbauer bis hin zu solchen für kleine, mittelständische Fertigungsunternehmen.

Abb. 21.1 Das PLM Lösungsangebot von Siemens PLM Software (Quelle: Siemens)

Neben einer Mannschaft für die direkte Kundenbetreuung gibt es stark wachsende Global Services und eine ebenfalls wachsende Zahl von Dienstleistungs- und Ver-triebspartnern. Für die mittelständische Industrie organisiert Siemens PLM Software zahlreiche Initiativen, die einen leichten Einstieg und skalierbare Implementierung ermöglichen.

Durch die Nähe zu den Siemens-Geschäftsbereichen Manufacturing Execution Sys-tems (MES) und Automation könnte der Anbieter das Thema PLM vor allem in Rich-tung der Produktionsplanung und Fertigungssteuerung weiter treiben.

21.1
Meilensteine der Firmengeschichte

Auch wenn die Geschichte des Unternehmens selbst den ununterbrochen darin beschäftigten Mitarbeitern wohl mehr Visitenkarten und Firmenbezeichnungen beschert hat, als sich bei vielen Menschen, die während ihres Berufslebens einige Male den Arbeitgeber wechseln, ansammeln – die Firmengeschichte weist eine erstaunliche Kontinuität auf. Und der Ausbau des Portfolios an Engineering Software ist nicht nur Zukauf neuer Produkte, Technologien und Kundenstämme, sondern auch ein in der Branche ungewöhnliches Beispiel für erfolgreiche Integration.

21.1.1
Von United Computing zu Siemens PLM Software

Als 1963 die *United Computing Corporation* gegründet wurde, beruhte das Geschäftsmodell auf Entwicklung und Vertrieb einer Software zur Steuerung von NC-Maschinen. Die Software trug denselben Namen wie die zugrundeliegende Programmiersprache: UNIAPT. 1976 übernahm der Flugzeugbauer *McDonnell Douglas* das Haus und etablierte unter dem Namen *McAuto* ein Tochterunternehmen zur Entwicklung von Systemen zur Fertigungs- und Konstruktionsautomatisierung. Unigraphics wurde das erste kommerzielle Produkt. 1979 gründete McAuto eine Niederlassung in Deutschland. 1987 änderte sich der Firmenname in *McDonnell Douglas Manufacturing and Engineering (M+E)*.

1991 übernahm EDS, das 1962 gegründete IT-Dienstleistungsunternehmen, die inzwischen unter *McDonnell Douglas Systems Integration* firmierende Softwareschmiede und benannte sie um in *EDS Unigraphics*. 1998 führte EDS die Tochter am New York Stock Exchange (NYSE) unter dem Namen *Unigraphics Solutions* als börsennotiertes Unternehmen ein. In Deutschland wurde die Unigraphics Solutions GmbH gegründet.

2000 änderte sich der Firmenname erneut in *UGS*. EDS kaufte im selben Jahr einerseits SDRC hinzu, andererseits UGS von der Börse zurück und bildete aus beiden den Geschäftsbereich *EDS PLM Solutions*. Der nächste Namenswechsel folgte 2003: *UGS PLM Solutions*. Schon ein Jahr später beschloss EDS eine Refokussierung auf das Kerngeschäft IT-Dienstleistung. UGS PLM Solutions wurde von einer privaten Investorengruppe für 2.05 Milliarden US-Dollar erworben und als eigenständiges Unternehmen unter dem Namen UGS etabliert.

2007 erfolgte der bislang letzte Wechsel. Der Geschäftsbereich Automation & Drives der Siemens AG übernahm den Softwarehersteller für 3,5 Milliarden US Dollar und machte daraus den neuen Geschäftsbereich *Siemens PLM Software*. Die Zentrale blieb in Plano, Texas. Den Präsidenten stellt mit Dr. Ludwig die Siemens AG, CEO bleibt Toni Affuso, der das Haus seit dem Jahr 2000 lenkt. Viele Firmennamen also, aber eigentlich nur drei entscheidende Stationen: Vom Flugzeugbauer McDonnell Douglas über den IT-Dienstleister EDS zu Siemens.

21

21.1.2
Von CAM zu PLM

Die ganze Geschichte der Engineering IT spiegelt sich in den Produkten von Siemens PLM Software. Lange bevor Software als Werkzeug für die Erstellung von Konstruktionszeichnungen in Frage kam, wurden Werkzeugmaschinen über Computer angesteuert. In solcher CAM-Software, *UNIAPT*, lag der Ursprung von *UNIGRAPHICS*.

Bereits 1980 stellte McAuto mit *UNISOLIDS* ein kommerziell eingesetztes 3D-Volumenmodelliersystem zur Verfügung. 1982 konnten erstmals sieben Farben statt des bis zu diesem Zeitpunkt ausschließlich verfügbaren Grün dargestellt werden. Im selben Jahr investierten Kunden – um eine Vorstellung von den enormen Investitionen in solche Systeme zu dieser Zeit zu geben – in Deutschland für insgesamt zehn CAD-Arbeitsplätze, die aus Software und speziell entwickelter Hardware bestanden, sieben Millionen DM. Ein Arbeitsplatz für durchschnittlich 700.000 Mark.

1986 wurde die Software auf Workstations von Digital Equipment, den VAX-Stations, lauffähig. 1988 kaufte Mc Donnell Douglas das englische Softwareunternehmen *Shape Data Ltd.*, Entwicklungshaus für die 3D-Kernel *Romulus* und *Parasolid*. 1989 unterstützte die Software auch die UNIX-Workstations von HP, Apollo und Sun. Mit *UG/Solids* wurde der Kernel Parasolid in Unigrqaphics integriert.

1990 stellte der Anbieter mit *iMAN*, dem Information Manager, sein erstes PDM-System vor. 1993 wurde das Kölner CAM-Systemhaus *UNC* übernommen und eine eigene CAM-Entwicklungsabteilung in Köln etabliert. 1995 beschloss Mc Donnell Douglas, den Kern Parasolid auch anderen Softwarehäusern zur Verfügung zu stellen.

1996 war die erste Version von UNIGRAPHICS auf dem PC unter Windows NT verfügbar. 1998 erfolgte die Übernahme des M-CAD Bereichs von *Intergraph* und damit des Midrange Systems *Solid Edge*, das speziell für Windows entwickelt worden war und das Portfolio durch ein leicht zu erlernendes Produkt insbesondere für die mittelständische Industrie erweiterte. Nur ein Jahr später folgte der Kauf von *Applicon*, Entwickler von *Bravo*, und die Übernahme des Berliner Herstellers *dCade*, der sich auf Software zur Simulation von Produktionsverfahren spezialisiert hatte.

Im Jahr 2000 kaufte Unigraphics Solutions *EAI*, einen Anbieter von Software für Visualisierung und Zusammenarbeit über das Internet. Damit wurde zugleich das herstellerneutrale CAD-Datenformat *JT* Bestandteil der Produktpalette. 2002 wurde nach der Zusammenführung mit *SDRC* mit der Umsetzung der beschlossenen Integration der jeweiligen Produktlinien für CAD – *I-DEAS Master Series* und UNIGRAPHICS – und der Systeme für das Datenmanagement – *Metaphase* und iMAN – begonnen. *NX*, das Ergebnis der CAD-Systemintegration, kam bereits Ende desselben Jahres in einer ersten Version auf den Markt.

2003 erwarb sich UGS PLM Solutions von MSC.Software das Recht, das FEM-System *MSC.Nastran* weiterzuentwickeln und zu vermarkten. 2005 kam das 1983 gegründete israelische Unternehmen *Tecnomatics Technologies Ltd.* unter die Fittiche von UGS. Damit ergänzte der Anbieter sein Portfolio um den extrem wichtigen Bereich der Fertigungssimulation und Produktionsplanung.

Im Frühsommer 2004 wurde die nächste Übernahme bekanntgegeben: *D-Cubed Ltd.*, Hersteller von Basissoftware für das Constraint Management, die in zahlreichen CAD-Systemen zum Einsatz kommt. Und im Sommer 2006 kaufte UGS PLM Solutions die Software Geolus SHAPE von der Capgemini Tochter SD&M und benannte sie um in *Geolus Search.* Dabei handelt es sich um eine Suchmaschine, die anstelle von Text – wie bei Google – Datenbanken sehr schnell nach ähnlichen Geometrien durchforstet und zur Darstellung anbietet.

21.2
Zentrale Produkte und Dienstleistungen

Global Services

Seit Mitte des Jahrzehnts hat sich die Vertriebsstrategie von Siemens PLM Software stark gewandelt. Vom Schwerpunkt Softwarevertrieb wurde dabei der Weg in Richtung Beratung eingeschlagen. Die Siemens PLM Software Global Services sind heute eine Mannschaft von mehr als 1.350 Spezialisten weltweit, davon 200 allein in Deutschland, die Beratung rund um PLM anbieten. Einerseits mit grundlegenden Themen wie Prozessanalyse, Quantifizierung des möglichen Nutzens von PLM für ein Unternehmen oder der Ausarbeitung eines detaillierten Lösungsfahrplans. Andererseits mit Unterstützung bei Implementierung, Ausrollen und Betrieb entsprechender Lösungen.

Diese Dienstleistungen werden nach Einschätzung von Siemens weiter an Bedeutung zunehmen. Je komplexer die Anwendung der IT wird, desto größer die Rolle der kundenspezifischen Beratung im unmittelbaren Vorfeld einer Einführung. Dabei stützt sich Siemens auf ein stark wachsendes Netz von Beratern und Partnern weltweit.

Teamcenter

Viele Jahre war M-CAD für den Hersteller die bedeutendste Produktlinie, und auch heute bleibt es wichtiger Umsatzträger. Aber das Kernprodukt ist heute Teamcenter, oder abgekürzt TC. Aus verschiedenen Systemen wurde ein einziges. Hinter Teamcenter steckt die Funktionalität des eigenen, nahe an Unigraphics entwickelten iMAN, des ebenso nah an I-DEAS entwickelten Team Data Manager (TDM), und des von SDRC und Control Data gemeinsam entwickelten Systems Metaphase.

Teamcenter ist weltweit mehr als 1,5 Millionen Mal installiert und nach Einschätzung von CIMdata Weltmarktführer in PLM. Die Software bietet nicht nur Modell- und Produktstrukturverwaltung eines PDM-Systems, sondern eine enorme Vielzahl von Modulen und Funktionen, die vom Management der Anforderungen für Systems Engineering, dem Projekt-, Programm- und Portfoliomanagement über Prozesssteuerung und Fertigungsplanung bis zum konfigurationsgesteuerten Management des Service reichen. Einige Beispiele sollen dies veranschaulichen.

Unter *Compliance Management* versteht die Industrie die Sicherstellung der Konformität sämtlicher Produkte mit den vielfältigen Rahmenbedingungen, die durch Gesetze und Regelungen regional unterschiedlich und mit häufigen Veränderungen vorgegeben sind. Teamcenter bietet eine Umgebung, mit der sich die Erfüllung von Regeln und Verordnungen über den gesamten Lebenszyklus dokumentieren, durchzusetzen und verfolgen lässt. Standard- und Regulierungskontrollen können als Teil der alltäglichen Arbeitsprozesse eingeplant werden.

Integriert in Teamcenter wird Funktionalität für *MRO*, Maintenance, Repair and Overhaul (Wartung, Reparatur und Überholung) geboten. Die Lücke zwischen Entwicklung, Fertigung, Logistik und Wartung wird geschlossen, um effizientere Service-Leistungen zu ermöglichen. Explizites Servicedaten-Management bildet die Basis. Die Funktionalität unterstützt die Industrie bei ihren Anstrengungen, das im Servicebereich entdeckte Potenzial erheblicher Umsatzsteigerungen zu nutzen.

Auch das *Programm- und Portfolio-Management* in Teamcenter adressiert Aufgaben, die im Rahmen von PLM bislang nur selten berücksichtigt werden. Der Anwender wird beim Filtern und Bewerten von Produktideen, bei der Programmplanung und bei der Verbindung von strategischer Portfolioplanung mit dem operativen Programm- und Projekt-Management unterstützt.

NX

Aus den Produkten I-DEAS Master Series und Unigraphics ist das 3D-CAD-System NX geworden, das als vollständige Lösung für die digitale Produktentwicklung integrierte Funktionen für Konstruktion, Simulation und Berechnung, Dokumentation und Fertigung bietet.

NX ist eines der großen CAD-Systeme, die umfassende Unterstützung auch für die Entwicklung hoch komplexer Produkte und Anlagen bieten. Automobilindustrie und Flugzeugbauer setzen es ebenso ein wie Anlagenbau oder Hightech-Industrie. Durch zahlreiche in der Vergangenheit hinzu gekaufte Technologien gibt es kaum eine Funktionalität, die nicht abgedeckt wird.

Abb. 21.2 Mit NX modellierte Baugruppe einer Hebevorrichtung (Quelle: Siemens)

Seit 2008 lässt NX dem Anwender dabei mit Hilfe der Synchronous Technology – die gleichzeitig auch für Solid Edge verfügbar wurde – die Freiheit, parametrisch und mit Aufzeichnung der Konstruktionshistorie, oder aber auf dem Wege der direkten Modellierung zu arbeiten. Mit der Möglichkeit, jederzeit zwischen diesen Welten zu wechseln, also auch nachträglich aus einem parametrischen Feature eine nicht parametrische Geometrie zu machen und umgekehrt.

Solid Edge

Das Midrange-System war das erste nativ für Windows entwickelte 3D-System überhaupt. Nach wie vor ist es für viele Siemens-Kunden die erste Wahl, wenn es nicht um absolute High-end Anwendung geht. Das 2D-Zeichenmodul von Solid Edge steht seit einigen Jahren kostenlos zum Download zur Verfügung, ebenso der Solid Edge Viewer, der auch die Visualisierung von 2D-Altdaten unterschiedlicher Herkunft erlaubt.

Velocity Series

Um kleinen und mittelständischen Unternehmen den Einstieg in PLM leichter zu machen, wurde aus Solid Edge und den speziell für diesen Kundenkreis zugeschnittenen Modulen Teamcenter Express für PDM, Femap für Berechnung und CAM Express ein integriertes Paket geschnürt. Insofern Komponenten wie Teamcenter Express auf den High-end Produkten basieren, öffnet sich der Kunde damit zugleich den Weg zum Ausbau der Implementierung, wenn der Bedarf dies erfordert.

Tecnomatix

Mit Tecnomatix bietet Siemens Lösungen, die die Fertigungsbereiche mit der Produktentwicklung verbinden, und zwar von der Prozessdefinition und -planung über die Simulation, Überprüfung und virtuelle Inbetriebnahme bis zur tatsächlichen Fertigung. Tecnomatix baut auf dem Teamcenter Manufacturing Backbone auf.

Abb. 21.3 Mit Tecnomatix modellierte Produktionsanlage in der Automobilindustrie (Quelle: Siemens)

21

PLM Components

Der Begriff PLM Komponenten hat bei Siemens eine doppelte Bedeutung. Einerseits sind natürlich auch hier alle Programm-Module von CAx über PDM bis Tecnomatix Komponenten, die ihren Einsatz zur Umsetzung eines PLM-Konzeptes finden. Mit den ausdrücklich so benannten PLM Komponenten aber stellt Siemens eine Reihe von Entwicklungswerkzeugen und Softwarekomponenten zur Verfügung, die sowohl den Industriekunden helfen, kundenspezifische Sonderentwicklungen oder Anpassungen zu entwickeln und zu nutzen, als sie auch von anderen Softwareherstellern – auch Wettbewerbern – in ihrer Entwicklung genutzt werden. Einige dieser Tools sind weit verbreitet und werden eben auch in Verbindung mit Produkten genutzt, die nicht von Siemens PLM Software stammen. Zu diesen Komponenten gehören der 3D-Kernel Parasolid, die Software D-Cubed für Constraints Management, die Geometriesuchmaschine Geolus Search, das neutrale Datenformat JT, das Entwicklungstool NX Nastran SDK, PLM VIS für individuelle Anwendungsentwicklung und das webfähige Datenformat PLM XML.

21.3
Einsatzgebiete der Software

Zielmärkte

Die Automobilindustrie und ihre Zulieferer stehen ebenso wie der allgemeine Maschinen- und Anlagenbau an erster Stelle der Zielgruppen in der Industrie. In der Rangliste folgen Konsumgüterhersteller, Luft- und Raumfahrt sowie Hightech und Elektronik. Aber alle Sparten der diskreten Fertigung, von Transportsystemen über Schienenbau und Schienenfahrzeuge, Schiffbau und Werften, Medizintechnik bis zu Werkzeug- und Formenbau gehören zur gewachsenen Kundschaft von Siemens PLM Software.

Daneben entwickelt sich in den letzten Jahren zunehmendes Interesse in für den Hersteller noch neuen Märkten: Einzelhandel und Baumärkte haben nämlich ebenso wie die Bekleidungsbranche oder Unternehmen der Prozessindustrie erkannt, welcher Nutzen in PLM Konzepten steckt.

Nach dem US-amerikanischen Markt rangiert Deutschland an zweiter Stelle. Um die große Bedeutung des deutschen Marktes zu unterstreichen, hat Siemens die Vertriebsstrukturen Ende 2008 dahingehend verändert, dass es nicht mehr nur die Regionen der Amerikas, EMEA (Europa, Mittlerer Osten, Afrika) und Asien/Pazifik gibt. Neben EMEA ist jetzt Deutschland als eigene Region aufgeführt. Allein Deutschland hatte bislang rund 40 Prozent des gesamten Bereichs EMEA ausgemacht, der außerdem 15 weitere Länder umfasste. Nicht nur der hier erzielte Umsatz sprach für diese Neustrukturierung. Ein weiteres besonderes Merkmal ist, dass sich die anderen Länder jeweils durch die Stärke bestimmter Branchen auszeichnen. In Deutschland dagegen sind alle Branchen stark, nicht bloß einzelne.

Referenzkunden

Alstom Power, Baden (Schweiz), Energieerzeugung
Blaupunkt, Hildesheim, Autoradios
Bosch und Siemens Hausgeräte, München, Hausgeräte
Canon, Tokio (Japan), Imaging Produkte
Daimler, Stuttgart, Automobilindustrie
Heidelberger Druckmaschinen, Heidelberg, Druckmaschinen
Pratt & Whitney, East Hartford (Connecticut, USA), Flugzeugtriebwerke
MTU Aero Engines, München, Flugzeugtriebwerke
Opel, Rüsselsheim, Automobilindustrie
Volkswagen, Wolfsburg, Automobilindustrie

Anwendungsbereiche

Mit den Softwaremodulen der verschiedenen Produktlinien werden alle Bereiche des Produktentstehungsprozesses unterstützt. Ob Anforderungsmanagement oder Projektplanung, Prozesssteuerung oder Detailkonstruktion, Zusammenführung der Daten unterschiedlicher Fachdisziplinen oder unternehmensweites, weltweites Datenmanagement, Simulation oder Berechnung, Produktionsplanung oder Service – NX, Solid Edge, Teamcenter und Tecnomatix und die ergänzenden Tools haben einen Funktionsumfang erreicht, der es schon lange unmöglich macht, auf Kundenveranstaltungen im Detail alle jeweiligen Neuigkeiten zu erläutern.

Im Bereich vor der eigentlichen Produktentwicklung stehen Requirements Management und Unterstützung des Systems Engineering hoch im Kurs. Bei der Nutzung der Entwicklungsdaten zur Simulation tut sich der Anbieter seit Jahren mit leistungsfähiger Visualisierung komplexer und sehr großer Baugruppen und Systeme hervor. Wobei die Tatsache, dass immer mehr Hersteller das neutrale Format JT unterstützen, ein zusätzliches Plus bedeutet, wo heterogene Systemumgebungen angetroffen werden.

Siemens PLM Software bietet nach Aussagen des Herstellers alles an IT, was für die Produktentstehung benötigt wird. Mit Ausnahme von MES, denn diese Eigenentwicklung wurde an den Geschäftsbereich Automation Systems for MES in Italien innerhalb derselben Division Industry Automation abgegeben.

Das Besondere dürfte künftig gerade die mögliche Kombination von PLM und Automatisierungslösungen sein, die in der Industry Automation beheimatet sind. Kein anderer IT-Anbieter hat heute ein ähnlich umfassendes Portfolio im eigenen Haus. Die Brücke zwischen virtueller Produktentwicklung und virtueller Fertigung, die ermöglichen könnte, dass Fertigungsanlagen mitsamt den zu fertigenden Produkten vollständig und in Echtzeit simuliert werden, wodurch eben auch die virtuelle Inbetriebnahme und die effektive Steuerung der realen Fertigung über dieselben Tools möglich würde – bei Siemens besteht die Chance, dass diese Brücke geschlagen wird. Fünf Forschungsprojekte unter dem Namen Archimedes, die unmittelbar nach der Übernahme von UGS aufgesetzt wurden, beschäftigen sich unter anderem mit diesen Fragen der möglichen Synergieeffekte in Form eines durchgängigen Lösungsansatzes.

21

21.4
Marktauftritt

Siemens PLM Software unterscheidet drei Kategorien von Kunden: die kleineren
Unternehmen, die ausschließlich von Vertriebspartnern bedient werden; den großen
mittleren Markt, den sich der Direktvertrieb mit indirekten Vertriebskanälen teilt; und
die persönlich von Siemens-Beratern betreuten Enterprise Accounts, bei denen Partner
gezielt hinzugezogen werden. Die Grenze zwischen dem unteren Segment, das ausschließlich durch Vertriebskanäle beliefert wird, und den anderen Segmenten liegt bei
einem Jahresumsatz von 35 Millionen Euro. Enterprise Accounts gibt es derzeit circa
200. Etwa 80 Prozent der Kunden haben weniger als 100 Arbeitsplätze installiert. 2001
wurden knapp 15 Lizenzen pro Kundenunternehmen als Durchschnittswert für CAD
ermittelt.

Seit einigen Jahren arbeitet das Haus intensiv am Ausbau des Partnernetzes. Allein
von 2005 auf 2007 stieg der Anteil der indirekt erwirtschafteten Umsätze von 23 auf
34 Prozent. Ein weit verzweigtes Netz von 450 Resellern und Distributoren, die als
Tier 1 Partner deklariert sind, stellt 1.200 Vertriebsberater und 2.500 technische Berater bereit. 13 global und 40 lokal agierende Beratungshäuser und Systemintegratoren
ergänzen diese Kanäle. Mit 600 Unternehmen weltweit existieren Entwicklungspart-
nerschaften. Zu 125 Partnern weltweit, darunter Gremien der Wissenschaft ebenso wie
Analysten und Marktforschungsinstitute, werden intensive Beziehungen gepflegt.

Ein Kundenmagazin *Siemens PLM Software Interface* erscheint in Deutschland
dreimal pro Jahr, regelmäßig werden die Kunden weltweit mit einem elektronischen
Newsletter über Neues rund um die Produkte und Services informiert. Eine Vielzahl
von Veranstaltungen, Seminaren und Web-Seminaren wird den Kunden unmittelbar
und auch mit Partnern geboten. Siemens unterstützt die unabhängigen Kundenorgani-
sationen, die Usergroups, bei der Durchführung ihrer Veranstaltungen auf den verschiedenen Kontinenten. Beteiligung an Messen, Veranstaltungen, Verbands- und
Vereinsaktivitäten rund um PLM gehören ebenfalls zu den regelmäßigen Aktivitäten.

21.5
Positionierung und Strategie

Siemens hat mit der Übernahme von UGS nicht nur einen neuen Geschäftsbereich
geschaffen, der das eigene Angebot ergänzt. Die Möglichkeit, den Kunden in Automobilindustrie, Luft- und Raumfahrt, Maschinen- und Anlagenbau und anderen Branchen
alles aus einer Hand zu bieten, stellt ein Alleinstellungsmerkmal dar. Von Programm-
und Portfolioplanung über 3D-Modellierung und mechatronische Entwicklungsprozesse bis zur Simulation der Fertigung und NC-Programmierung reichen die Produkte von
Siemens PLM Software. Die Steuerung der Fertigungsanlagen, die Leitstände, die
Elemente und Anlagen der Industrie-Automatisierung sind Bestandteile des restlichen
Portfolios von Industry Automation. Die Losung lautet nun: Siemens bietet Systeme
zum Management des Produkt- und des Produktionslebenszyklus. Darin steckt in der

Tat eine enorme Chance für eine durchgängige Lösung. Aber ebenso steckt darin auch eine enorme Herausforderung. Zwei Bereiche, die sich stark getrennt voneinander entwickelt haben, miteinander zu integrieren, wird eine Aufgabe sein, die nicht in ein, zwei Jahren zu meistern ist.

Gelingt dies, dann könnte Siemens bald einen neuen Trend setzen, der sich vielleicht auch in einem neuen Begriff niederschlägt. Ein Begriff, der über PLM hinausreicht, nachdem sich eingebürgert hat, darunter hauptsächlich das Management der Produktentwicklungsdaten über den gesamten Lebenszyklus zu verstehen, nicht auch der Fertigungsdaten.

Abb. 21.4 Virtuelle Maschine von Index an der Steuerung der realen Maschine (Quelle: INDEX-Werke)

Erste Lösungen von Kunden zeigen, welches Potenzial hier zu heben ist. So wird beim Werkzeugmaschinenhersteller Index seit einiger Zeit für jede Maschine auch eine virtuelle Variante der Maschine angeboten. Sie wird mit NX modelliert, funktioniert mit derselben Siemens-Steuerung wie die echte, gestattet die virtuelle Einrichtung der echten, erlaubt die Anpassung der NC-Programme aus NX-CAM für die echte und simuliert die Bearbeitung mit Tecnomatix. Inzwischen werden neue Maschinen zuerst virtuell getestet, bevor sie tatsächlich entwickelt werden.

Unternehmensdaten

> 1924 Gründung der IBM Corporation
> 2002 Umbenennung des Geschäftsbereichs IBM Engineering Solutions in **IBM PLM Solutions**

> CEO: **Samuel J. Palmisano, Amonk, New York (USA)**

> Vice President PLM
> IBM Software Group: **Albert Bunshaft**

> Ansprechpartner PLM: **Dr. Thomas Wedel, Leiter Marketing**

> Mitarbeiter PLM
> weltweit: 1.500
> Deutschland: 200

> Kunden weltweit > 20.000

> Homepage: http://www-01.ibm.com/software/plm/de/

IBM – dabei denken immer noch viele an den Hersteller von Computern, obwohl das Haus seit etlichen Jahren fast keine Hardware mehr im Angebot hat; und im Umfeld von PLM denken die meisten sofort an die langjährige, exklusive Partnerschaft von IBM und Dassault Systèmes. Beides trifft nicht wirklich die heutige IBM, und erst recht nicht ihre Bedeutung in Zusammenhang mit PLM.

Der Anbieter ist einerseits immer noch wichtiger Vertriebspartner von Dassault Systèmes für CATIA V5 und V6, für 3DVIA, ENOVIA MatrixOne und Smarteam sowie Simulia und ICEM. Aber das ist nur ein Teil der Aktivitäten, und sie betreffen vor allem die Software Group mit insgesamt 11.000 Mitarbeitern, zu der der Ge-

22

schäftsbereich PLM Solutions gehört. Aber auch die Global Business Services (GBS) haben weltweit über 1.500 Spezialisten, die sich hauptsächlich mit PLM beschäftigen. Damit ist IBM auch eines der größten, wenn nicht das größte PLM Beratungshaus überhaupt. Und zwar nicht nur im Rahmen der Partnerschaft mit Dassault Systemes, sondern auch im Rahmen von Partnerschaften mit anderen Anbietern und auch völlig neutral.

Darüber hinaus ist IBM heute vor allem Softwarehersteller. Vielleicht sollte man besser sagen Middleware-Hersteller. Denn nahezu alle Produkte aus der Palette der mittlerweile fünf Marken der Software Group sind Plattformen für die Unterstützung von Unternehmensorganisationen. Diese Softwareplattformen spielen im Umfeld von PLM eine zunehmende Rolle. Je mehr sich das Thema PLM aus dem reinen Enginee-ring in alle Unternehmensprozesse ausdehnt, desto wichtiger könnten diverse Systeme aus dem Haus IBM auch im Zusammenhang mit PLM-Konzepten werden.

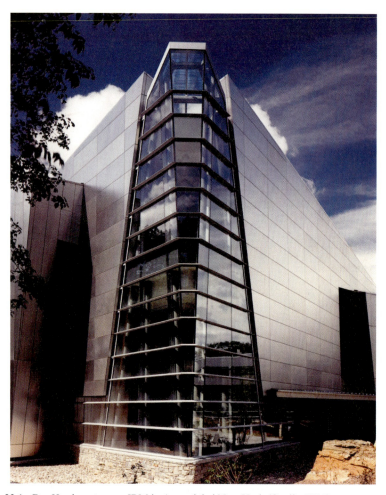

Abb. 22.1   Das Headquarter von IBM in Armonk bei New York (Quelle: IBM)

Man kann es so sehen, dass das Gesamtportfolio eine gute Ergänzung des Geschäfts mit den Produkten von Dassault darstellt. Oder umgekehrt: Dann ist die Partnerschaft mit Dassault in bestimmten Zielmärkten eine gute Ergänzung zum PLM-Gesamtangebot von IBM, das weit über den Bereich des Engineering hinausgeht. IBM ist einer der führenden Anbieter von PLM-Lösungen, und nach wie vor auch im wachsenden Vertriebsnetz der selbstständig agierenden Dassault Systèmes der Partner, der mit Dassault-Produkten den meisten Umsatz erwirtschaftet.

22.1
Meilensteine der Firmengeschichte

22.1.1
Eine amerikanisch-deutsche Gründungsgeschichte

1910 gründete der Amerikaner Herman Hollerith, Erfinder der Lochkartenmaschine und Gründer der amerikanischen *Tabulating Machine Company*, in Deutschland eine Gesellschaft zum Erwerb seiner Patente und zum Vertrieb seiner Maschinen: die *DEHOMAG* (Deutsche Hollerith-Maschinen Gesellschaft mbH). Die Tabulating Machine Company fusionierte 1911 in den USA mit der Computing Scale Company und der International Time Recording Company zur Computing Tabulating Recording Company (CTR). 1924 erfolgte die Umbenennung von CTR in *International Business Machines Corporation (IBM)*. Die deutsche Tochter DEHOMAG wurde 1949 in *Internationale Büro-Maschinen Gesellschaft mbH (IBM)* umbenannt.

Der erste programmierbare Computer war 1955 der Magnettrommelrechner IBM 650, der mit Elektronenröhren arbeitete. 1957 wurde der erste externe Speicher, ein Magnetplatten-Turm mit wahlfreiem direktem Zugriff, vorgestellt. 1981 kam der IBM Personal Computer auf den Markt, zwei Jahre später auch in Deutschland.

1992 erfolgte die Gründung der *IBM Unternehmensberatung* mit 2.500 Beratern in 30 Ländern. Ab 1993 fertigte die IBM Halbleiter nicht mehr ausschließlich für den Eigenbedarf und bot neben Technologieprodukten auch Beratungs- und Serviceleistungen auf dem freien Markt an.

22.1.2
Eine CAD und PDM Geschichte

IBM war als Computerhersteller in den Anfangsjahren der CAD-Technologie einer der wichtigsten Lieferanten der Hardware, auf der CAD-Systeme genutzt werden konnten. Und zugleich wurde der Produzent von Computern einer der wichtigsten Anwender der neuen Technologie.

1966 wurde eine Vorläuferversion der späteren Software *CADAM* bei Flugzeughersteller *Lockheed* auf dem ersten speziell für Computergrafik entwickelten Arbeitsplatz installiert. Er bestand aus einem IBM 360/50 Computer mit 512 KB Hauptspeicher, einem 2250 Modell II Display, einem Modell 2314 Plattenlaufwerk und einem Flachbettplotter.

Abb. 22.2 IBM System/370, eines der großen Systeme, auf denen CAD startete (Quelle: IBM)

IBM erkannte früh, dass sich in der Computergrafik ein großer Markt auftat. 1974 gehörte die IBM-Niederlassung in Paris zu den ersten drei Installationen von CADAM außerhalb von Lockheed. Der Computerhersteller wollte die Software – auch in Europa – selbst vermarkten und damit den Vertrieb der eigenen Hardware vorantreiben. Tausende von Großrechnern – und später Minicomputern – und Abertausende von Grafikterminals wurden in den Folgejahren bei einem hohen Preisniveau verkauft.

1978 unterzeichnete IBM eine nicht-exklusive Marketing-Vereinbarung mit Lockheed. Zu dieser Zeit war der Rechnerhersteller selbst der größte Anwender von CADAM. 1981 wurde IBM wichtigster Partner der neu gegründeten *Dassault Systèmes* und übernahm die exklusive Marketing- und Vertriebsverantwortung für CATIA. 1989 übernahm IBM den CAD-Geschäftsbereich von Lockheed und installierte die CADAM Inc., die bereits 1992 an Dassault weiterverkauft wurde. IBM war also, obwohl nie selbst Entwickler von CAD-Software, von den ersten Anfängen ein ausgesprochen aktiver Vertreter der Computergrafik.

Dagegen hatte IBM gegen Ende der Achtzigerjahre selbst eine Datenbankanwendung speziell zum Management von Produktdaten entwickelt, den *IBM Product Manager (PM)*. Das Programm wurde allerdings unabhängig von den CAD-Produkten vermarktet, und zur Unterstützung waren die IBM Enterprise Engineering Services an dieser Stelle aktiv. 1998 wurde der Product Manager an Dassault Systèmes verkauft. Für die Weiterentwicklung eines PDM-Systems auf seiner Basis gründete Dassault die Marke *ENOVIA*.

Abb. 22.3 Mit CATIA modellierter Rennwagen (Quelle: Dassault Systèmes)

22.1.3
Ausbau in Richtung Software und Service

Bereits seit den frühen Achtzigerjahren gab es mit DB2 – zunächst für die Großrechner der Serien /370 und /390 – ein Datenmanagementsystem. Es war der Vorläufer für die heutige *DB2 Universal Database (UDB)*. Ab 1993 wurde sie auch für die Betriebssysteme OS/2 und AIX, dann für Unix, Linux und andere Betriebssysteme angeboten. Seit 1995 kann sie unter Windows installiert werden. DB2 war die Basis der heutigen Software-Marke *Information Management*.

Zwischen 2001 und 2008 akquirierte IBM allein unter dieser Marke insgesamt 18 Unternehmen und deren Software-Produkte. Sie erweiterten den Funktionsumfang der möglichen Lösungen um zahlreiche Aspekte, die auch in produzierenden Unternehmen rasch an Bedeutung gewinnen: Datenintegration, die sogenannte Business Intelligence, mit der IBM seine Information on Demand Strategie untermauerte, Komponenten für Data Warehouse, Dokumentenmanagement und Archivierung. Besondere Aufmerksamkeit erhielten die Übernahmen von *Informix* (2001) für Datenbank- und Transaktionsmanagement, *FileNet* (2006) für Content Management und *Unicorn* (2006) für Metadaten Management. Mit *Trigo Technologies* wurde 2004 ein Anbieter übernommen, der sich auf die Verfügbarkeit detaillierter Produktdaten aus Millionen von Einzelinformationen unterschiedlichster Formaten von Hunderten von Zulieferern spezialisiert hatte.

Die *MQSeries* legte IBM 1994 den Grundstein der heutigen Marke *WebSphere*. MQ steht für Message Queueing, womit eine Technologie des asynchronen Informationsaustauschs gemeint ist. Vorläufer war der bereits in den Siebzigerjahren entstandene Transaktionsmonitor *CICS*. Sender und Empfänger einer Information müssen nicht zum selben Zeitpunkt aktiv sein, sondern bedienen sich einer zwischengeschalteten Warteschleife (Queue), in die die Informationen abgelegt und aus der sie abgerufen werden können. Innerhalb der WebSphere Produktlinie wurde daraus *WebSphere MQ*.

Kernprodukt dieser Marke und zugleich zentrales Element der Strategie von IBM hinsichtlich Service Orinetierter Architektur (SOA) ist heute der *WebSphere Application Server*, der oft einfach als WebSphere bezeichnet wird. Es ist eine Laufzeitumgebung für JavaEnterprise Edition (JavaEE) Anwendungen, die das von IBM entwickelte Protokoll Single Sign-on unterstützt. Die sogenannte Einmal-Anmeldung ermöglicht die Nutzung von Internet-Diensten – insbesondere Portale – ohne sich jedes Mal neu anmelden und authentifizieren zu müssen. Acht Firmenübernahmen bereicherten diese Marke zwischen 2002 und 2008, darunter *ILOG* (2008) und *CrossWorlds Software* (2002).

Mitte der Neunzigerjahre kamen zwei weitere Marken hinzu. 1996 kaufte IBM die Firma *Lotus* für rund vier Milliarden US$, die bis damals größte für ein Software-Unternehmen gezahlte Summe. Mit Version 4.5 wurde das Serverprodukt *Lotus Notes* in *Lotus Domino* umbenannt. Das System, ursprünglich – der Name sagt es – gedacht als elektronische Abbildung klassischer Notizzettel, ist eine umfangreiche Produktlinie geworden. Standardanwendungen in sind eine Mail-Datenbank sowie Kalender und Aufgaben-Verwaltung. Die freien Zeiten der Teilnehmer lassen sich darüber prüfen, Räume und Geräte für Sitzungen reservieren. Es gibt Datenbankvorlagen für Diskussions- und Teamdatenbanken. Alle Datenbanken können über Client und Browser bedient werden. Die Entwicklung eigener Anwendungen ist mit dem Domino Designer möglich. Neben Lotus Notes hat sich Lotus Sametime als weit verbreitete Plattform für Zusammenarbeit über das Internet etabliert. Auch die Lotus-Suite wurde durch eine Reihe von Akquisitionen ergänzt.

Ebenfalls 1996 kaufte IBM das texanische Unternehmen *Tivoli*. Daraus wurde eine Produktlinie, unter der IBM Software zur Verwaltung von Informationssystemen anbietet. Sie dienen zum einen dazu, Rechner zu überwachen, Software zu verteilen, Systeme zu inventarisieren oder Daten zu sichern. Zum anderen werden Prozesse wie Release-, Change- und Storage- Management mit Applikationen unterlegt. 17 Akquisitionen folgten unter dieser Marke zwischen 2002 und 2008, darunter *Access360, Candle, Consul Risk Management*. Als eine der wichtigsten Portfolio-Erweiterungen wurde die Übernahme von *MRO Software* 2006 wahrgenommen, mit der sowohl das Produkt *Maximo* zur Unterstützung von Service Management hinzukam, als auch eine erfahrene Mannschaft von Beratern.

Der jüngste Geschäftsbereich ist *IBM Rational* und fußt auf der Übernahme der Rational Software 2003. Mit *Rational Rose* war IBM auch ein führender Anbieter von Softwareentwicklungstools geworden. 2008 folgte der Zukauf des schwedischen Unternehmens *Telelogic*, das im selben Umfeld Systeme entwickelte, wobei hier die Software *Doors* als führendes Tool für Requirements Management gilt. Bis 2008 wurden auch in diesem Geschäftsbereich noch weitere vier Akquisitionen getätigt.

Damit hat sich IBM innerhalb der letzten zehn Jahre zu einem der führenden Anbieter von Softwareplattformen entwickelt. Und mit zwei großen Firmenübernahmen machte sich das Haus im selben Zeitraum zu einem der größten Beratungsunternehmen der Welt:

2002 kaufte IBM die globale Consultingsparte des Wirtschaftsprüfers *PricewaterhouseCoopers (PwC)* mit 30.000 Mitarbeitern. 2003 folgte die Übernahme von Matra Datavision. Bereits 1998 hatte Matra Datavision Teile seiner CAD Produktlinie EUCLID an Dassault Systèmes verkauft und eine Partnerschaft mit IBM begonnen. Nun wechselten 700 Mitarbeiter komplett zu IBM.

Im Zuge einer weltweiten Konsolidierung der Beratungseinheiten wurde 2003 die IBM Unternehmensberatung in *IBM Business Consulting Services (BCS)* umfirmiert. In Deutschland war IBM BCS bereits in diesem Jahr eine der zehn führenden Management-Beratungen.

Der Bereich Product Lifecycle Management Services ist ein Teil des Beratungsangebotes, das bei IBM unter dem Oberbegriff Supply Chain Management zusammengefasst wird, als Teil der Services, die sich um das Management der gesamten Wertschöpfungskette von der Rohstoffbeschaffung bis zum Recycling ranken. IBM verfolgt – das zeigen die zahlreichen Akquisitionen der letzten zehn Jahre deutlich – eine Strategie, die das Angebot von Dienstleistung in Kombination mit IT-Plattformtechnologien absolut in den Vordergrund stellt. Bereits heute hat der Servicebereich vom Umsatz her alle anderen Geschäftsfelder auf die hinteren Ränge verwiesen.

22.2
Zentrale Produkte und Dienstleistungen

PLM Services

Die PLM Services von IBM umfassen das Formulieren und Implementieren von Strategien, Prozessen, Organisationsstrukturen und Technologien zum Verwalten des Produkt-Lebenszyklus. IBM sieht sich als Beratungshaus, das seinen Kunden bis in Detailfragen der Innovation, der Produktion, der Logistik und anderer Aspekte des Produkt-Lebenszyklus unterstützen kann. In den letzten Jahren hat der Anbieter sogar in weltweiten Befragungen von Hunderten von Entscheidungsträgern die Erkenntnis gewonnen, dass nicht nur die Innovation des Produktes, sondern des Geschäftsmodells selbst zunehmend ins Zentrum der Anstrengungen um Wettbewerbsfähigkeit rücken.

So stellte IBM Ende 2008 ein Beratungskonzept für Green PLM vor, das helfen soll, Produkte von der Designphase bis zum Recycling umweltfreundlich zu gestalten. Green PLM umfasst unter anderem die Analyse und Bewertung von Energieeffizienz und Umweltbelastung während des gesamten Lebenszyklus eines Produktes, die Auswahl der verwendeten Materialien vom Grundstoff bis zur Verpackung, die benötigte Energie zur Herstellung oder die Aufwendungen für den Transport.

Die strategische PLM Beratung von IBM ist nicht an bestimmte Softwarebausteine gekoppelt. Ob die jeweils genutzte IT von IBM, einem strategischen Partner von IBM oder sogar von Wettbewerbern kommt, ist kein Kriterium für die Übernahme entsprechender Projekte.

Die zweite große Schiene der PLM Services betrifft die Unterstützung der Kunden bei Auswahl, Installation und Anwendung von Software zur Umsetzung von PLM.

22

Das schließt die Migration von Legacy-Systemen und die Übernahme von Altdaten ebenso ein wie die Integration verschiedener Systeme in einem zentralen Datenmanagement. Neben der Partnerschaft mit Dassault gibt es hier in unterschiedlichen Regionen der Welt zahlreiche weitere Partnerschaften, unter anderem mit Siemens PLM Software, PTC oder Oracle.

Middleware

IBM ist Anbieter von Softwareplattformen. Sie sind nicht speziell auf das Thema PLM ausgerichtet, keine ist im engeren Sinne Engineering IT, aber alle fünf Marken tauchen immer häufiger einzeln oder in Kombination in Projekten auf, die sich um PLM drehen.

Ein gutes Beispiel dafür ist das Projekt Product Development Integration Framework (PDIF), das im Dezember 2006 vorgestellt wurde. Auf Basis einer serviceorientierten Architektur mit WebSphere wurden hier Elemente aller fünf Plattformen, Information Management, WebSphere, Lotus, Tivoli und Rational verknüpft, um eine durchgängige Unterstützung eines industriellen Produktentwicklungsprozesses zu ermöglichen. Und da es sich nur um Plattformen, nicht aber um die Anwendungssoftware selbst handelt, ging IBM für PDIF eine Partnerschaft mit acht Softwareanbietern ein. Agile Software, Centric Software, Engineous Software, Geometric Software Solutions, MSC Software, Parametric Technology, PROSTEP AG und UGS hießen damals diese Partner, und einige von ihnen sind unmittelbare Wettbewerber von Dassault Systèmes.

CATIA und ENOVIA

Die Vermarktung von Produkten aus dem Hause Dassault Systèmes ist eine Ausnahme im Angebot von IBM. Es ist einer von wenigen Bereichen, in denen Endbenutzersoftware vermarktet wird, die nicht aus der eigenen Entwicklung stammt. Auch wenn

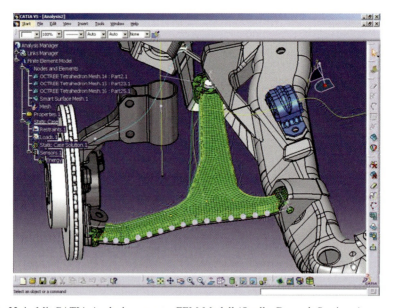

Abb. 22.4   Mit CATIA Analysis erzeugtes FEM-Modell (Quelle: Dassault Systèmes)

dieses Angebot durch das eigenständige Auftreten von Dassault im mittelständischen Markt in den letzten Jahren für IBM an Gewicht verloren hat, bleibt es doch ein äußerst wichtiger Faktor im Gesamtumfeld von PLM.

22.3
Zielmärkte

Die wichtigsten Zielmärkte für das PLM-Angebot von IBM sind seit etlichen Jahren Automobilindustrie, Luft- und Raumfahrt sowie Maschinen- und Anlagenbau. In letzter Zeit wächst die Bedeutung von Elektronik und Hightech deutlich und überholt allmählich den Maschinenbau. Ebenfalls stark wachsend ist das Geschäft im Bereich der Konsumgüterindustrie. Auch die Zahl der Energieerzeuger und Großanlagenbetreiber beispielsweise von Raffinerien oder Kraftwerken unter den IBM-Kunden nimmt zu. Bei Anlagen, die nicht selten einen Lebenszyklus von 50 oder sogar 100 Jahren haben und während dieser Zeit eine Vielzahl von Umbauten erleben, ist das sichere und effiziente Management dieser Lebenszyklen zu einem wichtigen Wettbewerbsfaktor geworden. Schließlich finden sich auch Anbieter der Telekommunikation unter den Kunden, die nach besseren Methoden und Werkzeugen suchen, um ihre Produkte auf Basis vorhandener Komponenten konfigurieren zu können.

Im Kundenkreis finden sich eher die Großen der Industrie. Nach oben kennt der Anbieter dabei keine Grenzen. Aus den langen Jahren der exklusiven Marketing- und Vertriebspartnerschaft mit Dassault betreut IBM nach wie vor Hunderte von Kunden. Bezüglich des PLM Beratungsgeschäfts sieht IBM in Unternehmen mit weniger als 500 Mitarbeitern nur in Ausnahmefällen einen Zielmarkt.

Der deutsche Markt im Umfeld PLM hat einen überproportional hohen Anteil an der weltweiten Umsatzerwirtschaftung. Analysten schätzen, dass derzeit fast 20 Prozent des globalen PLM Umsatzes der IBM in Deutschland erwirtschaftet werden. Der Beitrag ist damit deutlich stärker, als dies für das Gesamtgeschäft der IBM gilt. In Europa ist Deutschland – neben Frankreich – mit Abstand der wichtigste Markt. Vergleichbar sind weltweit nur der japanische und der koreanische, deren Volkswirtschaft sich ähnlich wie die deutsche durch einen extrem hohen Anteil an Fertigungsindustrie auszeichnet.

Auch die besondere ingenieurwissenschaftliche Kultur sichert dem Geschäft mit Software und Service für PLM hierzulande eine hohe Bedeutung. Das V-Modell des Systems Engineering hat seinen Siegeszug um die Welt aus Deutschland angetreten. PLM könnte zu seiner Verbreitung in ganz neuen Anwendungsbereichen beitragen.

Referenzkunden (Auswahl)

Arburg, Loßburg, Spritzgießmaschinen
Airbus, Hamburg, Flugzeugbau
BMW, München, Automobilindustrie
Boeing, Chicago (USA), Flugzeugbau
Daimler, Stuttgart, Automobilindustrie

22

CLAAS, Harsewinkel, Landmaschinen
MAN Nutzfahrzeuge, München
Nokia, Espoo (Finnland), Mobiltelefone
Toyota, Tokio (Japan), Automobilindustrie
ZF Friedrichshafen, Friedrichshafen, Antriebs- und Fahrwerkstechnik

Unterstützte Anwendungsbereiche

Die Keimzelle aller PLM Projekte ist für IBM der Produktentstehungsprozess. Wobei IBM – man denke an die Rolle des Geschäftsbereich Rational in der Software Group – den Schwerpunkt nicht ausschließlich auf die mechanische Produktentwicklung legt. Embedded Software, generell die Entwicklung von Softwaresystemen als Bestandteil von Produkten, nimmt an Bedeutung auch in Zusammenhang mit PLM deutlich zu.

An zweiter Stelle steht in den Projekten derzeit die Digitale Fabrik mit der Simulation der Fertigung und der Produktionsplanung. Gefolgt von Portfolio Management, Projektmanagement und Anforderungsmanagement. Aber IBM fühlt sich auch gefragt, wenn es um die Analyse der Geschäftsprozesse geht, und bietet Beratung in Business Prozess Management.

An etlichen Stellen kann der Anbieter dabei mit Komponenten aus dem eigenen Portfolio die Produkte seiner Partner, insbesondere auch die von Dassault Systèmes, ergänzen. So verfügt der Geschäftsbereich Rational mit Doors über eines der führenden Systeme für Anforderungsmanagement; unter Tivoli steht Maximo für das Service Management bereit; FileNet im Bereich Information Management dient dem Content Management; verschiedene Tools – etwa Lotus Sametime – können für die Zusammenarbeit über das Internet und für den Aufbau von Intranet-Portalen zum Einsatz kommen. Und das ist nur eine kleine Liste der Möglichkeiten.

Das Angebot von IBM – an Softwarekomponenten und an Beratungskompetenz – lässt kaum eine Frage aus der Industrie übrig, die nicht beantwortet werden kann. Und damit hat sich in den letzten zehn Jahren aus dem Vertriebspartner für CATIA ein Anbieter gemausert, dessen PLM-Kompetenz weit über die Ursprünge in der Engineering IT hinausgeht.

22.4
Marktauftritt

IBM sieht sich als Systemintegrator, und das nicht nur im Umfeld von PLM. Für die Systemintegration aber muss der Dienstleistungsanbieter im Zweifelsfall auch gegen die Interessen von Partnern oder sogar eigener Geschäftsbereiche zur Umsetzung von Projekten bereit sein. Zum Beispiel ist IBM derzeit bei Volkswagen als Dienstleister in die Einführung der Mittbewerber-Software Teamcenter als konzernweites PDM-System involviert. Die Kundenanforderungen haben erste Priorität, die Marke eingesetzter Werkzeuge rangieren dahinter.

Bezüglich der Vertriebspartnerschaft mit Dassault gibt es eine Besonderheit, die für die Kunden nicht unwichtig ist. Wer CATIA oder ENOVIA Produkte von IBM bezieht, schließt einen Vertrag ab, der ihm die Konditionen einer IBM Lizenzvereinbarung sichert. Darin ist zum Beispiel die ungewöhnliche Sicherheit enthalten, dass IBM für die Pflege der gelieferten Software einsteht, unabhängig von der Existenz des Herstellers Dassault Systèmes. Diese Art der Lizenzverträge gibt es nicht für Software in Zusammenhang mit irgendeiner anderen PLM Partnerschaft.

In Zusammenhang mit CATIA V6 ergibt sich eine zusätzliche Besonderheit: Die Neutralität von IBM ist möglicherweise für manches Unternehmen, das in der neuen Version auch einen Versuch von Dassault sehen könnte, seine Kunden stärker an sich zu binden, ein guter Grund, seinen Vertrag lieber mit dem Partner zu machen als mit dem Hersteller.

22.5
Positionierung und Strategie

IBM PLM Solutions sieht sich breiter aufgestellt als die meisten Wettbewerber. Von der strategischen Beratung, in der PLM einen Unterpunkt darstellt, über die Systemintegration bis hin zu Implementierung und Ausrollen von Anwendungssoftware steht eine große Mannschaft bereit. Vor dem Hintergrund der ausgebauten Geschäftsbereiche der Software Group obendrein eine Mannschaft, die nicht auf eine bestimmte Ingenieurdisziplin eingeschworen ist.

Insbesondere in dem nur erst ansatzweise ausgeschöpften Potenzial des Einsatzes der Informatik für die Produktentwicklung und der besseren Integration des Software Engineering mit den anderen Ingenieurdisziplinen sieht IBM eine große Chance

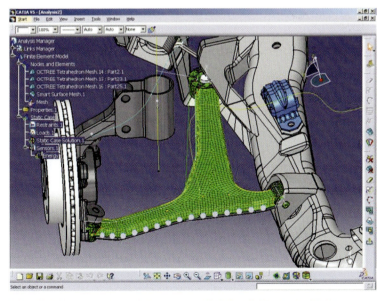

Abb. 22.4   PDIF-Framework – SOA-Konzept von IBM für PLM (Quelle: IBM)

22

gerade für den Standort Deutschland, seine Bedeutung als führenden Industriestandort zu behaupten und vielleicht sogar auszubauen. Dazu möchte IBM einen aktiven Beitrag leisten.

Die in Jahrzehnten erworbene Position eines Meinungsführers im Einsatz der IT für die industrielle Produktentwicklung soll im Umfeld von PLM – IBM gehörte 2002 zu den ersten, die den Begriff PLM prägten – noch ausgebaut werden. Dafür ist der Ansatz eines kombinierten Angebots aus Softwareplattformen und umfassenden Beratungsleistungen das Kernelement. Investitionen werden dazu notwendig sein, beispielsweise in Lösungen wie PDIF. Und Partnerschaften mit allen wichtigen Anbietern, deren Systeme für die Industrie von Bedeutung sind.

Unternehmensdaten

> 1988 Gründung icom Ingenieurbüro für Computeranwendung mbH
> 1992 Gründung TESIS GmbH
> Seit 2002 TESIS PLMware GmbH als Teil der TESIS Firmengruppe in München

> Geschäftsführer: **Dipl.-Ing. Mathias Mond**
>   **Dipl.-Ing. Jürgen Seelig**

> Mitarbeiter
> TESIS Gruppe: 150
> TESIS PLMware: 30

> Umsatz TESIS PLMware 2008
> weltweit: 4,5 Mio. Euro
> Deutschland: 3,7 Mio. Euro

> Homepage: http://www.TESIS.de/

TESIS PLMware ist einer der wenigen Dienstleistungsanbieter, die sich gewissermaßen mit Haut und Haaren dem Thema PLM verschrieben haben, was sich ja auch im Namen niederschlägt. Obwohl mit 30 Mitarbeitern nicht in der Oberliga der großen Beratungshäuser angesiedelt, spielt TESIS PLMware – vor allem auch aufgrund eigener Produkte – eine nicht unbedeutende Rolle, vor allem im Umfeld von Siemens PLM Software und SAP, und zwar auch auf globaler Ebene. Gegenwärtig befindet sich ein Standort in Chicago im Aufbau, um Kundenprojekte in den USA vor Ort betreuen zu können.

Der Anbieter stellt Services zur Konzipierung und Umsetzung von PLM Projekten sowie zur Implementierung von Systemen und ihrer Integration bereit. Das Ziel ist die Optimierung der Produktentstehungsprozesse. Gleichzeitig ist das Haus selbst aber auch IT-Anbieter, und dies in doppelter Hinsicht: Einerseits ist TESIS Vertriebspartner von Siemens PLM Software. Andererseits befindet sich eigene Software auf der Liste der Partnerprodukte von Siemens PLM Software und SAP, und TESIS ist zertifizierter SAP Software Partner sowie Siemens PLM Software Entwicklungspartner.

Eingerahmt wird das Angebot von TESIS PLMware durch die Dienstleistungen und Produkte der beiden anderen Firmen der Gruppe. Denn obwohl sie jeweils andere Aufgabenfelder und Anwendungsbereiche adressieren, ergänzen sich die drei Schwesterunternehmen. TESIS DYNAware ist mit rund 70 Mitarbeitern der größte Geschäftsbereich. Er unterstützt die Kunden vor allem in der Automobilindustrie bei Simulation und Berechnung in komplexen Entwicklungsprojekten.

Abb. 23.1 Der Firmensitz von TESIS in München (Quelle: TESIS)

TESIS SYSware – circa 40 Mitarbeiter – bietet Lösungen für IT-Automatisierung, Sicherheit und Zugangsberechtigung. Beide Unternehmen haben ebenfalls eigene Softwaretools entwickelt, die teilweise weltweit im Einsatz sind. Bei TESIS DYNAware existieren fünf verschiedene Produktlinien, die vom virtuellen Gesamtfahrzeug bis zur 3D Online-Animation reichen. TESIS SYSware bietet vier Produktlinien, die für Aufgaben wie Passwortrücksetzung oder Single Sign On genutzt werden.

23.1
Meilensteine der Firmengeschichte

Bei der Gründung des *icom Ingenieurbüro für Computeranwendung* 1988 stand die reine Dienstleistung im Vordergrund. In erster Linie bot das Haus Kompetenz in der Anwendung der Finite Elemente Methode (FEM) mit *I-deas* von SDRC und dem von der US-Raumfahrtbehörde NASA entwickelten System *NASTRAN* (Nasa Structural Analysis System). Es gehört heute MSC Software, wird aber auch von Siemens PLM Software weiterentwickelt.

Zur Beratung in der Anwendung kamen bald eigene Tools hinzu: beispielsweise zur schnellen Darstellung von Berechnungsergebnissen; zum Datenaustausch zwischen NASTRAN und I-deas, was von SDRC mit vertrieben wurde; oder ein Karosserie-Postprozessor für BMW, der in der Dynamik-Berechnung zum Einsatz kam. Mit IBM gab es eine Partnerschaft für Dienstleistungen zum 3D-Produkt *CAEDS* (Computer Aided Engineering Design System).

1992 wurde das Ingenieurbüro in die *TESIS GmbH* umgewandelt. Im selben Jahr schloss TESIS eine Partnerschaft mit SDRC, und ein Jahr später war das Haus Reseller für das 3D-CAD-System *I-deas Master Series*. Auch das zweite Kernprodukt von SDRC, *Metaphase*, war Gegenstand größerer Kundenprojekte. So wurde bei BMW 1994 ein erstes PDM-Projekt gestartet mit dem Ziel, Simulationsdaten projektspezifisch zu verwalten. Zu diesem Zeitpunkt war allerdings weder die Technologie weit genug, noch war in den Berechnungsabteilungen das Bewusstsein von der Notwendigkeit solcher Ansätze ausreichend stark verbreitet.

1995 begann TESIS die Kunden auch in Fragen von Konstruktionsmethodik beim Einsatz von 3D-CAD zu unterstützen. Neben der Einführung von I-deas Master Series waren die Berater auch vor Ort, um die Konstrukteure bei ihren ersten Schritten zu begleiten. Die Mitarbeit in Kundenprojekten wurde zum entscheidenden Hebel, um schneller zum Projektziel, aber auch schneller zur effizienten Anwendung des Systems zu gelangen.

1996 wurde die Firma in *TESIS WAMware CAE Consulting* umbenannt. Basis war eine enge Partnerschaft mit dem langjährigen Top-Manager von SDRC, Wayne McClelland, und dessen weltweit aktivem Beratungsunternehmen WAMware. Gleichzeitig wurde der Entschluss gefasst, unter diesem Dach die drei heutigen Geschäftsbereiche zu führen.

1997 entwickelten die Spezialisten von TESIS eine Integration von I-deas Master Series und SAP und wurden mit der Schnittstelle offiziell zertifizierter *SAP-Partner*. Es war eine der ersten CAD-ERP-Schnittstellen in der Industrie. Es dauerte noch bis 1999, bevor die erste darauf basierende Integration produktiv geschaltet werden konnte.

1998 übernahm TESIS die Einführung der *EAI* Produktlinie *VisProducts* in den europäischen Markt. Zwei Jahre bevor UGS das Unternehmen EAI übernahm und sein neutrales Visualisierungsformat *JT* zunächst zum Standard innerhalb des eigenen Portfolios machte.

Im Jahr 2000 wurden *I-PARTsolutions,* die von TESIS entwickelte Integration der Normteile von *Cadenas,* zum führenden Normteilesystem in der I-deas Anwendungsumgebung. 2001 begann SAP, die *I-deas-SAP Integration* von TESIS weltweit als *PLM Integration for SAP* zu vertreiben.

23

2002 erfolgte die letzte Umbenennung in *TESIS PLMware*. Ein Jahr darauf konnte der Anbieter mit dem *Engineering2SAP Gateway* auch eine SAP-Integration mit iMAN, dem PDM-System von UGS, freigeben und wurde zum Partner von UGS – dem Unternehmen, das im selben Jahr mit SDRC zusammengeführt wurde. Zwei Jahre später folgte *Teamcenter Gateway for SAP*, das heute für Teamcenter als Standardschnittstelle weltweit gilt. Dabei ist es TESIS gelungen, die Schnittstelle so zu gestalten, dass sie für alle heutigen Module von Teamcenter in Verbindung mit SAP genutzt werden kann.

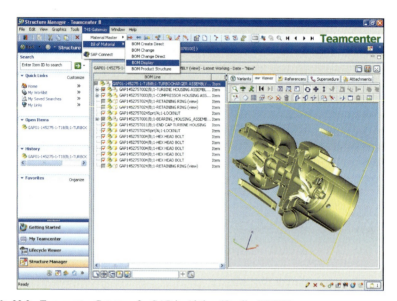

Abb. 23.2   Teamcenter Gateway for SAP in Aktion (Quelle: TESIS)

23.2
Zentrale Produkte und Dienstleistungen

Prozessanalyse und Prozessoptimierung

Seit 2006 verfügt TESIS PLMware über ein Standardangebot. Es trägt den eingängigen Namen ZAPP, eine Kurzform für Zielgerichtete Analyse der Potenziale im Produktentstehungsprozess. Dahinter verbergen sich: die Befragung der Mitarbeiter; die Analyse, Bewertung und Dokumentation des Ist-Zustandes; eine SWOT-Analyse der Stärken, Schwächen, Chancen und Risiken; das Aufzeigen der analysierten Optimierungspotenziale; eine qualitative und quantitative Nutzenbetrachtung; ein Lösungsvorschlag mit Meilensteinen und Kosten; und schließlich die Ergebnispräsentation vor dem Management. Das Besondere aber ist die Herangehensweise mit dem Versprechen, innerhalb von zehn Tagen von der Befragung bis zur Ergebnispräsentation zu gelangen. Der Kunde soll wissen, wann er welche konkreten Ergebnisse zu erwarten hat.

Beratung und Service zur Prozessoptimierung in der Produktentstehung ist mit Abstand das wichtigste Tätigkeitsfeld von TESIS PLMware. Rund 60 Prozent des Umsatzes werden hier erwirtschaftet. Der Anbieter sieht den einfachen Grund darin, dass die IT-Systeme allein nicht die Herausforderungen lösen können, vor denen die Kunden stehen. Ohne die Software so anzupassen und einzusetzen, dass tatsächlich die Problemstellung der jeweiligen Anwender adressiert wird, ist die für eine erfolgreiche Implementierung erforderliche Akzeptanz nicht zu erreichen. Das schließt Fragen der Lokalisierung – auch sprachlich – ebenso ein wie die Integration bestimmter Eigenentwicklungen in die Umgebung der Standardsoftware.

Eines der Themen, das den Dienstleister noch für einige Jahre beschäftigen wird, ist die Unterstützung der Kunden bei ihrer Migration von I-deas Master Series zu NX. Dafür hat TESIS ein standardisiertes Vorgehensmodell entwickelt, das technisch und zeitlich in zwei Stufen gegliedert ist: die Übernahme aller I-deas Daten aus dem I-deas-spezifischen Team Data Management (TDM) in die Teamcenter Umgebung und der Wechsel der CAD-Anwendung von der I-deas NX Series zu NX. Wobei vordefinierte Meilensteine eine kontinuierliche Überprüfung des Fortschritts erlauben.

Teamcenter Gateway for SAP (T4S)

Nach wie vor ist die Schnittstelle zum Abgleich der Engineering Daten mit ERP, also vor allem die Übergabe und Durchgängigkeit der Stücklisteninformationen zwischen Entwicklung und Fertigung, eine wichtige Aufgabenstellung. Circa 20 bis 25 Prozent des Umsatzes erzielt TESIS PLMware mit der Eigenentwicklung der Anbindung von Teamcenter an SAP, die über Siemens PLM Software vertrieben wird.

Teamcenter

TESIS PLMware macht als Vertriebspartner von Siemens PLM Software etwa 10 bis 15 Prozent seines Umsatzes mit dem Vertrieb der verschiedenen Produkte aus deren Portfolio. In erster Linie ist dies Teamcenter selbst, das als Basissoftware zur Umsetzung von PLM-Konzepten dient. Unter dem Dach von Teamcenter sind neben dem Hauptthema der Verwaltung und Bereitstellung von Daten aus dem Produktentstehungsprozess für das gesamte Unternehmen zahlreiche Anwendungsmodule vereint, die ebenfalls von TESIS vermarktet werden. Vor allem gehören dazu: das Modul *Teamcenter Manufacturing* zur Fertigungsplanung aufgrund integrierter und assoziativer Verwaltung von Produktdaten, Prozessinformationen sowie Daten von Fabrik und Ressourcen; und das Modul *Teamcenter Visualization*, das zur professionellen Visualisierung von CAD-Daten über die Prozesse hinweg jeweils dort eingesetzt wird, wo CAD-Funktionalität und CAD-System Know-how selbst nicht erforderlich sind.

NX

Die Implementierung und Integration von CAD betrifft nicht nur die neueste Version von NX, sondern basiert auf langjähriger Erfahrung in der Unterstützung der Anwender mit den Vorgängerversionen Unigraphics Software und I-deas NX Series und bei der Umstellung auf NX. Einschließlich der Integration auch anderer CAD-Systeme fremder Hersteller in einer Multi-CAD Umgebung mit Teamcenter.

23

Kundenspezifische Softwareentwicklung

Wie die anderen Geschäftsbereiche der Firmengruppe entwickelt auch TESIS PLM-ware kundenspezifische Zusatz- und Spezialapplikationen. Das bezieht sich vor allem auf die Integration und Anpassung der CAD-Anwendung in Zusammenhang mit Spezialanwendungen und mit ERP und PDM. Aber zum Beispiel in Verbindung mit der TESIS SYSware verfügt der Anbieter über Erfahrung und Know-how in der Programmierung von Anwendungen und Services im Rahmen einer serviceorientierten Architektur (SOA), was entsprechende Bausteine auch in einem PLM-Konzept ermöglicht.

23.3
Zielmärkte

Alle Sparten der diskreten Fertigung sind Zielmarkt des Beratungshauses. Unter den Kunden finden sich Unternehmen der Automobilindustrie und Luftfahrt ebenso wie Investitionsgüterhersteller, Maschinen- und Anlagenbauer, Konsumgüter und High-tech. Einige Branchen sind besonders stark vertreten: Heizungsbauer, Antriebstechnik und Energieerzeugung vom Dieselmotor über Getriebe bis zu Turbinen und Linearmotoren, Medizintechnik, Konsumgüter von der Bratpfanne bis zum Fernseher sowie Elektrik und Elektronik.

Die Komplexität der Geschäftsprozesse nimmt mit der Größe der Unternehmen zu, und auch die Anzahl der Standorte und die Art der Ausrichtung auf lokales oder internationales Geschäft spielen dabei eine Rolle. Erfahrungsgemäß sind es eher Unternehmen mit mehr als 300 Mitarbeitern, die auf externe Dienstleistung zur Unterstützung der Prozessoptimierung zurückgreifen. Vor allem solche, die ihr Geschäft ohne den Einsatz großer, datenbankgestützter Systeme zur Verwaltung ihrer Produktdaten und sonstiger unternehmensrelevanter Daten nicht mehr betreiben können. Kleinere mittelständische Unternehmen profitieren hier besonders von der Prozesskompetenz

Abb. 23.3   Das Wirkungsfeld von TESIS PLMware (Quelle: TESIS)

von TESIS, um eine für die jeweiligen Aufgaben und die Mitarbeiter passende Unter-
menge der Funktionsvielfalt von Teamcenter oder SAP auszuwählen und in geeigneter
Form zum Einsatz zu bringen. Ein typisches Beispiel dafür ist die Realisierung eines
speziell angepassten Freigabeprozesses für einen mittelständischen Hersteller von
Lebensmittel-Handlingsystemen, der es den Entwicklern ermöglicht, komplexe Baugruppen mit einem Mausklick vorfreizugeben. Eventuelle Konflikte werden übersichtlich dargestellt und die weiteren beteiligten Stellen informiert.

Große Unternehmen profitieren demgegenüber hauptsächlich von der Erfahrung in
der Abbildung komplexer, systemübergreifender Prozesse zwischen PLM und ERP.
Hier ist vor allem die Gestaltung flexibel anpassbarer, aber gleichzeitig absolut zuver-
lässiger Daten- und Prozessintegrationen gefragt.

Für TESIS ist der deutsche Markt mit Abstand der wichtigste, aber Projekte lassen
sich längst nicht mehr auf eine Region beschränken. Schließlich ist ja gerade die über
Firmen und Länder verteilte Produktentstehung und Fertigung ein wichtiger Grund für
die Unternehmen, ihre Prozesse und ihre Systemlandschaften einer Überprüfung zu
unterziehen. Wenig Projekte gibt es im asiatischen Raum, da der Einsatz von TESIS-
Software in Asien zumeist von den Unternehmenszentralen in Europa oder USA gesteuert wird, oder aber weil die Projekte rund um TESIS-Software von lokalen Beratungsunternehmen übernommen werden. Außerhalb Deutschlands sind vor allem das
restliche Europa und die USA interessant.

Referenzkunden (Auszug)

Bizerba, Balingen, Ladenkassen, Waagen
Camper, Inca (Spanien), Schuhe
IAI Elta Systems, Ashdod (Israel), Luftfahrt
Loewe, Kronach, Audio-/Video-Systeme
Schlatter International, Zürich (Schweiz), Widerstandsschweißen
SEB, Ecully (Frankreich), Haushaltsgeräte
SMIT Transformatoren B.V., Nijmegen (Niederlande), Großtransformatoren
Viessmann, Allendorf (Eder), Heiztechnik
Voith Turbo, Heidenheim, Antriebstechnik
WAFIOS, Reutlingen, Draht- und Rohrverarbeitungsmaschinen

Unterstützte Anwendungsbereiche

Seinen Ursprung hat TESIS PLMware in der Unterstützung des Engineering, der Konstruktion, der Produktentwicklung, und diesen Bereich bedienen nach wie vor die
meisten Projekte. Es ist der Bereich, dessen Prozesse am schwierigsten zu fassen und
zu standardisieren sind. Das zweite Hauptthema betrifft die Arbeitsvorbereitung und
Fertigungsplanung. Transparenz zu schaffen und den Informationsfluss zwischen
Entwicklung und Konstruktion einerseits und der Vorbereitung der Produktion andererseits sicherzustellen, darin liegt eine Kernkompetenz von TESIS, die sich ja nicht
zuletzt in der Tatsache niederschlägt, dass die Standard-SAP-Anbindung für Teamcenter aus diesem Hause stammt.

Schnittstellen von den im Engineering eingesetzten Systemen und der Produktdatenverwaltung zur Fertigung, Auftragsabwicklung, Logistik und zum Kundendienst
und Service gehören ebenfalls zum Angebot. Hier sieht TESIS PLMware wachsenden

23

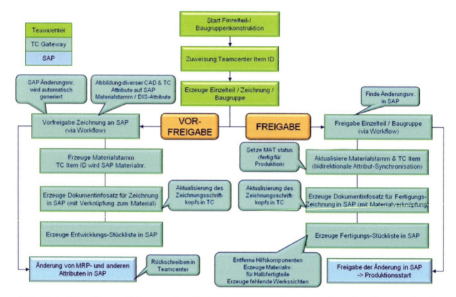

Abb. 23.4 Die Standardisierung des Freigabeprozesses ist eines der Kernthemen (Quelle: TESIS)

Bedarf. Je besser die virtuelle Produktentwicklung umgesetzt wird, desto drängender wird die Vernetzung dieses Bereiches mit den angrenzenden Unternehmensprozessen.

Sehr großes Potenzial wird im Anforderungsmanagement gesehen. Die exakte Formulierung der Anforderungen – nicht nur aus dem Markt und von Kundenseite, sondern vor allem von den auf die Entwicklung folgenden Prozessen – und die konsequente Verfolgung der Umsetzung dieser Anforderungen in Teile und Produkte wird sich nach Auffassung der Spezialisten in München zu einer Aufgabenstellung entwickeln, über die sich in den kommenden Jahren Wettbewerbsvorteile erringen lassen. Momentan allerdings sind diesbezügliche Projekte noch relativ dünn gesät.

23.4
Marktauftritt

TESIS PLMware hat seine besondere Stärke nicht in der Neutralität, sondern in der Kombination von Know-how in Implementierung und Einsatz dezidierter IT-Systeme für Engineering, Datenmanagement und Fertigungsanbindung auf der einen Seite, mit langjähriger Erfahrung in der Prozessanalyse und -optimierung auf der anderen. Dabei hat das Haus stets eine gute Hand bewiesen, sich mit zukunftsträchtigen Tools zu befassen, die sich mit dem Markt weiterentwickelt haben. Die heutigen strategischen Partner Siemens PLM Software und SAP zählen zu den führenden Anbietern im Umfeld von PLM.

Das Beratungshaus beteiligt sich an zahlreichen Veranstaltungen, auf denen es um den Produktentstehungsprozess beziehungsweise um den Einsatz entsprechender Softwaresysteme geht. Die wichtigsten darunter sind Kundentage, die von Siemens PLM Software in verschiedenen Regionen ausgerichtet werden. TESIS ist dabei durch Vorträge und als Aussteller aktiv. Teilweise tritt der Anbieter auch selbst als Mitorganisator auf, zum Beispiel gemeinsam mit anderen Partnern von Siemens. Auch an den unabhängigen Anwendertreffen der Siemens PLM Connection, in Europa ist dies die PLM Europe, nimmt TESIS regelmäßig teil.

Im vergangenen Jahr veranstaltete das Haus einen eigenen Kundentag, um 20 Jahre TESIS PLMware zu feiern, unter dem Motto *Innovation mit PLM*. Zahlreiche Kunden beteiligten sich mit eigenen Beiträgen, um über erfolgreiche Projekte mit TESIS zu berichten.

23.5
Positionierung und Strategie

TESIS PLMware bietet prozessorientierte Beratung und Systemintegration auf hohem Niveau. Dabei legt das Haus aber Wert darauf, dem Kunden auf Augenhöhe gegenüberzutreten, was sich unter anderem in dem Konzept des Standardangebots ZAPP niederschlägt.

Für die kommenden Jahre erwartet TESIS, dass sich die Idee von PLM weiter ausbreitet. Einerseits in Form einer deutlich größeren Zahl von PLM-Projekten in allen Sparten der Industrie. Andererseits vor allem in Form einer stärkeren Verankerung des Verständnisses von PLM und seiner Bedeutung über den reinen Engineering Bereich hinaus. Das Management in den Firmen wird das Thema umfassender unterstützen und platzieren. Gegenüber dem immer noch häufig anzutreffenden Schwerpunkt der M-CAD-Datenverwaltung werden andere Themen in den Vordergrund rücken. Dazu gehören insbesondere die bessere Integration der Elektronik und E-Technik sowie die Einführung von Requirements Management und Systems Engineering. Besonders wichtig aber wird die Nutzung von PLM zur besseren Kopplung der Produktentstehung mit der Fertigung und anderen Unternehmensprozessen. In fünf Jahren – so die Erwartung bei TESIS – hat sich PLM in der Breite etabliert.

Seinen eigenen Erfolg wird TESIS PLMware auch auf eine Ausdehnung der Aktivitäten in Europa und den USA stützen. In Europa bedeutet dies den weiteren Ausbau von Partnerschaften mit anderen Systemintegratoren. In den Vereinigten Staaten, die TESIS für einen in Zusammenhang mit PLM zunehmend wichtigen Markt hält, gründet der Anbieter eine Tochter, um den Gedanken der prozessorientierten Beratung mit Hilfe von amerikanischen Spezialisten auch in die USA zu tragen und dort umzusetzen. Insgesamt zielt TESIS PLMware in fünf Jahren auf eine Zahl zwischen 60 und 100 Mitarbeitern, erwartet also eine Verdopplung bis Verdreifachung der gegenwärtigen Mannschaft.

Gibt es einen Lehrstuhl für Produkt-Lebenszyklus-Management? Oder ein PLM-Forschungsinstitut? Nein. Aber es gibt eine Reihe von Lehrstühlen und Instituten, die sich dem Thema in besonderer Weise widmen und ihm eine höhere Priorität einräumen als andere. Und dort gibt es durchaus auch Lehrveranstaltungen und Forschungsprojekte, die PLM explizit im Namen führen. Diese Einrichtungen vorzustellen ist Gegenstand der folgenden Kapitel.

Einen Anspruch auf Vollständigkeit kann diese Vorstellung nicht für sich beanspruchen, wohl aber darauf, dass die meisten der derzeit wichtigen Player in Forschung und Lehre zu Wort kommen. Die einzelnen Kapitel sind alphabetisch nach den Standorten der Institute und Lehrstühle und – sofern mehrere an einem Ort vorgestellt werden – nach den Namen der Professoren geordnet. Die Reihenfolge ist also kein Zeichen für ihre jeweilige Bedeutung in Zusammenhang mit PLM, sie spiegelt nicht die Größe der Einrichtungen, nicht die Rolle, die PLM innerhalb ihrer Aktivitäten spielt, kurz sie ist nicht als Rangfolge irgendeiner Art misszuverstehen.

24.1
Konstruktion, CAD, PDM, PLM – konsequente Entwicklung

Woher kommen die Institute, woraus hat sich ihre Aktivität zur Beschäftigung mit dem Produkt-Lebenszyklus-Management entwickelt? Das ist sehr unterschiedlich, und dieser Unterschied ist einer der Gründe, weshalb diese Kapitel Eingang in das PLM Kompendium gefunden haben. Denn je nach Herkunft haben die Einrichtungen natürlich auch besondere Schwerpunkte im Herangehen an PLM, in der Lehre wie in der Forschung. Ob sich der Leser als Student überlegt, welche Richtung er einschlagen will, ob der in der Industrie Verantwortliche einen Partner für ein Forschungsprojekt sucht – diese Unterschiede zu kennen ist sinnvoll für jeden, der mit PLM zu tun hat.

Es gibt Lehrstühle, für die eines der Hauptthemen die Konstruktionslehre ist. Spätestens in den Achtzigerjahren war hier das Thema CAD als Kernelement aufzuneh-

24

men, so wie spätestens Mitte der Neunzigerjahre das Thema PDM. PLM ist an einigen dieser Institute die logische Fortsetzung und erweiterte Betrachtung von rechnergestützter Entwicklung und rechnergestütztem Entwicklungsmanagement.

Auf der anderen Seite haben sich einige Lehrstühle auf die Produktionstechnik spezialisiert, und auch da ist seit langem die Nutzung der CA-Technologien ebenso unverzichtbar wie die Beherrschung elektronischen Datenmanagements. PLM hat hier stärker als bei den erstgenannten den Fokus auf der Integration von Entwicklung, Produktionsplanung und Fertigungsvorbereitung, beziehungsweise auf Spezialgebieten, die sich daraus ableiten.

Manche Institute haben sehr früh eine führende Rolle in der CAD-Ausbildung und entsprechender Anwendungsforschung gespielt. Viele der heute in der Industrie für die technische IT Verantwortlichen, etliche Leiter von Anbietern technischer IT, aber auch einige der in den folgenden Kapiteln vorgestellten Institutsleiter und Lehrstuhlinhaber haben beispielsweise bei Professor Spur in Berlin und dem Ende 2008 verstorbenen Professor Grabowski in Karlsruhe promoviert, die lange Zeit als ‚CAD-Päpste' galten. Wieder andere Hochschulen waren unmittelbar an der Entwicklung von CAD-Technologie beteiligt. So wurde 1973 an der Ruhr-Universität Bochum das 2D-CAD-System Proren entwickelt, das später von dem ausgegründeten Softwareunternehmen ISYKON etliche Jahre recht erfolgreich vermarktet werden konnte.

Teilweise setzen die in diesem Teil des Buches vorgestellten Einrichtungen die langjährige Beschäftigung mit den modernen Methoden der Produktentstehung unter neuer Leitung und mit verändertem Fokus fort, teilweise wurden an den Universitäten auch neue Lehrstühle ins Leben gerufen, die sich mit diesen Themen befassen. Aber alle, die hier in einem eigenen Kapitel Erwähnung finden, widmen sich dem Thema PLM nicht nur am Rande, sondern haben seine Bedeutung seit langem erkannt, sind an wichtigen Forschungsprojekten beteiligt und räumen der Ausbildung in dieser Richtung hohe Priorität ein.

24.2
Die Vorrangstellung des Maschinenwesens

Alle sind – mit Ausnahme einer Fachhochschule – Lehrstühle von technischen Universitäten oder technischen Hochschulen. Es gibt sicher weitere Fachhochschulen, die einer Erwähnung wert wären. Möglicherweise werden sie in den künftigen Auflagen des PLM Kompendiums intensivere Berücksichtigung finden. Sie sind grundsätzlich stärker auf die Vermittlung der Fertigkeiten im Umgang mit technischer IT und die Anwendung von Entwicklungsmethoden ausgerichtet als auf Grundlagenforschung oder Theorien des industriellen Managements von Entwicklung und Produktion.

Mit Ausnahme des Informatik-Lehrstuhls IV an der TU München handelt es sich um Institute, die im weitesten Sinne dem maschinenbaulichen Ingenieurwesen zuzurechnen sind. Entwicklungsmethoden, Konstruktionslehre, Maschinenbauinformatik, Rechneranwendung in der Konstruktion – die Bezeichnungen geben dabei nicht immer Aufschluss über den Schwerpunkt der Aktivitäten in Forschung und Lehre, sondern sind oft historisch gewachsen und eher Ausdruck der Zielsetzung zum Zeitpunkt der Gründung.

Die Tatsache, dass es sich fast ausschließlich um Einrichtungen des Maschinenbau-Ingenieurwesens handelt, entspricht dem allgemeinen Stand der Entwicklung. Es sind ja auch vor allem die Fachbereiche der Maschinenbau-Ingenieure, die sich in der Industrie mit dem Thema PLM auseinandersetzen und entsprechende Konzepte umsetzen. Und es sind vor allem die Anbieter von Standardsoftware rund um die mechanische Produktentwicklung, die sich als PLM-Anbieter betrachten.

Warum ist das so? Weil bis vor gar nicht langer Zeit die Mechanik den mit Abstand größten Anteil zur Produktwertschöpfung beigetragen hat. Dementsprechend war das Thema Produktentwicklung fast gleichbedeutend mit mechanischer Konstruktion und Entwicklung – und etwa die Elektrotechnik ein Nebenfach des Maschinenbaus. Allgemeine Entwicklungsmethodik, Entwicklungssysteme, Entwicklungsmanagement, dann auch Datenmanagement waren folgerichtig zuerst in den Maschinenbau-Fakultäten angesiedelt.

Das Maschinenwesen ist die älteste Ingenieurwissenschaft. Längst steht sie nicht mehr nur für Maschinen und Antriebe, sondern allgemein für das Ingenieurwesen unterschiedlichster Branchen und Bereiche, von der Medizintechnik und Unterhaltungselektronik bis zur Luft- und Raumfahrt. Die Fachgebiete umfassen eine große Zahl von Spezialdisziplinen, zu denen selbstverständlich auch Elektrotechnik und Informatik gehören. Der Begriff Maschinenwesen oder Maschinenbau ist eigentlich irreführend und überholt. So wie der Konstrukteur nicht mehr im Mittelpunkt der Produktentwicklung steht, so ist es immer weniger sinnvoll, als allgemeinen Oberbegriff für das produktorientierte Ingenieurwesen den Maschinenbau zu nehmen.

Die Fachbereiche Elektrotechnik, Elektronik und Informatik kamen später. Sofern sie sich hauptsächlich mit Produktentwicklung oder Produktionstechnik beschäftigen, sind sie auch heute oft der Fakultät Maschinenbau oder Maschinenwesen untergeordnet. Ihre Vertreter sehen sich meist in erster Linie als Spezialisten für Embedded Softwareentwicklung, Entwicklung von Steuergeräten und ähnlichem. Das große Thema PLM überlassen sie vorläufig denen, die sich auch generell mit dem großen Thema Produktentwicklung befassen.

Auf der Startseite des Lehrstuhls für Informationstechnik im Maschinenwesen der Technischen Universität München heißt es beispielsweise: „Der Lehrstuhl itm arbeitet methoden- und technologieorientiert an den informationstechnischen Aspekten der Entwicklung und Optimierung softwaregesteuerter technischer Produkte und Produktionssysteme." Die Grundlagenfächer in den ersten vier Semestern sind für alle Fachrichtungen des Maschinenbaus gleich, danach kann sich der Student für die Fachrichtung Mechatronik und damit für das Angebot des Lehrstuhls itm entscheiden. Das allgemeine Management der Produktentwicklung aber belegt er im Maschinenbau, und auch die Anwendung von Standardsoftware für das Engineering, vor allem CAD und PDM, wird dort gelehrt.

An den Fakultäten, die allgemeine Informatik oder Elektronik lehren und erforschen, spielt wiederum das Thema Maschinenbau und Mechanik eine untergeordnete Rolle. Beide Fachgebiete haben grundsätzlich eine Aufgabenstellung, die weit über die produktbezogene, industrielle Anwendung hinausgeht. So finden wir beim Maschinenwesen die Fächer Informationstechnik, Elektronik oder Mechatronik, in der Elektro-Technik das Software-Engineering und ebenfalls die Mechatronik, und in der Informatik finden wir beispielsweise Computational Mechanics, Maschinenbau oder Elektrotechnik.

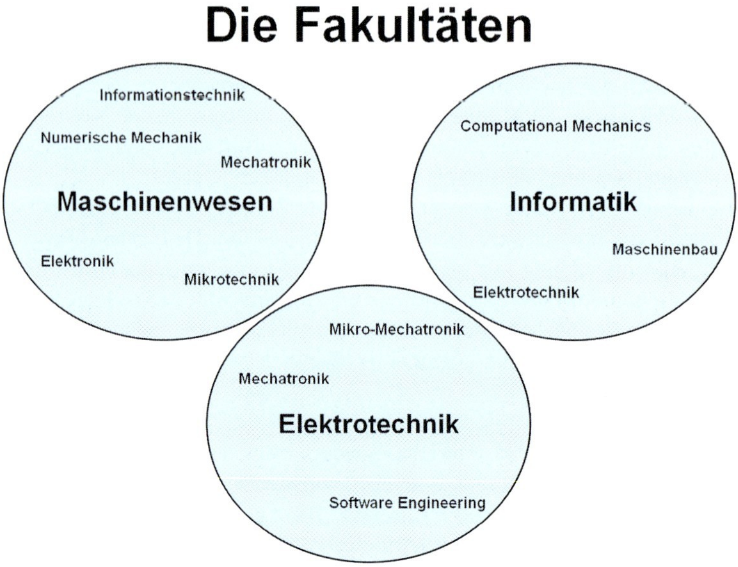

24

Die Fakultäten

Abb. 24.1 Die gewachsene Landschaft der Fakultäten im Ingenieurwesen (Quelle: sendler\circle)

Aber ob als Fachrichtung des Maschinenbaus oder als eigene Fakultät – die Vertreter von Elektronik und Informatik sehen sich zunehmend mit der Frage des industriellen Managements der Lebenszyklen von mechatronischen Produkten konfrontiert. Doch von der Betrachtung ihrer Fachdisziplinen als gleichberechtigt in einem gemeinsamen Aufgabenfeld sind wir noch ziemlich weit entfernt.

Die gewachsenen Strukturen bringen es – ganz ähnlich wie die Fachbereichsstrukturen in der Industrie – mit sich, dass Mechatronik von jedem Fachgebiet behandelt wird, jeweils mit dem zur Fakultät passenden Schwerpunkt. PLM aber, als übergeordnetes Thema der Entwicklungsmethodik für Produkte und Produktionssysteme, wird hauptsächlich von den Maschinenbau-Lehrstühlen adressiert. Und deshalb finden sich in diesem Buch aus gutem Grund fast ausschließlich diese Lehrstühle aufgeführt.

24.3
Das Hindernis der Fakultätsgrenzen

Diese disziplinspezifische Ausrichtung von Forschung und Lehre wird von immer mehr Beteiligten als Beschränkung gesehen. Sie behindert auch eine sinnvolle, ganzheitliche Behandlung des Themas PLM. Dieses Hindernis wird an vielen Stellen offensichtlich.

Wer heute an Kongressen, Vortragsveranstaltungen, Symposien oder Workshops teilnimmt, die sich mit industrieller Produktentwicklung oder dem Produktentstehungsprozess, mit Geschäftsprozessmanagement oder mit der Systemintegration, mit

Produkt-Lebenszyklus-Management oder einem Teilthema davon befassen, der wird schon aus der Teilnehmerliste ablesen können, über welche Disziplin er etwas erfährt. Meistens bekommt er entsprechende Einladungen ohnehin nur, wenn er vom Veranstalter zu dem betreffenden Fachgebiet gezählt wird.

Bei den Maschinenbau-Veranstaltungen wird er mit großer Wahrscheinlichkeit kaum einen Vertreter von Elektronik oder Informatik finden. Es sei denn, es geht um eine Datenschnittstelle, um den Datenaustausch mit der Mechanik. Bei den Veranstaltungen im Bereich Elektronik oder Elektrotechnik wird er kaum einen Vertreter des Maschinenbaus finden, und auch die Informatiker sind gerne unter sich.

Es gibt aber eine Reihe von Gründen, sich gemeinsam über die Probleme der Gegenwart Gedanken zu machen, um Lösungen für die nahe Zukunft finden zu können:

1 Die Stärken der einzelnen Disziplinen nutzen

In den vergangenen Jahren und Jahrzehnten haben sich die einzelnen Fachdisziplinen entsprechend den wissenschaftlichen Fakultäten sehr unterschiedlich entwickelt. Je nach dem Schwerpunkt der Aufgabenstellung standen dabei andere Themen im Vordergrund, wurde der Fokus auf andere Methoden und Vorgehensweisen gelegt.

Der Maschinenbau beispielsweise hat neben der Fortentwicklung traditioneller Konstruktionsmethodik unter Verwendung von 3D-CAD und PDM hervorragende Methoden zur elektronischen Verwaltung kompletter – mechanischer – Produktstrukturen entwickelt, die heute oft im Zentrum von PLM-Konzepten stehen. Diese Methoden erlauben unter anderem eine wesentlich sinnvollere Klassifizierung, eine um ein Vielfaches verbesserte Wiederverwendung bereits erprobter Bauteile, die Sicherheit des Zugriffs auf die jeweils gültige und freigegebene Version einer Entwicklung und die Transparenz der mechanischen Entwicklung für alle Beteiligten.

In der Elektronik wird schon lange mit einem Funktionsmodell gearbeitet, um die Realisierung der geforderten Funktionen frühzeitig simulieren und erproben zu können. Dieses Funktionsmodell gestattet wesentlich besser als ein geometriebasiertes Modell wie in der Mechanik, die tatsächlichen Eigenschaften der Produktentwicklung abzubilden. Wenn heute allenthalben von einem Funktionsmodell gesprochen wird, dann orientiert es sich meistens an dem, was in der Elektronik längst Stand der Technik ist.

In der Informatik ist systematisches Herangehen an eine Neuentwicklung oder auch an eine Entwicklungsänderung konsequenter als irgendwo sonst methodisch verfeinert worden. Das V-Modell, über das jetzt auch andere Bereiche reden, ist eines der Modelle, die in der Softwareentwicklung dabei eingesetzt werden. Die Rückverfolgung einer Funktion von ihrer konkreten Realisierung bis zu ihrer Definition aus einer Anforderung heraus – die Studenten der Informatik lernen, wie man das macht.

Heute können diese unterschiedlichen Stärken bei den gemeinsamen Aufgabenstellungen nicht wirklich zum Tragen kommen.

2 Eine gemeinsame Sprache entwickeln

So wie sich die Methoden unterschiedlich entwickelt haben, gibt es in jeder Disziplin eine eigene Fachsprache, die für Nichteingeweihte nur schwer zu verstehen ist. Diese Sprache lernt der Ingenieur jeweils an seiner Fakultät und trägt sie von dort mit sich in die Abteilung des Industrieunternehmens. Diese fachspezifische Sprache macht das Miteinander in multidisziplinären Projekten schwieriger, als es aufgrund der fachlichen Unterschiede sein müsste.

Es werden für dieselben Dinge oder Prozesse unterschiedliche Begriffe benutzt. Die Begriffe können oft von den Angehörigen anderer Disziplinen gar nicht richtig verstanden werden, weil sie unter Umständen im allgemeinen Sprachverständnis etwas ganz anderes bedeuten.

Das Herausbilden besonderer Sprachen ist nicht nur ein Thema innerhalb der naturwissenschaftlichen Disziplinen. Erst recht haben andere – Angehörige anderer wissenschaftlicher Fakultäten oder Nicht-Akademiker – ihre Schwierigkeiten zu verstehen, worum es geht, wenn sich Ingenieure unterhalten. PLM bedeutet aber, wie bereits erläutert wurde, gerade auch die Verknüpfung des eigentlichen Engineering und der Produktentstehung zum Beispiel mit Kundendienst, Marketing und Vertrieb, mit Innovations- und Strategiemanagement. Vielleicht müssen hier wirklich Linguistiker, also Sprachwissenschaftler mit ins Boot?

3 Kernaufgabe: Zusammenarbeit in verteilter, interdisziplinärer Entwicklung

Selbst wenn im eigenen Haus nur die Mechanik eine Rolle spielt und alle Anforderungen anderer Disziplinen durch externe Partner erfüllt werden, kann sich kein Unternehmen mehr auf die Betrachtung seines eigenen Fachgebietes beschränken. Immer seltener werden Produktentwicklungsteams, die hauptsächlich mit einer einzigen Ingenieurdisziplin auskommen. Die Regel wird schon sehr bald sein, dass für die meisten Produkte alle Disziplinen erforderlich sind. Deshalb werden für die Projektleitung Ingenieure benötigt, die in der Lage sind, solche Teams zu führen. Die Mitglieder der Teams müssen lernen, konstruktiv und aufgeschlossen miteinander an gemeinsamen Lösungen zu arbeiten, unabhängig von der fachlichen Spezialisierung. Bereits bei der Entscheidung, welche Funktionen ein Produkt oder eine seiner Komponenten erfüllen soll, oder noch früher bei der Erfassung der Anforderungen, die aus dem Markt an ein Produkt gestellt werden, müssen die besten Möglichkeiten aller Disziplinen berücksichtigt werden. Alle genannten Aspekte interdisziplinärer Entwicklung können nicht ausgehend von jeweils einer Disziplin behandelt und gelöst werden, sondern nur miteinander.

Wenn die Fakultätsgrenzen nicht fallen, werden weiterhin Spezialisten ausgebildet, die nicht nur ihre eigene Sprache sprechen und die anderen schlecht verstehen, sondern vor allem Spezialisten, denen das Grundverständnis fehlt für die Bedeutung der Zusammenarbeit, für die jeweils besonderen Qualitäten der einzelnen Disziplinen. Mit Konstruktionsmethodik allein kann eine hervorragende Mechanik entwickelt werden, mit dem Funktionsmodell ein tolles PCB-Layout, mit dem V-Modell eine ausgezeichnete speicherprogrammierbare Steuerung. Aber woher weiß das Projektteam, welche Komponenten am besten zusammenwirken, um eine geforderte Funktion zu erfüllen, die sowohl mechanische, als auch elektrische, als auch informationstechnische Aspekte hat?

Solche interdisziplinäre Arbeit im Team sollte eigentlich Bestandteil jeder Ingenieursausbildung sein. Und zwar wirklich interdisziplinär. Anstelle mancher Semesterarbeit könnten Projektarbeiten stehen, die von verschiedenen Fakultäten und in verschiedenen Fachbereichen gemeinsam aufgesetzt, betreut und durchgeführt werden. So wie Entwicklungsprojekte in der Praxis funktionieren sollten. Heraus kämen Ingenieure, die schon erste Erfahrungen mit den Schwierigkeiten, aber auch mit den Vorzügen multidisziplinärer Projekte hätten.

4 Gemeinsame Forschungsaufgaben stehen auf der Tagesordnung
Wenn heute Forschungsprojekte aufgesetzt werden, dann sind auch diese in der Regel getrieben aus der einen oder anderen Fakultät. Auf diese Weise können aber die übergreifenden Themen gar nicht ins Visier genommen werden. Und davon gibt es gerade in Zusammenhang mit PLM mehr als genug.

Produktdaten-Management ist eben nicht nur die Frage der Verwaltung mechanischer Baugruppenstrukturen, sondern eine Frage der transparenten Verwaltung sämtlicher Entwicklungsdaten. Wie kann darin die Informatik sinnvoll berücksichtigt werden, wie die Elektronik? Ist es dafür sinnvoller, getrennte Datenbanken in einem übergeordneten Backbone zu verknüpfen? Oder muss dies eine einzige Datenbank sein? Oder gibt es webbasierte Lösungen, die ein gemeinsames Management auf Basis völlig getrennter Datenbanken realistisch machen?

Welche Schnittstellen benötigen interdisziplinäre Teams? Welche Inhalte müssen in solchen Entwicklungsprojekten zwischen welchen Disziplinen abgestimmt werden? Reichen dazu die bisher verfügbaren Technologien aus oder müssen andere erforscht werden? Solche Fragen aus einer einzelnen Disziplin heraus zu erforschen ist unsinnig. Deshalb finden entsprechende Forschungsprojekte derzeit nicht oder nur höchst selten statt. Wo früher die Hochschulinstitute bei der Erforschung der CA-Technologien eine führende Rolle gespielt haben, da bietet sich heute eine ebenso führende Rolle hinsichtlich der Methoden zur Entwicklung moderner Industrieprodukte an, wenn die Fakultäten zusammen forschen.

Im Übrigen gibt es heute eine etablierte Industrie der Anbieter von Engineering IT. Wenn die Fakultäten sich zu fachübergreifender Forschung entschließen, dann

Abb. 24.2 Wünschenswert: Interfakultative Zusammenarbeit (Quelle: sendler\circle)

24

hätten sie in dieser IT-Industrie einen wichtigen Gesprächspartner. Unter Umständen kämen bei entsprechenden Projekten ausgereifte Vorschläge für die Entwicklung neuer Technologien oder neuer Tools zustande, die als Steilvorlage für die Entwicklung von Standardsoftware dienen könnten.

Aus all diesen Gründen wäre es ausgesprochen erfreulich, wenn sich in kommenden Ausgaben des PLM Kompendiums die Zahl der darin vorgestellten Institute, Lehrstühle und Forschungseinrichtungen gerade auch durch diejenigen Fakultäten erhöhen würde, die im Rahmen des Produkt-Lebenszyklus-Managements unzweifelhaft eine schnell wachsende Rolle spielen: Elektronik und Informatik.

Unternehmensdaten

> **ikt**

> Lehrstuhl und Institut für Allgemeine Konstruktionstechnik des Maschinen-
> baus

> 1974 gegründet als Fachbereich 4 der Fakultät Maschinenbau der RWTH
> (Rheinisch-Westfälische Technische Hochschule) Aachen

> Lehrstuhlinhaber: **Univ.-Prof. Dr.-Ing. Jörg Feldhusen**

> Wissenschaftliche Mitarbeiter: 15

> Technische Angestellte: 5

> Studentische Mitarbeiter: 20

> Homepage: http://www.ikt.rwth-aachen.de

Prof. Dr.-Ing. Jörg Feldhusen, geboren 1956, ist seit 2000 Direktor des Lehrstuhls und Instituts für Allgemeine Konstruktionstechnik des Maschinenbaus an der RWTH Aachen. Nach seinem Studium des Maschinenbaus mit Vertiefung Konstruktionstechnik bei Prof. Beitz an der TU Berlin war er am selben Institut Assistent mit den Tätigkeitsschwerpunkten Verbindungstechnik und Rechnerunterstützung des Konstruktionsprozesses. 1989 promovierte er mit dem Thema „Systemkonzept für die durchgängige und flexible Rechnerunterstützung des Konstruktionsprozesses". Von 1989 bis 1994 war er bei AEG Westinghouse Transportation Systems Hauptabteilungsleiter Konstruktion, anschließend bis 1999 Technischer Leiter bei Siemens Transportation Systems, Bereich Light Rail.

Aus seiner Industrietätigkeit brachte er vor allem Kompetenzen in der Rechnerunterstützung des Entwicklungs- und Konstruktionsprozesses mit durchgängigen Datenfluss bis in die Produktion, in der unternehmensweiten Einführung komplexer CAX-

25

Systeme, in der Modularisierung von Produkten, der Produktkonfiguration und der Verbindungstechnik für hybride Strukturen mit.

Er ist Mitglied der Wissenschaftlichen Gesellschaft für Maschinenelemente, Konstruktionstechnik und Produktentwicklung e.V. (WGMK), in der sich mehr als 40 Universitätsprofessoren und Leiter von Forschungseinrichtungen zusammengeschlossen haben, die sich mit der Entwicklung, Gestaltung, Berechnung und Optimierung von Produkten befassen. Prof. Feldhusen ist stellvertretender Vorsitzender der VDI-Gesellschaft Entwicklung, Konstruktion und Vertrieb.

Abb. 25.1   Prof. Feldhusen und sein Team am ikt (Quelle: ikt)

Er ist Mitherausgeber *Dubbel,* des Standardwerks im Ingenieurwesen des Maschinenbaus, Mitautor des Standardwerks *Pahl/Beitz Konstruktionslehre*, sowie der Werke *Steinhilper/Sauer Konstruktionselemente* und *Product Lifecycle Management für die Praxis*. Zahlreiche Veröffentlichungen in Fachzeitschriften oder zu Konferenzen beschäftigen sich vor allem mit modernen Methoden der Konstruktion und dem Einsatz und der Einführung von CAD und PDM.

Publikationen (Auszug):

> Feldhusen, Jörg: *Komplexität als Erfolgsfaktor.* In: Digital-Engineering-Magazin. – 10 (2007), S. S. 34–37
> Feldhusen, Jörg; Schulz, Ingo: *Eine ganzheitliche Konstruktionsmethodik durch Vereinigung der Systemtheorie und der Dialektik.* In: 5. Gemeinsames Kolloquium Konstruktionstechnik 2007 [Tagungsband]
> Feldhusen, Jörg; Bungert, Frederik: *Agile PDM-Einführung* Teil 1. – In: EDM-Report. – 14 (2007)
> Feldhusen, Jörg; Bungert, Frederik: *PLM pattern language: an integrating theory of archetypal engineering solutions.* In: Advances in life cycle engineering for sustainable manufacturing businesses: proceedings of the 14th CIRP Conference on Life Cycle Engineering, Springer, London 2007

25.1
Kernkompetenzen und Ziele

Die Kernkompetenz des ikt liegt in der Entwicklung von Konstruktionsmethodik und des dafür geeigneten Einsatzes von Engineering IT – von CAD über PDM bis zu PLM-

Konzepten. Die Technologie der Systeme und ihre Weiterentwicklung steht dabei weniger im Zentrum als ihre Nutzung. Das Profil des Instituts umfasst folgende Aspekte:

> Innovationsmanagement
> Entwicklung von Produktarchitekturen, ausgehend von Anforderungsmanagement
> Varianten- und Konfigurationsmanagement
> Interdisziplinäre Einführung von PDM, einschließlich der Nutzung von Langzeitarchivierung und der Ankopplung von Informatikern und Kaufleuten
> PLM im Sinne einer optimalen Produktgestaltung und des umfassenden Produktdaten-Managements
> Werkstofftechnik, zum Beispiel in der Erforschung von Leichtbaumaterialien und Schäumstoffen einschließlich mechanischer Verbindungstechniken für Automotive und Luftfahrt
> Automatisierung chemischer Prozesse als angewandte Mechatronik, beispielsweise im Prozessieren von Blut in der Medizintechnik

Abb. 25.2 Separator zum Filtern von Magnetobeats aus einer Analyseflüssigkeit (Quelle: ikt)

25

Prof. Feldhusen sieht das Ziel von Forschung und Lehre am ikt in der Entwicklung von Methoden, die es den Konstruktionsingenieuren erlauben, den kreativen Anteil ihrer Arbeit zu vergrößern, während die eher unproduktiven Anteile gezielt und systematisch automatisiert werden. Dabei ist für ihn PLM eines der Mittel zum Zweck.

Die Studenten sollen die modernen Methoden und Werkzeuge kennenlernen und einzusetzen verstehen, um für künftige Produkte möglichst umfassend vorhandene Elemente nutzen zu können.

25.2
Schwerpunkte der Lehre im Umfeld PLM

1 CAD-Einführung (CADE)
   Die Veranstaltung wird den Studenten des Maschinenbaus gemeinsam mit denen des Wirtschaftsingenieurwesens angeboten. Alternativ mit Pro/E Wildfire und Windchill oder mit NX und Teamcenter lernen die Teilnehmer an einem praktischen Beispiel die Arbeit mit einem PDM-System, die 3D-Modellierung von Frästeilen, Dreh- und Gussteilen, die Baugruppenerstellung und die Erstellung und Ableitung von Zeichnungen
2 Konstruktionslehre I und II (KLI/II)
   Dies ist die Basisveranstaltung des ikt. Vermittelt werden die Kenntnisse zum methodischen Lösen konstruktiver Aufgaben. Nach den Grundlagen zur Entwicklung und Gestaltung neuer Produkte befasst sich der zweite Teil intensiv mit den Tätigkeiten, Prozessen, Organisationsstrukturen und Werkzeugen der heutigen Ingenieurspraxis.
3 Kooperative Produktentwicklung
   Das Thema verteilter, interdisziplinärer Produktentwicklung ist Gegenstand dieser Veranstaltung, in der das gemeinsame Arbeiten in Teams im Vordergrund steht, die über verteilte Standorten miteinander kommunizieren. Seit zwei Jahren wird diese Veranstaltung mit der Hongik Universität in Seoul gemeinschaftlich durchgeführt. Neben den realen Projektrandbedingungen wie Zeitverschiebung und soziokulturellen Unterschieden ist die Multidisziplinarität des Kurses durch Integration von Designern in die Studierendenteams ein besonderes Merkmal.
4 RUK-Labor
   Das RUK-Labor (Rechnerunterstütztes Konstruieren) wurde eingerichtet, um den Studenten die Möglichkeit zu intensiven Übungen mit CAD- und PDM-Systemen zu geben. Außer betreuten Übungen, in denen die durchgängige Entwicklung von Produktmodellen einschließlich Datenaustausch zwischen verschiedenen Systemen und systematischer Nutzung des Produktdaten-Managements vermittelt werden, können die Studenten das RUK-Labor zu weiterführenden freien Übungen nutzen.

Das Institut verfügt über zahlreiche Installationen von acht verschiedenen CAD- und vier PDM-Systemen, zahlreiche Tools zur Analyse und Berechnung von Bauteilen, eine Ausbildungswerkstatt und etliche Bearbeitungsmaschinen.

Mit dieser PLM-Infrastruktur können sämtliche Aspekte einer durchgängigen Produktenstehung beforscht, simuliert und entsprechende Maßnahmen zur Optimierung entwickelt werden. Nicht zuletzt spiegelt die hohe Anzahl an extern durchgeführten Studien- und Diplomarbeiten in diesem Bereich die Industrieorientierung der Forschung wieder.

Themen unlängst veröffentlichter Dissertationen:

>) „Ein Produktdatenmodell für das rechnerunterstützte Variantenmanagement"
>) „Methodik der schrittweisen Gestaltsynthese"
>) „Nutzung von Ähnlichkeit bei der segmentübergreifenden Komponentenplanung in der Fahrzeugentwicklung"
>) „Konzept zur Optimierung des PDM-Einsatzes in der Automobilindustrie"
>) „Multimethodische Arbeitsumgebung für die Produktentwicklung"
>) „Abschätzung der Produktdaten-Management-Systemfähigkeit produzierender Unternehmen"
>) „Automatisiertes Simultaneous Engineering auf Basis eines featuregestützten Unternehmensmodells"

25.3
Schwerpunkte der Forschung im Umfeld PLM

Um Unternehmen zielgerichtet bei der Einführung eines PDM-Systems zu unterstützen, wurde am Institut eine *PDM-Einführungsmethodik* entwickelt. Sie gliedert den Einführungsprozess von der Planung bis zum Roll-out in Phasen. Zentrales Hilfsmittel ist das aus einem Produktdatenmodell, einem Prozessmodell und einem Rollenmodell bestehende Unternehmensmodell.

Zur Abschätzung der Fähigkeiten eines Unternehmens zur PDM-Einführung wurden sogenannte *Capability Scorecards (CSC)* entwickelt. Sie basieren auf den im betriebswirtschaftlichen Bereich weit verbreiteten Balanced Scorecards (BSC) und verwenden aus einer PLM-Strategie abgeleitete strategische Ziele als Bewertungsgrundlage. Fünf Aktivitätenmatrizen (AM) bewerten jeweils den Reifegrad aus der Perspektive eines der von der PDM-Einführung betroffenen Bereiche Finanzen, Produkt, Prozess, Organisation und IT. Aus dieser Bewertung können konkrete Verbesserungsvorschläge abgeleitet werden.

Die Forschungsgruppe *Produktmodularisierung* beschäftigt sich mit einer speziellen Methodik zur Modularisierung von Produkten im Anlagenbau, die durch anforderungsgetriebene Produktstrukturierung zur Konzeption von Baukastensystemen für die Konfiguration kundenspezifischer Anlagen führt.

Herkömmliche IT-Systeme sind nur unzureichend in der Lage, die während des Produktentstehungsprozesses benötigten Informationen zu erfassen, untereinander zu vernetzen und das entsprechende Wissen situationsabhängig zu liefern. Im ikt wird deshalb mit Hilfe eines Modells zur Charakterisierung, Bewertung, Aufbereitung und Klassifizierung von Informationen die Entwicklung eines spezifischen *Unternehmens-*

gedächtnisses oder Informationspools betrieben. Innerhalb dieses Gedächtnisses werden Informationsklassen untereinander vernetzt, um benötigtes Wissen zeit- und anforderungsgerecht innerhalb des Produktentstehungsprozesses bereitzustellen, aber auch nicht mehr benötigtes Wissen wieder zu entsorgen.

Varianten- und Konfigurationsmanagement zielen auf die Reduzierung der durch Produktkomplexität verursachten Kosten. Das ikt verfolgt dabei mit dem Ansatz der Referenzproduktstrukturen das Ziel, die Komplexität eines Produktportfolios ohne einen Eingriff in bestehende Produktarchitekturen zu senken. Mit Hilfe eines Produktkonfigurators lassen sich die Verfahren des Konfigurationsmanagements softwarebasiert umsetzen. Herkömmliche regel- oder logikbasierte Produktkonfiguratoren müssen allerdings bei sich ändernden Kundenanforderungen oder Produktbausteinen stets adaptiert werden. Autonome Konfiguration verzichtet dagegen auf eine explizite Modellierung von Verträglichkeiten zwischen den Bausteinen. Dieser Ansatz ist Gegenstand laufender Forschungstätigkeiten am ikt und basiert im Kern auf einer Beschreibung von Input- und Outputschnittstellen, mit denen jeder Baustein versehen ist. Neben Angaben über die Kompatibilität von Bausteinen enthalten die Schnittstellen ein Modell des Bausteins in Form von Energie, Stoffen und Signalen, ergänzt durch ein Verhaltensmodell zur Beschreibung der Beziehungen. Der Schlüssel, um die Konfiguration zu automatisieren liegt in der Modellierung der Anforderungen in Form der beschriebenen Input- und Outputschnittstellen. Mit Hilfe eines Algorithmus wird die Lücke zwischen In- und Output durch Einfügen passender Bausteine geschlossen, und es entsteht ein Produkt, das den Anforderungen entspricht.

Für PLM existiert bislang keine – etwa mit der Konstruktionsmethodik vergleichbare – explizite Methodik. Zum einen ist das Thema noch relativ jung, zum anderen besteht das grundsätzliche Problem, die verschiedenen Ansätze innerhalb eines PLM-Konzeptes in eine zeitliche Abhängigkeit zueinander zu setzen und damit die für eine Methodik erforderlichen Beziehungen herzustellen. Das ikt verwendet *Pattern Languages* zur methodischen Erschießung von PLM. Mit ihrer Hilfe lassen sich archetypische Konzepte eines Fachgebietes problemorientiert beschreiben, ohne dass ein temporaler Bezug vorliegen muss.

Nachhaltigkeit ist für den Maschinenbau bzw. allgemein für die Entwicklung technischer Güter eine interessante Herausforderung. Zum einen ist ein Ansatz erforderlich, mit dem die Nachhaltigkeit eines Produktes schon während der Phase der Produktentwicklung beurteilt werden kann. Zum anderen müssen Konzepte zur gezielten Verbesserung der Nachhaltigkeit entwickelt werden. *Multi-Life Produkte* verbessern die Nachhaltigkeit durch Ausdehnung der Nutzungsdauer eines Produktes über mehrere Marktzyklen. Dazu muss das Produkt derart beschaffen sein, dass kleine Modifikationen zur Anpassung an die Bedingungen des jeweiligen Marktzyklus möglich sind, während der Produktkern bestehen bleibt. Mit Hilfe von Referenzmodellen ist es möglich, ein Produktdatenmodell für Multi-Life Produkte zu erstellen.

Eine große Zahl von Unternehmen verschiedener Branchen arbeitet mit den verschiedenen Forschungsgruppen des Instituts zusammen, unter anderem Daimler, ebm-papst, Porsche, Siemens und SMS Meer.

Aus dem breiten Feld, welches die Konstruktionsmethodik erschließt, ergeben sich eine Vielzahl an zukunftsträchtigen Forschungsbereichen. In einem vom BMBF geförderten Projekt werden derzeit Neuronale Netze zur Optimierung der Produktentwicklung eingesetzt. Auf diese Weise können Gesetzmäßigkeiten und Strukturen komplexer Systeme vereinfacht über Anforderungen in einem Expertensystem dargestellt werden und zur Verkürzung der Produktentstehung beitragen.

Getrieben durch die Industrieprojekte zur PDMS-Einführung bei KMU hat das ikt Forschungsprojekte zum Data Mining in der Produktentwicklung initiiert. Hintergrund sind die oft äußerst heterogenen Altdatenbestände und mangelnde Referenzierungen produktbeschreibender Daten. Die Anwendung effizienter Algorithmen kann eine Aufbereitung und Clusterung dieser Bestände zur späteren Konfiguration und nachhaltigen Nutzung in einem PDMS ermöglichen.

Großen Stellenwert am ikt genießt die Design-Konstruktion Interaktion. Zur Unterstützung der Kommunikation dieser unterschiedlichen Disziplinen einerseits und zur Optimierung der datenbezogenen Abläufe andererseits sind am Institut mehrere Forschungsprojekte ins Leben gerufen worden. Besonders ist in diesem Zusammenhang die Einbindung von Design-Dienstleistern in die PDM-Prozesse bei KMU zu erwähnen. Im Sinne der Methodikforschung wird an der Integration von Ansätzen des Designs in die Konstruktionsmethodik zur Schaffung einer ganzheitlichen Theorie der Produktentwicklung gearbeitet.

25.4
Kooperationen und Initiativen

Als Basis für Forschungsarbeiten auf dem Gebiet der PDM-Systeme dient das Projekt *ProVerStand* (Produktentwicklung über verteilte Standorte), das gemeinsam mit allen Hochschulprofessoren des Landes Nordrheinwestfalen ins Leben gerufen wurde. Es wird vom Land NRW mit dem Ziel finanziert, allen Hochschulen des Bundeslandes ein PDM-System für Forschung und Lehre zur Verfügung zu stellen. In Kooperation mit dem Rechenzentrum der RWTH Aachen betreibt das ikt die ProVerStand-Server seit 2003. Diese besitzen momentan eine Kapazität von insgesamt 45.000 Anwendern, von denen rund 2.000 simultan auf die Server zugreifen können. PTC hat dazu eine Landeslizenz vergeben, die die Produkte Windchill Foundation, Soluion Links, ProjectLink (Projektmanagement), PartsLink (elektronischer Bauteilkatalog), DDLink (Produktkonfigurator) und PDMLink (Produktdaten-Management) umfasst. ProVerStand ist derzeit die weltweit größte Windchill-Implementierung.

Daneben gibt es wechselnde Kooperationen mit zahlreichen Hochschulen und Initiativen. Seit 2008 ist das Institut in das von General Motors 2001 ins Leben gerufene Projekt *Partners for the Advancement of Collaborative Engineering Education (PACE)* aufgenommen. Damit ist das ikt nach dem DiK der TU Darmstadt das zweite deutsche Institut in dem internationalen Hochschul- und Industriekonsortium.

25

25.5
Visionen

Prof. Feldhusen hat den Traum eines sich selbst organisierenden Produktes. Er stellt sich vor, Produktelemente und Ingenieurwissen in kleinsten Elementen so zu koppeln, dass die Elemente selbst – ähnlich wie in der Natur oder im Atom – wissen, mit welchen anderen sie sich verbinden können, um in einer übergeordneten Struktur geforderte Funktionen zu erfüllen. „Es ist – zumindest derzeit – nicht wirklich wirtschaftlich", räumt er ein. „Aber die Richtung des Denkansatzes stimmt und wird möglicherweise zu Projekten führen, die auch kurzfristigen Nutzen bringen."

So könnten Makro-Features entwickelt werden, die zum Beispiel eine komplette Verbindung aus Schraube und Mutter über diverse Parameter definieren, die eine stark automatisierte Konfiguration der Verbindung im konkreten Fall erlauben. Oder eine Anwendung des Data Mining, also der statistischen Auswertung großer Datenbestände mit dem Ziel der Erkennung bestimmter Muster, könnte darauf abzielen, Wahrscheinlichkeiten für die automatisierte Konfiguration bestimmter Features zu bestimmen.

Unternehmensdaten

> **Werkzeugmaschinenlabor WZL der RWTH Aachen**

> 1906 gegründet als Institut der Fakultät für Maschinenwesen an der RWTH (Rheinisch-Westfälische Technische Hochschule) Aachen

> Lehrstuhl für Produktionssystematik

> Lehrstuhlinhaber: **Prof. Dr.-Ing. Dipl.-Wirt. Ing. Günther Schuh**

> Wissenschaftliche Mitarbeiter: 57
> Technische Angestellte: 12
> Studentische Mitarbeiter: 81
> Studenten der RWTH Aachen: 7.132

> Homepages: http://www.wzl.rwth-aachen.de/
> http://www.plm-info.de/

Prof. Dr.-Ing. Dipl.-Wirt. Ing. Günther Schuh wurde 1958 in Köln geboren. 1978 bis 1985 studierte er Maschinenbau und Betriebswirtschaftslehre an der RWTH Aachen. Er promovierte 1988 nach einer Assistentenzeit am WZL bei Prof. Eversheim, wo er bis 1990 als Oberingenieur tätig war. Ab 1990 war er vollamtlicher Dozent für Fertigungswirtschaft und Industriebetriebslehre an der Universität St. Gallen (HSG). 1993 wurde er dort Professor für betriebswirtschaftliches Produktionsmanagement und zugleich Mitglied des Direktoriums am Institut für Technologiemanagement. Er ist Gründer der GPS Firmengruppe in Würselen, St. Gallen und Atlanta, deren Beratungsportfolio auf strategisches und operatives Komplexitätsmanagement spezialisiert ist. Prof. Schuh folgte im September 2002 Prof. Eversheim auf dem Lehrstuhl für Produktionssystematik der RWTH Aachen und im Direktorium des Werkzeugmaschinenlabors WZL und des Fraunhofer-Instituts für Produktionstechnik (IPT) in Aachen

26

nach. Seit 2003 ist er auch Direktor des Forschungsinstituts für Rationalisierung e.V. an der RWTH Aachen, dessen Schwerpunkte auf dem Informationsmanagement, dem Dienstleistungsmanagement und der Produktionsplanung und -steuerung liegen. 2008 wurde er Prorektor für Industrie und Wirtschaft der RWTH Aachen.

Das WZL dient der Forschung, Beratung und Lehre. Das IPT ist ein reines Forschungs- und Beratungsinstitut. Beide sind organisatorisch über ein vierköpfiges Direktorium miteinander verknüpft. Die Direktoren leiten in Personalunion jeweils einen Lehrstuhl mit mehreren Abteilungen am WZL und eine Abteilung am Fraunhofer IPT. Prof. Schuh ist einer der vier Direktoren. Sein Lehrstuhl für Produktionssystematik ist in die drei Abteilungen Unternehmensentwicklung, Innovationsmanagement und Produktionsmanagement gegliedert. Zusätzlich leitet Prof. Schuh am IPT die Abteilung für Technologiemanagement. Hauptzielgruppen in der Industrie sind der Werkzeug- und Formenbau, die Luft- und Raumfahrt, die Automobil- und Zulieferindustrie und der Maschinen- und Anlagenbau.

Abb. 26.1 Das Gelände des Werkzeugmaschinenlabors WZL der RWTH in Aachen (Quelle: WZL)

Prof. Schuh wurde 1991 die Otto-Kienzle-Gedenkmünze der Wissenschaftlichen Gesellschaft für Produktionstechnik (WGP) verliehen. Seine wissenschaftlichen Arbeiten wurden mehrfach im Rahmen des Technologiewettbewerbs Schweiz prämiert. Er ist in mehreren Aufsichts- und Verwaltungsräten tätig.

Publikationen (Auszug):

> ❭ Schuh, G.; Schlick, C.; Schmitt, R.; Lenders, M.; Bender, D.; Bohl, A.; Gärtner, T.; Hatfield, S.; Müller, J.; Mütze-Niewöhner, S., *Systemunabhängige Referenzprozesse für das PLM*, ISBN 978-3-926690-16-6, Open Space Seminar, 4. Juli 2008

› Schuh, G.; Lenders, M., *Marktspiegel Business Software PLM/PDM 2008/ 2009*, 2. überarbeitete Auflage
› Schuh, G.; Rozenfeld, H.; Assmus, D.; Zancul, E., *Process oriented framework to support PLM implementation*, Computers in Industry 08/07
› Schuh, G.; Assmus, D.; Sontow, K., *Innovationsproduktivität durch Produkt Lifecycle Management*, CAD Plus 01/07
› Schuh G.; Assmus D.; Zancul E., *Product Structuring – the Core Discipline of Product Lifecycle Management*, In: Proceedings of the LCE2006 – 13th CIRP International Conference on Life Cycle Engineering, Leuven (Belgium), May 31st-June 2nd 2006

26.1
Kernkompetenzen und Ziele

Die Kernkompetenzen des Lehrstuhls für Produktionssystematik von Prof. Schuh lassen sich am besten an seinen drei Abteilungen festmachen.

Die Abteilung Unternehmensentwicklung will mit Industrieprojekten, industrieorientierten Studien und Forschungsprojekten, Kongressen, Seminaren und Weiterbildungsveranstaltungen die Leistungsfähigkeit insbesondere mittelständischer Fertigungsunternehmen verbessern. Sie unterstützt Industrieunternehmen vor allem darin, ihre kontinuierliche Weiterentwicklung effektiv und effizient zu gestalten. Ausgehend von der strategischen Zielsetzung werden Produkt- und Serviceangebote, Kernkompetenzen und optimale Wertschöpfungsumfänge definiert, Zulieferpotenziale identifiziert und dann die unternehmensinternen und -externen Geschäftsprozesse gestaltet und optimiert. Besonderes Gewicht haben dabei:

› Strategisches Management
› Kooperations- und Netzwerkmanagement
› Prozessmanagement
› Lean Management
› Veränderungsmanagement
› Performance Messung

Die Abteilung Innovationsmanagement unterstützt Industrieunternehmen bei Fragestellungen entlang der Kette Markt, Technologie, Idee, Produkt bis hinein in die Produktion, um von den Kundenanforderungen über die Planung und Gestaltung von Produktarchitekturen Entwicklungsprozesse optimal zu betreiben. Dazu gehören:

› Ideenmanagement
› Lean Innovation

26

> ❭ Produktprogrammplanung
> ❭ Produktarchitekturgestaltung
> ❭ Effizienzoptimierung der Produktentwicklung
> ❭ Gestaltung von Product Lifecycle Management-Lösungen und -Initiativen

Die dritte Abteilung befasst sich mit dem Produktionsmanagement und einer effizienten Wertschöpfungsstruktur, die das Zusammenspiel aus Eigen- und Fremdfertigung am richtigen Standort nutzt und die Produktion optimal konzipiert und operativ betreibt.

> ❭ Wertschöpfungsverteilung (Make or Buy)
> ❭ Standortwahl und -planung
> ❭ Anlaufmanagement in der Produktion
> ❭ Lean Production
> ❭ Fabrikneu- und umplanung
> ❭ Digitale Fabrikplanung
> ❭ Optimierung der Produktionsplanung und -steuerung
> ❭ Informations- und Prozessmanagement mit Auto-ID-Systemen
> ❭ Simulation in der Produktion
> ❭ Montageplanung
> ❭ Planung von Lager- und Fördersystemen

Diese Auflistung macht deutlich, dass der Schwerpunkt der Arbeit am Lehrstuhl für Produktionssystematik stark durch die Fertigungstechnik geprägt ist und sich von dort entlang der Wertschöpfungskette eines produzierenden Unternehmen ausgeweitet hat. Seit einigen Jahren verschieben sich die Aktivitäten zunehmend auch in Richtung der Produktentwicklung und des Innovationsmanagements, wobei die Strategiefindung, die Prozessgestaltung und die Nutzung der modernen IT zum Beispiel für die digitale Fabrik in allen drei Abteilungen an Bedeutung gewinnen.

Das Ziel des Lehrstuhls wie des gesamten WZL besteht seit seiner Gründung in der Unterstützung produzierender Unternehmen in der gesamten Breite ihrer unternehmerischen Planung und Entscheidungsfindung.

26.2
Schwerpunkte der Lehre im Umfeld PLM

❘ Fabrikplanung

Im Rahmen der Veranstaltung wird in den Stand der Technik der jeweiligen Themenfelder eingeführt, einschlägige Methoden und Verfahren werden erläutert und Referenzlösungen vorgestellt. Die Studenten vertiefen die Inhalte anhand einer begleitenden Fallstudie und aktueller Fabrikplanungsprojekte. Auf diese Weise werden zukünftige Produktionsmanager befähigt, einzelne Produktionsstätten wie auch ganze Produktionsnetze international tätiger Unternehmen umfassend zu planen und zu entwickeln, einschließlich der Konzeption geeigneter Produktionssysteme und des Einsatzes entsprechender Planungstools.

2 Fertigungs- und montagegerechte Konstruktion (FMK)
   Im Rahmen der Veranstaltung werden zukünftige Entwickler und Konstrukteure befähigt, im Team unter Zeitdruck Konstruktionsprojekte abzuwickeln, die den unterschiedlichen Anspruchsgruppen und Zielen gerecht werden. Begleitend zur praktischen Übung vermittelt die Veranstaltung FMK sowohl theoretische Kenntnisse über den gesamten Konstruktionsprozess als auch über die praktische Anwendung moderner CAD-Konstruktion, FEM-Simulation und virtueller Realität. Die Veranstaltung ist eine Kooperation des Lehrstuhls für Produktionssystematik mit dem Lehrstuhl für Werkzeugmaschinen (Prof. Brecher), der ebenfalls am WZL angesiedelt ist.

3 Innovationsmanagement
   Im Rahmen dieser Vorlesung soll ein Eindruck des Themenkomplexes Innovationsmanagement vermittelt werden. Zunächst wird aufgezeigt, wie der Begriff Innovation definiert ist und wie sich das Innovationsmanagement in die Unternehmensstruktur eingliedert. Weiterhin werden die erforderlichen Rahmenbedingungen für systematische Innovation auf normativer, strategischer und operativer Ebene vermittelt. Aufgrund der verschiedenen Sichtweisen auf die Thematik Innovationsmanagement ist diese Veranstaltung eine Kooperation mit dem Lehrstuhl für Technologie- und Innovationsmanagement der Fakultät für Wirtschaftswissenschaften an der RWTH Aachen (Prof. Piller).

4 Produktionsmanagement I und II (PM I,II)
   Im ersten Teil der zweisemestrigen Veranstaltung werden sowohl die wesentlichen Bereiche eines produzierenden Unternehmens, wie Produktplanung, Konstruktion und Variantenmanagement, Arbeitsvorbereitung, Materialwirtschaft, Fertigung, Montage und Qualitätssicherung, sowie Querschnittsaufgaben, wie das Informationswesen und die Kostenrechnung, als auch verschiedene Organisationsformen betrachtet. Im zweiten Teil der Veranstaltung erweitert den Betrachtungsbereich über die Unternehmensgrenzen hinweg und behandelt unter anderem Themen wie Customer Relationship Management (CRM), Supply Chain Management (SCM) und Enterprise Resource Planning (ERP). Das Thema PLM ist mit drei Vorlesungen Bestandteil von PM II.

Dissertationen und Projektberichte (Auszug):

> Lenders, M.: Beschleunigung der Produktentwicklung durch Lösungsraum-Management, Dissertation an der RWTH Aachen, 2009
> Meier, J.: Produktarchitektur globalisierter Unternehmen, Dissertation an der RWTH Aachen, 2007
> Paulukuhn, L.: Typologisierung von Entwicklungsprojekten im Maschinenbau, Dissertation an der RWTH Aachen, 2005
> Röpke, M.: Management der Leistungssteigerung bei Applikationsentwicklungen von Automobilzulieferern, Dissertation an der RWTH Aachen, 2004

26

> Schuh, G.; Lenders, M. (Hrsg.): Marktspiegel Business-Software PDM/PLM 2008/2009, 2. überarbeitete Auflage, Trovarit, 2008
> Schuh, G.; Uam, J.; Imbusch, K.; Lenders, M.: Integration der NC-Planung in das Product Lifecycle Management (PLM), Abschlussbericht AiF-14925, 2008
> Schuh, G.; Schlick, C.; Schmitt, R.; Lenders, M.; Bender, D.; Bohl, A.; Gärtner, T.; Hatfield, S.; Müller, J.; Mütze-Niewöhner, S.: Handbuch für systemunabhängige Referenzprozesse im Product Lifecycle Management, Ergebnisbericht des Transferbereichs 57 der Deutschen Forschungsgemeinschaft (DFG), Aachen, 2008
> Zohm, F.: Management von Diskontinuitäten: Das Beispiel der Mechatronik in der Automobilzuliefererindustrie, Dissertation an der RWTH Aachen, 2004

26.3
Schwerpunkte der Forschung im Umfeld PLM

Aus der Sicht des WZL können nur durch eine an das jeweilige Unternehmensprofil angepasste PLM-Strategie realistische Erwartungen formuliert und Nutzenpotenziale quantifiziert werden. Kern sind die Unternehmensprozesse, die aus der Strategie abgeleitet werden und als Basis für die Definition und Auswahl einer IT-Unterstützung dienen. Die Lastenhefterstellung muss auf Basis der Prozesse erfolgen, um die Ausrichtung der Systeme auf die PLM-Strategie und eine Erschließung der gewünschten Nutzenpotenziale sicherzustellen. Ist das PLM-Konzept erstellt und eine IT-Unterstützung mit den entsprechenden Systemen ausgewählt, muss die Erreichung der Nutzenpotenziale überwacht werden, um Störungen und Projektrisiken frühzeitig zu erkennen und ihnen entgegenzuwirken. Hierzu werden Key Performance Indikatoren definiert und in Form einer PLM-Scorecard umgesetzt.

Das WZL widmet sich in der Forschung vor allem den Fragestellungen, wobei es den Brückenschlag zwischen innovativer Forschung und anwendungsnaher Industrieberatung anstrebt:

> Definition von PLM-Strategien und Nutzenpotenzialbewertungen für das Unternehmen
> Analyse und Konzeption von PLM-Prozessen
> Lastenhefterstellung und Systemauswahl auf Basis des Marktspiegels PDM/PLM
> Einführungscontrolling (Key Performance Indicators, Scorecard)

Zu den Kooperationspartnern zählen neben international tätigen Automobilkonzernen und bekannten Unternehmensberatungen auch mittelständische Unternehmen sowie namhafte Universitäten aus dem In- und Ausland.

Das 2006 gestartete und vom BMBF geförderte Verbundprojekt *Fluidtronic* zielt auf die frühzeitige Identifikation von inhärenten Systemrisiken und eine zuverlässige Inbetriebnahme und Anlagenfunktion über die gesamte Produktlebensdauer. Die Entwicklung eines fluidtechnisch-mechatronischen Systems benötigt dazu eine unternehmensübergreifende Entwicklungsumgebung, deren Umsetzung mit einem besonderen Fokus auf die Integration von Simulationswerkzeugen Ziel dieses Verbundprojektes ist.

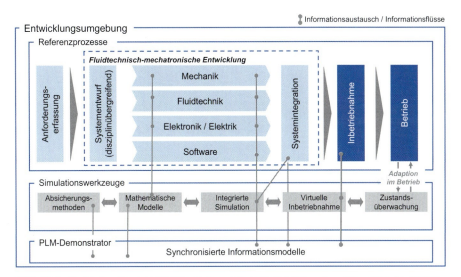

Abb. 26.2 Im Verbundprojekt Fluidtronic konzipierte Entwicklungsumgebung (Quelle: WZL)

Die Entwicklungsumgebung fasst alle Disziplinen und Aktivitäten im Prozess der Produktentwicklung sowie die eingesetzten Methoden, Werkzeuge und IT-Systeme und die zugehörige Produkt- und Prozessinformationen vom Systementwurf bis zur Inbetriebnahme und Rückkopplung der Betriebsdaten während des gesamten Lebenszyklus zusammen. Die Zuverlässigkeit fluidtechnisch-mechatronischer Produkte soll signifikant verbessert und die Wirtschaftlichkeit erhöht werden.

Im Rahmen der zur Förderung angewandter Forschung und Entwicklung zugunsten kleiner und mittlerer Unternehmen gegründeten Arbeitsgemeinschaft industrieller Forschungsvereinigungen „Otto von Guericke" (AiF) beteiligt sich das WZL an einem Projekt zur *Integration der NC-Planung in das PLM*.

Der *Transferbereich 57* baut auf den Ergebnissen des Sonderforschungsbereiches 361 *Modelle und Methoden zur integrierten Produkt- und Prozessgestaltung* auf, der von 1992 bis 2004 durch die Deutsche Forschungsgemeinschaft gefördert wurde. Sein Ziel ist die Umsetzung der entwickelten Modelle und Methoden in die industrielle Praxis durch die Definition systemunabhängiger Referenzprozesse und die Entwicklung eines die Entscheidung unterstützenden Tools bei der Anwendung von Target Costing (ETAT).

Durch zahlreiche Projekte, die unmittelbar mit Industrieunternehmen durchgeführt werden, betätigt sich der Forschungsbereich des WZL beratend. Beispiele hierfür sind etwa *PLM-Scan* zur Ausarbeitung von Handlungsoptionen für einen Automobilzulieferer, ein Projekt zur Quantifizierung der Effizienzsteigerung durch eine innovative CAD- und PLM-Lösung bei FESTO oder die Gestaltung eines Virtual Development Konzeptes für die simulationsgestützte Produktentwicklung bei der Bosch und Siemens Hausgeräte GmbH. Zur Unterstützung der Industrieberatung veröffentlicht der Lehrstuhl für Produktionssystematik regelmäßig einen Marktspiegel für IT-basierte PDM- und PLM-Lösungen, der auf Basis des am WZL entwickelten PLM Funktionsmodells die funktionalen Ausprägungen und Leistungsmerkmale von über 30 Systemen beschreibt.

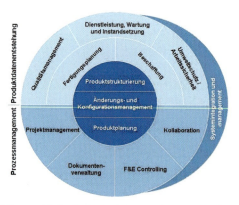

Abb. 26.3   Das am WZL entwickelte PLM Funktionsmodell (Quelle: WZL)

Aus dem Projekt *Fluidtronic* ergab sich der Bedarf eines PLM-Labors, das nun am Institut aufgebaut wird, mit der Verfügbarkeit von mehreren CAD- und PDM-Systemen. In diesem Labor wird mit verfügbaren Daten aus der Industrie und aus vergangenen Projekten der Einsatz unterschiedlicher Tools im Rahmen von PLM geübt, beispielsweise Komplexitätsmanagement oder eine Software zur Bewertung von Ideen.

Die Kommunikation von Forschungsergebnissen erfolgt zielgruppenorientiert neben der Lehre vor allem über die Seminarlandschaft des WZLforums. So findet seit 2005 in jährlicher Folge das Seminar „Product Lifecycle Management" am WZL statt, seit 2000 die „Aachener Tagung Komplexitätsmanagement", bei der das erfolgreiche Management von Produktkomplexität im Vordergrund steht, sowie seit 2007 das „Innovation Leadership Summit" als hochkarätig besetzter Innovationskongress, bei dem auch IT-relevante Themen ihren Stellenwert wiederfinden.

26.4
Kooperationen und Initiativen

Im Umfeld der produktionstechnischen Forschung ist der Lehrstuhl für Produktionssystematik unter Führung von Prof. Schuh in verschiedenen Kooperationen und Initiativen aktiv. So ist Prof. Schuh aktives Mitglied in der internationalen „Academy for Production Engineering CIRP". Hier ist der Lehrstuhl besonders in den Bereichen „Design", „Life Cycle Engineering and Assembly" und „Production Systems and Organizations" aktiv. Darüber bestehen Forschungskooperationen und gemeinsame Projekte mit zahlreichen internationalen Forschungseinrichtungen in Europa, den USA und Asien. Außerdem ist das WZL Mitglied der „Wissenschaftlichen Gesellschaft für Produktionstechnik WGP" und steht über dieses Netzwerk im engen Dialog mit anderen renommierten deutschen Forschungsinstituten und Universitäten. Zur gemeinschaftlichen Erarbeitung von Perspektiven insbesondere für Entwicklung und Produktion für den Standort Deutschland mit anderen deutschen Forschungseinrichtungen ist der Lehrstuhlinhaber Prof. Schuh Mitglied im Themennetzwerk Produktentstehung der Deutschen Akademie für Technikwissenschaften acatech.

Im thematischen Umfeld des Innovationsmanagements und des Product Lifecycle Management unterhält der Lehrstuhl für Produktionssystematik des WZL eine enge Kooperation mit dem Heinz Nixdorf Institut an der Universität Paderborn und dem Lehrstuhl für Produktentwicklung der Technischen Universität München. Im Rahmen dieser Kooperation wurde die SPP GmbH gegründet, die das Internetportal www.innovationswissen.de betreibt.

Gemeinsam mit der Trovarit AG, einer Ausgründung des Forschungsinstituts für Rationalisierung (FIR) der RWTH Aachen, veröffentlicht das WZL regelmäßig den Marktspiegel für IT-basierte PDM- und PLM-Lösungen. Eine wesentliche Initiative zur Vereinheitlichung von Datenformaten stellt „myOpenFactory" dar. Aus dem Forschungskonsortium eines vom BMBF geförderten Projektes heraus wurde im Januar 2007 am Lehrstuhl die myOpenFactory eG gegründet. Diese Genossenschaft ist Anbieter von myOpenFactory und entwickelt den zugrunde liegenden Standard weiter. Die Gründungsmitglieder haben sich zum Ziel gesetzt, das unabhängige Forum zur Abstimmung zukünftiger IT-Standards zu sein und einen bedarfsgerechten Standard für den überbetrieblichen, elektronischen Austausch von Geschäftsdokumenten zu schaffen. Der Standard besteht aus einem frei zugänglichen Datenaustauschformat und einer internetbasierten Plattform zur Übertragung von Belegen wie Bestellungen oder Auftragsbestätigungen. Die webbasierte Integrationsplattform wurde speziell für die Auftrags- und Prozessabwicklung kleiner und mittelständischer Unternehmen des Maschinen- und Anlagenbaus entwickelt. Firmenübergreifende Projekte werden mit myOpenFactory ohne redundante Datenpflege, händische Eingabe und teure EDI-Schnittstellen abgewickelt.

Der Lehrstuhl für Produktionssystematik und das Werkzeugmaschinenlabor WZL kooperieren eng mit verschiedenen Branchenverbänden. Gemeinsam mit dem VDMA wurde beispielsweise 2007 die umfangreiche Branchenstudie „Schnell, effizient, erfolgreich: Strategien für den Maschinen- und Anlagenbau" erarbeitet. Der Lehrstuhl war außerdem an der Verfassung eines Leitfadens zur Erstellung unternehmensspezifischer PLM-Konzepte des VDMA beteiligt.

26.5
Visionen

Durch eine konsistente Vision zum Thema „PLM" möchte der Lehrstuhl ganz gezielt zur Erschließung der mit dem Thema verbundenen Potenziale, die heute oft auch nach erfolgter PLM Einführung ungenutzt bleiben, beitragen. Diese Vision versteht PLM als Ansatz zur ganzheitlichen, unternehmensweiten Verwaltung und Steuerung aller Produktdaten und Prozesse des kompletten Lebenszyklus entlang der erweiterten Logistikkette – von der Konstruktion über die Produktion und den Vertrieb bis hin zur Demontage und dem Recycling. Sie ist das Rückgrat der Lehrstuhl-Aktivitäten in seinen Handlungsfeldern Forschung, Beratung, Lehre und Weiterbildung im Seminarwesen, die eine sich gegenseitig verstärkende Wirkung erreichen sollen. Beiträge zur Umsetzung dieser Vision beginnen bereits mit einer Vereinheitlichung der heterogenen Begriffswelt, die in der öffentlichen Wahrnehmung bislang keine allgemeingültige PLM Definition zuließ. Ein Beispiel hierfür ist die Vermarktung sogenannter ‚PLM IT Systeme‘, deren Bezeichnung bereits im Widerspruch zur eingangs dargestellten Definition steht.

Konzeptionell wurden in den vergangenen Jahren bereits signifikante Fortschritte zur Wegbereitung von PLM erzielt. Bisherige Insellösungen kommunizieren zu lassen, steht seit längerer Zeit auf der Agenda vieler Unternehmen. Auch verschiedene Dienstleister treiben das voran. Ein praktisches Beispiel sind intelligente, bidirektionale Schnittstellen zwischen CAD-/PDM-Systemen und ERP-Systemen. Das Erreichte ist aber erst ein kleiner Schritt auf dem Weg zu echtem PLM. Zu sehr werden nach wie vor an den Unternehmensfunktionen orientierte Bereichslösungen vervollständigt und zu wenig steht die bedarfsgerechte Datendurchgängigkeit entlang des Produkt-Lebenszyklus im Vordergrund. Der dem PLM zugrunde liegende Kerngedanke wird in aller Regel in der Praxis noch gar nicht verfolgt. In der Lehre wird dieser Tatbestand durch eine geeignete Mischung aus theoretischen Grundlagen und anwendungsnaher, praktischer Veranschaulichung vermittelt. Es gilt, den Blick der nachfolgenden Generation von Ingenieuren und Betriebswirten für das Potenzial echter PLM Prozessketten zu schärfen. Die Vermittlung der PLM Vision in der Lehre bedarf einer praxisnahen Demonstration heutiger Defizite.

In der betrieblichen Anwendung beschränken sich PLM-Konzepte oftmals auf das Datenmanagement in F&E und tragen nur wenig zur betrieblichen Prozessintegration bei. In der anwendungsnahen Beratung zeigt der Lehrstuhl konkret auf, wie PLM-Strategien und -Entwicklungspläne für das Gesamtunternehmen aussehen können und wie einzelne Konzept- und IT-Bausteine auch ohne „Big Bang" Signale in Richtung Durchgängigkeit setzen können. Grundsätzlich sind für die Umsetzung von PLM im Unternehmen zwei Stoßrichtungen denkbar: monolithische Systeme, die alle benötigten Funktionen zusammenführen, oder geschickt integrierte Einzelsysteme. In den Forschungsaktivitäten des Lehrstuhls werden Konzepte entwickelt und exemplarisch aufgebaut, die auf einer heterogenen Systemwelt integrierter Einzelsysteme aufbauen. Hierzu werden heute an verschiedenen Stellen noch intelligente Standards und Quasi-Normen benötigt, deren Entwicklung ein Kernforschungsthema der kommenden Monate und Jahre ist.

Unternehmensdaten

> **Fraunhofer IPK**
> Fraunhofer Institut für Produktionsanlagen und Konstruktionstechnik

> 1976 gegründet

> Geschäftsfeld Virtuelle Produktentstehung

> Wissenschaftliche Mitarbeiter: 8
> Technische Angestellte: 1
> Studentische Mitarbeiter: 15

> Homepage: http://www.ipk.fraunhofer.de

> **IWF**
> Institut für Werkzeugmaschinen und Fabrikbetrieb der Technischen Universität Berlin

> 1904 gegründet als Lehrstuhl für Werkzeugmaschinen, Fabrikanlagen und Fabrikbetriebe

> Fachgebiet für Industrielle Informationstechnik

> Lehrstuhlinhaber: **Prof. Dr.-Ing. Rainer Stark**

> Wissenschaftliche Mitarbeiter: 11
> Technische Angestellte: 1
> Studentische Mitarbeiter: 11
> Studenten: 160–250

> Homepage: http://www.iit.tu-berlin.de/

27

Prof. Dr.-Ing. Rainer Stark, Jahrgang 1964, studierte von 1984 bis 1989 Maschinenbau an der Ruhr-Universität Bochum und an der Texas A&M University (USA). Von 1989 bis 1994 war er als Wissenschaftlicher Mitarbeiter des Lehrstuhls für Konstruktionstechnik/CAD der Universität des Saarlandes maßgeblich am Aufbau des Instituts für Innovative Produktion mit sechs weiteren technischen Lehrstühlen im Technologiezentrum Saarbrücken beteiligt. Er promovierte mit dem Thema *Entwicklung eines mathematischen Toleranzmodells zur Integration in 3D CAD-Systeme*. Ab 1994 war er bei Ford System-Ingenieur in der Karosserieentwicklung und Technischer Spezialist für CAD, Produktdatenmodellierung und PIM, bevor er 2002 Technischer Leiter der Virtuellen Produktentwicklung und Methoden der Ford Motor Company Europa wurde.

Abb. 27.1   Prof. Stark und sein Team vor dem IPK (Quelle: IPK)

In dieser Tätigkeit war er verantwortlich für die neuen PLM Lösungen im Bereich der Virtuellen Produktentstehung (C3P Next Generation) bei Ford und leitete die digitalen Prozess- und Methodenprojekte in europäischen Raum für die Marken Ford, Volvo und Jaguar/LandRover sowie die Zusammenarbeit mit den Partnern.

Im Februar 2008 übernahm Prof. Stark den Lehrstuhl von Prof. Krause und ist sowohl Leiter des Fachgebietes Industrielle Informationstechnik am Institut Werkzeugmaschinen und Fabrikbetrieb (IWF) der Technischen Universität Berlin, als auch Direktor des Geschäftsfeldes Virtuelle Produktentstehung am Fraunhofer Institut für Produktionsanlagen und Konstruktionstechnik (IPK). Beide Einrichtungen sind seit 1986 in einem Gebäude als Produktionstechnisches Zentrum (PTZ) angesiedelt.

Forschungsschwerpunkte sind die intuitive und kontextbezogene Informationsmodellierung, intuitiv bedienbare und funktional erlebbare virtuelle Prototypen, die funktionsorientierte virtuelle Produktentstehung sowie Entwicklungsprozesse und Methodik für die Produktgestaltung. Das Fachgebiet und das Geschäftsfeld beschäftigen sich mit der Weiterentwicklung von digitalen Lösungen zur Verbesserung und Erweiterung der Ingenieurtätigkeiten im gesamten Ablauf der virtuellen Produktentstehung von der Produktidee und -planung über die Produktentwicklung bis zur Planung und Anlaufabsicherung der Produktion.

Prof. Stark ist Mitglied im Berliner Kreis.

Publikationen (Auszug):

> R. Stark, C. Kind: *Industrielle Informationstechnik als Schlüsseltechnologie nachhaltiger Produktentstehung,* In Gerd Eßer, Jörg Krüger: (Hrsg.) 80 Jahre Wandel der Fabrik: Festschrift anlässlich des 80. Geburtstags von Professor Günter Spur. (Berlin), INPRO 2008. ISBN 978-3-00025940-1
> F.-L. Krause, R. Stark: *Potentials and Future Innovation of Virtual Product Creation,* In Prospects in Mechanical Engineering, Ilmenau ISLE, 2008, 7–8.
> Hayka, H.; Lüddemann, J.; Stark, R.: *Zuverlässigere Gestaltung der mechatronischen Produktentstehung, Mechatronik-Kooperationsplattform für anforderungsgesteuerte Prüfung und Diagnose – MIKADO,* ZWF 103 H. 8, 2008
> Stark, R., Gärtner, H. & Wolter, L.: *Verteilte Design Reviews in heterogenen Systemwelten.* Produkt Daten Journal 15(1), 45–49, 2008
> Israel, J.H.; Zöllner, C.; Mateescu, M.; Korkot, R.; Bittersmann, G.; Fischer, P.T.; Neumann, J.; Stark, R.: *Investigating User Requirements and Usability of Immersive Threedimensional Sketching for Early Conceptual Design – Results from Expert Discussions and User Studies,* In Alvarado, C. & Cani, M.-P. (Hrsg.) Proc. Eurographics Workshop on Sketch-Based Interfaces and Modeling SBIM'08, Annecy, Frankreich, 127-134, 2008

27.1
Kernkompetenzen und Ziele

Die Kernkompetenzen des Fachgebiets liegen in der intuitiven und kontextbezogenen Informationsmodellierung, in intuitiv bedienbaren und funktional erlebbaren virtuelle Prototypen. Das wichtigste Element des Lehrkonzepts sind bedarfsgerecht vermittelte ingenieurs- und informationstechnische Inhalte und die Nachhaltigkeit der gelehrten Kompetenzen, Erfahrungen und Werte für den Ingenieurberuf.

Prof. Stark sieht sein Fachgebiet nicht nur gefordert in der Anwendung moderner Werkzeuge und Methoden im Produktentstehungsprozess, sondern auch in deren Weiterentwicklung. Dies umfasst insbesondere folgende Themenfelder:

1 Methoden und Prozesse der Produktentwicklung
   Die Analyse und Synthese von Produktentstehungsprozessen aus methodischer und organisatorischer Sicht zielt auf kontext- und aufgabenorientierte Informationsaufbereitung auch zur Unterstützung der Entscheidungsfindung und auf eine entsprechende Prozessmodellierung.
2 Produktgestaltung und funktionale Absicherung
   Über die Modellierung nicht nur der Geometrie, sondern aller Produktmerkmale und -eigenschaften wird ein durchgängiges 3D-Modell von der Konzeptphase bis zur digitalen Produktionsplanung angestrebt, unter Einbeziehung von VR, 3D-Sketching und Functional Mock-up.

27

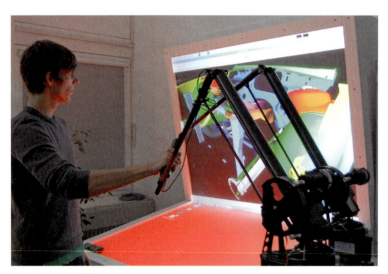

Abb. 27.2   Einsatz von VR zur Validierung von 3D-Modellen (Quelle IPK)

3 Intuitive Interaktion mit virtuellen Prototypen
   Informationen müssen für unterschiedliche Szenarien und Akteure im Produktentstehungsprozess kontextsensitiv bereitgestellt werden. Dazu werden intuitive Zu-
   gänge zu umfangreichen Informationsräumen benötigt, Systeme zur kontextsen-
   sitiven Entscheidungsunterstützung, interaktive Oberflächen und dreidimensionale
   sowie berührungssensitive Benutzerschnittstellen.
4 Informationsmanagement für die Produktentstehung
   Der Fokus liegt hier auf komplett synchronisiertem, verteiltem Datenmanagement,
   interdisziplinärer Zusammenarbeit und permanenter Informationsverfügbarkeit.
5 Digitale Fertigungs- und Fabrikprozesse
   Für die Modellierung von Fertigungsprozessen im Rahmen der Produktentstehung
   und einen phasenbezogenen Abgleich der Prozessmodelle mit den definierten Zielsetzungen werden unter anderem neue Diagnosewerkzeuge für die Herstellbarkeit
   benötigt. Eine Verfeinerung der Simulation des Produktverhaltens gehört ebenso
   dazu wie die Integration von Produktionswissen in die Modellierungswerkzeuge.

   Prof. Stark stellt mit dem Fachgebiet Industrielle Informationstechnik des IWF
in Kombination mit dem Geschäftsfeld Virtuelle Produktentwicklung des IPK eine
Lehr- und Forschungseinheit bereit, die heute bestehende Probleme mit PLM-Konzepten und deren Umsetzung aufgreift und daraus Anforderungen für die nächste
Generation der erforderlichen IT-Werkzeuge ableitet. Das Prinzip dabei ist, dass
das Institut einerseits an verfügbaren Systemen ausbildet und der Industrie aktiv
dabei hilft, die vorhandenen Lösungen optimal einzusetzen, und dass es andererseits den Brückenschlag schafft zu den großen und kleinen Anbietern entsprechender IT.

27.2
Schwerpunkte der Lehre im Umfeld PLM

Die Veranstaltungen des Fachgebiets Industrielle Informationstechnik gliedern sich in vier Themenbereiche:

1. Einführung in die Informationstechnik für Ingenieure
   Die einsemestrige Veranstaltung vermittelt grundlegende Kenntnisse in den Themen Rechnerinterne Informationsdarstellung, Rechner, Betriebssysteme, Programmiersprachen, Datenbanken, Unified Modeling Language (UML), Software Engineering und Rechnernetze und gibt Einblick in Datensicherheit und Virtual Reality. Zu den Inhalten gehört auch das objektorientierte Programmieren mit Ausdrücken, Anweisungen, Coding Standards und Klassen, sowie Vererbung und Überladen von Operatoren.

2. Grundlagen und Anwendungen der Industriellen Informationstechnik
   Im ersten Semester der zweisemestrigen Veranstaltung werden grundlegende Kenntnisse zu den Themen Datenbanken, Netzwerke, Entwicklungsmethodik, Kommunikationstechnik, Wissens- und Projektmanagement sowie Simultaneous und Concurrent Engineering vermittelt. Darüber hinaus werden Systeme zum Produktdaten-Management, zu ERP und zu EAI (Enterprise Application Integration) vorgestellt.

   Im zweiten Teil zur Anwendung der Informationstechnik im industriellen Umfeld vermittelt die Lehrveranstaltung Kenntnisse über Produktentstehungsprozess und Prozessmanagement, Systems Engineering und E-Business. Die Studierenden lernen Systeme zum Produktdaten-Management (mit Variantenmanagement, Komplexitätsmanagement und Change Management) und zur rechnerunterstützten Konstruktion kennen.

3. Technologien der Virtuellen Produktentstehung I und II
   Auch diese Veranstaltung wird in zwei Semestern angeboten. Das erste umfasst die Hardwarestrukturen von Rechnern und Peripheriegeräten, die im Rahmen der Produktentwicklung eingesetzt werden, aber auch Komponenten und Merkmale der Software für CAD- und CAP-Systeme, einschließlich der rechnerinternen Darstellung und Geometrieverarbeitung im 2D- und 3D-Bereich. Weitere Themen sind Informationssysteme, Arten und Anwendungen von Datenbanken, Schnittstellen zwischen verschiedenen Hard- und Softwaresystemen und die Mensch-Maschine-Kommunikation.

   Im zweiten Teil stehen die rechnerunterstützte Konstruktionsmethodik und entsprechende Systeme auf dem Lehrplan, und zwar sowohl Experten- und Konstruktionstools als auch Systeme zur Durchführung von Berechnungen. Rechnerunterstützte Arbeitsplanungsmethodiken und entsprechende Systeme, NC-Programmiersysteme und Montageplanung sind ebenso Inhalt wie Integrationsaspekte von Konstruktion und Arbeitsplanung. Abschließend wird die Auswahl und Einführung von CAD-Systemen dargestellt.

   Parallel zu den Vorlesungen beider Teile werden Übungen angeboten, in denen die Studenten die vorgestellten Systeme nutzen, um einfache Beispielaufgaben zu lösen.

27

4. Entwicklung und Management digitaler Produktentstehungsprozesse
Die einsemestrige Lehrveranstaltung ist auf eine ganzheitliche Betrachtung von Prozessen zur Produktentwicklung, Produktabsicherung sowie zur Produktions- und Fabrikplanung in industriellen Unternehmen ausgerichtet. Dazu gehören die Einordnung digitaler Produktentstehungsprozesse (PEP) in die unternehmensweite Prozesslandschaft, die Kernprozesse der digitalen Produktentstehung und ihre Logik, Produktdefinition, Produktvarianten, Produktdaten-Management, Freigabe und Change Management, Prozessmanagement (Entwicklung und Re-Engineering). Ebenfalls behandelt werden informationstechnische Hilfsmittel zur Beschreibung von Prozessen und Abläufen, Systeme für Business Process Management (BPM) und Potenziale von Service Orientierten Architekturen (SOA).

Zwei weitere Lehrveranstaltungen „Informationstechnische Prozesse für den digitalen Fabrikbetrieb" und „Virtuelles Entwickeln in der industriellen Praxis (Virtual Engineering in Industry)" werden zurzeit aufgebaut.

Dissertationen 2007 und 2008 (Auszug):

› Neumann, Jens: *Verfahren zur ad hoc Modellierung und Simulation räumlicher Feder-Masse-Systeme für den Einsatz in Virtual Reality basierten Handhabungssimulationen*, 2008
› Gärtner, Hendrik: *Optimierte Zuliefererintegration in der Produktentwicklung durch Ad-hoc-Kooperationswerkzeuge*, 2008
› Ragan, Zbigniew: *Eine rechnerintegrierte Methode zur Produktkonzeption*, 2007
› Jungk, Holger: *Informationsmanagement zur Planung und Verfolgung von Produktlebenszyklen*, 2007
› Strebel, Matthias: *Kompetenzabhängiges Simulationsverfahren zur Optimierung von Produktentwicklungsprozessen*, 2007
› Biantoro, Chris: *Modellierung und Analyse verteilter Entwicklungsprozesse für mechatronische Systeme*, 2007

27.3
Schwerpunkte der Forschung im Umfeld PLM

Das IPK führt sowohl Forschungsprojekte mit öffentlicher Förderung als auch reine Industrieprojekte durch. Ein gutes Beispiel für letztere ist das bereits seit 1999 laufende Projekt für Airbus. *Methodische Unterstützung bei der Einführung von CAx, PDM und Datenaustauschanwendungen* heißt das Projekt, mit dem Airbus Anwendungsmethoden und Vorgehensweisen zum Aufbau und zur Verifikation einer 3D-Entwicklungsumgebung erhält.

Ein Beispiel für abteilungsübergreifende Verbundprojekte ist *MIKADO – Mechatronik Kooperationsplattform für anforderungsgesteuerte Prüfung und Diagnose*. In dem Projekt werden Methoden für ein fachübergreifendes Systems Engineering entwickelt. Das 2006 gestartete Projekt läuft bis 2009 und wird vom BMBF gefördert. Projektträger ist das Forschungszentrum Karlsruhe.

Ebenfalls als Verbundprojekt läuft das vom DLR beauftragte und vom BMBF geförderte *AVILUSplus, Angewandte Virtuelle Technologien im Produkt- und Produktionsmittel-Lebenszyklus*. Hier werden – anwendungs- und benutzerorientiert – langfristige Technologien in Zusammenhang mit Virtueller Realität (VR) und erweiterter Realität oder Augmented Reality (AR) entwickelt und erprobt. Dabei steht die Integration von CAX und PDM mit VR für eine funktionale Produkt- und Produktionsabsicherung im Zentrum. Erforscht werden beispielsweise Verfahren zur physikalischen Simulation flexibler Bauteile in Echtzeit und neue Ansätze in der Mensch-Maschine Interaktion durch *Tangible Interaction in Virtual Environments*.

Das IPK ist an dem von der EU geförderten Projekt *CoVES – Collaborative Virtual Engineering for SMEs* beteiligt. Die traditionellen Stärken kleiner und mittlerer Unternehmen – kurze Entscheidungswege, Flexibilität und kooperatives Arbeiten – sind durch die zunehmend global verteilte Produktentwicklung gefährdet. Mit CoVES sollen Methoden und Werkzeuge zur Unterstützung eines mobilen, virtuellen und kollaborativen Engineering entwickelt werden. Eine flexible Kollaborationsplattform soll virtuellen, vernetzten Teams einen weder orts- noch zeitgebundenen Zugriff auf die für sie relevanten Daten und Anwendungen gestatten.

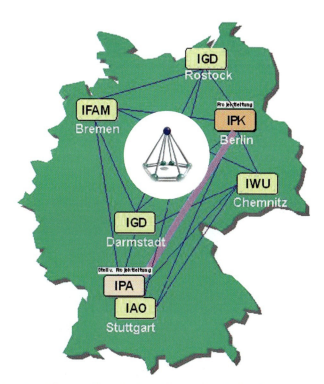

Abb. 27.3   Das DZ-ViPro am IPK ist Teil eines Netzwerks (Quelle: IPK)

27

Mit dem Verbundprojekt *ProGRID – Grid-Technologie für kooperative Produkt-entwicklung am Beispiel Simulation und Produktdaten-Management* soll Grid-Technologie[1] aus der Grundlagenforschung heraustreten und insbesondere für rechenintensive CAE-Simulationen industriell nutzbar gemacht werden. Projektträger ist die DLR, Auftraggeber das BMBF. Verbundpartner sind außer dem IPK: FE-Design, Fraunhofer SCAI, Intes, Wilhelm Karmann, PDTec und science + computing.

Mit *DZ-ViPro*, dem *Demonstrationszentrum für virtuelle Produkt- und Produktionsentstehung* bietet das IPK eine Einrichtung, die es insbesondere kleinen und mittleren Unternehmen erleichtern soll, parallel zu ihrem laufenden Betrieb die Umsetzung innovativer Konzepte zu erproben und zu verifizieren.

Zur Ausstattung des *VR – Labors* gehören unter anderem ein virtueller Planungstisch und eine komplette Ausrüstung für die Anwendung von VR und Haptik in der Montage.

27.4
Kooperationen und Initiativen

Das IPK nimmt am VRL-KCiP (Virtual Research Lab for a Knowledge Community in Production) teil, einem Network of Excellence Projekt im 6. Forschungsrahmenprogramm der Europäischen Kommission mit 25 international anerkannten FuE-Partnern aus 15 Ländern. Ziel des Projekts ist der Aufbau eines europaweiten virtuellen Forschungslabors, das als weltweit führende Wissenschaftsorganisation die Kompetenzen der beteiligten Forschungsinstitutionen auf dem Gebiet der Produktionswissenschaft bündelt.

Aus diesem Projekt ging die non-profit Organisation EMIRAcle (European Manufacturing and Innovation Research Association, a cluster leading excellence) hervor, die mit einer Kooperations- und Kollaborationsplattform eine umfangreiche technologische Unterstützung der Zusammenarbeit bietet. Auch daran ist das Fachgebiet beteiligt.

Als Partner des Graduiertenkollegs prometei (Prospektive Gestaltung von Mensch-Technik-Interaktion) beteiligt sich das IPK an der Entwicklung und Integration von Methoden, Verfahren und Werkzeugen zur Berücksichtigung der Mensch-Maschine-Interaktion bereits in frühen Phasen der Gestaltung technischer Systeme. Zentrale Fragen der prospektiven Gestaltung von Mensch-Maschine-Interaktion werden interdisziplinär und domänenübergreifend bearbeitet.

Das Fachgebiet von Prof. Stark ist beteiligt am Sonderforschungsbereich Transregio 29, dessen Thema lautet: *Engineering hybrider Leistungsbündel – Dynamische Wechselwirkungen von Sach- und Dienstleistungen in der Produktion.* Der Sonderforschungsbereich wurde 2006 an der Ruhr-Universität Bochum und der Technischen Universität Berlin gestartet und hat sich die Etablierung eines innovativen, nutzenorientierten Produktverständnisses von Sach- und Dienstleistungen zum Ziel gesetzt. Renommierte Wissenschaftler aus dem Maschinenbau und den Wirtschaftswissen-

---

[1] Grid-Computing: verteiltes Rechnen mit einem virtuellen Supercomputer, der aus einem Cluster lose gekoppelter Computer besteht

schaften wollen über den gesamten Lebenszyklus Vorgehensweisen, Methoden und Werkzeuge zur Planung, Entwicklung, Erbringung und Nutzung hybrider Leistungsbündel entwickeln. Unter der Leitung des IWF werden die Forschungsarbeiten durch den Aufbau eines Demonstrators im Bereich der Mikroproduktionstechnik fortlaufend an einem realen Anwendungsszenario konkretisiert.

Das Institut bietet Schülern und Studenten Praktika an, die wenige Wochen, aber auch mehrere Monate umfassen können. Einmal pro Jahr werden an einem Schülertag in Abstimmung mit den Schulen Führungen durch Institut und Labors organisiert.

27.5
Visionen

Prof. Stark betrachtet die Zukunft von PLM vor allem auf zwei Ebenen, der technologischen und der der praktischen und organisatorischen Umsetzung:

Technologisch fehlt es an einem durchgängigen und fachübergreifenden Konzept, welche Rolle PLM in der industriellen Wertschöpfung spielen soll. Bisher ist es zu stark von der IT getrieben und zu wenig an den praktischen Aufgabenstellungen orientiert. Um PLM lebbar zu machen, müssen neue Datenkonzepte realisiert werden, zum Beispiel um online den schnellen und einfachen Zugriff auf Produktdaten zu ermöglichen, was mit dem klassischen Produktdaten-Management nicht funktioniert. Das Fehlen eines mechatronischen Datenmodells verhindert die Durchgängigkeit von PLM-Ansätzen. Künftig müssten verschiedene Sichten auf die Prozesse und Daten einfacher und mit erheblich weniger Aufwand als heute zu realisieren sein. Schließlich sind die Daten aus dem Betrieb und Einsatz der Produkte heute nicht im PLM verankert, Lehren daraus können deshalb nicht gezogen und in die Entwicklungsprozesse zurückgeführt werden. Dies wird aber aus Gründen nachhaltiger Produktentwicklung immer zwingender.

Organisatorisch erscheinen derzeitige Strukturen, in denen oft ein CIO also ein Chief Information Officer, für PLM verantwortlich ist, für die erfolgreiche Umsetzung von PLM wenig geeignet. Besser wäre ein Chief Information Engineer oder CIE, der näher an den operativen Aufgabenstellungen ist. Kleine und mittlere Unternehmen werden sich noch stärker zusammenschließen, um moderne Technologien optimal nutzen zu können.

Das Vertrauen in den PLM-Ansatz muss massiv gestärkt werden, wozu möglicherweise die Einführung entsprechender Qualitätssicherungsmethoden beitragen könnte. Andernfalls sieht Prof. Stark die Gefahr eines „Informations-Tsunamis" auf die Industrie zurollen.

Unternehmensdaten

> **ITM**
> IT IN MECHANICAL ENGINEERING
> Lehrstuhl für Maschinenbauinformatik

> 1994 gegründet am Institut für Product and Service Engineering der Fakultät Maschinenbau der Ruhr-Universität Bochum (RUB)

> Lehrstuhlinhaber: **Prof. Dr.-Ing. Michael Abramovici**

> Wissenschaftliche Mitarbeiter: 15
> Angestellte: 5–7
> Studentische Mitarbeiter: 30

> Studenten
> Grundstudium/Bachelor: 500–800
> Hauptstudium/Master: 250

> Homepage: http://www.itm.rub.de/

Prof. Dr.-Ing. Michael Abramovici, geboren 1952, ist seit 1994 Inhaber des Lehrstuhls für Maschinenbauinformatik (ITM) an der Ruhr-Universität Bochum. Nach seinem Studium des Maschinenbaus promovierte er 1985 bei Prof. Spur in Berlin auf dem Gebiet Computer Aided Design. Anschließend übernahm er verschiedene Beratungs- und Managementaufgaben bei einem führenden deutschen IT-Dienstleistungsunternehmen. Im Rahmen dieser Tätigkeit initiierte er 1992 den ersten deutschen, jährlich stattfindenden EDM Kongress. Prof. Abramovici gehört zum Kreis der besonders engagierten Wissenschaftler im Bereich PLM. Sein Rat wird sowohl in der Industrie als auch in der Politik und Wissenschaft geschätzt, und er ist in zahlreichen Gremien und Organisationen aktiv.

U. Sendler, *Das PLM-Kompendium*,
© Springer 2009

Seit 1986 ist Prof. Abramovici Berater der EU-Kommission in Brüssel. Dabei ist er in verschiedenen Expertengremien an der Gestaltung von Forschungsprogrammen sowie am Reviewing von europäischen Projekten beteiligt. Von 1998 bis 2008 gehörte er dem Beirat der VDI-Gesellschaft Produktentwicklung und Systeme an, die Richtlinien und Fachbücher herausgibt, Tagungen organisiert und sich als einziger Bereich im VDI mit der Informationsverarbeitung in der Produktentwicklung befasst. Die VDI-Richtlinie 2219 beispielsweise, an der Prof. Abramovici beteiligt war, behandelt die ‚Einführung und Wirtschaftlichkeit von EDM/PDM-Systemen'.

Abb. 28.1   Das Team um Prof. Abramovici im Januar 2009 (Quelle: ITM)

Prof. Abramovici ist mit seinem Lehrstuhl seit 2006 Mitglied der Gruppe 3 – Hochschulen und Verbände – des ProSTEP iViP Vereins. Im Berliner Kreis, dem 1993 gegründeten wissenschaftlichen Forum für Produktentwicklung, ist er seit 1995 Mitglied. 2006 hat er den Vorsitz von Prof. Krause übernommen. 2008 wurde er als ordentliches Mitglied der Deutschen Akademie für Technik-Wissenschaften (acatech) berufen. Vielfältige Zusammenarbeit gibt es in verschiedenen Arbeitsgruppen mit VDMA und VDA. Außerdem ist er Mitglied des IHK Industrieausschusses des mittleren Ruhrgebietes, in dem circa 30 Unternehmen dieser Region aktiv sind. Er ist Mitglied im Direktorium des Instituts für Unternehmensführung (ifu) der Ruhr-Universität Bochum. Über 10 Jahre gehörte er dem Direktorium des Rechenzentrums der Ruhr-Universität Bochum an. Seit 2005 leitet Prof. Abramovici das Programmkomitee des „Product Life live", einem von der MESAGO Messe Frankfurt organisierten Kongress zum Erfahrungsaustausch von Industrie-Experten über PLM. Er ist Mitglied des wissenschaftlichen Beirats mehrerer Fachzeitschriften wie „Konstruktion" und „Economic Engineering".

Seit 2001 ist er Gastprofessor am Chinesisch-Deutschen Hochschulkolleg (CDHK) der Tongji-Universität in Shanghai, einer deutsch-chinesischen Hochschuleinrichtung für die Fächer Maschinenbau und Wirtschaft, die von hiesigen Firmen wie Allianz, Bosch, Gildemeister und Siemens sowie vom Bundesministerium für Bildung und Forschung (BMBF) gesponsert wird. Gelehrt wird in deutscher Sprache. Ziel ist die Ausbildung von Führungskräften für internationale Unternehmen in China.

Über 200 Veröffentlichungen von Prof. Abramovici sind in den letzten 30 Jahren in nationalen und internationalen Fachzeitschriften sowie anlässlich von Fachkongressen erschienen.

Publikationen (Auszug):

> Abramovici, M.: *Manufacturing Innovation Growth Engines – A European Perspective*. In: Proceedings of the IMS Vision Forum 2006. IMS International Inc., 2006
> Abramovici, M. u. a.: *Benefits of PLM – Benchmark Study*, 2004, 2007, 2009
> Abramovici, M.: *Future Trends in Product Lifecycle Management*. In: The Future of Product Development – 17th CIRP Design Conference. Springer Verlag, Berlin, 2007
> Abramovici, M., (Hrs.): *Product Life live 2007: Das Know-how Event zum Management des Produktlebens*. VDE Verlag GmbH, Mainz, 2007
> Abramovici, M.; Schulte, S.: *Megatrends im Engineering*. In: eDM-Report. (2007) Heft 2, S. 48–51

Studien (Auszug):

„Benefits of PDM"	„PDMax"	„PLM-Technology-Monitoring"	„Denefits of PLM"	„Innovationspotenziale in der Produktenentwicklung"
1999	2001	2002	2004	2007

28.1
Kernkompetenzen und Ziele

Die Kernkompetenzen des Lehrstuhls für Maschinenbauinformatik (ITM) liegen im Bereich des Digital Engineerings, also in der Anwendung von IT-Methoden und Systemen innerhalb von Produkt-Lebenszyklen sowie in der strategischen Planung der Prozesse und des IT-Einsatzes im Engineering. Dazu gehören im Einzelnen:

> Product Lifecycle Management (PLM) für interdisziplinäre, global verteilte Engineering Prozesse
> Virtuelle Produktentstehung, also die Anwendung von CAD, CAE, VR, DMU und Simulation
> e-Engineering Services, wie z. B. Nutzungsmodelle für Application Service Providing (ASP) oder E-Learning
> Product Service Systeme, eng integrierte Sach- und Dienstleistungen zur Maximierung des Kundennutzen
> Nutzung von RFID im Produkt-Lebenszyklus
> Schutz des geistigen Eigentums (Intellectual Property [IP]) im Bereich der Produktentwicklung zum Beispiel in Hinsicht auf Produktpiraterie
> Planung und Einführung von IT-Systemen einschließlich Migrationsstrategien.

Besonderer Wert wird auf die ganzheitliche Betrachtung der IT im Zusammenhang mit Prozessen, Organisation und Management unter Einbeziehung der beteiligten Menschen (Akzeptanzmanagement, Weiterbildung) und unter Berücksichtigung ökonomischer und ökologischer Aspekte gelegt.

Für Prof. Abramovici ist das Ziel von Forschung und Lehre am ITM die verbesserte Erschließung der Nutzenpotenziale der Informationstechnologie für die industrielle Produktentstehung und damit die Stärkung der Wettbewerbsfähigkeit der Industrie am Standort Deutschland.

28.2
Schwerpunkte der Lehre im Umfeld PLM

1 Grundlagen der Informatik
  Da das ITM als einziger Lehrstuhl der Fakultät Maschinenbau Informatik lehrt, bietet er in der Lehre auch Informatik-Grundlagen (beispielsweise Programmier-Grundlagen) an.
2 Softwaretechnik im Maschinenbau (STM)
  In dieser Veranstaltung werden die wichtigsten klassischen Vorgehensmodelle und Methoden des Software-Engineerings vermittelt, objektorientierte Analyse- und Entwurfsmethoden am Beispiel der Unified Modelling Language (UML) vertieft, Methoden der Datenbanktechnik und relationale Datenbank-Anwendungen vorgestellt. Abschließend wird eine Übersicht über Software-Anwendungen im Engineering und im Management vermittelt.
3 Virtuelle Produktentwicklung (VPE)
  Gegenstand dieser Lehrveranstaltung sind spezielle Methoden und Hilfsmittel zur virtuellen Produktentwicklung. Schwerpunkte bilden dabei die verschiedenen digitalen Produktdatenmodelle, die CAD-Modellierungsmethoden in 2D und 3D, die Nutzung von Digital Mock-up und Virtual Reality, ausgewählte CAD-Anwendun-

gen für verschiedene Entwicklungsphasen einschließlich der Verifikation der Ergebnisse, etwa Baugruppenkonstruktion, Simulation und Berechnung sowie die Integration von CAD mit anderen IT-Anwendungen im Produkt-Lebenszyklus. Betrachtet werden alle Phasen der Produktentwicklung, von der frühen Konzept- und Designphase bis zur Verwendung der erzeugten Daten im Rapid Prototyping.

4 Product Lifecycle Management (PLM)

Neben den Grundkonzepten und Prinzipien des Produkt-Lebenszyklus-Managements werden einzelne Modelle und Methoden zur Organisation und Verwaltung von Produktdaten vorgestellt. Das umfasst unter anderem Teile-, Dokumenten- und Produktstrukturen sowie das Management der Produktklassifizierung, das Modellieren und die Steuerung von Engineering-Prozessen wie Freigabe und Änderung, etwa durch den Einsatz von elektronischen Workflows. Auch allgemeine Methoden zur Handhabung von Produktdaten und Benutzerinformationen, Stücklisten- und Konfigurationsmanagement sowie Methoden der Zusammenarbeit im verteilten Engineering sind Inhalt der Lehrveranstaltung. Den Abschluss bildet die Betrachtung von Vorgehensweisen bei der Einführung von PLM-Konzepten.

Abb. 28.2 Teamarbeit im Studium am ITM (Quelle: ITM)

5 Simulationstechnik in der Produktentwicklung

Die virtuelle Produktentwicklung ist nicht auf die Beschreibung der Produktgestalt mit CAD begrenzt, sondern umfasst auch die Vorhersage des physikalischen Verhaltens von Bauteilen. Die Lehrveranstaltung beginnt mit einer Einführung in die Grundlagen der Modellbildung und der Untersuchung der Eigenschaften materieller und numerischer Modelle. Darauf aufbauend werden Berechnungsmethoden der Bereiche Kinematik, Dynamik und Mehrkörpersysteme vorgestellt und beispielhaft demonstriert. Anhand der Beziehungen zur Finite Elemente Methode (FEM) werden an besondere Eigenschaften gekoppelte physikalische Effekte und das Konzept der Multiphysik erläutert. Mit den Grundlagen der Strömungsmechanik und der Bearbeitung einfacher strömungsmechanischer Aufgabenstellungen wird ein weiterer wesentlicher Teil der numerischen Simulation abgedeckt. Die Interpretation und Visualisierung der Resultate von Simulationen schließt die Veranstaltung ab. Darüber hinaus werden Beurteilungskriterien für die Einsatzmöglichkeiten und Grenzen der Methoden und Auswahlkriterien für die einschlägigen Softwaresysteme vermittelt.

6 Anwendung der FEM

Die Methode der Finiten Elemente ist eine Standardtechnik zur Beschreibung des mechanischen Verhaltens von Bauteilen. Der Näherungscharakter der Methode wird durch intensive Betrachtung der mathematischen, physikalischen und geometrischen Approximationsprinzipien herausgestellt. Die Beschreibung des Aufbaus von Finite Elemente Software aus den Modulen Preprocessing, Solver und Postprocessing erklärt das Zusammenwirken mit CAD-Systemen. Für die Modellierung werden Techniken der Netzgenerierung sowie physikalisch und konstruktiv sinnvolle Randbedingungen vorgestellt. Außer linearen elastomechanischen Aufgaben werden Kontaktprobleme und nichtlineare Materialgesetze behandelt. Eine Übersicht über Techniken zur Bauteiloptimierung sowie zur Auswertung von Analyseresultaten schließt zusammen mit der Aufbereitung der Ergebnisse und den zugehörigen Präsentationstechniken die Veranstaltung ab.

7 IT im Engineering

Die Veranstaltung vermittelt eine Übersicht über IT-Anwendungen zur Unterstützung von Engineering-Prozessen. Nach einer Darstellung der wichtigsten Engineering-Prozesse sowie der Wandlung dieser Prozesse im veränderten Industrieumfeld werden Methoden zur Verbesserung und Neugestaltung dieser Prozesse vorgestellt. Anschließend werden die wichtigsten IT-Anwendungen in der Produktentwicklung, in der Fertigung, in der Beschaffung, im Vertrieb und im Service aufgezeigt. Schließlich werden prozessübergreifende IT-Anwendungen (wie PLM, ERP, CAQ, SCM) und die wichtigsten IT-Integrationsansätze vertieft. Die Veranstaltung schließt mit einer Übersicht über IT-Management-Grundlagen.

Alle Lehrveranstaltungen sind begleitet durch intensive Übungen und Projektarbeiten am Rechner in kleinen, betreuten Gruppen. Die Veranstaltungen sind eingebettet in die verschiedenen Bachelor- und Masterstudiengänge der Fakultät für Maschinenbau. Darüber hinaus gibt es in der Fakultät einen Studienschwerpunkt Ingenieur-Informatik, für den der Lehrstuhl für Maschinenbauinformatik verantwortlich ist. Zur Lehrstuhlausstattung gehören über 100 Engineering-Arbeitsplätze sowie alle führenden Engineering-Software-Systeme. Alle Lehrveranstaltungen werden durch eine E-Learning Umgebung unterstützt. Der ITM-Lehrstuhl ist seit 2005 nach DIN EN ISO 9001:2000 zertifiziert.

Diplom- und Masterarbeiten (Auszug):

> Daniel, K.: Workflow Management: Methoden- und Werkzeugkonzepte für das Collaborative Engineering. Diplomarbeit Ruhr-Universität Bochum, 2006

> Laurischkat, R.: Integration eines Optimierungsverfahren in die Mechatroniksimulation mit MSC.ADAMS. Studienarbeit Ruhr-Universität Bochum, 2006

> Wang, Q.: Entwicklung eines Konzepts für das Management mechatronischer Produktdaten innerhalb eines PDM-Systems. Masterarbeit Ruhr-Universität Bochum, 2007

> Neges, M.: Potenziale der Viewing-Technologie für die Optimierung des CAD-Daten-Austausches in den unternehmensübergreifenden Entwicklungsnetzwerken. Diplomarbeit Ruhr-Universität Bochum, 2008

Dissertationen (Auszug):

> Gerhard, D.: Erweiterung der PDM-Technologie zur Unterstützung verteilter kooperativer Produktentwicklungsprozesse. Shaker Verlag, Aachen, 2000

> Langenberg, L.: Firmenspezifische Wissensportale für die Produktentwicklung. Shaker Verlag, Aachen, 2000

> Chasiotis, C.: Prozessbegleitende Wissensdokumentation und integrierte Wissens-Visualisierung in der Digitalen Produktentwicklung. Shaker Verlag, Aachen, 2006

> Schulte, S.: Integration von Kundenfeedback in die Produktentwicklung zur Optimierung der Kundenzufriedenheit. Shaker Verlag, Aachen, 2007, ausgezeichnet mit dem Zander-Preis

28.3
Schwerpunkte der Forschung im Umfeld PLM

Schwerpunkte der Forschung sind die Bereiche Produkt-Lebenszyklus-Management und Virtuelle Produktentstehung. Das ITM führt eine große Zahl sowohl von grundlagen- als auch von anwendungsorientierten Forschungsprojekten sowohl mit Industriepartnern als auch mit anderen Hochschulen durch. Einige ausgewählte Beispiele:

ITM ist einer der Hauptpartner des interdisziplinären Sonderforschungsbereiches Transregio-Projekt *Engineering hybrider Leistungsbündel* in Kooperation mit anderen Lehrstühlen der Ruhr-Universität Bochum und der TU Berlin (2006–2018). Im Rahmen dieser Kooperationen bearbeitet ITM das Teilprojekt *Lifecycle Management von hybriden Leistungsbündeln*. In diesem grundlagenorientierten Projekt entwickelt ITM die übernächste Generation von Systemen für PLM. Lösungen der Zukunft integrieren sowohl physische Produkte als auch produktbezogene Dienstleistungen in deren gesamten Lebenszyklen. Schwerpunkte bilden dabei ein intelligentes Änderungsmanagement, das Management von Feedback-Informationen aus der Nutzungsphase der Produkte für die Produktentwicklung sowie ein Management-Informationssystem. Die neue PLM-Lösung untersucht auch die Möglichkeiten von Semantic-Web sowie von Service-orientierten Software-Architekturen.

28

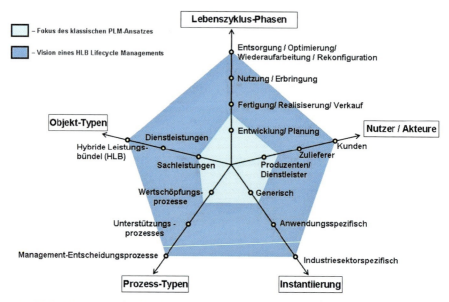

Abb. 28.3   Erweiterung des klassischen PLM-Ansatzes in fünf Richtungen (Quelle: ITM)

Das ITM hat das 2008 gestartete Verbundprojekt *MobilAuthent* initiiert, das den Aufbau eines branchenübergreifenden, globalen, mobilen Services für eine eindeutige Produkt-Identifizierung und -Authentifizierung zum Ziel hat. Die im Verbund mit mehreren industriellen Partnern zu entwickelnde Lösung soll es produzierenden Unternehmen ermöglichen, ihre Erzeugnisse mit kryptographisch kodierten RFID-Tags wirkungsvoll gegen Fälschungen zu schützen. Die Einbeziehung der gesamten Zulieferkette unter Berücksichtigung der Zollbehörde sowie der Logistik- und Vertriebsprozesse, die Nutzung der Mobiltelefone als Lesegeräte sowie das Engagement eines globalen Partners aus der Kommunikationsindustrie versprechen eine breite Akzeptanz und eine rasche Verbreitung der Dienstleistung im industriellen und später auch in anderen Bereichen. Das Projekt hat eine Ausschreibung des BMBF zum Themenfeld „Innovationen gegen Produktpiraterie" gewonnen und beteiligt sich aktiv an der webbasierten Informations-, Kommunikations- und Kooperationsplattform ConImit (Contra Imitatio), die vom Heinz Nixdorf Institut an der Universität Paderborn betrieben wird.

Ziel des 2006 gestarteten und im Herbst 2008 beendeten Projekts *Logistikoptimierung durch automatisierte Erfassung und Nutzung von Daten komplexer und sicherheitsrelevanter Produktkomponenten (LAENDmarKS)* war die Entwicklung eines durchgängigen Systems, das die Rückverfolgbarkeit (Traceability) von Produkten und Produktkomponenten in der Automobilindustrie wie auch in anderen Branchen unternehmensübergreifend über die gesamte Lieferkette hinweg ermöglicht. Ein weiteres Ziel im Rahmen des Projekts ist der Einsatz von RFID zur Kennzeichnung und Identifizierung der Produkte und Produktkomponenten. Hierzu soll eine für das metallische Produktionsumfeld geeignete robuste RFID-Technologie entwickelt werden. Industriepartner sind unter anderem Volkswagen, Daimler und Keiper.

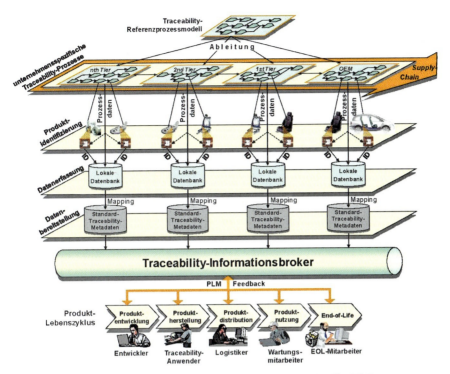

Abb. 28.4 Schematische Darstellung des Projekts LAENDmarKS (Quelle: ITM)

Das Projekt *Konfigurationssoftware und -dienstleistungen für virtuelle Produkte (KoViP)* (2005–2008) diente der Entwicklung von Standard-Softwarewerkzeugen sowie vorbereitenden und begleitenden Standard-Dienstleistungen für die Konfiguration virtueller Produkte. Sie beinhalten die Beratung bei der Analyse, Aufnahme und rechnerinternen Abbildung des im Unternehmen vorhandenen Konfigurationswissens in einer Datenbank, die heute durch den Produktkonfigurator genutzt wird. Der Konfigurator ermöglicht zudem eine Visualisierung und Simulation der erzeugten kundenindividuellen, virtuellen Produkte mit Hilfe von parametrischen CAD-Modellen. Kooperationspartner in diesem Projekt war der Softwareanbieter ISD aus Dortmund.

Das Projekt *Produktinformationsmanagement-Dienste für KMUs im Maschinen- und Anlagenbau als Zugang zum E-Business (PRIMA-KMU)* (2005–2007) wurde von der EU und dem Land NRW gefördert. Ziel war die Entwicklung neuer Softwarewerkzeuge und Dienstleistungen für das Management von Produktinformationen in kleinen und mittleren Unternehmen des Maschinen- und Anlagenbaus, besonders die Entwicklung von Online-Diensten, um auch kleineren Unternehmen die Nutzung der Software und weiterer Dienstleistungen über das Internet zu ermöglichen. In diesem Projekt arbeitete das ITM mit der Firma hardSoftware zusammen.

Wie aus diesen Beispielen deutlich wird, arbeitet das Institut in der Forschung sowohl mit Partnern aus der Fertigungsindustrie als auch mit IT-Anbietern zusammen.

28

Etwa die Hälfte aller Projekte wird direkt mit der Industrie initiiert und orientiert sich an deren Problemstellungen.

28.4
Kooperationen und Initiativen

Sowohl im Bereich der Forschung als auch der Lehre kooperiert der Lehrstuhl mit anderen nationalen und internationalen Hochschulen und Forschungsinstituten.

Im Rahmen einer Research School, die aus der Exzellenzinitiative des Bundes und der Länder hervorgegangen ist, beteiligt sich der Lehrstuhl an der Forschungsschule *Energieeffiziente Produktion und Logistik*. Dabei wird die gesamte Prozesskette von der Produktplanung und -entwicklung über die Fertigung bis hin zur Logistik unter den Gesichtspunkten Energieeffizienz und CO_2-Minderung betrachtet. In der Forschungs-schule sollen Wissenschaftler aus der Energie- und Verfahrenstechnik, Produktent-wicklung und Produktionstechnik sowie Logistik- und Materialwissenschaft eng zusammenarbeiten. Sie ist eine Einrichtung der Engineering Unit Ruhr (EUR), der gemeinsamen virtuellen Fakultät der Maschinenbaufachbereiche der TU Dortmund und der Ruhr-Universität Bochum. Die Studiengänge und Lehrinhalte der EUR sind miteinander abgestimmt, so dass die Studenten die Kurse wahlweise an der einen oder der anderen Hochschule besuchen können.

Weitere Partnerschaften hat das ITM mit der Universität Wien, der ETH Zürich sowie Hochschulen in Frankreich, England, Holland und Polen. Mit Partner-Hoch-schulen in Südafrika, Australien, Japan, Brasilien und Südkorea findet ein reger Aus-tausch über Themen aus dem Produktentstehungsprozess, der virtuellen Produktent-wicklung, PDM und PLM statt.

Gemeinsam mit dem Institut für Product and Service Engineering der Fakultät für Maschinenbau und der IHK Bochum ist das ITM an der Bochumer Kooperationsbörse (BoKoBo) beteiligt, um Kooperationsmöglichkeiten des Institutes mit mittelständi-schen Unternehmen der Region vorzustellen. Die an der jährlichen Info-Veranstaltung BoKoBo teilnehmenden Firmen können ihre konkreten Probleme mit Mitarbeitern der Lehrstühle besprechen und Lösungsmöglichkeiten diskutieren.

Seit 2004 verfügt die Ruhr-Universität Bochum über ein von der Krupp-Stiftung gesponsertes Schülerlabor. Dort dargebotene Versuche sollen – unter anderem mit einem Tag der offenen Tür – das Interesse der Schüler an Naturwissenschaften und Technik und einem entsprechenden Hochschulstudium wecken. Das ITM ist im Schü-lerlabor mit einem großen 3D-CAD- und einem Virtual Reality-Projekt vertreten.

Ebenfalls für Schüler bietet der Lehrstuhl für Maschinenbauinformatik im Rahmen von Schüler-Praktika CAD-Crash-Kurse an. Häufig kommen diese Praktikanten tat-sächlich später zum Studium des Maschinenbaus wieder an die RUB. Wie auch andere technische Hochschulen versucht die Ruhr-Universität Bochum mit sogenannten Girls Days besonders Mädchen für die Technik zu begeistern, denn immer noch sind Stu-dentinnen den Studenten im Ingenieurwesen zahlenmäßig weit unterlegen.

Für die Industrie bietet das ITM Workshops und Tutorials an, mit denen den Ingenieuren in der Praxis der Einsatz moderner Methoden und IT-Werkzeuge vorgestellt werden soll.

28.5
Visionen

Lehre

Aus der Sicht von Prof. Abramovici müsste mindestens die Hälfte der Studieninhalte im Maschinenbau theoretische Grundlagen, Methoden und Problemlösungskompetenzen vermitteln. Die fachliche Spezialisierung sollte die neuesten technischen Entwicklungen einbeziehen und praxisorientiert, anhand von Case Studies und industriellen Projekten erfolgen. Neben der fachlichen Vertiefung muss auch interdisziplinäres technisches Wissen vermittelt werden (Maschinenbau, Elektrotechnik und Software-Engineering). Etwa 20 Prozent der Lehrinhalte sollten betriebswirtschaftliche, Management- und soziale Kompetenzen vermitteln. Auslandsaufenthalte bzw. englischsprachige Vorlesungen während des Studiums sind ebenfalls sehr zu empfehlen. Prof. Abramovici befürchtet, dass durch die angestrebte breite Einführung einer Ingenieur-Promotion nach dem angelsächsischen Vorbild das weltweite Alleinstellungsmerkmal der deutschen Assistenten-Promotion zum Dr.-Ing. verloren gehen könnte. Deswegen stellt er sich – wie viele seiner Kollegen – vehement dagegen.

Forschung

In der Forschung muss aus der Sicht von Prof. Abramovici die zu große Lücke zwischen Grundlagenforschung und dem kurzfristigeren Industriebedarf geschlossen werden. Statt nur Grundlagen-Projekte zu bearbeiten, deren Ergebnisse erst nach 20 Jahren von der Industrie adaptiert werden, sollte die Ingenieur-Forschung sich auch auf in den nächsten fünf Jahren umsetzbare Projekte konzentrieren. Zudem müssen Grundlagen- und Praxisthemen stärker als bisher miteinander gekoppelt werden.

PLM

PLM als Thema des Managements von Prozessen, Daten und Systemen wird langfristig durch die Explosion der Komplexität von Produkten und Prozessen aus der Sicht von Prof. Abramovici noch stärker an Bedeutung gewinnen. Dabei wird sich der Engineering-IT-Markt weiter konsolidieren. Die Integration von technischen und kaufmännischen Daten in einheitlichen Prozess- und Systemumgebungen wird zunehmen. Ein Kernthema in der PLM-Forschung wird in Zukunft die Entwicklung von Methoden und Tools zum Management interdisziplinärer Produkte sowie hybrider Produkte (Produkte plus Dienstleistungen) sein.

28

Insgesamt wird sich das Produkt-Lebenszyklus-Management stark auf die frühen und späten Phasen der Produktentstehung verlagern. Das Feedback von realen Produktinformationen ins virtuelle Modell sowie das Daten- und Prozessmanagement für neue Geschäftsmodelle (beispielsweise Betreibermodelle) werden weitere wichtige Zukunftsthemen für die PLM-Forschung sein.

Die Systeme der Zukunft für PLM werden aus der Sicht von Prof. Abramovici viel flexibler sein als die heutige Generation. Sie könnten auf offenen, erweiterbaren Daten-Modellen und auf agentenbasierten, selbstkonfigurierbaren Workflows basieren.

Die Miniaturisierung von Chips (wie bei RFID) und Sensoren sowie deren Einbettung in Industrieprodukte werden in Zukunft verstärkt zu ‚Smart Products' führen, die auch mit Informationen über deren reale Nutzung angereichert werden. Dadurch wird auch ein Lifecycle Management von realen Produkten möglich sein und die ‚Hochzeit' zwischen virtuellen und physischen Produkt-Lebenszyklen könnte Realität werden.

Unternehmensdaten

› **DiK**

› Fachgebiet Datenverarbeitung in der Konstruktion

› 1993 gegründet im Fachbereich Maschinenbau der Technischen Universität Darmstadt

› Leiter des Fachgebiets:	**Prof. Dr.-Ing. Reiner Anderl**
› Wissenschaftliche Mitarbeiter:	18
› Angestellte:	3
› Auszubildende:	2
› Studentische Mitarbeiter:	60
› Studenten	
› Grundstudium:	500
› Hauptstudium:	350
› Homepage:	http://www.dik.tu-darmstadt.de/

Prof. Dr.-Ing. habil. Reiner Anderl, Jahrgang 1955, studierte Allgemeinen Maschinenbau mit den Schwerpunkten Apparatebau und Rechnerunterstütztes Konstruieren (CAD) an der Universität Karlsruhe (TH). 1979 bis 1984 arbeitete er als Wissenschaftlicher Mitarbeiter am Institut für Rechneranwendung in Planung und Konstruktion und wurde dort 1984 promoviert. 1984 bis 1985 fungierte er als technischer Leiter in einem mittelständischen Unternehmen. Im Rahmen seiner weiteren Tätigkeit als Oberingenieur des Instituts für Rechneranwendung in Planung und Konstruktion der Universität Karlsruhe hat er sich 1991 auf dem Gebiet der Rechnerunterstützten Konstruktion habilitiert und erhielt 1992 die venia legendi. 1993 nahm Prof. Anderl einen Ruf an die

29

Technische Universität Darmstadt an und ist seit der Gründung des Fachgebiets 1993 Professor für Datenverarbeitung in der Konstruktion (DiK) im Fachbereich Maschinenbau. Von 1999 bis 2001 war er Dekan des Fachbereichs Maschinenbau und von 2001 bis 2003 Prodekan.

Seit 2005 ist er Vizepräsident der TU Darmstadt, derzeit zuständig für Wissens- und Technologietransfer, Kooperation mit Wirtschaft und Wissenschaft, Unternehmensgründungen, Patentmanagement sowie internationale Beziehungen und Alumni. Prof. Anderl ist Leiter der TU Darmstadt im internationalen PACE Verbund (Partners for the Advancement of Collaborative Engineering Education), außerordentlicher Professor an der Virginia Tech University, USA, Gastprofessor an der brasilianischen Universidade Metodista Piracicaba (UNIMEP) und ordentliches Mitglied der Akademie der Wissenschaften und der Literatur, Mainz. Er ist Aufsichtsratsmitglied der aus der TU Darmstadt ausgegründeten :em engineering methods AG. Er ist Mitglied im Direktorium des Forschungszentrums Computational Engineering der TU Darmstadt.

Abb. 29.1   Das Team um Prof. Anderl (Quelle: DiK)

Prof. Anderl gehört dem Berliner Kreis an und ist Mitglied in der Gruppe 3 – Hochschulen und Verbände – des ProSTEP iViP Vereins. In der Fraunhofer Gesellschaft ist er stellvertretender Vorsitzender des Fraunhofer IGD Kuratoriums. Er ist Mitglied der Ständigen Akkreditierungskommission der Zentralen Evaluations-und Akkreditierungsagentur (ZEvA), die länderübergreifend für die Zulassung von Bachelor- und Masterstudiengängen zuständig ist. Als wissenschaftliches Mitglied ist er in der Kommission für IT Infrastruktur der Deutschen Forschungsgemeinschaft (DFG) aktiv. Prof. Anderl ist Vorsitzender des Stiftungsbeirats der IT-Akademie (ita) Hessen, die Lehrkräften an beruflichen Schulen und betrieblichen Ausbilderinnen und Ausbildern durch Vermittlung von IT-spezifischer Fach- und Methodenkompetenz eine hochwertige, aktuelle, effektive und praxisnahe Ausbildung anbietet.

Publikationen (Auszug):

> Anderl, R.; Raßler, J.: *PML, an Object Oriented Process Modelling Language*, IFIP 20th World Computer Congress, Proceedings of the Second Topical Session on Computer-Aided Innovation, WG 5.4/TC 5 Computer-Aided Innovation, September 7-10, 2008, Milano, Italy, Springer Verlag, 2008

> Anderl, R.; Völz, D.; Rollmann, T.: *Knowledge Integration in Global Engineering*, in: Mertins, K.; Ruggaber, R.; Popplewell, K.; Xu, X. (Hrsg.) Enterprise Interoperability III – New Challenges and Industrial Approaches, Springer Verlag, IESA 08, Berlin, 2008

> Anderl, R.; Malzacher, J.: Die dritte Dimension, Der Zuliefermarkt, Carl Hanser Verlag, München, 2008
> Anderl, R.; Wu, Z.; Rollmann, T.: Eine integrierte Prozesskette in integralen Blechbauweisen, 5. Gemeinsames Kolloquium Konstruktionstechnik 2007, Dresden, 2007
> Anderl, R.; Grabowski, H.⁰: *Elektronische Datenverarbeitung*, in: Grote, K.-H. und Feldhusen, J. (Hrsg.) Dubbel: Taschenbuch für den Maschinenbau, 2007, 22. Auflage, Springer Berlin

29.1
Kernkompetenzen und Ziele

Das Fachgebiet Datenverarbeitung in der Konstruktion arbeitet im Bereich der Grundlagen-, Anwendungs- und Auftragsforschung vor allem in drei Kompetenzbereichen:

1 Informationsintegration
   In der Informationsintegration steht die Entwicklung objektorientierter Methoden zur Informationsmodellierung sowie die Konzeption und Realisierung darauf aufbauender Informations- und Systemintegrationen im Fokus der Forschungsarbeiten.
2 Virtuelle Produktentstehung
   Im Vordergrund dieses Kompetenzfelds stehen die Konzeption und Entwicklung, Analyse und Evaluierung von prozesskettenorientierten, virtuellen Produktentstehungsmethoden. Ein besonderer Fokus liegt auf der rechnergestützten Erzeugung (CAx), Visualisierung und dem Management prozessrelevanter, multidisziplinärer Produktdaten über den gesamten Produkt-Lebenszyklus (PLM) einschließlich der Nutzung der Möglichkeiten des Wissensmanagements (Knowledge Based Engineering, KBE).
3 Verteiltes und Kooperatives Arbeiten.
   Hierzu zählt das Erarbeiten und Realisieren von Methoden und Tools zur standortunabhängigen, internen wie externen Kommunikation und Kooperation zwischen Unternehmen. Sogenannte Collaboration-Enabler stellen die Basis dar zur Ad-hoc-Collaboration.

Die im Rahmen dieser Kompetenzbereiche verfolgten Ziele werden nicht als starr begriffen. Ein flexibles Rahmenwerk soll erlauben, die Zielsetzungen in kreativer Weise an die sich dynamisch ändernden Bedürfnisse der Studenten, Forschungspartner und Industriekunden, sowie an veränderte forschungspolitische Rahmenbedingungen anzupassen.

Das Qualifikationsprofil zukünftiger Ingenieure wird sich nicht nur durch Methoden- und Technologiekompetenz auszeichnen, sondern auch durch ‚professional skills‘ und interkulturelle Kompetenz bestimmt. Deshalb spielt die internationale Zusammenarbeit auf Ausbildungs- und Forschungsebene für das DiK eine wichtige Rolle.

29

29.2
Schwerpunkte der Lehre im Umfeld PLM

1. Grundlagen der elektronischen Datenverarbeitung (GeDV)
   Der Inhalt ist auf die Anforderungen des Maschinenbaus an die Datenverarbeitung ausgerichtet. Zu den Grundlagen zählen Methoden zur objektorientierten Analyse und Modellierung sowie deren methodische Anwendung. Die Lernziele umfassen die Beherrschung der zugrundeliegenden Mathematik und das Verständnis der Programmentwicklung sowie Kenntnisse über Programmiersprachen und -Techniken sowie die Fähigkeit zur Entwicklung von Datenstrukturen und Algorithmen, die Kenntnis der verschiedenen Anwendungssysteme und Verständnis des Zusammenhangs zwischen Betriebssystemen und Anwendungssoftware.
2. Programmiersprachen und -techniken (PST)
   Übungskurs zur Vertiefung der Grundlagen der elektronischen Datenverarbeitung durch den Entwurf von Software unter Benutzung moderner Werkzeuge zur computerunterstützten Software-Entwicklung (Computer Aided Software Engineering, CASE). Dabei stehen die Methoden der objektorientierten Programmierung im Vordergrund. Grundlegende Kenntnisse in Matlab werden vermittelt. Die Ausbildung erfolgt in drei Elementen: Theoretische Einführungen, betreute Übungen und freies Üben.
3. Einführung in rechnergestütztes Konstruieren (CAD)
   Die Lehrveranstaltung fokussiert auf die Vermittlung von Modellierungstechniken am 3D-CAD-System entlang der Prozesskette der Produktentwicklung. In dieser Vorlesung und der zugehörigen Übung werden die Grundlagen des dreidimensionalen, rechnergestützten Konstruierens anhand eines parametrischen CAD-Systems vorgestellt und dessen Einordnung in den Ablauf zur Lösung von Konstruktionsaufgaben vorgenommen. Lernziele sind die dreidimensionale Beschreibung geometrischer Bauteile, die Abbildung von Gestaltungsabsichten, die Bildung von Produktstrukturen sowie das Bestimmen und Suchen von Norm- und Zukaufteilen. Neben

Abb. 29.2 Der detailgetreu zu modellierende Hubschrauber besteht aus über 250 Einzelteilen (Quelle: DiK)

dem Schwerpunkt der Modellierung stehen Grundlagen im Produktdaten-Management (PDM) mit einer produktiven PDM-Installation und die Erstellung von Handskizzen und technischen Produktdokumentationen auf dem Lehrplan. Die Studierenden lernen die elementaren DIN-/ISO Normen kennen und sammeln durch die gruppengebundene Bearbeitung der Aufgabenstellungen Erfahrungen in teamorientiertem Arbeiten. Alle für die Ausbildung erforderlichen Lehrunterlagen und Informationen werden den Studenten in digitaler, multimedialer und interaktiver Form auf Webseiten zur Verfügung gestellt.

4. Grundlagen des CAE/CAD
   Grundlegende Einführung in die Theorie und Anwendung der rechnergestützten Modellierung und Simulation. Das Thema wird am Beispiel der Prozesskette CAD – Finite Elemente Methode (FEM) vorgestellt. Zur Vertiefung der Lehrinhalte werden betreute Übungen angeboten.

5. Virtuelle Produktentwicklung (VIP A, B und C)
   Der Themenbereich Virtuelle Produktentwicklung teilt sich in drei Veranstaltungen. Die erste beinhaltet eine grundlegende Einführung in die moderne Produktdatentechnologie. Hierbei werden insbesondere die Produktkonzeption und die Handhabung der zur vollständigen Produktbeschreibung notwendigen Produktinformationen in den Vordergrund gestellt.

   Im Mittelpunkt von Virtuelle Produktentwicklung B steht das Produktdaten-Management, seine Basistechnologien, die grundlegenden Rahmenbedingungen für PDM-Systeme und die organisatorischen Voraussetzungen für deren Einsatz vorgestellt. Zur Verdeutlichung werden verschiedene Datenmodelle beispielhaft vorgestellt. Neben den PDM- werden auch Workflow-Managementsysteme eingehend betrachtet.

   Virtuelle Produktentwicklung C stellt verschiedene Prinzipien, Methoden und Werkzeuge für die Produkt- und Prozessmodellierung vor. Die Methoden des Modellentwurfs und seiner Spezifikation werden aufgezeigt und diskutiert. Die systematische Datenmodellbildung ist mit Blick auf ISO 10303 (STEP) unter Verwendung von SADT, eEPK, ERM, EXPRESS und EXPRESS-G Thema der Veranstaltung. Die Konzepte der Prozessmodellierung selbst werden anhand der Modellierung von Abläufen und Geschäftsprozessen mit UML, der integrativen Methode ARIS und XML-basierter Lösungsalternativen diskutiert.

6. Verteilter Rechnerunterstützer Produktentstehungsprozess (PEP)
   Im Rahmen der Vorlesung werden die theoretischen Grundlagen der Entwicklungsprozesse anhand praxisorientierter Beispiele dargestellt. Die Schwerpunkte der Vorlesung liegen in der Darstellung struktureller Ansätze bei der weltweiten Zusammenarbeit in der Produktentwicklung und der im Produktentstehungsprozess genutzten Prozessketten. Die Vorlesung wird von dem Lehrbeauftragten Ulrich Sälzer, ehemaliger CIO der Daimler AG, geleitet.

Dissertationen (Auszug):

> › Dr.-Ing. Alain Pfouga: Entwicklung einer Methode zum Produktmanagement im Produktlebenszyklus, Darmstadt 2006

> Dr.-Ing. Torsten Eder: Konzept für das operative Management von Entwicklungskooperationen zwischen Automobilherstellern, Darmstadt 2007
> Dr.-Ing. Michael Thel: Wissensstrukturierung und -repräsentation im Produktentstehungsprozess, Darmstadt 2007
> Dr.-Ing. Andreas Domke: Simulationsmethode zur automatisierten Einpassung toleranzbehafteter Karosserieanbauteile, Darmstadt 2008
> Dipl.-Ing. Donghui Song: Konzept zum Entwurf einer Methode zum Wissens- und Datenschutz in der Produktentstehung im Automobilbau, Darmstadt 2009
> Dr.-Ing. Dipl.-Wirtsch.-Ing. Kristian Platt: Informationsmodell für Produktlebenszyklusinformationen
> Dr.-Ing. Christian Pohl: Mixed-Reality-Modelle im Industrial-Design-Prozess, Konzept zur Integration virtueller und realer Modelle für wahrnehmungsgerechte Präsentationen

29.3
Schwerpunkte der Forschung im Umfeld PLM

Zu den wichtigsten der bislang erarbeiteten Forschungsergebnisse zählen die Entwicklung der Produktdatentechnologie mit den Methoden der Informationsmodellierung, Beiträge zur ISO Norm 10303 *Product Data Representation and Exchange* (kurz STEP, Standard for the Exchange of Product Model Data), die Methodik des dreidimensionalen Modellierens unter Nutzung der Parametrik und wissensbasierter Verfahren sowie Beiträge zur virtuellen und kooperativen Produktentwicklung.

Das Konzept des DiK, der sogenannte Darmstädter Weg, für die studentische Ausbildung zielt von Anfang an auf den konsequenten Einsatz rechnerbasierter Methoden im Maschinenbaustudium. Wesentliche Bestandteile sind dabei die objektorientierte Modellierung und Programmierung, das dreidimensionale Modellieren mit parametrischen CAD-Systemen und die Integration der CAD-Technologie mit dem Produktdaten-Management und den Prozessketten der Produktentstehung. Denken in Prozessketten, kooperatives Arbeiten im Team und Projektmanagement sind wesentliche methodische Grundsätze des Studiums.

Im Sonderforschungsbereich *SFB 666 Integrale Blechbauweisen höherer Verzweigungsordnung – Entwicklung, Fertigung, Bewertung* werden Methoden, Verfahren und Anlagen entwickelt, mit deren Hilfe sich verzweigte Strukturen in integraler Blechbauweise im Hinblick auf ihre Funktion und Beanspruchung optimiert darstellen lassen. Die Forschungstätigkeiten zielen auf neue Methoden der Entwicklung multifunktionaler Produkte und auf völlig neue Fertigungsmöglichkeiten. Die Forschungsarbeiten erstrecken sich von der Definition der Anforderungen über die Produktgestaltung und -herstellung bis hin zur Produktbewertung und virtuellen Produktentwicklung.

Der wissenschaftliche Ansatz des Fachgebiets DiK besteht in diesem Zusammenhang darin, neue Konstruktionsmethoden und -strategien sowie rechnergestützte Werkzeuge zur parametrischen, algorithmusbasierten Modellierung von verzweigten Blechbauteilen auf Basis von B-Rep-CAD Kernen zu entwickeln und zu implementieren. Mit dem integrierten Informationsmodell wird auch eine Möglichkeit erforscht, sämtliche Daten aus den Produkt-Lebenszyklusphasen der Produktentstehung profilierter Blechbauteile abzubilden um den komplexen Prozess der algorithmusbasierten Produktentwicklung zu unterstützen. Dazu wurde ein objektorientierter Modellkern spezifiziert, der die allgemeine, neutrale und abstrakte Beschreibung integraler Blechbauteile darstellt und über Partialmodelle weitere Informationen integriert.

Im Sonderforschungsbereich *SFB 805 Beherrschung von Unsicherheit in lasttragenden Systemen des Maschinenbaus* werden neue Methoden und Technologien entwickelt, um Unsicherheit in solchen Systemen entlang der Prozessketten ihrer Entstehung und Nutzung ganzheitlich zu beherrschen. Das Fachgebiet DiK realisiert dazu mit einem ontologiebasierten Informationsmodell einen Integrationsansatz zur Abbildung von Unsicherheit bezogen auf den gesamten Produkt-Lebenszyklus. Mit einer neuen Methode zur kontextbezogenen Visualisierung aufbauend auf diesem Modell können Effekte, Wechselwirkungen, Ursachen und die Bewertung von Unsicherheit nutzergerecht dargestellt werden.

Sicherheit ist eine der zentralen Voraussetzungen für die Entfaltung des Potenzials der Informationstechnologie (IT) als wichtigster, weltweiter Innovationsmotor. Doch die Sicherheit der zukünftigen IT-Welt allgegenwärtiger Computer ist mit den Techniken von heute nicht zu gewährleisten. Das im November 2008 gegründete LOEWE Forschungs- und Entwicklungszentrum für IT-Sicherheit *CASED (Center for Advan-*

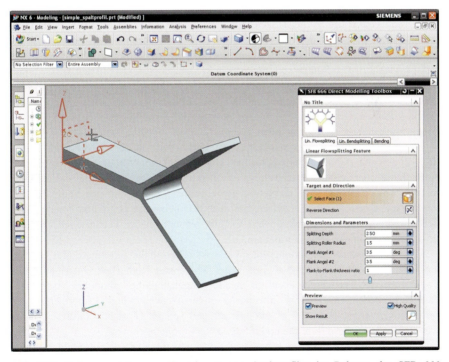

Abb. 29.3 Softwareprototyp zur Generierung von Spaltprofilen im Rahmen des SFB 666 (Quelle: DiK)

29

ced Security Research Darmstadt) stellt sich mit der Technischen Universität Darmstadt, dem Fraunhofer Institut für Sichere Informationstechnologie und der Hochschule Darmstadt der Herausforderung: In einer einzigartigen Kooperation von Informatikern, Ingenieuren, Physikern, Juristen und Betriebswirten, mit internationalen Forschungszentren und Industriepartnern, werden zukunftsweisende IT-Sicherheitslösungen erforscht, entwickelt und in die Anwendung und wirtschaftliche Verwertung gebracht. Prof. Anderl zählt zum Team der verantwortlichen Wissenschaftler.

Das LOEWE-Zentrum *AdRIA (Adaptronik Research, Innovation, Application)* überwindet die wissenschaftlich-technischen Hürden der Schlüsseltechnologie Adaptronik und bietet Spitzenforschung für den Markt der Adaptronik an. Das Zentrum, an dem das DiK beteiligt ist, integriert unterschiedliche Disziplinen, unter anderem Maschinenbau, Material- und Geowissenschaften, Elektrotechnik und Informationstechnik, Informatik. Durch die Bündelung der Einzelkompetenzen kann die Adaptronik systematisch und ganzheitlich betrachtet werden.

29.4
Kooperationen und Initiativen

Im Rahmen der PACE Initiative ist das *Advanced Design Project – Collaborative Engineering* und darüber eine langfristige und intensive Zusammenarbeit mit der Virginia Tech University in den USA entstanden. Es ist die erste Initiative, in der eine europäische Universität ein Abkommen mit einer außereuropäischen Universität geschlossen hat, das zu einer gegenseitigen Anerkennung der Abschlüsse an beiden Einrichtungen führt. Die Studenten können teils in Deutschland, teils in den USA an den Veranstaltungen teilnehmen und im Ergebnis einen doppelten Abschluss erreichen. Auslöser war das genannte Projekt, in dem das DiK als erstes deutsches Institut an der PACE Initiative teilnahm, und in dem insgesamt fünf Institute weltweit gemeinsam an einem Entwicklungsthema arbeiteten.

Ferner existiert eine enge fachliche Zusammenarbeit mit der Universidade Metodista Piracicaba (UNIMEP) in Brasilien. Die Kooperation fördert auch langfristige Aufenthalte von Gastwissenschaftlern, die in die Lehre und Forschung des Partnerinstituts voll integriert sind, sowie die gemeinsame Beantragung und Durchführung von Forschungsprojekten. Zurzeit umfasst dies beispielsweise Lehre und Forschung in der featurebasierten Konstruktion mit CATIA V5 und in der Technischen Produktdokumentation im 3D-PDF-Format am DiK.

Um insbesondere Schülerinnen das Technikstudium näherzubringen, gibt es auch am DiK regelmäßig sogenannte Girls Days. Mit einem High-Tech Open genannten Tag der offenen Tür werden ebenfalls Schüler eingeladen, die Labors des Maschinenbaus zu besuchen. Das DiK ist an weiteren universitätsweiten und fachbereichsweiten Informationsveranstaltungen für Schülerinnen und Schüler vertreten. An diesen Tagen werden den Besuchern Referate und interessante Vorträge geboten.

Seit 2002 bildet das DiK auch zum Fachinformatiker aus. Zwei Auszubildende sind derzeit in diesem Lehrberuf auf dem Weg zum Gesellen.

Das Fachgebiet DiK ist aktiv als Organisator von Fachtagungen, etwa die Veranstaltung Technologies of Globalization 2008, an der 110 Teilnehmer aus 15 Nationen gezählt wurden, oder des internationalen PACE Annual Forum 2007.

Darüber hinaus kooperiert das DiK mit führenden Unternehmen aus der internationalen Automobil-, Luft-, Raumfahrt- und Landmaschinenindustrie sowie mit Partnern aus dem Anlagenbau, mit Softwareherstellern und Beratungs- und Dienstleistungsunternehmen. So zählen beispielsweise Robert Bosch, Continental, IBM Deutschland, Adam Opel, PROSTEP, ProSTEP iViP e.V., Rolls-Royce Deutschland und Volkswagen zu den wichtigen Industriepartnern.

29.5
Visionen

Lehre

Die Rechnerunterstützung wird sich als Rückgrat der Ingenieursausbildung durchsetzen. Entsprechend werden sich das Curriculum und die Lehrinhalte der angebotenen Vorlesungen und Übungen verändern. Die Rechnertechnologie wird methodisch vollständig integriert und durchgängig zur Anwendung kommen. Ebenso wird die Bedeutung von Simulationsmethoden in der Lehre verstärkt zur Nutzung entsprechender Werkzeuge bereits in der universitären Ausbildung führen. Durch die Vernetzung durch Rechnerunterstützung kann ein hoher Grad an Internationalität und Interdisziplinarität bereits in der Ausbildung erreicht werden.

Weiterhin werden Lehrveranstaltungen zunehmend einen multidisziplinären Charakter haben und damit zu einer umfassenderen Ausbildung beitragen, indem Lehrinhalte fachfremder Disziplinen integriert werden.

Forschung

Das Produktdatenmodell wird leistungsfähiger und erheblich intelligenter werden. Das integrierte Produktdatenmodell wird viele Partialmodelle aus den Fachdisziplinen in Relation setzen können. Geometrie wird zwar nach wie vor ein wesentliches Partialmodell sein, aber auch zahlreiche andere Informationen zur Geometrie werden abgebildet. Ein Produkt-Informations-Management (PIM) soll dabei nicht auf Zeichenketten beruhen, sondern auf einem objektorientierten Modell. Partialmodelle aus anderen Domänen, z. B. Simulation oder der Elektrotechnik und Elektronik, bringen zusätzliches Produktwissen ein. Das integrierte Produktdatenmodell wird seine Basis zunehmend in Wissensbasierten Methoden haben.

PLM

Zwei wesentliche Entwicklungen sind zu erwarten: Zum einen wird die Zahl der durch PLM erfassten und die davon betroffenen Unternehmensbereiche und -strukturen stark ansteigen, zum anderen wird die dadurch gestiegene Zahl an Nutzern den Zugriff und die Zugriffsart auf entsprechende Produktdaten ändern.

Durch steigende Produktkomplexität, kürzere Produkt-Lebenszykluszeiten und härteren Wettbewerb ist das Abbilden aller relevanten Unternehmensbereiche und Fachdisziplinen in einem PLM notwendig. Multidisziplinäre Produkte wie Produkte aus der Adaptronik werden den in der Produktentstehung vorhandenen Disziplinkanon erweitern. Auch neue Rahmenbedingungen wie Nachhaltigkeit oder umweltgerechte Produktentwicklung, neue Forschungstrends wie Fabrikdatenmanagement und sich verändernde Managementphilosophien und Organisationsstrukturen stellen PLM vor neue Herausforderungen. Dabei muss sich das zugrunde liegende Produktdatenmodell entsprechend skalieren lassen, aber auch geeignete Strukturen bereitstellen, die projekt- und laufzeitbezogen sind. Der PLM-Backbone wird eine aktive Rolle bei der Sicherung der Konsistenz der Datenstände und in Freigabe- und Änderungsprozessen einnehmen.

Der Zugriff auf die PLM-Daten wird sich ändern: Der Trend der internationalisierten und unternehmensübergreifenden vertikalen und horizontalen Kooperation wird sich fortsetzen. Entwicklungsarbeitsplätze unterliegen ebenfalls dem Wandel. PLM muss also von unterschiedlichen Arbeitsplätzen (weltweit verteilt, offizielles Büro, home office, von unterwegs, auf Reisen) möglich sein. Je nach Art des Zugangs und der vorhandenen Bandbreite wird eine Datenaufbereitung und -absicherung über informationstechnische und infrastrukturelle Datensicherungsmechanismen notwendig. Daher spielt Enterprise-Rights-Management (ERM) zukünftig eine wichtige Rolle in der Zusammenarbeit von Unternehmen. Kommunikationswerkzeuge für die synchrone und asynchrone Zusammenarbeit müssen Bestandteil des PLM werden.

PLM wird so nicht mehr nur die Rolle des Informationsbackbones haben, sondern auch aktiv Prozesse in Entwicklungsprojekten steuern. PLM wird sich weiter in Richtung einer strategischen Managementphilosophie entwickeln und entscheidende Einflüsse auf die kurz- und langfristige Gestaltung von Produktportfolios ausüben. Dabei wird die Bedeutung von Modularisierungsansätzen, Varianten-, Konfigurations- und Komplexitätsmanagement weiter zunehmen. Auch die der Produktentwicklung vor- und nachgelagerten Lebenszyklusphasen werden aktiv gestaltet und integriert. Derzeit wird beispielsweise zum Thema Fabrikdatenmanagement bereits Grundlagenforschung am DiK betrieben.

Aus wissenschaftlicher Sicht wird sicherlich die Gestaltung einer PLM-Methodik, die die vielen derzeit bestehenden Einzelmethoden ganzheitlich integriert, ein beherrschendes Thema sein.

Unternehmensdaten

> **KTC**
> Lehrstuhl für Konstruktionstechnik / CAD

> neu gegründet 1990 als Lehrstuhl des Instituts für Maschinenelemente und Maschinenkonstruktion der Fakultät Maschinenwesen an der Technischen Universität Dresden

> Lehrstuhlinhaber: **Prof. Dr.-Ing. habil. Ralph Stelzer**

> Wissenschaftliche
> Mitarbeiter: 14

> Technische Angestellte: 4

> Studentische Mitarbeiter: 20

> Studenten:
> Grundstudium 1.000
> Hauptstudium 250

> Homepage: http://tu-dresden.de/mw/ktc

Die Gründung der heutigen Professur Konstruktionstechnik/CAD geht auf die Einführung der Konstruktionstechnik als Forschungs- und Lehrgebiet 1969 zurück. Die 1971 an der ehemaligen Sektion Grundlagen des Maschinenwesens installierte Dozentur Konstruktionstechnik wurde 1980 in einen Lehrstuhl umgewandelt, der sich im Rahmen der Neugestaltung der Fakultät Maschinenwesen nach 1990 zur heute bestehen-

30

den Professur Konstruktionstechnik/CAD am Institut für Maschinenelemente und Maschinenkonstruktion entwickelte – einem kooperativen Zusammenschluss der beiden Professuren Konstruktionstechnik/CAD und Maschinenelemente unter Einbeziehung des Kompetenzzentrums Technisches Design.

Prof. Stelzer studierte Maschinenbau an der Technischen Universität Dresden und promovierte 1983 nach mehrjähriger Tätigkeit als wissenschaftlicher Assistent. Von 1982 bis 1983 war er Mitarbeiter im Kupplungswerk Dresden und beschäftigte sich vor allem mit Anwendungen von FEM. Von 1983 bis 1990 arbeitete er im Druckmaschinenwerk PLANETA Radebeul, zuerst als Gruppenleiter CAD und später als Leiter der Hauptabteilung Technische Dienste. In dieser Zeit habilitierte er sich zu Problemen der Produktmodellierung.

Von 1990 bis Ende 2000 war er in der Karlsruher Firma EIGNER+PARTNER tätig, zuletzt als Vorstand für Forschung und Entwicklung. In dieser Zeit beschäftigte er sich vor allem mit Problemen der Entwicklung und Einführung von Systemen des Produktdaten-Managements. Im Januar 2001 wurde er als Professor an die Technische Universität Dresden berufen als Leiter des Lehrstuhles für Konstruktionstechnik/CAD. Seither wandelt sich der Schwerpunkt des Lehrstuhls deutlich in Richtung virtuelle Produktentwicklung. Seit 2007 ist Prof. Stelzer auch Mitglied der Fakultät Informatik, und im selben Jahr hat er auch die Leitung des Kompetenzzentrums Technisches Design übernommen.

Abb. 30.1 Das Team um Prof. Stelzer am KTC (Quelle: KTC)

Prof. Stelzer ist Mitglied im Berliner Kreis sowie der Wissenschaftlichen Gesellschaft für Maschinenelemente, Konstruktionstechnik und Produktentwicklung (WGMK). Ferner ist er im wissenschaftlichen Beirat namhafter Unternehmen auf dem Gebiet des Product Lifecycle Managements tätig.

Publikationen (Auszug):

> Stelzer R., Brökel K., Feldhusen J. u. a. *Gemeinsames Kolloquium Konstruktionstechnik 2008: Nachhaltige und effiziente Produktentwicklung,* Shaker Verlag, Aachen, 2008
> Martin Eigner, Ralph Stelzer, *Produktdatenmanagement-Systeme: Ein Leitfaden für Product Development und Life Cycle Management,* Springer Verlag, Berlin, 2009
> Stelzer R., Steger W. *SolidWorks – Grundlagen der Modellierung und der Programmierung,* Pearson Verlag 2009-04-08
> Stelzer, R.: Produktdatenmanagement in mittelständischen Unternehmen, VVD, 2007
> Stelzer, R.; Nguyen Doan, T.; Steger, W.: Kooperatives zweihändiges Interaktionschema für virtuelle Bedienelemente. 5. Gemeinsames Kolloquium Konstruktionstechnik, Dresden, 20.09.–21.09.2007

30.1 Kernkompetenzen und Ziele

Zentrale Kernkompetenz ist – nicht zuletzt auf Basis der langjährigen Tätigkeit beim PDM/PLM-Anbieter EIGNER+PARTNER – das Thema PLM. Seit 1990 gab es bereits enge Zusammenarbeit mit dem CAD-Kompetenzzentrum in Dresden, das sich auf die Integration zunächst von CAD-Systemen, dann von CAD mit anderen Autorentools und mit ERP spezialisiert hatte. Daraus wurde das Beratungshaus xPLM solution, dessen J2xPLM Integrationsplattform und dessen SAP-SolidWorks Integration heute am Institut für Forschung und Lehre genutzt werden.

Auf dieser Grundlage wird auch an einer Integration von VR, AR mit CAD und SAP PLM gearbeitet. Dies ist die zweite Kernkompetenz. Das Institut ist mit VR und AR gut ausgestattet, um beispielsweise Änderungen in komplexen Produkt-Modellen und kinematische Darstellungen zeitgleich zu visualisieren.

Die dritte Kernkompetenz liegt im Reverse Engineering komplexer Freiformflächen. Hier werden Methoden gelehrt und geforscht, die das Digitalisieren und Aufbereiten von Freiformflächen, ihre Weiterbearbeitung und Integration in 3D-Modelle, ihre Nutzung für VR-Visualisierung und für die Ableitung von Fräsbearbeitungsprogrammen betreffen.

Das vierte Gebiet ist das Technische Design, mit dem das Institut sich auch auf den Bereich der Vorentwicklung ausdehnt. Die Kombination von Konzept und Design mit den Themen der Virtuellen Produktentwicklung bietet besonders interessante Aspekte in Zusammenhang mit PLM.

Die Zielsetzung des Instituts fokussiert auf die Integration der Prozesse der Produktentstehung: Domänen- und phasenübergreifend sollen die Technologien der Produktentwicklung in die unternehmerischen Prozesse eingebunden werden – was zum Beispiel bedeutet, Themen wie Virtual Reality und Augmented Reality ihren elitären

30

Ruf zu nehmen. Die verfügbaren Technologien sollen tatsächlich als Unterstützung für die unternehmerischen Entscheidungsprozesse genutzt werden.

30.2
Schwerpunkte der Lehre im Umfeld PLM

1 Informatik
   Neben den Grundlagen der Informatik im Maschinenbau wird am Beispiel von Solidworks und Mathcad angewandte Informatik vorgestellt. Schwerpunkte sind der Aufbau und die Funktion von Rechnern, die Architektur von Rechnersystemen, Daten und Prozesse, Grundlagen der Programmierung in technischen Anwendungen.
2 Virtuelle Produktentwicklung
   Dazu zählen Modellierungsstrategien für 3D-Volumen- und Flächenmodelle, die Zusammenbausimulation (Digital Mock-up), Virtual Reality, ingenieurtechnische Berechnungen (CAE) sowie die Aufbereitung für das Rapid Prototyping. Die Vermittlung theoretischer Grundlagen ist eng mit der eigenen praktischen Arbeit mit den verschiedenen Systemen verzahnt.

Abb. 30.2   Professor Stelzer mit einem Projektteam am VR-Cave (Quelle: KTC)

3 CAE-Anwendung
   In der Lehrveranstaltung werden grundlegende Anwendungsmöglichkeiten und -bedingungen durch das Lösen von Übungsaufgaben erarbeitet. Kennenlernen von

Elementtypen, Geometriemodellierung und Vernetzungsstrategien, Belastungen, Randbedingungen und Ergebnisbewertung erfolgt mit den FEM-Systemen Ansys und CosmosWorks.

4 CAD-Applikationen und PDM
Die Veranstaltung vermittelt die Grundlagen von PDM und PLM, Dokumentenmanagement einschließlich konventioneller Dokumente und Methoden der Datenerfassung und -übernahme. Einer der Schwerpunkte ist die CAD-Integration und entsprechende Grundfunktionen wie Verwaltung von Norm- und Wiederholteilen, Artikelmanagement, ERP-Kopplung oder Plot- und Druckmanagement.

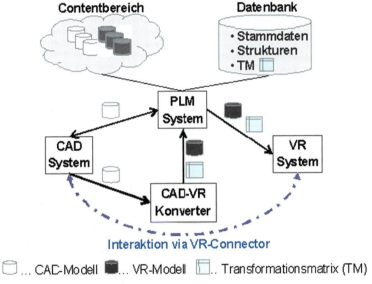

Abb. 30.4 CAD und VR Integration über PLM (Quelle: KTC)

5 Produktdaten-Management
Die Veranstaltung vertieft das Arbeiten mit PDM. Schwerpunkte sind hier CAD-nahe Verwaltungssysteme, aber auch die Integration von Digital Mock-up und Virtual Reality, das Workflow-Management, Replikationsverfahren, Engineering Collaboration, Supplier Chain Management (SCM) und anderes. Auch das Customizing und Tayloring und die Programmierung von Schnittstellen sind Thema der Vorlesung.

Studienarbeiten und Dissertationen (Auszug):

> Saske B., Wartungsunterstützung für komplexe Maschinen und Anlagen mittels Augmented Reality, Dissertation 2008
> Bader J., Die Hauptstellgrößen des Produktzielmanagements am Beispiel der Automobilentwicklung, Dissertation 2008

> Sembner Ph., Verknüpfung komplexer und heterogener Baugruppenmodelle in VR, Diplomarbeit 2009
> Steinicke M., Automatisierte Flächenrückführung im Reverse Engineering, Diplomarbeit 2009
> Löcher N., Zeichnungsfreie Produktdokumentation in 3D-CAD-Modellen, Diplomarbeit 2009
> Ludwig T., Untersuchung der Nutzungsmöglichkeiten und Ansätze für die Umsetzung eines „Virtual Spacecraft" in der Satelitenentwicklung, Diplomarbeit 2008
> Böttrich M., Aufbau eines virtuellen Gelenkbaukastens zur funktionalen und geometrischen Integration der Bauteile im Achsentwicklungsprozess, Diplomarbeit 2008
> Daniel A., Development of Integrated Fuctional & Mechnaical Harness Design Process, Diplomarbeit 2007

30.3
Schwerpunkte der Forschung im Umfeld PLM

Das Institut stellt sich Herausforderungen wie der Verkürzung der Durchlaufzeiten, der zunehmenden Komplexität der Produkte bei weiter steigender Variantenvielfalt oder der immer engeren Kooperation zwischen Unternehmen im Rahmen der Globalisierung mit Forschungsarbeiten zur Anpassung und Neuentwicklung von Methoden und Werkzeugen der Produktentstehung. Hierbei kommt virtuellen Techniken eine große Bedeutung zu. Im Mittelpunkt steht insbesondere die ganzheitliche Betrachtung der Produkte über deren kompletten Lebenszyklus. Dabei konzentriert sich das Team von Prof. Stelzer auf folgende Arbeitsgebiete:

> Domänenübergreifende Integration der Entwurfswerkzeuge untereinander sowie mit Systemen des Product Lifecycle Managements
> Visualisierung, Simulation und Validierung virtueller Prototypen, auch mit Hilfe von Virtual und Augmented Reality
> Reverse Engineering zur Rückführung und Einbindung von Modellen realer Produkte in die virtuelle Produktentstehung
> Gestaltungsmethoden für generative Fertigungsverfahren (Rapid Engineering).

Zahlreiche Projekte werden unter diesen Gesichtspunkten durchgeführt. Zwei Beispiele: Derzeit läuft das Projekt *PROINNO II* zur Entwicklung einer Prozesskette zur zentralisierten Serieneinzelfertigung von individuellen Beatmungsmasken und -zubehör. Und in einem Projekt mit der Sächsischen Aufbaubank und Engel & Hofmann werden konturidentische Titan-Implantatstrukturen mit steifigkeitsangepassten, filigra-

nen 3D-Stützstrukturen und biokompatiblen Oberflächenstrukturen für die Medizintechnik erforscht.

Für die Arbeit mit VR und AR verfügt das Institut über ein Labor, das 2007 durch
eine moderne fünfseitige CAVE ergänzt wurde. Dabei kommt Software von ICIDO
und EON Reality aus den USA zum Einsatz.

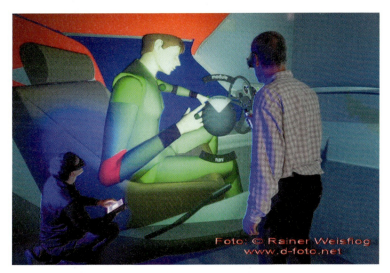

Abb. 30.3 Arbeit im VR-Labor (Quelle: KTC)

Außer den in den Beispielprojekten genannten gibt es zahlreiche Partnerschaften
mit Industrieunternehmen, zu denen neben großen Konzernen wie BMW, Daimler,
Audi und Siemens auch so bedeutende Firmen wie Metabo, Trumpf oder Maurer Söh-
ne gehören. Etliche Projekte in der Industrie werden gemeinsam mit xPLM Solutions
sowie Hofman&Engel Produktentwicklung durchgeführt.

30.4
Kooperationen und Initiativen

Prof. Stelzer ist Sprecher des Zentrums Virtueller Maschinenbau (ZVM). Das Zentrum
dient der interdisziplinären Forschung auf dem Gebiet der Virtual Reality durch Wissenschaftler aus den Bereichen der Produktentwicklung, der Produktionstechnik, der
Arbeitswissenschaft, der Informatik und Naturwissenschaft und der Ingenieurpsycho-
logie. Ziel ist die Entwicklung von Methoden zur integrierten und kooperativen Pro-
dukt- und Prozessentwicklung auf einer weitgehend einheitlichen Softwarebasis.

Ebenfalls um das Thema VR dreht sich eine Zusammenarbeit mit dem Virtual Reality Application Center (VRAC) der Iowa State University in Ames, USA, die seit
Jahren die Emerging Technologies Conference (ETC) ausrichten. Das VRAC ist in

30

enger Partnerschaft und mit finanzieller Unterstützung von John Deere gegründet worden.

Aus der Zusammenarbeit mit dem VRAC entstand eine Dreiergruppe der Institute in Dresden und Ames mit der Universität Chalon-sur-Saône, die Veranstalter der World Conference on Innovative Virtual Reality – WIN VR ist. Studenten werden die Möglichkeit haben, an diesen drei Einrichtungen einen internationalen Master zu erhalten, der in Deutschland, Frankreich und den USA anerkannt wird.

Mit dem Vellore Institute of Technology (VIT) in Indien, Nähe Madras, gibt es ein Austauschprogramm. Studierende aller am VIT angebotener Fächer können sich am Institut in Dresden bewerben.

30.5
Visionen

Lehre

In Zukunft werden die Ingenieurdisziplinen des Maschinenbaus, der Informatik und E-Technik viel stärker in gemeinsam Projekten arbeiten müssen. Ein Studiengang Mechatronik reicht dazu nicht aus.

Forschung

Die Forschungsergebnisse müssen schneller in die Lehre einfließen. Dadurch kann einem großen Teil der Maschinenbau-Studenten, bei denen die IT nicht sehr beliebt ist, der Einsatz moderner Technologien besser nähergebracht werden.

PLM

Die Technologien müssen es einfacher machen, die tief in den Datenstrukturen steckenden Informationen im konkreten Fall herauszuholen, die für Entscheidungen im Konstruktionsprozess benötigt werden.

Unternehmensdaten

> **VPE**

> Lehrstuhl für Virtuelle Produktentwicklung
> 1994 gegründet als Lehrstuhl für Rechneranwendung in der Konstruktion im Fachbereich Maschinenbau und Verfahrenstechnik der Technischen Universität Kaiserslautern

> Lehrstuhlinhaber: **Prof. Dr.-Ing. Martin Eigner**
> Wissenschaftliche Mitarbeiter: 12
> Technische Angestellte: 1
> Studentische Mitarbeiter: 20
> Studenten (Grundstudium): 400

> Homepage: http://vpe.mv.uni-kl.de/

Prof. Dr.-Ing. Martin Eigner, geboren 1951, studierte an der Technischen Universität Karlsruhe und promovierte dort 1980 auf dem Gebiet CAD. Anschließend war er Leiter der Technischen Datenverarbeitung und Organisation in einem Geschäftsbereich der Robert Bosch GmbH. Hier lagen seine Schwerpunkte im Technischen Rechenzentrum, in der Elektronikentwicklung und Mikroprozessoranwendung, Rationalisierung, Produktfreigabe und im Produktänderungswesen.

1985 gründete er die EIGNER + PARTNER GmbH, die er als geschäftsführender Gesellschafter, und nach Umwandlung in eine Aktiengesellschaft als Vorstandsvorsitzender leitete. Von 2001 bis 2003 war er Aufsichtsratsvorsitzender und CTO der EIGNER Inc. in Waltham, Massachusetts (USA), dem neuen Hauptsitz des Unternehmens. 2003 wurde die Firma an die US Firma Agile verkauft. Prof. Eigner gründete 2001 die Beratungsfirma ENGINEERING CONSULT, deren Geschäftsführer er seitdem ist.

31

Neben seinen unternehmerischen Tätigkeiten war er seit 1984 als Gastdozent in der universitären Lehre tätig. Seit 1994 ist er Honorarprofessor des Landes Baden-Württemberg. 1999 wurde ihm eine Ehrenprofessur der Universität Karlsruhe verliehen. Seit 2004 leitet er den Lehrstuhl für Virtuelle Produktentwicklung (VPE) an der Technischen Universität Kaiserslautern.

Ergänzend zu seiner beruflichen und wissenschaftlichen Tätigkeit engagiert er sich ehrenamtlich in den Gremien diverser Branchen- und Fachverbände. 1985 wurde er mit dem VDI-Ehrenring ausgezeichnet. Er ist Mitglied im Berliner Kreis und im ProSTEP iViP Verein im Vorstand für die Gruppe 3, Hochschulen und Verbände.

Abb. 31.1   Prof. Eigner (2.v.l.) und sein Team am VPE in Kaiserslautern (Quelle: VPE)

Prof. Eigner ist Autor und Mitautor von acht Fachbüchern und einer Vielzahl von Fachbeiträgen im Bereich Virtueller Produktentwicklung.

Publikationen (Auszug):

> › Eigner, M.; Faißt, K.G. (Hrsg.): Tagungsband Jahrestagung 2008. Berliner Kreis – Wissenschaftliches Forum für Produktentwicklung e.V.: *Mechatronik – Die Herausforderung an Integration im Produktentwicklungsprozess,* in Technische Universität Kaiserslautern, Schriftenreihe VPE, Band 3, Kaiserslautern, 2008. – ISBN: 978-3-939432-95-1.
>
> › Bitzer, M.; Eigner, M.; Milch, D.: *Steuerung von PLM-Projekten,* in: Zeitschrift für wirtschaftlichen Fabrikbetrieb (ZWF), Jhrg. 103, Heft-Nr.10, Carl Hanser München, 2008, S. 705–709.

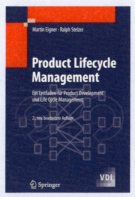

> Eigner, M.; Stelzer, R.: *Product Lifecycle Management – Ein Leitfaden für Product Development und Lifecycle Management*, Springer, Berlin, Heidelberg, 2009
> Bitzer, M.; Eigner, M.; Langlotz, M.: *Prozessorientierte PLM-Architektur als methodische Unterstützung bei PLM-Einführungen (Teil 2)*, in: eDM Report, Jhrg. 14, Heft-Nr.1/2008, Hoppenstedt Publishing GmbH, Darmstadt, 2008, S. 28–31
> Bitzer, M.; Burr, H.; Eigner, M.: *Produktlebenszyklus mit Unterbrechungen – Abstimmungsbedarf zwischen Konstruktion und Produktion*, in: ZWF – Zeitschrift für wirtschaftlichen Fabrikbetrieb, Jhrg. 102, Heft-Nr.9/2007, Carl Hanser, München, 2007, S. 582–586

31.1
Kernkompetenzen und Ziele

Das Institut sieht seinen Schwerpunkt in der Entwicklung von Prozessen und IT-Lösungen für die Zusammenarbeit zwischen Ingenieuren. Ein wichtiger Aspekt dabei ist die Integration existierenden IT-Lösungen und die Herausbildung passender Organisationsstrukturen. Kernkompetenzen in diesem Umfeld sind:

1 Prozessorientierte Implementierung von PLM, einschließlich der Basisentwicklung von dafür tauglichen Produkt- und Prozessmodellen. PLM-Konzepte, die nicht die Geschäftsprozesse des jeweiligen Unternehmens in den Mittelpunkt stellen, sind zum Scheitern verurteilt.
2 Die bessere Unterstützung der Planung und Entscheidungsfindung in der Produktentstehung. Aufbauend auf verfügbaren Referenzprozessen sollen Entscheidungs- und Planungssituationen durch die Präsentation relevanter Informationen – von innerhalb wie außerhalb des Unternehmens – vorbereitet werden. Dazu arbeitet das Institut an der Entwicklung einer funktionsorientierten Produktbeschreibung, ihrer Abbildung auf entsprechende IT-Tools und ihre direkte Einbindung in den Entscheidungs- und Planungsprozess.

31

3   Die Berücksichtigung des Faktors Mensch hat bei der Prozessoptimierung hohe
Priorität.

Eine Mitarbeiterin seines Lehrstuhls ist Psychologin, und eine Gruppe Arbeitspsy-
chologie beschäftigt sich mit Fragen des Change Managements. In diesem Fall ist
damit allerdings nicht die Änderung von Produkten gemeint, sondern die Änderungen in der Kultur, im Denken, in der Zusammenarbeit, die beispielsweise mit der
Einführung einer PLM-Strategie verbunden sind. Die Berücksichtigung nicht nur
der Technologie, sondern vor allem der beteiligten Menschen, um letztlich zu einer
echten und nachhaltigen Verbesserung der Prozesse zu kommen, ist für Prof. Eigner
der Schlüssel zur Lösung zahlreicher Fragen in Zusammenhang mit dem Produktentstehungsprozess.

Er will mit seinem Lehrstuhl führend in die Entwicklung der Prozesse, Methoden und Systeme eingreifen. Dabei liegt für ihn das Gewicht weniger auf der akademischen Forschungsarbeit, als vielmehr auf der Entwicklung von Konzepten, die
einen zeitnahen Einsatz in der Praxis erlauben.

Unternehmen müssen heute aufgrund des nötigen Datenaustauschs zwischen verschiedenen CAD-Systemen für ihre Produktentwicklung einen um 15 bis 20 Prozent
höheren Aufwand in Kauf nehmen. Hier arbeitet der Lehrstuhl an einer internationalen Offenlegung des Datenformats JT und seiner Standardisierung als ISO-
Norm. Ziel ist ein neutrales Datenformat als Visualisierungsstandard für CAD und als
Eingabeformat für die Digitale Fabrik und alle Arten von Simulation und Berechnung.

31.2
Schwerpunkte der Lehre im Umfeld PLM

1   Informationstechnik für den Maschinenbau (ITFMB)
Im Grundstudium bietet das Institut die Vorlesung Informationstechnik für den
Maschinenbau (ITFMB), deren Inhalt und Lehrplan auf die Anforderungen des Maschinenbaus an die Datenverarbeitung ausgelegt sind. Ziel ist dabei auch, den Maschinenbau-Studenten, die der IT traditionell und immer noch eher ablehnend ge-
genüberstehen, die Informationstechnologie schmackhaft zu machen. Neben einem
Überblick über Rechnerarchitekturen und die notwendigen mathematischen und
technischen Grundlagen stehen das Verständnis der Programmentwicklung, Kenntnisse über Programmiersprachen und -techniken, die Entwicklung von Datenstrukturen und Algorithmen und ein Überblick über verteile Systeme auf dem Lehrplan.
2   Integrated Design Engineering Education (IDEE)
Die Veranstaltung Integrated Design Engineering Education (IDEE) führt am Beispiel Solid Edge in die Grundlagen der Arbeit mit CAD ein. Zusammen mit Kollegen der Konstruktionstechnik und der Maschinenelemente wird eine integrierte
Vorlesung und Übung gehalten, bei der die Studenten bereits im ersten und zweiten
Semester lernen, in Kleingruppen eine Konstruktionsaufgabe gemeinsam zu lösen
und mit CAD umzusetzen. Zielsetzung der Veranstaltung ist, eine frühe konstruktive und soziale Komponente in den Studiengang Maschinenbau und Verfahrens-

technik zu bringen und die Motivation und das Verständnis für konstruktive Prozesse und Zusammenhänge frühzeitig zu fördern.

3 Virtuelle Produktentwicklung 1 und 2 (VPE 1,2)
Im Hauptstudium schaffen die beiden Veranstaltungen Virtuelle Produktentwicklung 1 und 2 (VPE 1,2) die Grundlagen, um IT-Lösungen für die Virtuelle Produktentwicklung umfassend als wesentliches Hilfsmittel für Ingenieure nutzen zu können. Während VPE 1 sich hauptsächlich mit der Entwicklung mechanischer Komponenten beschäftigt, stehen in VPE 2 alle Ingenieurs-Disziplinen im Fokus, die an der Entwicklung mechatronischer Systeme beteiligt sind.

Inhalte von VPE 1 sind unter anderem der Produktentwicklungsprozess, die virtuelle Produktentwicklung, Grundlagen mechatronischer Produktentwicklung, Grundlagen von Computer Aided Design in der Mechanikkonstruktion (M-CAD), Computer Aided Manufacturing (CAM), Digital Mock-Up (DMU) und Visualisierungstechniken (VR, AR).

VPE 2 legt den Schwerpunkt auf die Entwicklung mechatronischer Produkte mit Hilfe der Virtuellen Produktentwicklung, auf Computer Aided Design in der Mechatronik, also auch E/E-CAD und Software Engineering, Computer Aided Engineering, Product Data Management und Product Lifecycle Management.

Parallel zu den Veranstaltungen VPE 1 und 2 findet in jedem Semester ein 3D-CAD Grundpraktikum statt. Ziel ist das Erlernen der Anwendung eines modernen CAD-Systems. Zum Einsatz kommt in einem Praktikum Siemens PLM NX6, im anderen CATIA V5 von Dassault Systèmes. Aufbauend auf einfachen Beispielen wird schrittweise die Beherrschung des jeweiligen Systems angestrebt. Ziel ist die selbständige Konstruktion von Bauteilen beschränkter Komplexität.

4 Product Lifecycle Management am Beispiel SAP
Die Lehrveranstaltung Product Lifecycle Management am Beispiel SAP wird sowohl als Kombination aus Vorlesung und begleitender Übung als auch als Laborveranstaltung durchgeführt. Das Angebot richtet sich an Studierende der Fachrichtung Maschinenbau, aber auch an Interessierte anderer Fachrichtungen. Die Lehrveranstaltung wird durch zwei Partnerunternehmen aus der Industrie begleitet.

Dissertationen (Auszug):

› Maletz, M.: *Integrated Requirements Modelling – A Contribution towards the Integration of Requirements into a Holistic Product Lifecycle Management Strategy*, in: Technische Universität Kaiserslautern, Schriftenreihe VPE, Band 4, Kaiserslautern, 2008. – ISBN: 978-3-939432-92-0.

› Helling, H.: *Konzept eines integrierten Produkt- und Prozessmodells zur effizienten Steuerung der Entwicklungsreife am Beispiel der Automobilindustrie*, in: Technische Universität Kaiserslautern, Schriftenreihe VPE, Band 2, Kaiserslautern, 2007. – ISBN: 978-3-939432-59-3.

› Zagel, M.: *Übergreifendes Konzept zur Strukturierung variantenreicher Produkte und Vorgehensweisen zur iterativen Produktstruktur-Optimierung*, in: Technische Universität Kaiserslautern, Schriftenreihe VPE, Band 1, Kaiserslautern, 2006. – ISBN: 978-3-939432-26-5.

31.3
Schwerpunkte der Forschung im Umfeld PLM

Generell gliedert sich die Forschungsarbeit in drei Bereiche: Frontloading, Advanced PLM Methodologies und Information Management. In jedem dieser Forschungsbereiche arbeiten Projektteams in Schwerpunktthemen auch mit Industriepartnern zusammen.

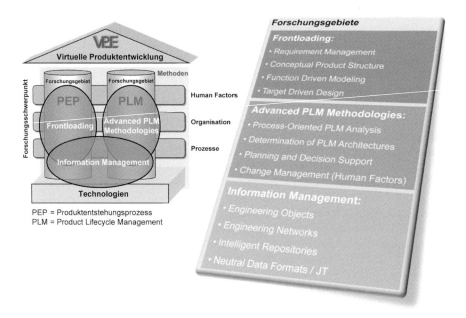

Abb. 31.3 In Lehre und Forschung im Fokus: Prozesse, Technologien und Methoden (Quelle: VPE)

Frontloading: Die Entwicklung mechatronischer Produkte stellt besondere, multidisziplinäre Anforderungen an den Produktentstehungsprozess. Im Sinne des Frontloadings müssen durch konzeptionelle und funktionsorientierte Produktstrukturen unter anderem Anforderungs-, Kosten- und Projektmanagement in die frühen Phasen des PEP integriert werden. Funktionsorientierte Produktmodellierung unterstützt die Koordination zwischen den einzelnen Disziplinen.

Im Schwerpunkt Advanced PLM Methodologies forscht das Institut an verbesserten Methoden der PLM-Einführung, die dem Prozess höchste Priorität geben, die Planung und Entscheidungsfindung unterstützen und vor allem den Menschen ins Zentrum stellen.

Im Bereich Information Management liegt der Schwerpunkt in der Grundlagenforschung zur Weiterentwicklung des objektorientierten Datenbankansatzes für effizienteres Produkt-Lebenszyklus-Management. Alle in einer Produktentwicklung entstehenden Daten sollen in ein gemeinsames Prozessmodell einfließen, das letztlich eine automatische Generierung von grafischen Benutzeroberflächen für den jeweiligen Prozessschritt gestattet.

Einige der laufenden Projekte belegen diese Schwerpunkte der Forschung. Das Projekt *Product Data Management – Implementors Forum (PDM-IF)* hieß ursprünglich ECM-IF (Engineering Change Management – IF) und entstand in Zusammenarbeit mit dem ProSTEP iViP Verein. Thematisch wird das Handlungsfeld Änderungsmanagement bearbeitet. Zu den Aufgaben gehört die fortwährende Harmonisierung der Arbeit im PDM-IF mit anderen Projektgruppen, die Pflege der Dokumentation (ECR Implementation Guide) sowie die Durchführung von themenbezogenen Workshops.

Das Projekt *Integriertes und Interdisziplinäres Produkt- und Prozessmodell in der frühen Phase der Produktentwicklung (i²P²)* wird gemeinsam mit dem Institut für Informationsmanagement im Ingenieurwesen (IMI) an der Technischen Universität Karlsruhe, der ILC PROSTEP GmbH und Simotion durchgeführt. Übergeordnetes Ziel ist die Beschleunigung der Weiterentwicklung komplexer Produkte, deren Lebenszyklus nicht mehr abgegrenzt betrachtet wird. Im Sinne einer Vernetzung wird stattdessen permanent generiertes Produktwissen bereits in den frühen Phasen von Innovationsprojekten transparent zur Verfügung gestellt. So kann der Produkt-Lebenszyklus geschlossen und Produktanforderungswissen kontinuierlich und gezielt angehäuft werden.

Daraus ergeben sich für das Projekt folgende konkrete Ziele: die Integration der Lösungen in die Prozesse über den gesamten Produkt-Lebenszyklus; die Föderation der Lösungen in einem dezentral und verteilt arbeitenden Unternehmen und im Rahmen der Zuliefererkette auch über die Unternehmensgrenzen hinaus; die Interdisziplinarität der Lösungen über alle Domänen der Produktentwicklung hinweg. Neben Mechanik, Elektrik/Elektronik und Software sollen auch Hydraulik, Pneumatik und die zum Produkt gehörigen Dienstleistungspakete unterstützt werden.

Das Projekt *ProSTEP iViP / VDA – JT in der CAx Prozesskette* mit dem ProSTEP iViP Verein, dem Verband der Automobilindustrie (VDA), Daimler, BMW, Audi, Volkswagen und Continental Automotive dient der Untersuchung des Anwendungspotenzials von JT in der CAx-Prozesskette und im Datenaustausch. Im Rahmen dieser vom ProSTEP iViP Verein und VDA gemeinsam geförderten Initiative sollen Anforderungen an JT, Organisation und Prozesse untersucht werden, um das Datenformat als ein den Prozess unterstützendes Format weiter etablieren zu können. Eine Unterstützung diverser Austausch-Szenarien durch JT soll vorangetrieben werden, um die Gesamt-Wertschöpfungskette in der Automobilindustrie zu optimieren.

Neben den bereits genannten Unternehmen arbeitet das Institut mit weiteren Firmen aus der Fertigungsindustrie, IT-Anbietern und Beratungshäusern zusammen.

31.4
Kooperationen und Initiativen

Innerhalb des Berliner Kreises gehört Prof. Eigner zu dem engeren VIP-Zirkel, der sich besonders für das Thema Virtuelle Produktentwicklung engagiert. Er hält Vorlesungen an der deutschen Fakultät im bulgarischen Sofia und an der Technische Universität von Budapest in Ungarn. In Graz gehört er dem wissenschaftlichen Beirat des Kompetenzzentrums Virtuelles Fahrzeug an, das als gemeinsame Forschungseinrichtung von der Technischen Universität Graz unter anderem mit den Partnern AVL List und Magna Steyr betrieben wird.

Um das Interesse von Schülern und insbesondere von Schülerinnen an der technischen Ausbildung zu wecken, beteiligt sich der Lehrstuhl einmal pro Jahr am Technotag und am Schülerinnen-Tag. Dabei wird am Beispiel eines kubistischen Bildes von Kandinsky CAD spielerisch geübt.

31.5
Visionen

Lehre

Vernetztes Denken wird künftig anders als heute die Lehre bestimmen. Schon die nicht miteinander verzahnten Grundlagenfächer im Ingenieurwesen – Mechanik, Elektronik/Elektrotechnik, Software, Betriebswirtschaft – haben sich überlebt. Gegenwärtig sind die einzelnen Fachbereiche nochmals in getrennte Studiengänge wie Konstruktionsmethodik, CAD, Maschinenelemente oder Angewandte Mathematik unterteilt. Die Studierenden müssen aber – erst recht im Hauptstudium – neben dem reinen Ingenieurwissen auch die sogenannten Soft Skills erlernen. Dazu gehört das Arbeiten in Projektgruppen, die Kommunikation über kulturelle Grenzen hinweg und die Nutzung von Informationstechnologie zum Management von Projekten, die sich an der tatsächlichen Aufgabenstellung in der Industrie orientieren.

Neue Studiengänge werden die Inhalte der heute getrennten Fakultäten umfassen: innerhalb des Engineering die verschiedenen Fachrichtungen, und insgesamt Maschinenbau, Wirtschaftsinformatik, Psychologie und anderes. Der traditionelle Maschinenbau ist überholt. Die Einzelfakultäten sind überholt. Sie blockieren eine moderne Ausbildung ganzheitlich denkender Ingenieure und industrieller Führungskräfte.

Forschung

Die Industrie – insbesondere die kleine und mittelständische – braucht bessere Unterstützung. Der Schwerpunkt der Forschung muss sich noch stärker in Richtung angewandte Industrieforschung bewegen. Gemeinsam mit der Industrie müssen neue Wege der virtuellen Produktentwicklung erforscht werden, die eine interdisziplinäre Zusammenarbeit verbessern.

PLM

PLM ist gegenwärtig weit entfernt von dem, was im Begriff versprochen wird, nämlich den gesamten Produkt-Lebenszyklus zu managen. Studien belegen immer wieder, dass nur ein kleiner Prozentsatz der Unternehmen ein entsprechendes Konzept hat. Aber auch dort, wo eine PLM-Strategie existiert, ist sie selten mehr als ein Ansatz. Die Idee ist gut, aber die Umsetzung offensichtlich schwierig, unter anderem weil die dabei eingesetzten Systeme beschränkt sind. Sie sind zu sehr auf die Mechanik und die Geometrie der Produkte fixiert, und sie beinhalten zu wenig Funktionalität zur Unterstützung der Planungs- und Entscheidungsprozesse. Hier ist eine neue Generation von informationstechnischen Werkzeugen für PLM erforderlich.

Unternehmensdaten

› **IMI**

› Institut für Informationsmanagement im Ingenieurwesen

› 2006 hervorgegangen aus dem Institut für Rechneranwendung in Planung und Konstruktion (RPK) in der Fakultät für Maschinenbau an der Universität Karlsruhe (TH)

› Lehrstuhlinhaberin:	**Prof. Dr. Dr.-Ing. Jivka Ovtcharova**
› Wissenschaftliche Mitarbeiter:	16
› Technische Angestellte:	6
› Studentische Mitarbeiter:	30
› Studenten:	
Grundstudium	550
Hauptstudium	50–70
› Homepage:	http://www.imi.kit.edu/

1. Frau Prof. Dr. Dr.-Ing. Jivka Ovtcharova, geboren 1957, studierte 1975 und 1976 Maschinenbau an der Technischen Universität Sofia in Bulgarien. Von 1976 bis 1982 folgte ein Studium der Wärmeenergetik und Automatisierung am Institut für Energetik in Moskau, das sie als Diplom-Ingenieurin abschloss. Zwischen 1982 und 1996 war sie an der Bulgarischen Akademie der Wissenschaften in Sofia und am Fraunhofer Institut für Graphische Datenverarbeitung (Fraunhofer IGD) in Darmstadt als wissenschaftliche Mitarbeiterin und Projektleiterin tätig. Von 1996 bis 1998 war sie Projektleiterin für Menschmodellierung und Individualproduktion bei Tecmath, von 1998 bis 2003 Leiterin für Prozess- und Systemintegration im Internationalen Technischen Entwicklungszentrum der Adam Opel AG.

U. Sendler, *Das PLM-Kompendium*,
© Springer 2009

Ihre erste Promotion erhielt sie 1992 an der Technischen Universität Sofia von Prof. Georgiev für Ihre Arbeit *An Approach to the Form Feature-Based Modelling in Mechanical Engineering.* 1996 promovierte sie an der Technischen Universität Darmstadt bei Prof. Encarnacao mit *A Framework for Feature-Based Product Design: Fundamental Principles, System Concepts, Applications.* Im Oktober 2003 wurde Prof. Ovtcharova als Ordinarius für Rechneranwendung in Planung und Konstruktion an die Universität Karlsruhe (TH) berufen. Im Juli 2006 wurde das von Prof. Grabowski begründete und lange Jahre geleitete Institut umbenannt in Institut für Informationsmanagement im Ingenieurwesen (IMI). Seit 2004 ist Prof. Ovtcharova darüber hinaus Direktorin für Process and Data Engineering (PDE) am Forschungszentrum Informatik (FZI) in Karlsruhe, von 2006 bis 2008 gehörte sie dem Vorstand an. Unter ihrer Leitung wurde 2008 das Lifecycle Engineering Solutions Center (LESC) als zentrale Einrichtung für Forschung, Lehre und Weiterbildung am Karlsruher Institut für Technologie (KIT) eröffnet. Es hat einen Schwerpunkt auf Virtual Engineering und Product Lifecycle Management und soll vor allem dem Wissens- und Technologietransfer mit Industrieunternehmen dienen. Professorin Ovtcharova war Gleichstellungsbeauftragte der Universität Karlsruhe (TH) und Mitglied des Senats von 2005 bis 2008. Seit Januar 2009 ist sie Sprecherin des KIT-Kompetenzbereichs Process and Systems Engineering.

Seit 2003 gehört sie dem Vorstand der Wissenschaftlichen Gesellschaft für CAD/CAM-Technologie an und ist Mitglied des wissenschaftlichen Beirats des Zentrums für Graphische Datenverarbeitung (ZGDV). Seit 2004 ist sie in der Gruppe 3 des ProSTEP iViP Vereins, Hochschulen und Verbände, seit 2005 im Berliner Kreis, in

Abb. 32.1   Das Team um Prof. Ovtcharova (Quelle: IMI)

dem sie sich der VIP-Gruppe der Professoren zurechnet, die sich besonders für das Thema Virtuelle Integrierte Produktentwicklung engagieren. Sie ist Mitglied des wissenschaftlichen Rats der Technischen Universität Sofia.

Für zahlreiche EU-Forschungsanträge wurde sie als Gutachterin bestellt. Seit 2004 ist sie Gutachterin des Deutschen Akademischen Austausch Diensts (DAAD), der in Entwicklungsländern den Aufbau von Hochschulen und die Fortbildung von Führungskräften organisiert. Auch für die Fraunhofer Gesellschaft, die Deutsche Forschungsgemeinschaft sowie die Alexander von Humboldt Stiftung ist sie als Gutachterin tätig.

Publikationen (Auszug):

> J. Ovtcharova, *Virtual Engineering: „Ganzheitliche Prozess- und IT Systemintegration"*, Springer-Verlag, 2009
> J. Ovtcharova, *Flexibility management in the factory of the future*, eStrategies/Projects, British Publishers, October 2007
> J. Ovtcharova, M. Marinov, P. Schubert, *Funktionsorientiertes Change Management in mechatronischen Systemen*, CAD-CAM Report, 2008
> C.W. Dankwort, J. Ovtcharova, R. Weidlich, *A Concept of Engineering Objects for Collaborative Virtual Engineering: Automotive Case Study*, In: Proceedings der ProSTEP iViP Science Days, Dresden, October 2003
> M. Eigner, J. Ovtcharova, *Produktentstehung im 21. Jahrhundert*, Digital Engineering, 3, 2007

32.1
Kernkompetenzen und Ziele

Das effektive und effiziente Management der Information, die in Engineering-Prozessen verarbeitet und kommuniziert wird, ist von zentraler Bedeutung für den wirtschaftlichen Erfolg der Fertigungsunternehmen. Der Begriff Informationsmanagement umfasst über die operativen, Informationen verarbeitenden Tätigkeiten von Ingenieuren und Managern hinaus auch alle Aspekte der Verwaltung und Organisation ihrer Aktivitäten und Prozesse. Das IMI hat seine Kernkompetenz hier in der Erarbeitung innovativer und praxisgerechter methodischer und informationstechnischer Lösungen, die einen wichtigen Beitrag zur Sicherung und zum Ausbau des Wettbewerbsvorsprungs von Forschung und Industrie leisten sollen.

Das Leitbild der Forschungs- und Entwicklungsarbeit ist die Integration von Product Lifecycle Management und CAx in Prozess- und Systemsicht, ergänzt um Virtual Reality (VR) und Augmented Reality (AR). Ziel ist ein interaktives, immersives Arbeiten mit virtuellen Prototypen in der Generierung, Validierung und Optimierung von Entwicklungsergebnissen, um die Zusammenarbeit interdisziplinärer Teams besonders in unternehmensübergreifenden und interkulturellen Netzwerken effektiver und effizienter zu gestalten.

Dabei legt das Institut großen Wert auf die Zusammenarbeit mit Industrieunternehmen, um unmittelbare Praxisrelevanz sicherzustellen. Neben der Beteiligung von Firmen an nationalen und internationalen Forschungsprojekten bietet das IMI auch Technologie-Monitoring, -Screening und -Roadmapping sowie die Betreuung von Studien- und Diplomarbeiten mit industriellen Themenstellungen.

Das Ziel der Arbeit des Lehrstuhls von Prof. Ovtcharova ist der Aufbau neuer Kompetenzen, um für neue Berufe auszubilden, die die Industrie benötigt und gegenwärtig nicht hat. Dazu gehören beispielsweise DMU-Ingenieure, Prozess-Ingenieure oder Multiprojekt-Manager. Forschung und Lehre werden am Institut auf ein Feld fokussiert, das bislang stiefmütterlich behandelt wurde: Zwischen der strategischen Ebene des Top-Managements der Unternehmen und der operativen Ebene der Prozesse fehlt eine Ebene der Prozess- und Systemintegration.

Diese Zielsetzung impliziert, dass sich das Institut nicht nur auf die Ausbildung von Studierenden konzentriert, sondern auch auf die Weiterbildung von Ingenieuren, die in der Industrie im mittleren Management tätig sind. Hier sollen Grundkenntnisse über Informationsmanagement vermittelt und über ein akademisches Zentrum auch der Erfahrungsaustausch unter Praktikern organisiert werden. Dazu gehört ein Living Lab, in dem Arbeitsbedingungen für virtuelles Prototyping vor allem in kleinen und mittleren Unternehmen nachgebaut und deren Prozesse abgebildet werden können. Und dazu gehört ein Kommunikationszentrum, das beispielsweise mit einer Veranstaltung *Experienced Women* Frauen aus Top-Positionen in der Industrie einlädt, um ihnen die Möglichkeiten moderner Informationstechnologie nahezubringen.

32.2
Schwerpunkte der Lehre im Umfeld PLM

1 Informatik im Maschinenbau (IiMb)
Die Vorlesung im Grundstudium gibt Studierenden des Maschinenbaus eine Einführung in die Informatik. Ziel sind Kenntnisse und Fertigkeiten zur Lösung von technischen Aufgabenstellungen mit Rechnerunterstützung. Dies umfasst grundlegende Kenntnisse über den hard- und softwareseitigen Aufbau und die Programmierung von EDV-Anlagen, grundlegende Datenstrukturen und den organisatorischen Rahmen für die Softwareentwicklung. Der Vorlesungsinhalt wird durch zahlreiche Beispiele in einer Saalübung und einem Rechnerpraktikum vertieft.

2 PLM in der Fertigungsindustrie
Die von einem Dozenten aus der Industrie durchgeführte Veranstaltung behandelt unter anderem Multiprojektmanagement und Mechatronik-Entwicklung, den Produktentstehungsprozess von der Anforderungserfassung über typische Objekte wie Materialstamm, Stückliste, Klassifizierung, Dokumente und Varianten bis zu 3D-Prozesskette, der erforderlichen Systemarchitektur und Einzelprozessen wie Technische Änderungsabwicklung, Technische Dokumentation oder Prototypenentwicklung.

3 Product Lifecycle Management (PLM)
Mit der Vorlesung wird der Management- und Organisationsansatz des Product Lifecycle Managements vermittelt. Dabei werden folgende grundlegende Problem-

stellungen behandelt: Welche Anforderungen sind an PLM zu stellen? Welche Funktionen und Aufgaben muss eine PLM-Systemumgebung aufgrund der Anforderungen erfüllen? Wie werden diese Funktionen und Aufgaben auf der IT-Ebene umgesetzt? Welches Nutzenpotential bietet PLM heutigen Unternehmen? Welche Kosten verursacht die Einführung von PLM in einem Unternehmen?

4 Virtual Engineering I/II (VE I/I)

Die Vorlesung vermittelt die informationstechnischen Aspekte und Zusammenhänge der Virtuellen Produktentstehung. Im Mittelpunkt stehen die verwendeten IT-Systeme zur Unterstützung der Prozesskette des Virtual Engineerings: CAx-Systeme zur Modellierung des digitalen Produktes, Validierungssysteme zur Überprüfung der Konstruktion im Hinblick auf Statik, Dynamik, Fertigung und Montage; VR-Systeme für die immersive und interaktive Visualisierung und Validierung der Modelle in Echtzeit.

Abb. 32.2 Prof. Ovtcharova demonstriert Virtual Reality (Quelle: IMI)

Ziel der Vorlesung ist die Verknüpfung von Konstruktions- und Validierungstätigkeiten unter Einsatz virtueller Prototypen und VR/AR-Visualisierungstechniken in Verbindung mit PLM-Systemen. Ergänzt wird dies durch Einführungen in die jeweiligen Systeme anhand praxisbezogener Aufgaben.

5 Simulation im Produktentstehungsprozess (SiPEP)

Die Studierenden werden mit Konzepten, Methoden und Verfahren vertraut gemacht, die den Einsatz der Simulation im Produktentstehungsprozess ermöglichen. Auf dem Lehrplan stehen Modellierung heterogener, technischer Systeme (Model Based Design), Validierungs- und Visualisierungstechnologien (Digital Mock-Up, Virtual Reality, Haptik), und die Digitale Fabrik im Kontext von Product Lifecycle Management.

Die Schwerpunkte der Lehre am Institut schlagen sich auch in den Abschlussarbeiten nieder. So haben die Studenten Thomas Schneider und Simon Eisel bei der Adam Opel

32

GmbH eine Doppelstudienarbeit – *Erstellung von parametrischen MKS-Modellen verschiedener Fahrzeugbaugruppen zur Ermittlung und Anpassung des Bewegungsraumes mittels dynamischer Digital Mock-Ups* – erstellt, deren Ziel die DMU-basierte Animation und Visualisierung eines Retractable Hardtop für den Opel Astra Cabriolet war. Dazu haben sie eine Schnittstelle zum Einlesen und Übertragen der NX-Daten in das Visualisierungstool VIS Mock-Up entwickelt. Die Arbeit wurde im Mai 2005 mit fünfjähriger Geheimhaltungsklausel abgeschlossen.

Dissertationen (Auszug):

› Geis, Dr.-Ing. Stefan Rafael, Integrated Methodology for Production Related Risk Management of Vehicle Electronics (IMPROVE),
› Prieur, Dr.-Ing. Michael, Functional Elements and Engineering Template-based Product Development Process – Application for the Support of Stamping Tool Design
› Gloßner, Dr.-Ing. Markus, Integrierte Planungsmethodik für die Presswerkneutypplanung in der Automobilindustrie
› Mbang, Dr.-Ing. Sama, Holistic Integration of Product, Process, and Resources in the Automotive Industry Using the Example of Car Body Design and Production
› Mayer-Bachmann, Dr-Ing. Roland, Integratives Anforderungsmanagement – Konzept und Anforderungsmodell am Beispiel der Fahrzeugentwicklung
› Harms, Dr.-Ing. Eike, Änderungs- und Konfigurationsmanagement unter Berücksichtigung von Verwendungsinstanzen – Arbeitsmethoden für integrierte Produktmodelle im Rahmen des Produkt-Lebenszyklus-Managements der Automobilindustrie

32.3
Schwerpunkte der Forschung im Umfeld PLM

Das Institut setzt in der Forschung vier Schwerpunkte: Prozess- und Systemintegration, PLM, Digital Mock-up und Virtual Reality.

1   Prozess- und Systemintegration
    Eine anwendungsorientierte Umsetzung des Virtual Engineering kann durch die Integration der Prozess- und IT-Systementwicklung maßgeblich unterstützt werden. Zentrale Aufgaben sind dabei die Definition und Implementierung von Prozessmodellen sowie die auf die operative Anwendung abgestimmte Koordination der Technologieentwicklung. Die Prozess- und Systemintegration ist ein wesentlicher Schritt in Richtung eines integrierten, prozessorientierten Informationsmanagements.
2   PLM
    Ein Ansatz zur Erhöhung der Effizienz des Entwicklungsprozesses ist das Produktdaten-Management (PDM). Die Implementierung einer produktbezogenen Struktu-

rierung von Daten aus allen Phasen des Produkt-Lebenszyklus in PDM-Systemen soll einen transparenten Informationsfluss zur durchgängigen Unterstützung der Produktentstehung schaffen. In Erweiterung des Produktdaten-Managements verfolgt das IMI den Ansatz des Product Lifecycle Managements (PLM). Darunter wird ein unternehmensorganisatorischer Ansatz verstanden, der die Bereiche PDM, CRM (Customer Relationsship Management), SCM (Supply Chain Management) und ERP (Enterprise Resource Planning) lebensphasenübergreifend methodisch und systemtechnisch verknüpft. Ein thematischer Schwerpunkt der Forschungsaktivitäten des IMI liegt hier in der Simulationsdatenverwaltung.

3 Digital Mock-up

Der Einsatz virtueller Methoden in der immersiven und interaktiven Simulation und Validierung von Entwicklungsergebnissen gewinnt an Bedeutung. Grundlage dafür ist das Digital Mock-Up (DMU) als informationstechnisches Fundament der modernen Produktentwicklung. Spezifische Validierungstätigkeiten benötigen unterschiedliche Eingangsdaten und folglich unterschiedliche Ausprägungen eines statischen, dynamischen, elastodynamischen oder mechatronischen DMU. Die integrierte Simulation und interaktive Visualisierung der gesamten Funktionalität eines Produktes wird als virtueller Prototyp bezeichnet.

Während statisches und dynamisches DMU in den modernen Produktentstehungsprozess bereits integriert sind, bleiben elastodynamisches, funktionales und mechatronisches DMU und insbesondere der virtuelle Prototyp noch Gegenstand der Forschung. Diesbezügliche Arbeiten am IMI umfassen sowohl die methodische Integration des statischen und dynamischen DMU in den Produktentstehungsprozess, als auch die konzeptionelle Entwicklung des funktionalen beziehungsweise mechatronischen DMU und des virtuellen Prototypen. Diese Forschungstätigkeiten erfolgen in enger Kooperation insbesondere mit der Automobilindustrie.

4 Virtual Reality

VR bietet intuitivere Möglichkeiten zur Wahrnehmung von und Interaktion mit rechnergenerierten Szenen und Objekten als die übliche 3D-Visualisierung am Bildschirm. Durch den Einsatz von VR lassen sich die Kommunikation unter den Prozessbeteiligten, die Abläufe in der Konstruktion, sowie die Sicherheit und die Qualität der Produkte und der Produktion deutlich verbessern. Die Aktivitäten des IMI zielen darauf ab, dem Ingenieur das Medium VR als Werkzeug zugänglich zu machen. Forschungsschwerpunkte sind hier Konzipierung und Implementierung innovativer Simulationsverfahren und Schnittstellenkonzepte, insbesondere eine bidirektionale Anbindung der Virtuellen Realität an Autorensysteme der Produktentstehung.

Aktuelle Forschungsprojekte:

Das bis 2009 laufende europäische Projekt ImportNET fördert digitale Geschäftsökosysteme für KMUs. Die Entwicklung eines semantischen Open-Source-Integrations-Frameworks soll eine erschwingliche Kooperation zwischen Unternehmen ermöglichen. Das Framework stellt die Basis dar für eine offene Umgebung zur Unterstützung des Aufbaus von und der Arbeit in vernetzten Organisationen. Dabei stehen das Verbinden proprietärer Systeme, geteiltes Wissen über kulturelle, Firmengrenzen und Ingenieursbereiche hinweg im Zentrum. Angesprochen sind Mechanik, Elektrotechnik und

32

Informatik. Domänenübergreifende Zusammenarbeit (Cross-Domain Collaboration) innerhalb von ImportNET bezieht sich auf die Zusammenarbeit zwischen mindestens zwei dieser Bereiche.

Das europäische Projekt *my-Car*, Laufzeit bis 2011, zielt auf ein neues Paradigma für die Herstellung moderner PKW bei einem ultimativen Grad der Anpassung an spezifische Kundenwünsche. Jeder Abnehmer soll sein Unikat-Auto erwerben können. Als Basis wird eine im Rahmen des Projektes zu implementierende, sich selbstanpassende Montage- und Fertigungsfabrik dienen. Dazu gehört die Entwicklung und Integration von Technologien, die eine Selbstadaption auch gegenüber jeder Art von Veränderung der Marktbedingungen realisieren lassen. Das Projekt strebt deshalb eine verbesserte Integration des Kunden in den Herstellungsprozess an. Die Implementierung der selbstadaptiven Automobilfabrik soll als radikale Innovation am Ende dieses Projektes stehen. Partner sind neben der Universität des Saarlandes vier weitere europäische Hochschulen in Schweden, Griechenland und Italien.

Neben großen Partnern wie Daimler, HP oder Bosch arbeitet das IMI in der Forschung vor allem über das angeschlossene Forschungszentrum Informatik (FZI) mit zahlreichen kleinen und mittelständischen Unternehmen zusammen.

32.4
Kooperationen und Initiativen

Das LESC ist durch unterschiedliche Schwerpunkte geprägt, die die Bereiche Lehre, Forschung, Entwicklung und Wissensaustausch sowie Kommunikation zu Partnern aus Forschung, Wirtschaft und Gesellschaft abdecken:

Das *Academic Center* dient als Zentrum für interdisziplinäre, akademische Lehre sowie für Ausbildung und berufsbegleitende Weiterbildung.

Das *Expertise Center* ist eine zentrale Plattform für die Implementierung der Forschungsergebnisse und für den interdisziplinären Wissensaustausch und Technologietransfer zwischen Forschung und Wirtschaft.

Mit dem *Prototyping Center* verfügt das LESC über ein Living Lab für neue Technologien, Prozesse und Anwendungen des Lifecycle Engineering.

Das *Communication Center* schließlich ist Treffpunkt „Science meets Industry" und Ort von Konferenzen, Ausstellungen, Seminaren, Cluster- und Networking-Aktivitäten. International sichtbare Anlaufstelle für alle Themen im Umfeld des Lifecycle Engineering.

Laufende strategische Kooperationen pflegt das LESC mit Hewlett Packard, Dassault Systèmes, Techviz und Visenso. Darüber hinaus gibt es Zusammenarbeit mit einer Reihe weiterer Industrieunternehmen, IT-Anbieter und Systemintegratoren sowie mit dem Zentrum für Kunst und Medientechnologie (ZKM) zum Thema „Kreativität, Technik und Virtualisierung".

Die Universität Karlsruhe (TH) und die TU Sofia verbindet eine knapp zwei Jahrzehnte lange Zusammenarbeit im Bereich der Lehre. Es existiert an der TU Sofia gibt es die deutsche Fakultät FDIBA, an der Studierende des Allgemeinen Maschinenbaus und der Informatik nach Lehrplänen der Universität Karlsruhe ausgebildet werden.

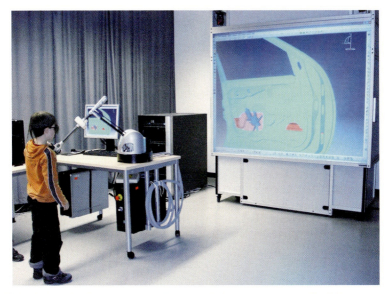

Abb. 32.3 VR macht das Engineering schon für Schüler interessant (Quelle: IMI)

Durch die nahezu zeitgleiche Einweihung des LESC in Karlsruhe und des VR Labors im Rahmen des Virtual Engineering Centers der TU Sofia im Juni 2008 ist eine solide Grundlage für eine Vertiefung der Forschungskooperation zwischen Karlsruhe und Sofia auf dem Gebiet des Virtual Engineerings entstanden, welche sich auf die bereits entwickelten Kontakte und Kulturkompetenzen stützt.

Ein Schlüssel zum Erfolg in der globalisierten Forschungswelt ist die Bündelung von Ressourcen und Kompetenzen und die effiziente Nutzung der IT-Infrastruktur der beiden Standorte, sowie die gemeinsame Projektakquisition.

32.5
Visionen

Lehre

Es wird eine neue Generation von Ingenieuren geben, die eine Ausbildung genossen haben, die sich deutlich von den heute üblichen Studiengängen unterscheidet. Darin wird die klassische Ingenieursausbildung kombiniert sein zum Beispiel mit Wirtschaftswissenschaften, soft skills und High-tech.

Forschung

Virtual Engineering wird zunehmend das klassische Engineering ersetzen. So wie das Zeichenbrett durch CAD verdrängt wurde, werden künftig VR-Methoden zur Unterstützung der Entscheidungsvorbereitung erforscht, bei denen alle Sinne des Menschen durch Modelle in Echtzeit und im Maßstab 1:1 angesprochen werden, einschließlich der Simulation von Akustik und Haptik.

PLM

Es wird neue Anwendungen auf Basis der bestehenden Technologien geben. Die VR-Aufbereitung von Daten für den gesamten Lebenszyklus der Produkte wird einfacher werden. Entwicklung, Simulation, Logistik – alle müssen tatsächlich mit denselben Daten arbeiten können. Der Kreis muss vom Ende zum Anfang geschlossen werden. Von der Aufnahme der Daten etwa aus einer Rückrufaktion von tausenden von Fahrzeugen zu ihrer Berücksichtigung im Anforderungsmanagement der Entwicklung. Feedbackmanagement und Requirements Management werden den Kreis schließen, wobei es dabei nicht nur um geometrische, sondern gerade auch um nichtgeometrische Informationen geht.

Unternehmensdaten

> **CIMTT**

> Institut für CIM-Technologie-Transfer an der Fachhochschule Kiel

> gegründet 1988. Zentrale Einrichtung der Fachhochschule Kiel, die dem Fachbereich Maschinenwesen angegliedert ist

> Fachgebietsleiter CAD/PDM/PLM: **Prof. Dipl.-Ing. Manfred Fischer**

> Wissenschaftliche Mitarbeiter: 2

> Technische Angestellte: 1

> Studentische Mitarbeiter: 5

> Studenten: 200

> Homepage: http://www.cimtt-kiel.de

Prof. Dipl.-Ing. Manfred Fischer, geboren 1956, studierte Maschinenbau an der Leibnitz Universität Hannover. Anschließend war er zehn Jahre bei rotring-aristo in Hamburg tätig, unter anderem als Leiter des CAD-Schulungszentrums und der Applikationsentwicklung.

1993 wurde er als Leiter der CAD/PDM/PLM-Abteilung am CIMTT an die FH Kiel berufen. Hier ist er seither verantwortlich für die CAD-Ausbildung im Maschinenbau, im Schiffbau, in der Mechatronik sowie im Internationalen Vertriebs- und Einkaufsingenieurwesen. Unter seiner Leitung erfolgte der Ausbau der CAD-Abteilung mit neuen, modernen 3D- und PDM-Systemen und die Integration der 3D-CAD Ausbildung in den konstruktiven Unterricht. Für den Studentenbetrieb wurde ein Dienstleistungszentrum CAD eingerichtet.

Neben dem Fachgebiet CAD/PDM/PLM gibt es am Institut für CIM-Technologie-Transfer noch die Fachgebiete CAM, Qualitätsmanagement, ERP Systeme, Simulation, Robotersysteme und IT Services.

33.1
Kernkompetenzen und Ziele

Das Fachgebiet CAD/PDM/PLM am CIMTT bietet Methodenkompetenz im Einsatz von 3D-CAD in Verbindung mit Produktdaten-Management (PDM). Der Schwerpunkt liegt bei der Ausbildung und im Technologietransfer. Hinzu kommen F&E – Aktivitäten im schiffbaulichen Umfeld. Das CIMTT unterstützt den Fachbereich Maschinenwesen bei der Umsetzung moderner C-Technologien im Lehrbetrieb. In den letzten Jahren ist es gelungen, ein entsprechendes Umfeld an Hard- und Software für die studentische Ausbildung aufzubauen. Der Fachbereich verfügt über mehr als 100 Arbeitsplätze, an denen die Studierenden mit SolidWorks, NX, Teamcenter (im Aufbau) und SAP PLM unterrichtet werden und üben können.

Abb. 33.1   Das CIMTT in Kiel (Quelle: CIMTT)

Dabei legt Prof. Fischer Wert darauf, dass die Ausbildung sich stark an den praktischen Bedingungen der Industrie orientiert. Bislang drückte sich dies vor allem in Partnerschaften mit der mittelständischen Industrie aus, jetzt ist auch die Werftindustrie hinzugekommen.

Die Ziele des Fachgebietes CAD/PDM/PLM liegen im Technologie-Transfer für Unternehmen mit dem Hauptgewicht auf der Vermittlung der Prozesszusammenhänge in den Entwicklungsbereichen der Unternehmen aus informationstechnischer Sicht. Der Fokus liegt auf CAD, PDM und PLM.

33.2
Schwerpunkte der Lehre im Umfeld PLM

Arbeitsschwerpunkte der CAD/PDM/PLM-Fachgruppe sind Auswahl und Einsatz von CAD und ergänzenden Applikationen für Simulation und Berechnung, Zeichnungsableitung und -verwaltung, generelles Produktdaten-Management, Klassifikationssysteme sowie die Kopplung zur Produktionsplanung mit ERP. Themen sind bei-spielsweise die Anpassung und Optimierung der CAD-Benutzerumgebung, die Ver-wendung geeigneter Methoden für die Modellierung, die Erarbeitung von Varianten-programmen oder die Unterstützung bei der Strukturierung von Baukastensystemen. Bachelor- und Masterstudiengänge werden für die Fachrichtungen Maschinenbau, Mechatronik und Schiffbau angeboten.

Abb. 33.2   Fertigungshalle des CIMTT (Quelle: CIMTT)

1   CAD I, CAD II und S-CAD
Im Grundstudium vermittelt das Institut vor allem 3D CAD-Grundlagenkenntnisse für die Studenten in Maschinenbau, Schiffbau, Mechatronik und Internationalem Vertriebs- und Einkaufsingenieurwesen.

Der Kurs CAD I beschäftigt sich mit der 3D-Einzelteilmodellierung einschließ-lich Zeichnungsableitung, der Kurs CAD II bzw. CAD-S (für Schiffbauer) mit Baugruppentechniken, parametrischem Zusammenbau und Stücklisten. Dazu gibt es eine begleitende Vorlesung. Die 3D CAD-Ausbildung ist eng mit der kons-truktiven Lehre verzahnt, so dass grundsätzlich alle konstruktiven Tätigkeiten der Studenten ab dem Ende des ersten Semesters mit dem 3D-System durchgeführt werden.

2   Fortgeschrittene Methoden der 3D-Modellierung
Auf dem Lehrplan stehen die Methodik der 3D Datenmodellierung für Einzelteile mit Parametrisierung, Chronologieaufbau und Modellplanung, die Einzelteilmodel-lierung in der Baugruppe, das 3D Datenmodell für Baugruppen, die 3D Modellpla-nung unter Berücksichtigung von Änderungsdienst und Anpassungskonstruktion, Normteile, Kataloge, Modelltechniken zur Oberflächengestaltung, Grundlagen der

Blechkonstruktion und -abwicklung sowie des Formenbaus mit 3D CAD, Ein- und Ausbauanalysen, Explosionsdarstellung, Kollisionsprüfung, kinematische Simulation sowie die Nutzung des 3D-Datenmodells in nachfolgenden Prozessen wie Produktionsplanung, Vertrieb, Berechnung und Montage. Im schiffbaulichen Umfeld werden entsprechende Softwaresysteme eingesetzt, die den Entwicklungsprozess eines Schiffes unterstützen (beispielsweise Tribon, NX und Teamcenter).

3 Virtuelle Produktentwicklung – Produktorganisation

In einem frühen Stadium der Produktentwicklung werden organisatorische Aspekte aus nachfolgenden Prozessen, vor allem Arbeitsvorbereitung und Produktion, berücksichtigt. Die Studierenden entwickeln in Teams unter Anwendung des Simultaneous Engineering gemeinsam ein Produkt und lernen die Nutzenpotentiale einer PDM/PLM-Umgebung zu beurteilen, organisatorische Aspekte bezüglich der Datenablage und des Workflows im Konstruktionsumfeld einzuordnen, Konstruktionsdaten im Sinne einer unternehmensübergreifenden Datenverwaltung strukturiert abzulegen und nach klassifizierenden Merkmalen wiederzufinden und die Schnittstelle zwischen konstruktionsorientierten und den nachfolgenden Prozessen zu berücksichtigen.

Das Zusammenwirken von Technologietransfer, anwendungsorientierter Forschung und Entwicklung und dem Lehrbetrieb sorgt für eine praxisorientierte Ausbildung im CAD/PDM/PLM-Bereich. Alle Kursangebote sind für Bachelor- und Master-Studiengänge konzipiert, einige davon im Wahlbereich. Die Bachelor-Kurse vermitteln das Rüstzeug für den praktischen Umgang mit 3D-Systemen. Auch weitergehende Möglichkeiten wie Applikationen im CAD-Umfeld oder SAP in der Produktentwicklung werden hier angesprochen.

Der Master beschäftigt sich mit Konzepten, Strategien, Methodenwissen und übergreifenden Zusammenhängen. PLM ist ein typisches Thema. Es werden Zukunftsvisionen und -möglichkeiten angesprochen. Durch flankierende Forschungs- und Entwicklungsaktivitäten im Rahmen von Projektarbeiten und der Masterthesis soll die Promotionsfähigkeit erlangt werden.

33.3
Schwerpunkte der Forschung im Umfeld PLM

Die Strukturen an Fachhochschulen bedeuten im Vergleich mit denen an Universitäten unter anderem höheren Lehraufwand, geringere finanzielle und personelle Ausstattung, keine Promotionsrechte. Das hat dazu geführt, dass die Schwerpunkte in der Vergangenheit mehr in der Lehre und im Technologietransfer lagen. Typische Themen im Technologietransfer für kleine und mittelständische Unternehmen sind zum Beispiel die Methoden der 3D-Modellierung, die Einführung eines PDM-Systems oder die Kopplung von CAD mit ERP.

Seit 2007 gibt es über Projekte für ThyssenKrupp Marine Systems B+V Nordseewerke Emden eine enge Kooperation mit der Werftindustrie. Dies mündete Mitte 2008 in ein auf drei Jahre angesetztes F&E-Vorhaben. Themen sind die Einbindung von

Zulieferdaten in das 3D-Datenmodell der Werft sowie die Klassifizierung von Komponenten für die Konstruktion nach modernen Gesichtspunkten.

Ein Projekt mit der Firma MAN Diesel SE betrachtet den Datentransfer von der Seite des Zulieferers im schiffbaulichen Umfeld. Ziel ist die Erstellung einer Spezifikation für den Datentransfer zwischen Zulieferer und Werft.

33.4
Kooperationen und Initiativen

Die Muthesius Kunsthochschule in Kiel erhält von den Dozenten des Fachgebiets CAD Unterstützung in der Lehre und der Betreuung ihrer Labore im Bereich Industriedesign. Das CIMTT bildet die Studierenden an einer 3D-Design-Software in CAD aus.

Zum Zweck der Nachwuchsförderung bei den Schulen existiert beispielsweise ein Langzeitprojekt mit einer Schule, in dem den Schülern anhand eines Modellsegelflugzeuges die CAD-Modellierung nähergebracht wird. Bei den Schülern soll auf diesem Wege das Interesse an einem technischen Studium geweckt werden. Ähnlich wie mit dem Girls Day, bei dem das CIMTT dem Fachbereich seit einigen Jahren speziell für Schülerinnen zur Seite steht.

Abb. 33.3 Das Ergebnis des Formula Student Projektes 2008 (Quelle CIMTT)

Das CIMTT unterstützt die Studenten beim Wettbewerb „Formula Student", in dem Studenten in Teamarbeit einen einsitzigen Formelrennwagen (vergl. Abb. 33.3) entwickeln und bauen, um damit bei einem Wettbewerb gegen Teams aus der ganzen Welt anzutreten. Bei Formula Student gewinnt das Team mit dem besten Gesamtpaket aus Konstruktion und Rennperformance, Finanzplanung und Verkaufsargumenten.

33

33.5
Visionen

Lehre

Das Produkt-Lebenszyklus-Management wird noch stärker ins Zentrum der Ausbildung rücken. Den Studenten soll die Herausforderung von PLM, komplexe Zusammenhänge und unterschiedliche Sichtweisen auf den Prozess und seine Bestandteile zu beherrschen, schon im Studium in der praktischen Umsetzung nahegebracht werden.

Forschung

Wie für den Maschinenbau baut das Institut momentan für die Werften eine schiffbauliche CAD- und PLM-Umgebung auf, um die komplexen Strukturen der Produktentwicklung im Schiffbau abbilden zu können. Diese Umgebung wird dann sowohl für die Ausbildung im Schiffbau-Studiengang als auch für die anwendungsorientierte Forschung genutzt werden. Im F&E-Bereich wird versucht, für den Datenaustausch zwischen Werften und Zulieferern standardisierte Vorgehensweisen zu entwickeln. Dabei spielen die Themen Schnittstellen, Klassifizierung, Komponentenbibliotheken, Parametrisierung, Konfigurationen und Datenvereinfachung eine große Rolle.

PLM

Wenn PLM seinem hohen Anspruch gerecht werden will, müssen die bislang häufig getrennten Welten von Entwicklung, Fertigungsplanung und Produktion zum Beispiel hinsichtlich des Konfigurationsmanagements sehr viel stärker zusammenwachsen. An dieser Stelle wird sowohl in der Lehre ständig an weitergehenden Schulungskonzepten gearbeitet als auch im Technologietransfer und den anwendungsorientierten F&E-Vorhaben.

Unternehmensdaten

> **LMI**

> Lehrstuhl für Maschinenbauinformatik
> 1994 neu eingerichtet am Institut für Maschinenkonstruktion (IMK) der Fakultät für Maschinenbau an der Otto-von-Guericke-Universität Magdeburg

> Lehrstuhlinhaber: **Univ.-Prof. Dr.-Ing. Prof. h.c. Dr. h.c. Sándor Vajna**

> Wissenschaftliche Mitarbeiter: 10
> Technische Angestellte: 2
> Studentische Mitarbeiter: 20–25
> Studenten (Grundstudium): 600

> Homepage: http://lmi.uni-magdeburg.de:8080/cms/

Prof. Dr.-Ing. Prof. h.c. Dr. h.c. Sándor Vajna, geboren 1952, studierte von 1971 bis 1977 Allgemeinen Maschinenbau an der Universität Karlsruhe, wo er von 1977 bis 1982 Assistent am Institut für Rechneranwendung in Planung und Konstruktion (RPK) bei Prof. Grabowski war. 1982 promovierte er über Rechnerunterstützte Anpassungskonstruktion.

Während seiner zwölfjährigen Industrietätigkeit war er in leitender Funktion bei Carl Freudenberg in Weinheim, in der ABB-Konzernforschung in Heidelberg und bei der Braun AG in Kronberg auf den Gebieten Produkt- und Prozessentwicklung für ein breites Spektrum von Produkten und für die strategische Planung und Realisierung der technischen Informationsverarbeitung bis hin zum Einsatz multimedialer Lehr- und Lernsysteme verantwortlich. 1994 wurde Prof. Vajna auf den neu eingerichteten Lehrstuhl für Maschinenbauinformatik an die Otto-von-Guericke-Universität Magdeburg berufen.

U. Sendler, *Das PLM-Kompendium*,
© Springer 2009

Prof. Vajna ist Mitglied im Berliner Kreis, wo er zur VIP-Gruppe der Professoren zählt, die sich besonders für das Thema PLM engagieren. Er ist Gründungsmitglied und Mitglied des Advisory Boards der weltweiten Organisation Design Society und Mit-organisator von deren ICED-Konferenzen (International Conference on Engineering Design). Er gehört der American Society of Mechanical Engineers (ASME) an, ist wissenschaftlicher Kurator des Forschungsinstituts für Anwendungsorientierte Wissensverarbeitung (FAWn) in Ulm und wissenschaftlicher Beirat der Zeitschriften CAD-CAM Report und eDM Report. Er ist aktives Mitglied in VDMA, VDI und DECHEMA. Er ist verantwortlich für die Kooperation der Universität Magdeburg mit der Universität Miskolc und der Technischen und Wirtschaftswissenschaftlichen Universität Budapest (beide Ungarn). An letzterer wurde er 2006 zum Ehrensenator berufen.

Abb. 34.1   Das Team um Professor Vajna 2007 (Quelle: LMI)

Prof. Vajna hat zahlreiche Bücher und über 280 Veröffentlichungen in Fachzeitschriften und für nationale und internationale Kongresse publiziert.

Publikationen (Auszug):

> ❭ Vajna, Sándor; Weber, Christian; Bley, Helmut; Zeman, Klaus, *CAx für Inge-nieure* (2. Auflage), Springer Verlag Heidelberg (2008), ISBN 978-3-540-36038-4
> ❭ Herausgeberschaft der Buchreihe *kurz und bündig*, Vieweg + Teubner Verlag Wiesbaden, Themen: Grundlagen und Anwendung der Systeme Solid Edge, SolidWorks, Pro/ENGINEER, Unigraphics NX, CATIA und TeamCenter EXPRESS

> ❭ Herausgeberschaft der Buchreihe *Integrierte Produktentwicklung*, darin u. a. Burchardt, Carsten: *Ein erweitertes Konzept für die Integrierte Produktentwicklung* (2000), Schabacker, Michael: *Bewertung der Nutzen neuer Technologien in der Produktentwicklung* (2001), Naumann, Thomas: *Adaptives Systemmanagement – ein Ansatz für die Planung und Steuerung von Produktentwicklungsprozessen* (2006) und Jordan, André: *Methoden und Werkzeuge für den Wissenstransfer in der Bionik* (2008)
> ❭ Vajna, Sándor; Clement, Steffen; Jordan, André; Bercsey, Tibor: *The Autogenetic Design Theory: an evolutionary view of the design process*, Journal of Engineering Design 16(2005)4. S. 423 – 440
> ❭ Vajna, Sándor und Schlingensiepen, Jürgen, *CIM Lexikon*, Vieweg Verlag, Braunschweig (1990), ISBN 3-528-04798-4

34.1
Kernkompetenzen und Ziele

Die Kernkompetenz des Lehrstuhls liegt in der Verbesserung von Prozessen, Methoden und Werkzeugen in der Produktentwicklung, wie sie insbesondere durch die Integrierte Produktentwicklung (IPE) als die wesentliche Komponente von PLM realisiert werden kann. In der IPE steht die Realisierung der Funktionen des Produkts nicht im Vordergrund (wie in der klassischen Konstruktion), sondern gleichwertig neben Technischem Design und Formgebung, neben Handhabbarkeit und Ergonomie, neben der Nachhaltigkeit und der Herstellbarkeit des Produktes, wobei diese alle in einem angemessenen Verhältnis aus Nutzen und Kosten zu realisieren sind. Der Lehrstuhl leitet die eigene Studienrichtung *Integrierte Produktentwicklung*, in der Studenten aus Maschinenbau, Wirtschaftswissenschaften, Informatik sowie Sport und Technik Vorgehensweisen, Methoden und Werkzeuge der IPE anhand von konkreten Industrieprojekten erlernen. Diese Studienrichtung geht im Zuge der Umstellung auf die BA/MA-Ausbildung in den Master *Integrated Design Engineering* (IDE) über. Weitere Schwerpunkte im PLM-Umfeld sind die rechnerunterstützte Produktmodellierung, einschließlich des Einsatzes regelbasierter Parametrik, also wissensbasierter Methoden, sowie das dynamische Modellieren und Managen von Projekten und Prozessen.

Der Vorsprung des Standortes Deutschland wird nach Auffassung von Prof. Vajna vor allem durch eine kontinuierliche Steigerung der Innovationsfähigkeit, also im wesentlichen mit einer hochwertigen, leistungsfähigen und dynamisch agierenden Produktentwicklung gesichert. Der Lehrstuhl möchte seine Beiträge dazu leisten, dass dieser Vorsprung auch in der Zukunft erhalten bleibt.

Vor allem auf zwei Gebieten hat der Lehrstuhl besondere Ansätze entwickelt, die sowohl in der Lehre als auch in der Forschung eine wichtige Rolle spielen: die Autogenetische Konstruktionstheorie (AKT) und das Benefit Asset Pricing Model (BAPM).

34

1   Autogenetische Konstruktionstheorie (AKT)

Anders als die Bionik, die die *Ergebnisse* der natürlichen Evolution als Vorbild für technische Produkte verwendet, nutzt die Autogenetische Konstruktionstheorie die *Vorgehensweisen* der Evolution, um die Aktivitäten in der Produktenwicklung zu modellieren, zu treiben und zu unterstützen. Evolution bedeutet dabei allmähliche Entwicklung, laufende Anpassung und Optimierung auf ein Ziel, das sich selbst aufgrund äußerer und innerer Einflüsse ständig ändert. In der AKT wird die Entstehung eines neuen Produkts oder die Änderung eines vorhandenen Produkts als laufende Optimierung einer Ausgangslösung unter sich dynamisch veränderbaren Anfangs-, Rand- und Zwangsbedingungen beschrieben. Ergebnis einer solchen Vorgehensweise ist immer eine Familie von gleichwertigen, aber nicht gleichartigen, sehr leistungsfähigen Produktlösungen, die mit den üblichen, überwiegend deterministischen Methoden gar nicht in Erwägung gezogen worden wären. Neukonstruktion und Anpassungskonstruktion können mit der AKT beschrieben werden, denn beide Konstruktionsarten enthalten Vorgehensweisen, um unter gegebenen Bedingungen zu neuen, bisher nicht bekannten und nicht vorhersehbaren (Teil-) Lösungen zu kommen.

Die Forschungsarbeiten zur AKT werden gemeinsam mit der Technischen Universität Budapest durchgeführt und seit 2008 durch die Deutsche Forschungsgemeinschaft gefördert.

2   Benefit Asset Pricing Model (BAPM)

Da nicht jeder entstandene Nutzen der Einführung einer neuen Technologie mit den klassischen betriebswirtschaftlichen Verfahren bewertet werden kann, wurden Analogien zu Bewertungsverfahren und -methoden aus anderen Bereichen der Wirtschaft gebildet, die vor einer ähnlichen Herausforderung stehen wie die Produktentwicklung. In Analogie zum Banken- und Finanzwesen wird ein Portfolio aus Kennzahlen für quantifizierbare, schwer quantifizierbare und nur kaum quantifizierbare Nutzen generell für alle Phasen im Produktentstehungsprozess aufgestellt. Entsprechend dieses Nutzenportfolios wird ein Warenkorb mit jeweils entsprechenden Wertpapieren aufgebaut, der eine Kosten-/Nutzenanalyse einschließlich Risikoabschätzung sowohl für Investitionen in Softwarelösungen und neue Technologien als auch für die Umgestaltung der Aktivitäten in der Produktentwicklung erlaubt.

Der Lehrstuhl verfügt über alle führenden CAx-, PDM- und zahlreiche Simulationssysteme sowie über Systeme für die Virtuelle Produktentwicklung und das Concept Modelling. Zur Verifikation der eigenen Forschungsergebnisse stehen anwendungsbezogene und industrienahe Projekte im Vordergrund. Viele Themen werden gemeinsam mit Partnern aus der Industrie oder mit Forschungseinrichtungen bearbeitet. In der Lehre werden die Studenten interdisziplinär, ganzheitlich und mit hohem Praxisbezug ausgebildet. Um nicht nur die Handhabung einzelner Systeme, sondern fundierte Kenntnisse möglichst vieler verschiedener Hilfsmittel der Produktentwicklung zu vermitteln, werden die Studenten an fünf führenden CAx- und PDM-Systemen parallel ausgebildet.

34.2
Schwerpunkte der Lehre im Umfeld PLM

Zugangsvoraussetzung für den Masterstudiengang *Integrated Design Engineering* (IDE) ist ein abgeschlossenes universitäres Grundstudium im Fachbereich Maschinenbau. Im Verlauf des Masterstudiums sind vier Semester zu absolvieren, von denen das letzte Semester für die Masterarbeit vorgesehen ist. Die drei ersten Semester sind gekennzeichnet durch das Belegen von Pflichtfächern und Wahlpflichtfächern, deren gezielte Auswahl eine sinnvolle Ergänzung zur parallelen Projektarbeit ergibt.

Während des Studiums soll in drei interdisziplinären Projekten das angeeignete Wissen gefestigt und das Rüstzeug für die erfolgreiche Produktentwicklung in Teamarbeit erlernt werden. Diese Projekte können internationalen Charakter haben, zum Beispiel in Form von Zusammenarbeit mit ausländischen Partneruniversitäten oder ausländischen Partnerunternehmen. Ziel der Projekte ist die Fertigstellung eines virtuellen und eines physischen Prototyps sowie die Erstellung der nötigen Produktdokumentation für eine reibungslose Fertigung.

Die Inhalte der einzelnen Veranstaltungen:

1 Integrierte Produktentwicklung (IPE)
 Allgemeine Einführung in die IPE als wesentlichen Bestandteil von PLM, Entwicklungen der Produktentstehung bis zur Gegenwart sowie neue Paradigmen des Entwickelns, neue Denkansätze der IPE, Kreativpotentiale und Erfolgspotentiale, Zugang zu globalem Wissen sowie effizienter Wissenstransfer, Organisations- und Kooperationsformen (auch in Allianzen), interdisziplinäre Teamarbeit, Prozess- und Projektmodellierung und -management, IT-Werkzeuge zur Produktentwicklung, Methodenbaukasten.

2 CAx-Grundlagen, -Anwendungen, -Management (drei Vorlesungen)
 Methodische Grundlagen, Aufbau von Hardware und Software, Netzwerke, effizientes Systemmanagement, Produktmodelle und Prozessmodelle, Arbeitstechniken, Zeichnungserstellung und Erweiterungsmöglichkeiten, Einführung und Migration von CAx-Systemen, Erweiterung zu PLM, PDM-Systeme und -Anwendungen, Datenbanken, CAP-, NC- und CAM-Systeme, Flexible Fertigungssysteme, Handhabungssysteme, Simulationsverfahren, Produktivität und Wirtschaftlichkeit von CAx-Systemen.

3 Produktmodellierung
 Bedeutung der Produktmodellierung, Konstruktionsarten, genereller Modellbegriff, Partial- und Produktmodelle, mathematische Methoden der Modellierung, Modellierung in 3D und 2D, Verwendung von Parametrik, Features, Makros und Variantenprogrammierung, FEM und Simulation.

4 Archivierung und Schnittstellen
 Konzepte, Strukturen, Inhalte, Formate und Medien des digitalen Archivs, Hilfsmittel für Datenverwaltung, Organisation und Vorgehensweisen, Bedeutung der Schnittstellen im PLM, vorhandene Schnittstellen, STEP als Schnittstellen- und Archivierungsformat.

5 Projektmanagement

Grundlagen, Anforderungen, Ziele und Kriterien eines erfolgreichen Projektmanagements, Projektstrukturierung und -planung (einschließlich Netzplantechnik, Terminpläne und -listen, Kapazitäts- und Kostenplanung), Projekt-Controlling.

6 Wissensbasierte Produktentwicklung

Grundlagen und Wissenstaxonomien, Wissensbedarf in der Produktentwicklung, Wissensakquisition, -implementierung, -bereitstellung und -management, Vorgehen bei der wissensbasierten Produktentwicklung.

Abschlussarbeiten (Diplom, Master, Dissertationen) (Auszug):

> Drichelt, C.: Konstruktion und Gestaltung in ihren motivationalen Kontexten in der Produktentwicklung (2007)
> Deng, Q.: A Contribution to the Integration of Knowledge Management into Product Development (2007)
> Schabacker, M.: Bewertung der Nutzen neuer Technologien in der Produktentwicklung (2001)
> Naumann, T.: Adaptives Systemmanagement – ein Ansatz für die Planung und Steuerung von Produktentwicklungsprozessen (2006)
> Clement, S.: Erweiterung und Verifikation der Autogenetischen Konstruktionstheorie mit einer evolutionsbasierten und systematisch-opportunistischen Vorgehensweise (2006)
> Jordan, A.: Methoden und Werkzeuge für den Wissenstransfer in der Bionik (2007)
> Holmdahl, L.: Complexity Aspects of Product Development (2007)

34.3
Schwerpunkte der Forschung im Umfeld PLM

Kern der Forschungsarbeiten sind die Repräsentation und das dynamische Management der Prozesse und Aktivitäten in der Produktentwicklung, die aus Vertrieb, Entwicklung, Konstruktion und Arbeitsvorbereitung beziehungsweise Prozessplanung besteht. Zum Funktionieren benötigen diese Prozesse verschiedene Vorgehensweisen, Methoden und Verfahren sowie dafür geeignete manuelle und rechnerunterstützte Werkzeuge. Zur Repräsentation, also zum Formalisieren, Modellieren und Strukturieren und zur Weiterentwicklung dieser Prozesse sowie ihrer jeweiligen Methoden, Verfahren und Werkzeuge wird ein wissensbasiertes Vorgehensmodell entwickelt. Dieses Vorgehensmodell liefert die organisatorischen Grundlagen für die Integrierte Produktentwicklung, auf die die gleichnamige Studienrichtung aufbaut. Es ermöglicht das Optimieren und dynamische Managen aller Aktivitäten und Prozesse mit dem eigenen Prozessnavigator proModeller und unterstützt die Weiterentwicklung von CAx-Systemen mit dem Ziel einer vollständigen Rechnerunterstützung in der Produktentwicklung.

Um diesen Kern gruppieren sich die Forschungsschwerpunkte des Lehrstuhls: Produktmodellierung, Wissensanwendung in der Produktentwicklung, Autogenetische Konstruktionstheorie, CAD/CAM-Metrik, Wirtschaftlichkeit neuer Technologien und Anwendung des Vorgehensmodells für die Produktentwicklung. In diesen Themenbereichen gibt es Forschungsprojekte, die sich zu einem Fünftel auf Fördermittel stützen. Vier Fünftel müssen über Drittmittel finanziert werden, das heißt, der Lehrstuhl muss über die Akquisition von Industrieprojekten beweisen, dass die Schwerpunktthemen richtig und praxisrelevant sind.

Abb. 34.2   Die Forschungsschwerpunkte des LMI (Quelle: LMI)

Der Lehrstuhl unterstützt beispielsweise das Projekt *CargoBeamer* des gleichnamigen Unternehmens, das unter anderem vom Innovationszentrum Bahntechnik Europa (IZBE) gefördert wird. *CargoBeamer* reagiert auf die konstant wachsenden Straßenfrachtvolumina, indem das automatisierte, parallele, schnelle und kostengünstige Verladen von Sattelzügen auf die Bahn ermöglicht (64 Ladegüter pro Gleis werden binnen 10 Minuten be- und entladen) und eine Transportgeschwindigkeit erzielt wird, die etwa doppelt so hoch wie die Durchschnittsgeschwindigkeit eines LKWs auf der Autobahn ist. Somit können Transportgüter zuverlässig, schnell und kostengünstig von der Straße auf die Schiene verlagert werden. Mit dem *CargoBeamer* kann damit ein Durchsatz erreicht werden, der bis zu 20 mal höher liegt als mit dem üblichen Transport auf der Straße.

Das Projekt *Auslegung von Flanschverbindungen aus glasfaserverstärktem Kunststoff (GFK) für die chemische Industrie* verfolgt einen ganzheitlichen Optimierungsansatz, der auf die Unterstützung bei der Entwicklung eines Regelwerkes zielt, das allen Aspekten des Systems GFK-Flanschverbindung gerecht wird, insbesondere durch die Gestaltung der Fasereinlagen. Die Optimierungen sollen unter anderem zu hoher Standfestigkeit, günstiger Krafteinleitung und einer relaxationskompensierenden Vorspannung führen. Dieses Projekt wird in Zusammenarbeit mit einer Reihe von Industriepartnern und anderer universitärer Forschungseinrichtungen durchgeführt.

Mit dem Forschungsvorhaben *Featurebasierte Konstruktion und Features im Apparatebau* sollte eine vollständig Rechnerunterstützung der Produktentwicklung und

-verwaltung im Apparatebau unter Nutzung von Features während der Produktmodellierung erreicht werden. Ergebnis des Projektes waren das System IKA (Integriertes Konstruktionssystem für den Apparatebau) sowie die mit den Integrationskonzepten aufgezeigten Vorgehensweisen, die sich auch in anderen Bereichen der Entwicklung und Konstruktion adaptieren lassen. Um ein offenes und leicht erweiterbares System zu realisieren, wurde das Konstruktionssystem als Entwicklungsumgebung konzipiert. Die Arbeiten wurden von 1999 bis 2001 über die Arbeitsgemeinschaft industrieller Forschung (AiF) Otto von Guericke vom Bundesministerium für Wirtschaft (BMWi) gefördert.

Daneben laufen zahlreiche Forschungsprojekte mit Industriepartnern in den Gebieten wissensbasierte Produktmodellierung und (im weitesten Sinne) Umgestaltung und Optimierung der Aktivitäten in der Produktentwicklung (unter anderem unter Einsatz von PDM-Systemen), über die die Projektpartner Stillschweigen vereinbart haben.

34.4
Kooperationen und Initiativen

Der Lehrstuhl ist in zahlreiche Netzwerke und Kooperationen eingebunden, die seine Lehr- und Forschungstätigkeit auf vielfältige Weise unterstützen. In der Lehre wird zur rechnerunterstützten Durchführung beispielsweise die gemeinsam mit Lehrstühlen der Universitäten Bremen und Rostock, der Universität (TH) Karlsruhe und der FH Gelsenkirchen entwickelte Lehr- und Lernplattform *Pro-Teach-Net* eingesetzt. Dabei handelt es sich um ein multimediales, internetbasiertes Lernsystem für das Fachgebiet Produktentwicklung.

Die Liste der Partner-Universitäten, mit denen teilweise schon seit etlichen Jahren enge Zusammenarbeit gepflegt wird, umfasst 21 Institute, davon 17 international verteilt, die meisten in Europa. Zu den Partnerschaften gehören auch studentische und wissenschaftliche Austauschprogramme, beispielsweise mit zwei Universitäten in Taiwan.

In den vergangenen Jahren hat der Lehrstuhl gemeinsam mit dem VDMA die von verschiedenen IT-Anbietern getragenen Initiativen *PDM produktiv* und *Engineering produktiv* mitgestaltet, die die Idee eines zentralen Produktdaten-Managements und einer effizienten Produktentwicklung vor allem in der mittelständischen Industrie fördern sollten.

Der Lehrstuhl führt Schülerpraktika im Rahmen der CAD-Ausbildung durch. Die Praktikanten bekommen Einblick in die studentischen CAD-Übungen und lernen verschiedene CAD-Systeme kennen. Nach einer Einarbeitungsphase haben sie die Möglichkeit, eigene Modelle kreativ zu gestalten, davon Zeichnungen auszuleiten und eine Rapid-Prototyping Maschine zum Erstellen eines physischen Modells zu nutzen.

Für Industriefirmen bietet der Lehrstuhl ab 2009 einen Weiterbildungs-Master in Integrated Design Engineering (IDE). Unter Einbeziehung von Urlaubstagen und Freizeit können Ingenieure in Blockvorlesungen und Wochenendseminaren mit dem Master of Science (MSc.) abschließen, wobei die Masterarbeit immer an ein praktisches Projekt in der Industrie gekoppelt ist.

34.5
Visionen

Lehre

Auf der Basis der eigenen Studienrichtung Integrierte Produktentwicklung (IPE) beziehungsweise des Masters Integrated Design Engineering (IDE) wird der Lehrstuhl den Studenten zunehmend solche Fähigkeiten vermitteln, mit denen sie schon während der Produktentwicklung alle Fragen berücksichtigen können, die in den nachfolgenden oder parallelen Prozessen und Lebensphasen eines Produktes eine Rolle spielen. So werden sie dazu beitragen, dass die Trennung zwischen dem Entwicklungsprozess und den anderen Unternehmensprozessen überwunden wird.

Forschung

Die Forschungsarbeiten werden sich verstärkt der integrierten Produktentwicklung und der ganzheitlichen Lösungsfindung (mit der AKT) und der wissensbasierten Produktmodellierung in einem dynamischen Prozess- und Projektumfeld widmen, damit möglichst früh relevante Produktentscheidungen abgesichert, Fehlfunktionen erkannt beziehungsweise vermieden, die Produktqualität gesteigert und Anlaufprobleme reduziert werden.

PLM

Für alle am Produktentstehungsprozess Beteiligten wird der gesamte Lebenszyklus des Produktes transparent sein, was nicht unbedingt – und vor allem nicht ausschließlich – die Produktdaten und ihr Management meint. Jedem Beteiligten wird dabei klar sein, welche Auswirkungen seine Entscheidungen an welchen Stellen im Lebenslauf des Produktes haben und welche anderen Entscheidungen die eigenen wie beeinflussen können. Somit werden alle am Produkt-Lebenszyklus Beteiligten ein Bewusstsein für vernetztes Arbeiten entwickeln. Der PLM-Manager wird Herr des Verfahrens sein.

Unternehmensdaten

> **Lehrstuhl für Informatik IV: Software und Systems Engineering**

> 1992 entstand durch Teilung der Fakultät für Mathematik und Informatik die Fakultät für Informatik der Technischen Universität München (TUM), die seither eine wachsende Zahl von Lehrstühlen umfasst

> Lehrstuhlinhaber: **Prof. Dr. Dr. h.c. Manfred Hans Bertold Broy**

> Wissenschaftliche Mitarbeiter: 57
> Technische Angestellte: 8
> Studentische Mitarbeiter: 25
> Studenten: 2800

> Homepage: http://www4.in.tum.de/~broy/

Prof. Dr. Dr. h.c. Manfred Hans Bertold Broy, geboren 1949, schloss 1976 sein Studium der Mathematik, Fachrichtung Informatik, an der Technischen Universität München ab. Anschließend war er als Wissenschaftlicher Mitarbeiter bis 1983 am Institut für Informatik und am *Sonderforschungsbereich 49 Programmiertechnik* der Technischen Universität München tätig. 1980 promovierte er mit Auszeichnung zum Doktor der Naturwissenschaften mit dem Thema *Transformation parallel ablaufender Programme.* 1982 folgte die Habilitation an der Fakultät für Mathematik und Informatik der Technischen Universität München mit dem Thema *A theory for Nondeterminism, Parallelism, Communication and Concurrency.*

Von 1983 bis 1986 war Prof. Broy Gründungsdekan der Fakultät für Mathematik und Informatik an der Universität Passau, wo er bis 1989 den Lehrstuhl für Programmiersprachen innehatte. 1989 wurde er als Ordentlicher Professor für Informatik zur

U. Sendler, *Das PLM-Kompendium*,
© Springer 2009

Nachfolge von Prof. Bauer an die TU München berufen, wo er seitdem lehrt. Dort war er auch 1992 Gründungsdekan der Fakultät für Informatik und ist seit 1989 Inhaber des Lehrstuhls IV: Software und Systems Engineering.

Für seine Tätigkeit als Gründungsdekan in Passau wurde ihm 2003 die Ehrendoktorwürde der Universität Passau verliehen. Er ist Ehrendoktor der Universität Passau, Fellow der Gesellschaft für Informatik und Max-Planck-Fellow am Institut für Softwaresysteme in Kaiserslautern.

Für seine Arbeiten zur Systemmodellierung wurde er 1994 mit dem Leibniz Preis, dem höchsten deutschen Wissenschaftspreis, ausgezeichnet. Er ist Mitglied in der Europäischen Akademie der Wissenschaften und der Deutschen Akademie der Naturforscher Leopoldina. 2007 erhielt er für seine herausragenden Verdienste in Forschung, Lehre und Technologietransfer auf dem Gebiet des Software und Systems Engineering die Konrad-Zuse-Medaille, die höchste Auszeichnung für Informatik im deutschsprachigen Raum. Manfred Broy war einer der ersten, der die Notwendigkeit der Öffnung der Informatik in Deutschland stärker hin zu den technischen Anwendungen, insbesondere den eingebetteten Systemen, erkannte. Dass zum Beispiel Automotive Software Engineering zu einem auch vom Auto- und Maschinenbau anerkannten wissenschaftlichen Gebiet innerhalb der Informatik wurde, ist ganz wesentlich seiner Arbeit zu verdanken.

Seit vielen Jahren arbeitet Prof. Broy als wissenschaftlicher Berater unter anderem für die Firmen Siemens Business Services, Siemens, Daimler Chrysler, IABG, ESG, CA, BMW, Allianz, Bosch und Digital. Das Leitthema seiner Forschungsarbeiten ist die Beherrschung der Beschreibung und Entwicklung komplexer Themen durch den Einsatz wohldurchdachter Prozesse, langlebiger flexibler Softwarearchitekturen und moderner Werkzeuge auf Basis mathematischer und logischer Methoden.

Publikationen (Auszug):

> Manfred Broy: The ‚Grand Challenge' in Informatics: Engineering Software-Intensive Systems. IEEE Computer, Oktober 2006, 72–80

> Manfred Broy, Ingolf H. Krüger, and Michael Meisinger (Eds.), *Model-Driven Development of Reliable Automotive Services,* Lecture Notes in Computer Science, number 4922, Springer, Heidelberg, 2008

> Manfred Broy, Martin Feilkas, Johannes Grünbauer, Alexander Gruler, Alexander Harhurin, Judith Hartmann, Birgit Penzenstadler, Bernhard Schätz, Doris Wild, *Umfassendes Architekturmodell für das Engineering eingebetteter Software-intensiver Systeme*, Technical Report, number TUM-I0816, Technische Universität München, 2008

> Manfred Broy, María Victoria Cengarle, Bernhard Rumpe, *Semantics of UML, Towards a System Model for UML, Part 2: The Control Model,* Technical Report, Technische Universität München, 2007

> Manfred Broy, Marco Kuhrmann, *Das V-Modell XT – Stand und Zukunft des IT-Standards,* In *eGovernment Kompendium 2007, Referenzbuch für den Öffentlichen Sektor,* pp. 34–36, Vogel IT-Medien GmbH, 2006

35.1
Kernkompetenzen und Ziele

Forschung und Lehre des Lehrstuhls für Software & Systems Engineering adressieren zentrale Themen der Software-, Embedded Software- und Systementwicklung. Diese umfassen Grundlagen, Methoden, Prozesse, Modelle, Beschreibungstechniken und Werkzeuge.

Forschungsschwerpunkte sind die Entwicklung sicherheitskritischer eingebetteter Systeme, mobile und kontextadaptive Softwaresysteme und Entwicklungsmethoden für leistungsfähige, industriell einsetzbare Softwaresysteme sowie Fragen der Softwarequalität. Unterstützt wird dies durch zahlreiche forschungsrelevante Werkzeuge. Forschungen etwa im Bereich der Theorembeweiser zielen auf die Grundlagen der Softwaretechnik.

Die Ergebnisse und Arbeiten des Lehrstuhls haben sich in zahlreichen industriellen Kooperationen bewährt. Sie werden in Telekommunikation, Avionik, Automobilbau, Bankwesen und bei betrieblichen Informationssystemen erfolgreich eingesetzt. Der Lehrstuhl ist in eine umfangreiche Reihe von grundlegenden und anwendungsbezogenen Forschungsprojekten eingebunden. Daneben leistet er auch gezielte Beratung von Unternehmen, entwickelt Prototypen und Demonstratoren.

In Zusammenhang mit PLM ist der Lehrstuhl auf der systemischen Seite der Produktentstehung beteiligt. Für Prof. Broy bringt der Begriff Mechatronik, als einer der Ausdrücke für die Andersartigkeit heute entwickelter Produkte, nicht wirklich zum Ausdruck, welche Revolution sich in der Industrie abspielt. Die Software und ihr Einfluss auf die Produkte und auf die Werkzeuge zu ihrer Entwicklung und Fertigung, also die Digitalisierung der Industrie, ist entscheidend. Software kommt aber im Begriff Mechatronik gar nicht vor. Prof. Broy arbeitet dafür, dass die TU München sich an die Spitze dieser Entwicklung stellt und aktiv auf das sich dramatisch ändernde Verhältnis der Ingenieurdisziplinen einwirkt.

Hier hat die Informatik dem Thema PLM viel zu bieten. Der Lehrstuhl hat langjährige Erfahrung in Requirements Engineering und Systems Engineering. Prof. Broy ist davon überzeugt, dass der gesamte Produktentstehungsprozess sich wesentlich stärker als bisher an die Methoden des Software Engineerings annähern muss. Je größer die Rolle der Software im Produkte, desto wichtiger wird die Frage der Produktarchitektur.

War in der reinen Mechanik das Entscheidende, die Produkte so zu gestalten, dass sie gut gefertigt und zusammengebaut werden konnten, trifft dies für moderne Produkte immer weniger den Kern. Wo große Wirkungen einer Komponente auf eine andere gänzlich ohne Berührung und ohne mechanischen Auslöser erzielt wird, ist die Integration aller Komponenten in das Gesamtprodukt entscheidend, nicht ihr physischer Zusammenhalt.

Heute ist, so sieht es Prof. Broy, bei Informatikern nur zum Teil lebhaftes Interesse am Produkt als Endergebnis des Software Engineerings anzutreffen. Aber die Einsicht in die Notwendigkeit interdisziplinärer Zusammenarbeit und besserer Abstimmung ist hier schon etwas weiter verbreitet als beispielsweise im klassischen Maschinenbau.

Auch bezüglich der Informationstechnik, die als Werkzeug im Produktentstehungsprozess zum Einsatz kommt, also bezüglich der Engineering IT, sind bei weitem nicht alle vorhandenen technischen Möglichkeiten ausgeschöpft.

In diesen beiden Punkten – der IT als Werkzeug im Produktentstehungsprozess und der IT als Teil der modernen Produkte – sieht Prof. Broy die wichtigsten Anknüpfungspunkte für die notwendige Zusammenarbeit zwischen Informatik und Maschinenbau.

Entsprechend gehen die Ziele des Lehrstuhls in zwei Hauptrichtungen. Auf der einen Seite wird der Kern der Informatik, ihre Grundlagen, Prozesse, Methoden und Werkzeuge weiter entwickelt und auch außerhalb der Universität vertreten. Auf der anderen Seite hat der Lehrstuhl den Anspruch, dazu beizutragen, dass die Informatik in der industriellen Anwendung ihrer Rolle gerecht wird. Deshalb beteiligt sich die Mannschaft von Prof. Broy intensiv an industriellen Entwicklungen und Forschungsprojekten wie in der Robotik, der Automatisierungstechnik, Embedded Systemen, der Bio-Informatik, der Energie- oder Medizintechnik.

35.2
Schwerpunkte der Lehre im Umfeld PLM

Lehrinhalte sind am Institut für Informatik der TUM neben der klassischen Informatik auch die Wirtschaftsinformatik und Bio-Informatik. Im Rahmen des Elitenetzwerks Bayern beteiligt sich der Lehrstuhl auch an einem Master-Studiengang Software Engineering. Die Studierenden können sich Inhalte ihres Studiums aus dem Angebot des Lehrstuhls sowie dem der Ludwig-Maximilians-Universität (LMU) München und der Universität Augsburg zusammenstellen.

1 Einführung in die Informatik 1
   Teilnehmer verstehen die wesentlichen Konzepte der Informatik auf einem grundlegenden, nicht zu tiefgehenden, jedoch wissenschaftlichen Niveau. Sie können in Java überschaubare algorithmische Probleme lösen und einfache Anwendungen programmieren. Sie verstehen die den Programmiersprachen zugrundeliegenden Konzepte und Modelle und sind in der Lage, andere zuweisungsorientierte, objektorientierte und funktionale Programmiersprachen eigenständig zu erlernen.

2 Software Architekturen
   Die Qualität der Software-Architektur ist einer der entscheidenden Erfolgsfaktoren bei der Entwicklung eines großen Systems. Ein guter Software-Architekt spielt deshalb eine zentrale Rolle in jedem anspruchsvollen Projekt: Er hat die Gesamtübersicht über das System und gibt den Rahmen für die Implementierung vor. Um hier erfolgreich zu sein, benötigen Software-Architekten ein fundiertes und umfassendes Entwurfswissen, das über die reine Programmierung und einzelne Spezialgebiete hinausgeht. Die Vorlesung vermittelt den Teilnehmern die grundlegenden Kenntnisse, die ein erfolgreicher Software-Architekt benötigt. Anhand einer Reihe von praxisnahen Beispielen zeigt sie, wie sich große Systeme in Komponenten zerlegen lassen und welche Beziehungen es zwischen diesen gibt. Weiterhin gibt sie Antworten zu essenziellen Fragen im Umfeld der Software-Architektur, wie beispielsweise: Wie gestaltet sich der Entwurfsprozess? Welche Methoden und Beschreibungstechniken sind geeignet? Welche erprobten Lösungen gibt es für technische Aspekte wie Transaktionsverwaltung oder Persistenz?

Abschlussarbeiten und Dissertationen (Auszug):

> Marco Kuhrmann, *Konstruktion modularer Vorgehensmodelle*
> Technische Universität München, Dissertation 2008
> M. Spichkova, *Specification and Seamless Verification of Embedded Real-Time System, FOCUS on Isabelle*, Dissertation 2007
> Norbert Diernhofer, *IT-Dienstmodellierung*, Technische Universität München, Dissertation 2007
> Andreas Rausch, Marc Sihling, Marco Kuhrmann, *Erste Schritte mit dem neuen Standard V-Modell XT*, Veröffentlichung 2005
> Martin Rappl, *Entwurfsorientierte Modellierung eingebetteter Systeme*, Logos Verlag Berlin, Dissertation 2004

35.3
Schwerpunkte der Forschung im Umfeld PLM

Prof. Broy gehört zu den Pionieren der Informatik in Deutschland. Sein Lehrstuhl hat insgesamt zwölf Kompetenzzentren, die sich jeweils mit einem besonderen Forschungsschwerpunkt befassen und dazu Projekte durchführen. Sie entsprechen den im Abschnitt Kernkompetenzen genannten Themenfeldern.

Wissenschaftler um Prof. Broy und an der TU Kaiserslautern entwickelten gemeinsam mit den Industriepartnern EADS, IABG, Siemens und 4Soft den Entwicklungsstandard V-Modell XT, der 2005 als neuer Entwicklungsstandard für IT-Systeme des Bundes in der TU München vorgestellt wurde. Das V-Modell XT ist in Behörden und vielen Unternehmen eine Richtschnur für die Organisation und Durchführung von IT-Vorhaben. Forscher und Industriepartner konzipierten das 1997 letztmalig aktualisierte V-Modell neu. Die Aspekte der Entwicklung langlebiger und verteilter Softwaresysteme wurden deutlich verbessert. Außerdem achteten die Wissenschaftler bei der Konzeption des V-Modells XT besonders auf eine durchgehende Werkzeugunterstützung. So erhalten die Nutzer des V-Modells XT dank dieser Open-Source-Werkzeuge je nach Projekt ein maßgeschneidertes Vorgehensmodell. Durch die Werkzeuge wird die Anwendung des V-Modell XT substanziell vereinfacht, so dass es auch bereits für kleine und mittlere Projekte eingesetzt werden kann.

Ein typisches Beispiel für die Forschungsaktivitäten des Lehrstuhls ist die Innovationsallianz *Software-Plattform Embedded Systeme 2020* (SPES), für die das Bundesministerium für Wissenschaft und Forschung (BMBF) im September 2008 die Förderung durch den Bund mit 23 Millionen Euro für die kommenden drei Jahre zugesagt hat. Bei der Innovationsallianz handelt es sich um ein groß angelegtes, bundesweites F&E-Verbundprojekt unter Federführung der BICC-Clustersprecher Reinhold E. Achatz (Siemens) und Professor Broy, an dem acht weitere Institute und Forschungseinrichtungen und bis zu zehn Unternehmen beteiligt sind. Die Innovationsallianz im Bereich der eingebetteten Systeme geht auf die Initiative von BICC-NET aus dem Jahr 2007 zurück, 38 Unternehmen und wissenschaftliche Einrichtungen an der Hochtechnologieachse

München-Ingolstadt-Nürnberg zu einem Spitzencluster-Konsortium zusammenzubringen. Weitere Folgeaktivitäten entwickelten sich daraus: BICC-NET und Bayern sind präferierte Partner für weitere europäische Cluster und Spitzenverbände im Bereich der eingebetteten Systeme.

Weitere Beispiele für laufende Projekte:
Das Projekt VEIA (Verteilte Entwicklung und Integration von Automotive-Produktlinien) hat das Ziel, auf der Grundlage der Konzepte der Produktlinientechnik eine Methode für die verteilte Entwicklung und Integration von Automotive-Systemen zu erarbeiten, die sich an den konkreten Anforderungen industrieller Entwicklungsprozesse orientiert und praktisch anwendbar ist. Die Produktlinientechnik wird in der Automobilindustrie zur effizienten Produktion hoch individualisierter Fahrzeuge verwendet. Die wesentliche Idee besteht darin, eine stets gleich bleibende Plattform zu entwickeln, auf der durch den Einsatz unterschiedlicher Komponenten individuelle Produkte wie in einem Baukastensystem zusammengestellt werden können. Mit einer flexiblen Systematisierung der Anforderungen, einer auf Variabilität ausgerichteten Referenzarchitektur und wiederverwendbaren Softwarekomponenten ist dieser Ansatz auch auf die Entwicklung von Softwaresystemen übertragen worden.

Ziel des REMsES-Projekts ist die Erarbeitung eines validierten, praxistauglichen Leitfadens für ein systematisches *Requirements-Engineering und Management (REM) Eingebetteter Systeme* insbesondere im Automobilbereich auf Basis eines differenzierten Artefaktmodells. Die Strukturierung der relevanten Informationen erfolgt über mehrere Abstraktionsebenen, die auf die Anwendungsdomäne angepasst sind.

Das BMBF-geförderte Projekt QuaMoCo entwickelt einen direkt in der Praxis anwendbaren Qualitätsstandard, mit dem Softwarequalität objektiv definiert, überprüft

Abb. 35.1 Die Partner im Forschungsprojekt QuaMoCo (Quelle: Lehrstuhl für Informatik IV der TUM)

und damit dauerhaft sichergestellt werden kann. Sowohl für die wirksame Steuerung der Wirtschaftlichkeit von Software-Systemen, als auch für den Nachweis der Leistungsfähigkeit von Software-Produkten, ist eine objektive Bewertung der Qualität von Software essentiell.

Ein Konsortium aus führenden deutschen Industrieunternehmen, renommierten Forschungseinrichtungen und einem Kleinunternehmen hat sich deshalb zum Ziel gesetzt, im Rahmen des Technologieverbundes QuaMoCo einen umfassenden und praktikablen Software-Qualitätsstandard für Deutschland zu erarbeiten. Der entwickelte Qualitätsstandard wird von den industriellen Projektpartnern in den eigenen Unternehmen sowie in Beratungsprojekten angewandt und über ein Web-Portal einer breiten Öffentlichkeit zur Verfügung gestellt.

35.4
Kooperationen und Initiativen

Der Lehrstuhl beteiligt sich an zahlreichen Kooperationen im In- und Ausland. Vom Lehrstuhl werden den Studenten neben Vorlesungen und Übungen zusätzliche Veranstaltungen geboten. Die Arbeitsgemeinschaft Methoden des Software und Systems Engineerings beispielsweise bildet den Rahmen für Vorträge von Gästen des Lehrstuhls, sowie für Vorträge von Studenten über ihre abgeschlossenen Diplom-, Bachelor- und Masterarbeiten und Systementwicklungsprojekte. Ein anderes Beispiel: Im Rahmen des Lehrstuhlseminars Perlen der Informatik werden kurze Vorträge über verschiedene interessante Themengebiete aus der Informatik und anderen Disziplinen gehalten. Vorrangiges Ziel dieser Vorträge ist ein grober Überblick über die angegebenen Themen und erst in zweiter Linie die Präsentation spezialisierter Inhalte.

Zur Weiterbildung der Softwareingenieure in der Industrie bietet der Lehrstuhl Beratungs- und Coaching-Projekte, in denen die Methoden und Prozesse des Software-Engineerings in der Praxis vorgestellt und geübt werden. Daraus ergeben sich dann unter Umständen wieder neue Themen für Seminare und Lehrveranstaltungen, zu denen auch Industrie-Praktiker eingeladen werden.

Seit dem Wintersemester 2007/2008 läuft das Programm *Schueler.In.TUM*, ein Informatik-Frühstudium für begabte Schülerinnen und Schüler, über das sich Interessierte über das gleichnamige Portal informieren können. Das Programm, das für die teilnehmenden Schülerinnen und Schüler kostenfrei ist, lässt sich mit dem Schulalltag gut vereinbaren: die zu besuchenden Vorlesungen und Praktika finden am Nachmittag statt. Die erworbenen Credit Points werden bei einem späteren Studium anerkannt und die Studiendauer kann dadurch verkürzt werden. Die Schülerinnen und Schüler sind zwischen 15 und 18 Jahre alt und verbringen zwei bis drei Nachmittage an der TU München. Im Wintersemester 2007/2008 haben sie eine vierstündige Vorlesung Einführung in die Informatik I sowie ein dreistündiges Praktikum Grundlagen der Programmierung besucht. Alle Schüler haben das erste Semester erfolgreich absolviert und dafür insgesamt 12 ECTS Punkte erhalten.

35.5
Visionen

Lehre

Es wird einen neuen Master-Studiengang der Richtung Automotive Software Engineering geben. Das Software-Engineering in der Automobilindustrie hat diese Notwendigkeit deutlich werden lassen. Im Übrigen muss sich das Fachgebiet Informatik in zwei Richtungen aufteilen. Ähnlich wie dies in der Physik geschehen ist. Dann wird es die Grundlagen-Informatik geben, wo der Kern wissenschaftlicher Informatik gelehrt wird. Und es wird eine angewandte Informatik geben, die die Rolle der IT als Werkzeug in der Anwendung vermittelt. Diese unterschiedliche Wertigkeit von wissenschaftlicher Erkenntnis und ihrer praktischen Anwendung kommt heute nicht ausreichend zum Tragen.

Auch in Hinsicht auf interdisziplinäre Zusammenarbeit der verschiedenen Ingenieurfachrichtungen muss es eine Verbesserung geben. Schon während des Studiums sollten die Studenten die Möglichkeit haben, diese Zusammenarbeit praktisch zu erfahren und zu erlernen. Die heutigen Fakultätsgrenzen entsprechen nicht mehr dem Stand der Entwicklungsprozesse.

Forschung

Viel zu stark wurde für PLM in der Vergangenheit das Thema Datenhaltung in den Vordergrund gerückt. Um aber vom Anforderungsmanagement über einen geeigneten Workflow zu einer effizienten Rückverfolgung der Ergebnisse interdisziplinärer Produktentwicklung zu kommen, ist eine andere Architektur von IT erforderlich. Hier ist die Forschung gefordert, die alle Disziplinen einbeziehen und berücksichtigen muss.

PLM

PLM muss als umfassendes Lösungskonzept für den gesamten Produkt-Lebenszyklus verstanden werden. Damit brauchen entsprechende Systeme zum einen eine Funktionalität, die über die frühen Phasen des Requirements Engineerings bis hin zu Themen der Wartung und Stilllegung von Systemen geht. Dabei sind die einzelnen Prozessschritte im Produkt-Lebenszyklus direkt in den PLM Werkzeugen zu berücksichtigen.

Ein besonderer Schwerpunkt muss auf Themen des virtuellen Engineerings der verteilten Entwicklung und des Concurrent Engineerings gelegt werden.

Entscheidend ist die Frage, wie sich die Inhalte eines PLM in den einzelnen Schritten und den eingesetzten Methoden widerspiegeln, und wie auf diese Art und Weise erreicht werden kann, dass PLM in Form eines Werkzeuges das Rückgrat für den gesamten Produkt-Lebenszyklus darstellt.

Unternehmensdaten

> Lehrstuhl für Produktentwicklung an der Technischen Universität München

> 1965 gegründet als Lehrstuhl für Konstruktion an der Fakultät für Maschinenbau der Technischen Universität München (TUM)

> 1999 umbenannt in Lehrstuhl für Produktentwicklung

> Lehrstuhlinhaber: **Prof. Dr.-Ing. Udo Lindemann**

> Extraordinariat Fachgebiet

> Virtuelle Produktentwicklung: **Prof. Dr. Kristina Shea**

> Wissenschaftliche Mitarbeiter: ca. 30
> Technische Angestellte: 6
> Studentische Mitarbeiter: 50–60
> Studenten:
> Grundstudium 1.200
> Hauptstudium 1.000

> Homepage: http://www.pe.mw.tum.de/

Prof. Dr.-Ing. Udo Lindemann, Jahrgang 1948, hat an der Universität Hannover Maschinenbau mit der Vertiefung Thermische Verfahrenstechnik studiert. Ab 1974 arbeitete er als wissenschaftlicher Assistent am Institut für Maschinenelemente und hydraulische Strömungsmaschinen der Universität Hannover unter Prof. Dr.-Ing. K. Ehrlenspiel. Nachdem Prof. Dr.-Ing. K. Ehrlenspiel zum 1. September 1976 einen Ruf an die Technische Universität München als Leiter des Lehrstuhls für Produktentwicklung (damals noch Lehrstuhl für Konstruktionstechnik) angenommen hatte, folgte er seinem Doktorvater nach München und promovierte 1979 über die *Systemtechnische*

Betrachtung des Konstruktionsprozesses unter besonderer Berücksichtigung der Herstellkostenbeeinflussung beim Festlegen der Gestalt. Anschließend war er in leitenden Positionen in den Bereichen Konstruktionstechnik, Produktentwicklung, sowie Regel- und Prüfsysteme bei der Renk AG in Augsburg tätig. 1992 wurde er zum Vorsitzenden der MAN Miller Druckmaschinen GmbH mit Ressortverantwortung für Produktion, Logistik, Qualität, Service, Personal und Werksplanung bestellt. Bei der Muttergesellschaft MAN Roland AG gehörte die Produktverantwortung für kleinere Bogendruckmaschinen zu seinem Aufgabengebiet.

Abb. 35.1 Das Team um Prof. Lindemann und Prof. Shea an der TUM (Quelle: Lehrstuhl für Produktentwicklung TUM)

Neben den beruflichen Aktivitäten engagierte sich Prof. Lindemann intensiv in der Wissenschaftlichen Gesellschaft für Maschinenelemente, Konstruktionstechnik und Produktentwicklung e.V. (WGMK), in Kostenanalyse-Arbeitskreisen im VDMA, als Vertreter der *VDI Gesellschaft Entwicklung Konstruktion Vertrieb (EKV)* im VDI-Gemeinschaftsausschuss Industrielle Systemtechnik (GIS) sowie im VDI-Ausschuss Methodisches Konstruieren. Hinzu kamen Obmann-Funktionen des VDI-Bezirksvereins Augsburg und der DIN-NSM AA4 CAD-Normteildatei. Er ist Gründungsmitglied und seit 2007 President der *Design Society*, seit 1995 Mitglied und derzeit stellvertretender Vorsitzender des Berliner Kreis. 1995 hat Prof. Lindemann als Nachfolger von Prof. Ehrlenspiel die Leitung des Lehrstuhls für Produktentwicklung an der Technischen Universität München übernommen.

2005 wurde Frau Prof. Dr. Kristina Shea auf ein Extraordinariat an seinen Lehrstuhl berufen, das sich schwerpunktmäßig mit dem Thema Virtuelle Produktentwicklung befasst. Sie absolvierte ihr Studium an der Carnegie Mellon University, wo sie auch ihren PhD machte. Es folgten Arbeits- und Forschungsaufenthalte an der École Polytechnique Fédérale Lausanne, dem Engineering Design Center der University of Cambridge und bei der Firma Arup Research and Development in Großbritannien. Ihre Forschungsarbeit auf dem Gebiet der rechnerbasierten Modelle und Werkzeuge zur Produktentwicklung konzentriert sich auf die Unterstützung in frühen Entwicklungsphasen, Produktsynthese sowie die Automatisierung und Optimierung von Konstruktion und Fertigung.

Publikationen (Auszug):

> Klaus Ehrlenspiel, Udo Lindemann, Alfons Kiewert, *Cost-Efficient Design,* Springer-Verlag, 2006
> Ralf Reichwald, Udo Lindemann, Michael F. Zäh, *Individualisierter Produkte,* VDI-Buch, Springer-Verlag, 2006
> Udo Lindemann, *Methodische Entwicklung technischer Produkte,* VDI-Buch, Springer-Verlag, 2007
> Klaus Ehrlenspiel, Udo Lindemann, Alfons Kiewert, *Kostengünstig Entwickeln und Konstruieren,* VDI-Buch, Springer-Verlag, 2007
> Josef Ponn, Udo Lindemann, *Konzeptentwicklung und Gestaltung technischer Produkte*, VDI-Buch, Springer Verlag, 2008
> Udo Lindemann, Maik Maurer, Thomas Braun, *Structural Complexity Management*, Springer Verlag, 2009

Abb. 35.2 Der Lehrstuhl für Produktentwicklung in der Fakultät für Maschinenwesen an der TUM (Quelle: Lehrstuhl für Produktentwicklung TUM)

36.1
Kernkompetenzen und Ziele

Die Entwicklung wettbewerbsfähiger Produkte und die Optimierung von Produktentwicklungsprozessen hinsichtlich Zeit, Qualität, Kosten und Flexibilität sind zentrale Themen der Forschung und Ausbildung am Lehrstuhl für Produktentwicklung der TU München. Der Lehrstuhl gewährleistet den Studenten eine praxisnahe Ausbildung auf hohem wissenschaftlichem Niveau, die sie auf ihre Aufgaben in industrieller Praxis und Forschung vorbereitet. Unabhängig von spezifischen Produkten erarbeitet, erprobt und vermittelt der Lehrstuhl grundlegende Strategien, Methoden und Werkzeuge für die Planung, Durchführung und Kontrolle von Produktentwicklungsprozessen. Zentrale Elemente sind Fragen der Innovation, der Qualität und der Produktkosten.

Einerseits erfolgen sowohl die Forschungsarbeiten als auch die Ausbildung der Studenten in engem Kontakt mit Partnern aus der Industrie anhand konkreter Produktbeispiele. Andererseits bildet die Grundlagenforschung eine notwendige und wesentliche Basis.

Der Lehrstuhl zeichnet sich durch ein weitreichendes Lehrangebot aus, gekennzeichnet durch einen Fokus auf aktuelle wie auch zukunftsorientierte Belange der Industrie. So werden in Vorlesungen, Übungen und Praktika verschiedenste Themengebiete systematischer Produktentwicklung behandelt. Neben der Vermittlung von Grundlagen der Produktentwicklung können sich Studierende in verschiedene Facetten des Entwicklungsprozesses vertiefen und dabei hinsichtlich einzusetzender Arbeitsmethoden und Vorgehensweisen weiterbilden. Ein großes Angebot an entsprechenden Studienarbeiten wird ergänzt durch verschiedene vom Lehrstuhl angebotene Seminare, in deren Rahmen ebenfalls Studienleistungen erbracht werden können.

Das Ziel der Forschung ist die Entwicklung und Anpassung von Prozessen, Methoden und Werkzeugen der Produktentwicklung, die den Menschen bei der effizienten Entwicklung innovativer, kostengünstiger und qualitativ hochwertiger Produkte unterstützen. Um anwendungsorientierte Ergebnisse zu erreichen, arbeitet der Lehrstuhl interdisziplinär mit der industriellen Forschung und anderen Forschungsinstituten zusammen.

36.2
Schwerpunkte der Lehre im Umfeld PLM

1 Entwicklungsmanagement
   Die Vorlesung Entwicklungsmanagement spricht wichtige Fragen der Leitung und Gestaltung von Prozessen und Abteilungen beziehungsweise Bereichen der Produktentwicklung an. Themen sind die strategische Produktplanung und das Innovationsmanagement zur Schaffung erfolgreicher neuer Produkte, das Varianten- und Änderungsmanagement sowie die Planung des Ressourceneinsatzes bei der Umsetzung, die Organisation der Entwicklungsprozesse zur Erreichung der Zeit-, Kosten- und Qualitätsziele unter Beachtung der langfristigen Aspekte des Wissensmanagements.

2 Grundlagen der Entwicklung und Konstruktion
   Ziel dieser Veranstaltung im Grundstudium ist die Vermittlung von Grundlagen der Entwicklung und Konstruktion von Produkten wie Maschinen, Fahrzeugen und Anlagen; Produktentwicklung und Konstruktion im Unternehmen; Produkt als System beschrieben durch Prozess, Funktionen und Bauteile; Maschinensystematik, Funktion, Festigkeit, Fertigung und Montage; Vorgehensweisen im Konstruktions- und Entwicklungsprozess; Produktkosten.

3 Komplexitätsmanagement für die industrielle Praxis
Die Beherrschung der Komplexität ist die wesentliche Herausforderung für den Erfolg technischer Entwicklungen. Die Vorlesung vermittelt den Umgang mit komplexen Systemen und gibt Methoden und praktische Vorgehensweisen durch Theorie und fallbezogene Übungen an die Hand. Mit dem Besuch der Vorlesung werden Ingenieure in schwierig zu überschauenden Arbeitsfeldern handlungsfähig und können ihr technisches Know-how zielgerichtet zur Umsetzung optimaler Produktlösungen einsetzen. Die Vorlesung kann als Vertiefungsfach in dem Fachmodul beziehungsweise Studienschwerpunkt Systematische Produktentwicklung sowie in ausgewählten Bachelor- und Master-Studiengängen belegt werden.

4 Qualitätsmanagement
Die Vorlesung erläutert Qualitätsmanagement- und Qualitätssicherungsaufgaben anhand der Phasen des Produkt-Lebenszyklus, indem sie ein konkretes Produkt über Produktplanung, Produktentwicklung und -konstruktion, Produktionsvorbereitung und Produktion bis zur Betreuung nach Produkterstellung unter Qualitätsgesichtspunkten begleitet. Daneben bietet die Veranstaltung einen fundierten Einblick in Theorie und Praxis von Qualitätsmanagementsystemen, in arbeitswissenschaftliche, wirtschaftliche und rechtliche Aspekte sowie eine Übersicht über einschlägige Normen. Eine Übung und Industrievorträge runden die Vorlesung ab. Hier ist der Lehrstuhl mit entwicklungsrelevanten Teilen beteiligt.

5 Methoden der Produktentwicklung
Ziel ist die Vermittlung grundlegender Arbeits- und Problemlösungsmethoden zur erfolgreichen Entwicklung von Produkten. Aufbauend auf Basismethoden werden excmplarisch wichtige industriell angewandte Methoden vermittelt. Ausgehend von den Gedanken des Systems Engineering liegen die Schwerpunkte des Fachs auf Methoden zur Aufgabenklärung, zur Lösungsfindung sowie zur Bewertung von Alternativen und der Auswahl von Lösungen. Ergänzend dazu werden Methoden zur effektiven und effizienten Steuerung von Entwicklungsprozessen vermittelt.

6 Kostenmanagement in der Produktentwicklung
Basierend auf dem Vorgehen des Target Costing werden Methoden der Kostenzielermittlung und -spaltung sowie der Kostenverfolgung vermittelt. Dazu notwendige Grundlagen der Betriebswirtschaftslehre sowie Gesetzmäßigkeiten der Produktkosten sind wichtige Elemente der Veranstaltung. Hinweise zum Erkennen und Realisieren von Kostensenkungspotenzialen am Produkt und im Produkterstellungsprozess werden vermittelt. An zwei Terminen werden in Gruppen unter Betreuung von Lehrstuhlmitarbeitern die gelehrte Methodik und das Kostenschätzen an konkreten Industriebeispielen geübt.

7 Produktentwicklung und Konstruktion
Ziel ist die systematische Entwicklung innovativer Produkte. Der Weg von der Produktidee über die Erarbeitung eines Konzeptes bis hin zu seiner Realisierung unter Beachtung des gesamten Lebenszyklus steht dabei im Mittelpunkt. Eine wichtige Rolle spielt die situative Steuerung des Entwicklungsprozesses durch geeignete Strategien. Notwendige Basis für Entwicklung und Konstruktion ist aufbereitetes Wissen wie zum Beispiel Design to X, der gezielte Umgang mit Varianten sowie rechtliche Rahmenbedingungen.

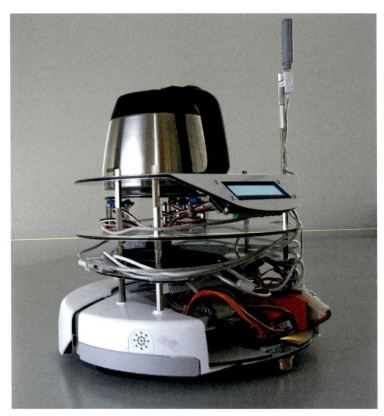

Abb. 35.3   Robot1, am Institut entwickelter Roboter, der selbstständig Kaffee ausschenkt (Quelle: Lehrstuhl für Produktentwicklung TUM)

8 Ringvorlesung Bionik

Natürliche Lösungen zu analysieren und auf ihre Übertragbarkeit in die Technik hin zu überprüfen, ist der Ansatz der Bionik. Dabei geht es aber nicht nur darum, Ideen aus der Natur zu kopieren und in technische Versionen zu überführen. Bionische Forschung muss die biologischen Objekte zuerst verstehen – das heißt, durch Grundlagenforschung die relevanten Aspekte in ihren natürlichen Randbedingungen analysieren und in die Sprache der Physik und der Mathematik übersetzen. Erst mittels dieser formalen Beschreibungsebene ist es möglich, das Prinzip des biologischen Systems in die Technik zu übertragen.

Im Rahmen der Ringvorlesung Bionik, bei welcher es sich um eine fakultätsübergreifende Veranstaltungsreihe handelt, werden disziplinspezifische und disziplinübergreifende Perspektiven vermittelt. Neben zahlreichen innovativen Praxisbeispielen bionischer Produkte stehen die Vermittlung aktueller Erkenntnisse aus der ingenieur- und naturwissenschaftlichen Forschung sowie das systematische Vorgehen in bionischen Entwicklungsprojekten im Mittelpunkt.

9 Computer Aided Product Development
This lecture focuses on providing an overview of the fundamental concepts that form the basis of Computer-Aided Product Development (CAPD). The lecture discusses the drivers and enablers for CAPD, how fundamental concepts relate to the current range of CAx software tools and supporting hardware, how CAx tools are integrated within and used to support product development processes, what are the current limitations and challenges in the area, and finally how CAPD will develop in the future. Fundamental concepts will be illustrated through current examples, including lectures given by experts from industry. An emphasis is placed on providing students with a solid understanding of the field that contains long lasting knowledge. Specific lecture topics include: geometric modelling, product modelling, visualization and interaction, integrated, distributed and collaborative systems, information systems, simulation, rapid prototyping, knowledge systems, and computational optimization.

10 PDM und Engineering Informationssysteme
Die Vorlesung PDM und EIS bietet einen praxisorientierten und fundierten Einstieg in die Thematik. Neben einer Einführung in den Produktentstehungsprozess im Unternehmen, in Aufgaben und Ziele der Planung und Steuerung der Produktentwicklungsprozesse sowie deren Unterstützung durch moderne IT-Konzepte, bilden die Komponenten Produktstrukturverwaltung, Dokumentenmanagement und Workflow-Management einen Schwerpunkt. Darüber hinaus wird die komplexe Einführung und ständige Anpassung derartiger Systeme im Unternehmen behandelt. Ein Ausblick auf zukünftige Entwicklungen und Trends in der industriellen Praxis im Bereich Produktdaten-Management runden die Vorlesung ab.

Ergänzend gibt es zahlreiche Vertiefungsmöglichkeiten zu den angesprochenen Themen über Hochschulpraktika, Seminare und Projektarbeiten.

Dissertationen (Auszug):

> Baumberger, GC (2007). Methoden zur kundenspezifischen Produktdefinition bei individualisierten Produkten
> Felgen, L (2007). Systemorientierte Qualitätssicherung für mechatronische Produkte
> Grieb, JC (2007). Auswahl von Werkzeugen und Methoden für verteilte Produktentwicklungsprozesse
> Herfeld, U (2007). Matrix-basierte Verknüpfung von Komponenten und Funktionen zur Integration von Konstruktion und numerischer Simulation
> Keijzer, WC (2007). Wandlungsfähigkeit von Entwicklungsnetzwerken ein Modell am Beispiel der Automobilindustrie
> Maurer, MS (2007). Structural Awareness in Complex Product Design
> Ponn, JC (2007). Situative Unterstützung der methodischen Konzeptentwicklung technischer Produkte
> Renner, I (2007). Methodische Unterstützung funktionorientierter Baukastenentwicklung am Beispiel Automobil

36

36.3
Schwerpunkte der Forschung im Umfeld PLM

Der Lehrstuhl hat den Schwerpunkt seiner Forschung in einem Dreieck von Prozessen, Werkzeugen und Methoden für die innovative Produktentwicklung, und im Zentrum des Dreiecks steht der Mensch, nämlich der Produktentwickler, aber auch der Kunde oder Partner. Daraus ergeben sich vier zentrale Forschungsfelder: Menschen, Prozesse, Methoden, Werkzeuge, die sich vielfältig überlappen, und in denen zahlreiche Projekte durchgeführt werden. Grundsätzlich zielt die Beteiligung des Lehrstuhls an Forschungsvorhaben auf die Entwicklung und Einführung von Strategien und Methoden, auf Organisation und Optimierung von Entwicklungsprozessen, auf die Generierung von Innovation, auf Wissensmanagement und Kommunikation, Komplexitätsbeherrschung, Produkt- und Prozesskostenmanagement. Einige aus sehr zahlreichen Projekten zeigen die Umsetzung dieser Schwerpunkte in der Forschungspraxis.

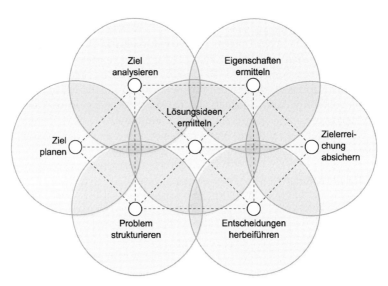

Abb. 35.4   Das Münchner Vorgehensmodell (MVM) (Quelle: Lehrstuhl für Produktentwicklung TUM)

Ziel des Verbundprojektes AKINET (*Aktive Kundeneinbindung in Innovationsnetzwerke*) unter Leitung des Lehrstuhls von Prof. Lindemann ist die Entwicklung neuer Methoden und Ansätze für Innovationsprozesse, die systematisch eine frühzeitige, aktive Kundeneinbindung in die Generierung von Ideen und Konzepten ermöglichen und somit das bislang weitgehend ungenutzte Potenzial an Kundenideen erschließen. Damit die zu entwickelnden innovativen Methoden auch in der Produktentwicklungs-Praxis, insbesondere für KMU, tauglich sind und akzeptiert werden, ist es auch Ziel des Verbundvorhabens, frühzeitig Industrieexperten – als potenzielle spätere Anwender oder Kunden der Forschungsergebnisse – in die Entwicklung der neuen Methoden und Ansätze einzubinden. Da derartige Prozessinnovation wesentlich schwerer zu kopieren ist als Produktinnovation, verspricht das Forschungsergebnis für die Praxis nicht nur eine Steigerung der Ideenqualität, sondern auch eine nachhaltigere, globale Wettbewerbsfähigkeit der deutschen Maschinenbaubranche.

Die TU München analysiert in diesem Projekt die Struktur und Dynamik des Innovationsnetzwerkes, beispielsweise anhand der Schnittstellen zwischen Kunde und Produktentwicklung. Es entsteht ein Kunden-Interaktionsmodell in Innovationsnetzwerken und eine Übersicht zu Anforderungen an den Methodeneinsatz. Darauf aufbauend werden neue Arbeitsmethoden für die Produktentwicklung und ein generischer Leitfaden für die Kundeneinbindung erstellt. Im Rahmen eines Kongresses sowie eines Symposiums findet ein Transfer der Forschungserkenntnisse in die wissenschaftliche und wirtschaftliche Öffentlichkeit statt. Das Projekt läuft bis Ende 2010. Partner der TUM sind Facit PbS (Marktforschung und Beratung), Simovative (Internet- und Softwarelösungen) und Siemens CT. Gefördert wird das Projekt vom BMBF, Projektträger ist die DLR.

Im Rahmen der Arbeitsgemeinschaft der bayrischen Forschungsverbünde (abay) beteiligt sich der Lehrstuhl an FORFLOW, dem *Forschungsverbund für Prozess- und Workflow-Unterstützung zur Planung und Steuerung der Abläufe in der Produktentwicklung.* Die Produktentwickler stehen vor der Herausforderung, aus einer Vielzahl möglicher Wege von der Idee zum Produkt mit Erfahrung, Intuition und Geschick den besten und effektivsten zu wählen. Dabei können sie zwar auf die Unterstützung von Werkzeugen zurückgreifen, die speziell für viele Stufen im Entwicklungsprozess existieren, diese sind jedoch weder beliebig kompatibel noch lassen sie eindeutige Aussagen über den Prozessverlauf zu. Vordefinierte und determinierte Abläufe, wie sie durch Workflow-Management Systeme in Geschäftsprozessen realisiert werden, sind für den kreativen Prozess der Produktentwicklung wenig geeignet.

Vor allem für die Verzweigungen zwischen einzelnen Entwicklungsschritten wollen die Wissenschaftler im Forschungsverbund FORFLOW Vorgehensweisen und Entscheidungskriterien beschreiben. Auf Basis dieser Analyse entsteht das Konzept für einen Prozessnavigator, der den Entwickler bei den einzelnen Schritten der Produktentwicklung begleitet und in Entscheidungssituationen unterstützt. Dieser Navigator trägt dazu bei, die Entwicklungszeiten zu reduzieren, den Prozess transparenter und nachvollziehbar zu machen, Wissen und Informationen situationsgerecht bereit zu stellen und das vorhandene Know-how effizienter einzusetzen. So lässt sich nicht nur das Risiko von Fehlentwicklungen reduzieren, sondern auch die Qualität der Prozesse und Produkte nachhaltig verbessern.

Im Sonderforschungsbereich 768 *Zyklenmanagement von Innovationsprozessen – Verzahnte Entwicklung von Leistungsbündeln auf Basis technischer Produkte* wollen Forscher aus dem Maschinenwesen, Informatik, Soziologie, Marketing und weiteren Bereichen gemeinsam die technisch, wettbewerblich und gesellschaftlich geprägten Zyklen erforschen, welche die Entwicklung und Einführung komplexer Lösungen aus technischen Produkten und Dienstleistungen prägen.

Die eng vernetzten Teilprojekte des Sonderforschungsbereiches decken dabei den gesamten Produkt-Lebenszyklus ab und beleuchten erstmals ein umfassendes Spektrum von Zyklen, welche sowohl innerhalb des Innovationsprozesses als auch von außen auf diesen einwirken. Der Begriff Zyklenmanagement beschreibt dabei das Verstehen und Beherrschen dieser als Zyklen bezeichneten inhaltlichen wie zeitlichen

36

Wechselwirkungen. Der Sonderforschungsbereich hat eine Laufzeit von dreimal vier Jahren und nahm die Forschungsaktivitäten im Januar 2008 auf.

36.4
Kooperationen und Initiativen

Prof. Lindemann ist mit seinem Lehrstuhl in zahlreichen Kooperationen aktiv vertreten, oft an führender Stelle, wie auch die Auswahl der Verbundprojekte zeigt. Anfang 2008 gehörte er zusammen mit dem Heinz Nixdorf Institut und der VDMA Gesellschaft für Forschung und Innovation (VFI) zu den Initiatoren der Kommunikationsplattform ConImit (Contra Imitatio) der Initiative für Innovationen gegen Produktpiraterie, die vom BMBF gefördert wird. Projektträger ist das Forschungszentrum Karlsruhe (PTKA).

Seit 2007 ist Prof. Lindemann Präsident der internationalen Gesellschaft The Design Society, einer Non-governmental Organisation (NGO), die für alle Wissenschaftler und Praktiker im Umfeld der Produktentwicklung, aber auch der Architektur offen ist und insbesondere dem Austausch von Ideen, Gedanken und Forschungsergebnissen dient. Dazu findet alle zwei Jahre an wechselnden Orten die International Conference on Engineering Design (ICED) statt.

Prof. Lindemann betreut – übrigens als Teil einer bayernweiten Initiative, an der mittlerweile der überwiegende Teil der Professoren der TUM beteiligt sind – mit seinem Lehrstuhl ein großes Gymnasium. Ziel des Schülerprogramms ist, den Schülern durch verschiedene Aktivitäten, beispielsweise mit sogenannten Schülervorlesungen, möglichst früh Profile, Inhalte und Perspektiven der technisch-naturwissenschaftlichen Fächer aufzuzeigen und Interesse zu wecken.

Um vermehrt Mädchen für technisch-naturwissenschaftliche Fachrichtungen zu gewinnen beteiligt sich der Lehrstuhl seit einigen Jahren auch an der jährlichen Herbstuniversität der Agentur für Mädchen an der TUM. Einen Tag lang erleben Schülerinnen aus der Kollegstufe Technikentwicklung aus nächster Nähe und können selbst verschiedene Produkte des Alltags entwickeln. Die Fakultät für Maschinenwesen an der TUM verzeichnet inzwischen rund 15 Prozent Studienanfängerinnen.

36.5
Visionen

Lehre

Der interdisziplinären Kooperation gehört die Zukunft. An der TU München hat dies, so Prof. Lindemann, bereits eine lange Tradition. Gutes Beispiel für künftige Entwicklungen ist die Einrichtung des Zentralinstituts TUM Leonardo da Vinci Zentrum für Bionik der TUM. Darin sind neben dem Lehrstuhl für Produktentwicklung viele Lehrstühle beinahe aller Fakultäten der TUM aktiv eingebunden.

Forschung

Das Ziel der Forschung im Lehrstuhl für Produktentwicklung ist die Entwicklung und Anpassung von Prozessen, Methoden und Werkzeugen. Diese sollen eine situationsgerechte Unterstützung des Menschen bei der effizienten Entwicklung innovativer, kostengünstiger und qualitativ hochwertiger Produkte ermöglichen. Um anwendungsorientierte Ergebnisse zu erreichen, wird interdisziplinär mit der industriellen Forschung und anderen Forschungsinstituten auch auf internationaler Basis zusammengearbeitet.

PLM

Die großen, monolithischen Systeme, die derzeit im Umfeld PLM genutzt werden, müssen sich wesentlich stärker öffnen und deutlich mehr Möglichkeiten für die Zusammenarbeit im gesamten Produktentstehungsprozess bieten.

Unternehmensdaten

> **HNI**

> Heinz Nixdorf Institut
> Lehrstuhl für Produktentstehung

> 1989 gegründet an der Universität Paderborn

> Lehrstuhlinhaber: **Prof. Dr.-Ing. Jürgen Gausemeier**

> Wissenschaftliche
> Mitarbeiter: 30
> Technische Angestellte: 2
> Auszubildende: 3
> Studentische Mitarbeiter: 50
> Studenten:
> Grundstudium: 200–300
> Hauptstudium: 50–60

> Homepage: http://wwwhni.uni-paderborn.de/pe/

Prof. Dr.-Ing. Jürgen Gausemeier, geboren 1948, studierte Maschinenbau von 1967 bis 1970 an der Staatlichen Ingenieurschule für Maschinenwesen Paderborn und von 1970 bis 1973 an der Technischen Universität Berlin, wo er anschließend bis 1978 Wissenschaftlicher Mitarbeiter am Institut für Werkzeugmaschinen und Fertigungstechnik bei Prof. Dr.-Ing. Günter Spur war. Er promovierte dort 1977 mit dem Thema *Rechnerorientierte Darstellung technischer Objekte im Maschinenbau* und war 1977 bis 1978 Geschäftsführer des Sonderforschungsbereiches 57 *Produktionstechnik und Automatisierung.*

37

Von 1978 bis 1983 war er in leitender Funktion bei der Siemens AG, Unternehmensbereich Datentechnik, für Technische Software und für CAD-Systeme verantwortlich. 1983 bis 1988 leitete er die Entwicklung CAD-Systeme und Geografische Informationssysteme (GIS) bei Contraves in der Schweiz. Von 1989 bis 1991 war er bei Zellweger Uster Leiter des Produktbereiches Prozess- und Fertigungsleitsysteme.

1990 wurde er als Universitätsprofessor für Rechnerintegrierte Produktion an das Heinz Nixdorf Institut der Universität Paderborn berufen. Seit 2009 trägt der Lehrstuhl die Bezeichnung ‚Produktentstehung‘, welche die Forschungsschwerpunkte deutlicher widerspiegelt. Prof. Gausemeier war von 1999 bis 2008 Dekan der Fakultät für Maschinenbau und ist seit 2002 Sprecher des Sonderforschungsbereiches 614 *Selbstoptimierende Systeme des Maschinenbaus.* Er ist Initiator und Aufsichtsratvorsitzender des Unternehmens UNITY AG – technologieorientierte Unternehmensberatung für Strategien, Prozesse, Technologien und Systeme.

Er ist Gründungsmitglied, Geschäftsführer und Mitglied des Vorstands des Berliner Kreises. 2003 wurde er in den Konvent für Technikwissenschaften der Union der deutschen Akademien der Wissenschaften (acatech) aufgenommen, die seit 2008 als Deutsche Akademie der Technikwissenschaften anerkannt ist. Er ist Mitglied des Präsidiums und leitet innerhalb der acatech das Themennetzwerk Produktentstehung. Im Februar 2009 wurde er von Bundespräsident Horst Köhler in den Wissenschaftsrat berufen. Der Wissenschaftsrat berät die Bundesregierung und die Regierungen der Bundesländer und hat die Aufgabe, Empfehlungen zur inhaltlichen und strukturellen Entwicklung der Wissenschaft, der Forschung und des Hochschulbereichs zu erarbeiten.

Prof. Gausemeier hat über 350 Beiträge in Fachzeitschriften und für nationale und internationale Tagungen publiziert und bisher 70 Doktorandinnen und Doktoranden zur Promotion geführt.

Publikationen (Auszug):

> Gausemeier, J.; Plass, C.; Wenzelmann C.: *Zukunftsorientierte Unternehmensgestaltung – Strategien, Geschäftsprozesse und IT-Systeme für die Produktion von morgen.* Carl Hanser Verlag, München, Wien, 2009
> Gausemeier, J.; Berger, T.: *Entwicklung von Technologiestrategien.* Industrie Management 24, 2008
> Gausemeier, J.; Frank, U.; Donoth, J.; Kahl, S.: *Spezifikationstechnik zur Beschreibung der Prinziplösung selbstoptimierender Systeme des Maschinenbaus.* Konstruktion, Teil 1: Juli/August 7/8–2008, Teil 2: September 9–2008
> Gausemeier, J.; Frank, U.; Radkowski, R.: *Using Evolutionary Algorithms to Support the Design of Self-Optimizing Mechatronic Systems.* In Krause, F.-L. (Ed.): The Future of Product Development, Proceedings of the 17th CIRP Design Conference. 26.–28. März 2007, Berlin, 2007
> Gausemeier, J., Hahn, A.; Kespohl, H. D.; Seifert, L.: *Vernetzte Produktentwicklung – Der erfolgreiche Weg zum Global Engineering Networking.* Carl Hanser Verlag, München, Wien, 2006

37.1
Kernkompetenzen und Ziele

Im Fokus der Arbeiten des Lehrstuhls von Prof. Gausemeier steht der Produktentstehungsprozess. Er erstreckt sich von der Produkt- bzw. Geschäftsidee bis zum erfolgreichen Markteintritt und umfasst die Aufgabenbereiche strategische Produktplanung, Produktentwicklung und Produktionssystementwicklung. Der Prozess wird dabei weder als Kette in einer Richtung noch als ein geschlossener Zyklus betrachtet, sondern als ein System von drei sich teilweise überlappenden und gegenseitig bedingenden Zyklen. Der erste Zyklus der strategischen Produktplanung umfasst den Weg *von den Erfolgspotentialen der Zukunft zur erfolgversprechenden Produktkonzeption*, ist also auf der strategischen Ebene eines Unternehmens angesiedelt. Auf dem Gebiet der Strategischen Produkt- und Technologieplanung sowie dem Innovationsmanagement organisiert das Institut seit 2004 in Kooperation mit acatech jährlich ein *Symposium für Vorausschau und Technologieplanung* organisiert. Die Ergebnisse der Forschung auf diesem Gebiet werden außer auf dem Symposium auch in Seminaren und auf dem Internetportal www.innovations-wissen.de zugänglich gemacht. Das Portal bietet neben Wissen zum Thema auch einen Katalog von Methoden und Tools. Eine strategische Kurzanalyse der Situation eines Unternehmens ermöglicht es, eine strategische Stoßrichtung zur Bearbeitung eines Geschäftsfeldes auszuwählen. Bei dem Internetportal arbeitet Prof. Gausemeier mit Partnern aus anderen Hochschulen und aus der Industrie zusammen.

Der zweite Zyklus umfasst die Produktentwicklung im Sinne eines *virtuellen Produkts* und meint die klassische Phase der Umsetzung eines Konzeptes in ein Modell des Produktes. Der Schwerpunkt liegt dabei auf einer Entwicklungsmethodik Mecha-

Abb. 37.1 Prof. Gausemeier und das Team beim Symposium für Vorausschau und Technologieplanung 2006 (Foto: Sendler)

tronik. Im Zentrum des Handlungsbedarfs auf dem Weg zu einer Entwicklungs-methodik für mechatronische Systeme steht eine Spezifikation der Prinziplösung. Prof. Gausemeier will mit seiner Arbeit zu einer neuen Schule der Produktentwicklung beitragen.

Der dritte Zyklus der Produktionssystemplanung umschließt die *virtuelle Produktion* und die *Digitale Fabrik*. Der Ausgangspunkt für die Produktionssystemplanung ist das Produktkonzept und nicht das fertig entwickelte Produkt, weil die Projektierung der Herstellung parallel zur Entwicklung des Produkts erfolgen muss. Dies gilt insbesondere für mechatronische Erzeugnisse, da das Produktkonzept durch die in Betracht gezogenen Fertigungstechnologien determiniert wird. Im zweiten und dritten Zyklus des Produktentstehungsprozesses werden unterstützend Virtual Reality (VR), Augmented Reality (AR) und Simulation eingesetzt.

Die Arbeiten auf dem Gebiet der Produktentstehung orientieren sich am 4-Ebenen-Modell der zukunftsorientierten Unternehmensgestaltung (Abb. 37.2). Die erste ist die Vorausschau-Ebene, auf der die Entwicklung von Märkten und Zukunftstechnologien betrachtet wird, um frühzeitig Chancen und Gefahren zu erkennen. Auf der zweiten Ebene wird die Unternehmens- und Produktstrategie entwickelt. Die Prozess-Ebene gestaltet der Strategie entsprechende Prozesse, während die vierte, die System-Ebene, die Einführung und Nutzung geeigneter IT-Systeme beinhaltet.

Generelles Ziel des Lehrstuhls ist neben der umfassenden Ausbildung in der Lehre die Steigerung der Innovationskraft von Industrieunternehmen. Dabei hat sich Prof. Gausemeier das Ziel gesetzt, sein Institut zu den führenden Einrichtungen der Forschung und Lehre zu machen.

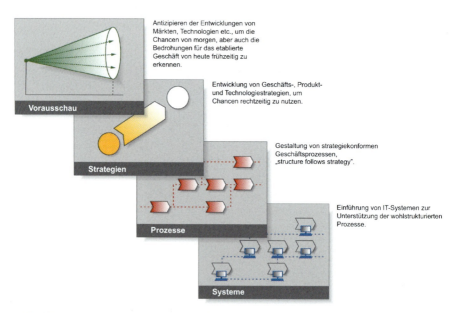

Abb. 37.2 Das 4-Ebenen-Modell der zukunftsorientierten Unternehmensgestaltung (Quelle: HNI)

37.2
Schwerpunkte der Lehre im Umfeld PLM

1 Innovations- und Entwicklungsmanagement (IEM)
Die Vorlesung befasst sich mit der Stärkung der Innovationskraft von Unternehmen des Maschinenbaus und verwandter Branchen wie dem Automobilbau. Im Zentrum steht Produktentwicklungs- und Produktinnovationsprozess. Er erstreckt sich von der Produkt- und Geschäftsidee bis zum erfolgreichen Markteintritt und umfasst die Funktionsbereiche Strategische Produktplanung und Produktmarketing, Entwicklung und Konstruktion sowie Fertigungsplanung und Fertigungsmittelbau. Es werden Erzeugnisse betrachtet, die auf einem engen Zusammenwirken von Mechanik, Elektronik, Regelungstechnik und Software beruhen. Die Hörer und Hörerinnen kennen den Produktinnovationsprozess und die Aufgaben der Funktionsbereiche Strategische Produktplanung und Produktentwicklung. Insbesondere haben sie einen Überblick über die relevanten Systematiken, Methoden und Werkzeuge. Sie sind in der Lage, an der Planung und Entwicklung der Produkte für die Märkte von morgen sowie an der effizienten Gestaltung der entsprechenden Prozesse maßgeblich mitzuwirken und haben wichtige Kenntnisse zur Sicherung der Zukunft eines Unternehmens erworben.

Eine Übung vermittelt in Verbindung mit der Vorlesung Führungskompetenz für F&E-Bereiche der Industrie. Die Teilnehmer und Teilnehmerinnen haben an der Planung und Konzipierung eines konkreten Produktes mitgearbeitet. Sie kennen die dafür relevanten Methoden wie Technologieportfolio, Kreativitätstechniken und Spezifikationstechniken für die Beschreibung der Konzeption mechatronischer Systeme. Ferner haben sie die Präsentation von entsprechenden Arbeitsergebnissen auf Unternehmensleitungsebene trainiert.

In einem Projektseminar können anschließend die erworbenen Kenntnisse in einem praktischen Projekt im Team angewandt werden. Die Teilnehmer und Teilnehmerinnen haben relevante Methoden und Techniken kennengelernt und dieses Wissen anhand eines konkreten Projektes vertieft. Sie sind in der Lage, im Team unter Zeitdruck effizient zusammenzuarbeiten und Arbeitsergebnisse überzeugend zu präsentieren.

2 Projektseminar Produktinnovation (PI)
Das Projektseminar Produktinnovation ist eine neuartige Lehrveranstaltung, in deren Verlauf eine Gruppe von acht ausgewählten Studierenden zusammen mit zwei erfahrenen wissenschaftlichen Mitarbeitern ein sehr anspruchsvolles Innovationsprojekt eines Unternehmens bearbeitet. Das Team wird interdisziplinär zusammengesetzt. Die methodische Basis bildet der Zyklus der strategischen Produktplanung (Abb. 37.3). Es ist eine enge Zusammenarbeit mit dem Partnerunternehmen vorgesehen. Von den Studierenden wird verlangt, dass sie ihre Zwischenergebnisse regelmäßig präsentieren; die Lehrveranstaltung ist daher mit einem intensiven Training in Rede- und Präsentationstechnik verbunden. Inhaltliches Ziel ist eine fundierte Konzeption eines neuen Geschäfts, auf deren Grundlage ein Unternehmen über den Eintritt in dieses Geschäft und die damit verbundenen Investitionen entscheiden kann. Dafür werden fünf Hauptaufgaben behandelt:

37

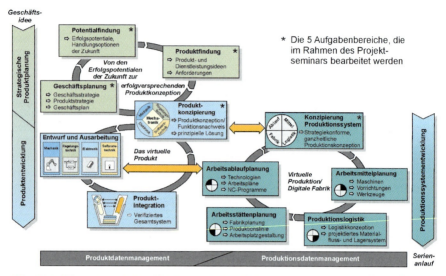

Abb. 37.3   Die strategische Produktplanung im Produktentstehungsprozess (Quelle: HNI)

– Vorausschau: Antizipation von Entwicklungen von Märkten und Technologien; Erkennen von Erfolgspotentialen.

– Produktfindung: Ermittlung von Produkt- und Dienstleistungsideen, Konkretisierung der Produktideen zu Anforderungen.

– Produktkonzipierung: Entwicklung der prinzipiellen Lösung (technische Konzeption) für das Produkt.

– Konzipierung Produktionssystem: Der Schwerpunkt liegt auf der Arbeitsablaufplanung, der Erarbeitung einer Make or Buy-Empfehlung sowie der Abschätzung der Herstellkosten.

– Geschäftsplanung: Entwicklung der Geschäfts- und Produktstrategie sowie des Geschäftsplans. Somit werden Marketing- und Technikaspekte gleichermaßen behandelt.

Die Ergebnisse im Einzelnen sind: Produktkonzeption, Produktionssystemkonzeption, Geschäftsstrategie, Produktstrategie und Geschäftsplan. Didaktisches Ziel ist die maßgebliche Beteiligung an einem anspruchsvollen Strategieprojekt, in dessen Verlauf den Studierenden folgende Fähigkeiten vermittelt werden:

– Methodik der strategischen Produktplanung

– Projektmanagement

– Rede- und Präsentationstechnik

– Interdisziplinäre Zusammenarbeit im Team unter Zeitdruck

3 Industrielle Produktion (IP)

Die Vorlesung vermittelt einen Überblick über die Funktionsweise von produzierenden Industrieunternehmen. Insbesondere lernen die Hörer und Hörerinnen die einzelnen Funktionsbereiche von Industrieunternehmen wie Produktmarketing und Produktplanung, Entwicklung und Konstruktion, Arbeitsplanung, Vertrieb, Arbeitssteuerung, Fertigung und Montage sowie die Informationsbeziehung zwischen diesen Bereichen kennen. Ferner kennen Sie die wesentlichen Aspekte der Unternehmensführung.

4 Projektabwicklung im Maschinen- und Anlagenbau (PMA)

Deutschland ist Exportweltmeister. Der Maschinen- und Anlagenbau trägt in besonderem Maße zu dieser Leistung und zum guten Ruf von *Made in Germany* bei. Viele deutsche Nischenanbieter sind Weltmarktführer und *hidden champions* in ihrer Branche. Der Erfolg deutscher Maschinen- und Anlagenbauer basiert auf der Verknüpfung mehrerer Erfolgsfaktoren, unter anderem innovative Produkte, hohe Qualität, zuverlässige Abwicklung und nachhaltige Geschäftspolitik. Diese Vorlesung stellt ein umfassendes Instrumentarium an Vorgehensweisen und Methoden vor, die zur erfolgreichen Abwicklung von Maschinenbauprojekten benötigt werden. Die Hörer und Hörerinnen lernen den gesamten Prozess von der Geschäftsanbahnung bis zum erfolgreichen Betrieb beim Kunden kennen. Die Charakteristika kundenspezifischer Lösungen im Maschinen- und Anlagenbau werden dabei besonders berücksichtigt. Zahlreiche Praxisbeispiele veranschaulichen das Vorgehen. Die Hörer und Hörerinnen entwickeln ein ganzheitliches Verständnis der Unternehmensprozesse und erlernen abteilungsübergreifendes Denken und Handeln.

5 Projektmanagement (PM)

Die Vorlesung vermittelt die Methoden und Werkzeuge des Projektmanagements. Ferner lernen die Studierenden etwa drei Fallstudien aus der Praxis ausführlich kennen. Die Hörer und Hörerinnen sollen in der Lage sein, kleine und mittlere Projekte zu leiten und in Großprojekten das Projektmanagement gut zu unterstützen. Damit wird dem Wunsch der Wirtschaft entsprochen, den Studierenden Projektmanagementkompetenz zu vermitteln. Aber auch im Hinblick auf das Hauptstudium, in dessen Rahmen auch Projektarbeiten durchzuführen sind, und auf eine mögliche Tätigkeit in der Forschung ist Projektmanagement eine erforderliche Kompetenz. Mit den Fallstudien wird ferner das Ziel verfolgt, die Studierenden mit typischen Ingenieuraufgaben vertraut zu machen.

6 Rechnerintegrierte Produktionssysteme (CIM 1 und CIM 2)

Die Studierenden kennen nach Teil 1 die Grundkomponenten wie Rechnersysteme, Kommunikationssysteme und Datenbanksysteme. Sie kennen die Anwendungssysteme zur Unterstützung der Hauptgeschäftsprozesse Produktentstehung (Virtual Prototyping, Digitale Fabrik) und Auftragsabwicklung (PPS/ERP) und sind qualifiziert, an der Erarbeitung und Umsetzung von Konzepten zur Nutzung der Informations- und Kommunikationstechnik in Industrieunternehmen mitzuwirken.

Der Schwerpunkt von Teil 2 liegt auf Fertigungssystemen der flexiblen Automatisierung, die durch den Einsatz von NC-Maschinen und Industrierobotern geprägt sind. Typische Systeme der flexiblen Automatisierung sind flexible Fertigungszellen, flexible Fertigungssysteme und flexible Fertigungslinien. Die Studierenden kennen den Aufbau derartiger Systeme sowie ihre Programmierung, Steuerung und Überwachung. Sie lernen die Methoden der Einführung und des Managements von IT-Systemen kennen und sind qualifiziert, an Projekten der Industrieautomatisierung mitzuwirken.

7 Strategisches Produktionsmanagement (SPM)

Die Hörerinnen und Hörer sind kompetent, strategisch zu denken und die erforderlichen Schlüsse für die Steigerung der Wettbewerbsfähigkeit von Industrieunternehmen zu ziehen. Sie kennen die Systematik der Planung und Durchführung von kom-

37

plexen Restrukturierungs-Projekten und sind in der Lage, bei der Entwicklung von Geschäfts-, Produktions- und Technologiestrategien für industrielle Produktionsunternehmen maßgeblich mitzuarbeiten. Die Vorlesung vermittelt in Verbindung mit einer Übung Unternehmensführungskompetenz. Die Teilnehmer und Teilnehmerinnen der Übung haben zudem an der Entwicklung einer Geschäfts-, Produktbzw. Technologiestrategie für industrielle Produktionsunternehmen mitgearbeitet. Sie kennen die dafür relevanten Methoden wie Szenariotechnik, Portfolioanalyse etc. Ferner haben sie die Präsentation von entsprechenden Arbeitsergebnissen auf Unternehmensleitungsebene trainiert.

8 Technische Informatik (TI)

Die Studierenden sollen die Bedeutung der Informationstechnik und der Softwareentwicklung für ihre zukünftige Tätigkeit als Ingenieure verstehen. Sie sollen die grundlegenden Konzepte der Programmierung und Programmentwicklung kennen, einfache Programme in einer Programmiersprache verstehen und selbst entwickeln können. Darüber hinaus sollen Sie in der Lage sein, sich in andere Programmiersprachen einzuarbeiten. Der Schwerpunkt der Übung liegt auf der Vermittlung der Programmiersprache Java. Die Studierenden vertiefen den Inhalt der Vorlesung durch Übungsaufgaben am Computer.

Abschlussarbeiten (Auszug):

> Stollt, G.: *Verfahren zur strukturierten Vorausschau in globalen Umfeldern produzierender Unternehmen.* Dissertation, Fakultät für Maschinenbau, Universität Paderborn, HNI-Verlagsschriftenreihe, Band 242, Paderborn, 2009

> Kaiser, I.: *Systematik zur Entwicklung mechatronischer Systeme in der Technologie MID (Molded Interconnect Devices).* Dissertation, Fakultät für Maschinenbau, Universität Paderborn, HNI-Verlagsschriftenreihe, Band 248, Paderborn, 2009

> Chang, H.: *A Methodology for the Identification of Technology Indicators.* Dissertation, Fakultät für Maschinenbau, Universität Paderborn, HNI-Verlagsschriftenreihe, Band 233 Paderborn, 2008

> Parisi, S.: *A Method for the intelligent Authoring of 3D Animations for Training and Maintenanc.* Dissertation, Fakultät für Maschinenbau, Universität Paderborn, HNI-Verlagsschriftenreihe, Band 228, Paderborn, 2008

> Steffen, D.: *Ein Verfahren zur Produktstrukturierung für fortgeschrittene mechatronische Systeme.* Dissertation, Fakultät für Maschinenbau, Universität Paderborn, HNI-Verlagsschriftenreihe, Band 207, Paderborn, 2007

> Vienenkötter, A.: *Methodik zur Entwicklung von Innovations- und Technologie-Roadmaps.* Dissertation, Fakultät für Maschinenbau, Universität Paderborn, HNI-Verlagsschriftenreihe, Band 218, Paderborn, 2007

> Peitz, T.: *Methodik zur Produktoptimierung mechanisch elektronischer Baugruppen durch die Technologie MID (Molded Interconnect Devices).* Dissertation, Fakultät für Maschinenbau, Universität Paderborn, HNI-Verlagsschriftenreihe, Band 221, Paderborn, 2007

37.3
Schwerpunkte der Forschung im Umfeld PLM

Der Lehrstuhl für Produktentstehung am Heinz Nixdorf Institut verfolgt in der Forschung derzeit vier Schwerpunkte. In drei der genannten Felder ist das Institut aktiv an der Gestaltung und inhaltlichen Betreuung entsprechender Fachportale beteiligt, die jedermann offenstehen.

1 Strategische Produkt- und Technologieplanung, Innovationsmanagement
   Hier stehen die systematische Ermittlung der Anforderungen an die Produkte für die Märkte von morgen und damit verbunden die Planung der entsprechenden Produktionssysteme im Zentrum. Es geht um die Antizipation der Entwicklung von Technologien, Märkten und gesellschaftlichen Umfeldern und das Ziehen von Schlüssen für die Erarbeitung von Technologie-, Produkt- und Geschäftsstrategien. Als zentrale Methode wird die Szenario-Technik eingesetzt. Das Fachportal www.innovations-wissen.de wurde weiter oben bereits erwähnt. Darüber hinaus wurde eine Innovations-Datenbank entwickelt: www.innovations-datenbank.de

2 Entwicklungsmethodik Mechatronik
   Darunter fallen die domänenübergreifende Konzipierung und Spezifikation mechatronischer Systeme, Methoden zur Steigerung der Zuverlässigkeit solcher Systeme sowie die Erarbeitung von Entwicklungsleitfäden für Produkte, die neuartige Technologien wie beispielsweise die MID-Technologie (Molded Interconnect Devices) beinhalten. Ergebnisse der Forschungstätigkeiten sind u. a. die unter der Obmannschaft von Prof. Gausemeier entstandene VDI-Richtlinie 2206 *Entwicklungsmethodik für mechatronische Systeme* und der *Entwicklungsbenchmark Mechatronik*. Auch die leitende Rolle im erwähnten Sonderforschungsbereichs 614 *Selbstoptimierende Systeme des Maschinenbaus* gehört zu diesem Schwerpunkt. Das Institut betreibt zu diesem Thema das Fachportal www.transmechatronic.de .

3 Integrative Produktionssystemplanung
   Hier geht es um die Projektierung von Produktionssystemen (Fertigungsplanung, Arbeitsplanung). Im Vordergrund steht die strategisch begründete Konzipierung eines komplexen Fertigungssystems für mechatronische Erzeugnisse, wobei die Aspekte Arbeitsablaufplanung, Arbeitsstättenplanung, Arbeitsmittelplanung und Produktionslogistik im Wechselspiel zu betrachten sind. Dafür wurde am Institut eine Planungssystematik und eine Spezifikationstechnik entwickelt.

4 Virtual Reality, Augmented Reality und Simulation
   Virtual Reality (VR) und Augmented Reality (AR) sind Schlüsseltechnologien des Virtual Engineering. Sie ermöglichen neue Interaktionsmetaphern für das rechnerunterstützte Entwerfen und Planen. Dabei geht es zum einen darum, technische Systeme zu entwerfen und zu analysieren (Virtual Prototyping und Digitale Fabrik). Zum anderen soll der Zugang der Benutzer zu erklärungsbedürftigen Produkten und komplexen technischen Systemen verbessert werden. Auch zu diesem Schwerpunkt wird – ebenfalls mit Partnern anderer Hochschulen, aber vor allem mit zahlreichen Unternehmen – ein Fachportal betrieben: www.viprosim.de

In dem Verbundprojekt mit der Forschungsvereinigung Antriebstechnik (FVA), *Rationelle Erstellung von Markt- und Umfeldszenarien,* wurde ein Informationssystem

37

entwickelt, das Unternehmen in die Lage versetzt, Zukunftsszenarien präzise, kostengünstig und schnell zu erstellen. Die Antriebstechnik ist eine der international erfolgreichsten Branchen des deutschen Maschinenbaus. Für die Erhaltung und den Ausbau der Spitzenposition im internationalen Wettbewerb ist ein vorausschauendes Denken wichtig. Ein geeignetes Werkzeug, um die Zukunft vorauszudenken und zukünftige Erfolgspotentiale aufzuspüren, ist die Szenario-Technik. Szenarien beruhen auf einer größeren Anzahl von Einflussfaktoren und Zukunftsprojektionen, die relevante Märkte und Geschäftsumfelder charakterisieren. Üblicherweise entfällt erheblicher Aufwand auf die Recherche von Informationen für die Beschreibung der relevanten Faktoren, die kreative Antizipation zukünftiger Entwicklungen und die Vernetzung der Faktoren mit Hilfe einer Konsistenzanalyse. Die Erfahrung am Heinz Nixdorf Institut zeigt, dass ein großer Teil von Einflussfaktoren und Projektionen – global, aber auch branchenspezifisch – gleich ist. Es liegt daher nahe, einmal recherchierte Informationen und erhobene Daten systematisch abzulegen, aufzubereiten und regelmäßig zu aktualisieren.

In dem Forschungsprojekt mit der FVA wurden insgesamt 40 Faktoren des weiteren Unternehmensumfeldes aus den Einflussbereichen ‚Allgemeine Technologieentwicklung', ‚Ökonomie', ‚Umwelt', ‚Politik' und ‚Gesellschaft' erarbeitet und für die Regionen Deutschland/Zentraleuropa, Russland/Osteuropa sowie für China detailliert beschrieben. Hinzu kommen 27 branchenspezifische Faktoren für die Antriebstechnik aus den Bereichen ‚Wettbewerber', ‚Lieferanten', ‚Kunden', ‚Branchenspezifische Technologie' und ‚Substitute'. Durch die bereitgestellten Informationen und Zukunftsprojektionen kann jeder Einflussbereich zu einem Teilszenario kombiniert werden.

Das entwickelte Informationssystem erlaubt einen schnellen Zugriff auf relevante Informationen, um Markt- und Umfeldszenarien verschiedener Regionen oder Länder effizient zu erstellen. Der Anwender kombiniert die in der Informationsbasis bereitgestellten Faktoren mit unternehmensspezifischen Informationen und gelangt so zu aussagekräftigen Szenarien, die die Grundlage für eine fundierte strategische Planung bilden.

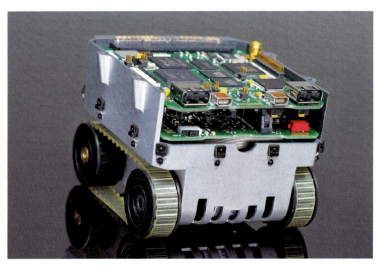

Abb. 37.4   Am Lehrstuhl entwickelter Miniaturroboter (Quelle HNI)

Der Lehrstuhl ist maßgeblich an der Entwicklung eines *Miniaturroboters* beteiligt, der als Versuchsplattform für Multiagentenanwendung dient. Ein Anwendungsszenario besteht darin, dass etwa 50 Roboter auf einer Fläche von 30 m² verteilte farbige Tischtennisbälle nach Farben sortiert einsammeln müssen. Die Roboter können dabei verschiedene Rollen in Absprache miteinander einnehmen. Implementiert sind diese Rollen durch ein automatisches Werkzeugwechselsystem: Ein Roboter kann entweder Schieber (für das Zusammenschieben großflächig verteilter Bälle), Greifer oder Transporter (Ladefläche für vier Bälle) sein. Jeder Roboter agiert als autonomer Agent. Mit Hilfe intelligenter Sensoren verschaffen sich die Roboter zunächst einen Überblick über die Umgebung, bewerten die Situation und verhandeln dann über die Erfüllung von Teilaufgaben.

Die Roboter sind dafür mit neuesten Technologien ausgestattet: USB, WLAN, Bluetooth und ZigBee zur Kommunikation, eine Digitalkamera, mehrere leistungsfähige Prozessoren, ein rekonfigurierbarer FPGA-Chip sowie 96 MB Arbeitsspeicher (erweiterbar auf zwei GB). Zusammen mit Bibliotheken erleichtert Linux als Betriebssystem das Programmieren und den Zugriff auf die verschiedenen Roboter-Funktionen. Darüber hinaus werden echtzeitfähige Betriebssysteme (z. B. DREAMS) auf dem Roboter getestet. Das Gehäuse ist als MID-Bauteil (Molded Interconnect Devices) realisiert. Es integriert mechanische und elektronische Komponenten. Infrarot-Sensoren erfassen 360° der Umgebung, Mikrocontroller übernehmen die Auswertung der Daten. Die Leiterbahnen zwischen den mehr als 100 Bauteilen überziehen die Innenseite des Gehäuses und bilden eine komplexe, dreidimensionale Schaltung. Das ermöglicht eine hohe Funktionsdichte und unterstützt die Miniaturisierung. Die Anzahl der Bauteile kann im Vergleich zu herkömmlichen Minirobotern deutlich reduziert werden. Der Miniaturroboter wird in Serie produziert und in verschiedenen Ausbaustufen vermarktet. An der Entwicklung sind vier Fachgruppen des Heinz Nixdorf Instituts beteiligt sowie als Industriepartner Faulhaber und Siemens.

Im Rahmen der Hightech-Strategie der Bundesregierung verfolgt das BMBF mit der Bekanntmachung *Innovationen gegen Produktpiraterie* das Ziel, einen Beitrag für einen wirksamen Schutz der Investitionsgüterindustrie vor Produktpiraterie zu leisten. Als Begleitmaßnahme für die geförderten Verbundforschungsprojekte koordiniert die Kommunikationsplattform *ConImit* unter Federführung des Heinz Nixdorf Instituts deren Außendarstellung und unterstützt den Transfer der Forschungsergebnisse in die Industrie (www.conimit.de). Ziel ist der Aufbau eines Netzwerkes von Wissensträgern, welche betroffene und gefährdete Unternehmen bei der Realisierung von individuellen Schutzkonzepten gegen Produktpiraterie unterstützen.

Das Projekt *Neue Bahntechnik Paderborn/RailCab* realisiert ein Anwendungsbeispiel für die Integration unterschiedlicher Simulationen in VR- und AR-Anwendungen. Dabei wird ein neuartiges Schienenverkehrssystem entwickelt. Kern des Systems sind kleine, autonom fahrende Fahrzeuge, die so genannten RailCabs. Die RailCabs bilden auf langen Bahnstrecken berührungslos Konvois, dadurch sparen sie Energie. Zum Test des Konvoi-Konzeptes wurde ein Hardware-in-the-Loop (HiL)-System aufgebaut, dass aus realen Versuchsfahrzeugen und aus simulierten RailCabs besteht. Mit dem HiL-System werden Regler und Regelstrategien getestet. Um eine eingängige Analyse der Tests zu ermöglichen, wurde eine AR-Anwendung entwickelt, die die simulierten

RailCabs als virtuelle 3D-Modelle auf einer realen Versuchsstrecke darstellt. Dazu wurden das HiL-System bzw. die Daten der simulierten und realen RailCabs in die AR-Anwendung integriert.

Die Vision des im Juli 2002 gestarteten *Sonderforschungsbereich 614 – Selbstoptimierende Systeme des Maschinenbaus* ist eine neue Schule des Entwurfs von intelligenten mechatronischen Systemen. Diese neue Schule beruht auf einem Instrumentarium aus Vorgehensmodellen, Entwurfsmethoden und -werkzeugen sowie Praktiken. Es entsteht im Wechselspiel mit der Entwicklung von anspruchsvollen Demonstratoren, die als repräsentativ für künftige Erzeugnisse des Maschinenbaus und verwandter Branchen wie der Automobilindustrie und der Medizintechnik gelten können. Daraus ergeben sich vier Hauptziele, die auch die Projektstruktur des SFB prägen:

> › Grundlagen und Potentiale der Selbstoptimierung – Wissenschaftliche Durchdringung und ingenieurgerechte Aufbereitung des Wirkparadigmas der Selbstoptimierung.
> › Entwurfsmethoden und -werkzeuge – Schaffung der methodischen und instrumentellen Voraussetzungen für die Entwicklung von innovativen Systemen, die auf dem Wirkparadigma der Selbstoptimierung beruhen.
> › Implementierungsmethoden – Realisierung der Selbstoptimierung auf der Ebene der Hardware, Systemsoftware und Reglersoftware.
> › Selbstoptimierende Produkte und Systeme – Entwurf und prototypische Realisierung neuer Baugruppen und Systeme, um das erarbeitete Instrumentarium zu validieren und der Produktinnovation sichtbare Impulse zu geben.

Das Projekt *VireS – Virtuelle Synchronisation von Produkt- und Produktionssystementwicklung* beschäftigt sich mit der integrativen Produktentwicklung und Produktionssystementwicklung unter frühzeitiger Berücksichtigung der Aspekte Kosten und Robustheit. Die Unternehmen müssen aufgrund der vorherrschenden Markt- und Wettbewerbssituation robuste Produkte schnell und kostengünstig entwickeln und produzieren. Ziel des vom BMBF geförderten Projektes ist ein Instrumentarium aus Vorgehensmodellen, Spezifikationstechniken und Bewertungswerkzeugen. Es wird in vier anspruchsvollen Innovationsprojekten erprobt.

37.4
Kooperationen und Initiativen

Das Heinz Nixdorf Institut (Prof. Gausemeier) betreibt seit 2005 gemeinsam mit der Shanghai Jiao Tong University (SJTU) das *Joint Competence Center for Virtual & Augmented Reality*. Kooperationspartner ist Prof. Dr.-Ing. Dengzhe Ma, Direktor des Shanghai Key Lab of Advanced Manufacturing Environments. Ziel ist der wissenschaftliche Austausch und die Initiierung von gemeinsamen Forschungsvorhaben auf den Gebieten Virtual Prototyping, Virtual Reality und Augmented Reality. Beispiele für die enge Zusammenarbeit ist unter anderem die Durchführung des in dreijährigem Rhythmus stattfindenden Chinesisch-Deutschen Workshops *Virtual Reality & Augmented Reality in Industry*. Der erste Workshop fand im Oktober 2006 in Shanghai mit über 200 Teilnehmern statt, der zweite Workshop im April 2009.

In *Kooperation mit der October 6 University und dem Information Technology Institute (ITI) in Kairo, Ägypten*, bietet die Universität Paderborn unter Leitung von Prof. Gausemeier einen gemeinsamen *Master-Studiengang in Mechatronik* an. Der Abschluss des Studiengangs ‚Joint Studies of Applied Mechatronics' ist ein Master of Engineering.

37.5
Visionen

Der Lehrstuhl propagiert eine ganzheitliche Sicht auf die Produktentstehung im Maschinenbau und verwandten Branchen wie der Automobilindustrie, der Elektrotechnik und der Medizintechnik. Diese Sicht verknüpft die systematische Vorausschau auf die Märkte und die technologischen Möglichkeiten von morgen mit einer ganzheitlichen Entwicklungsmethodik, die sich am Systems Engineering orientiert und von einer integrativen Betrachtung von Produkt und Produktionssystem ausgeht.

Die Arbeiten sollen in einer neuen Schule des Entwurfs komplexer technischer Systeme münden. Auf dieser Basis sollen den Studierenden die Kompetenzen vermittelt werden, die bei dem Wettlauf um die Märkte von morgen entscheidend sein werden.

Neben den IT-Anbietern und Systemintegratoren, neben Forschung und Lehre und neben den eigentlichen Nutznießern in der Fertigungsindustrie gibt es noch eine Reihe weiterer Organisationen, für die PLM mehr oder weniger stark im Zentrum ihrer Aktivitäten steht. Dabei werden in diesem Buch nicht die zahllosen professionellen Veranstaltungs-Anbieter betrachtet, die heute eben auch zu diesem Thema Referate und Diskussionen organisieren. Es geht um Organisationen, die im Umfeld von PLM eine besondere Rolle spielen.

Die Messen sind heute in Zusammenhang mit PLM weniger bedeutsam als etwa in den ersten zwanzig Jahren nach dem Aufkommen der CAD-Technologie. Gegenwärtig sind die einzigen Messen, auf denen Engineering IT in nennenswertem Umfang angeboten wird: im Frühjahr die Digital Factory als Leitmesse innerhalb der Hannover Messe, Veranstalter ist die Deutsche Messe AG, ideeller Träger der VDMA; im Winter die EuroMold in Frankfurt, Veranstalter ist die DEMAT. Nach der Einstellung der CAT.PRO bietet die AMB, veranstaltet von der Messe Stuttgart, nun im Zweijahresrhythmus den Schwerpunkt Software als Marktplatz für CAD, CAM und PDM an. Die MESAGO Messe Frankfurt organisiert seit 2005 die *Product Life live*, einen Anwenderkongress für PDM und PLM.

Die Organisationen, die im PLM Kompendium in den folgenden Kapiteln ausführlicher vorgestellt werden, sind aus verschiedenen Gründen wichtig. Es handelt sich um Branchenverbände wie VDA und VDMA, die sich im Interesse ihrer Mitglieder um das Thema PLM kümmern. Oder es sind Organisationen, die sich wie der Berliner Kreis und die acatech aus wissenschaftlicher Sicht mit PLM befassen. Der ProSTEP iViP Verein beschäftigt sich gewissermaßen hauptamtlich mit PLM und hat dazu einen beachtlichen Mitgliederkreis aus Industrie, IT-Anbietern und Wissenschaftlern wachsen lassen. CIMdata und Eurostep sind internationale Organisationen, die auch in Deutschland aktiv sind und für die PLM einen Kern ihres Geschäftsmodells darstellt, das unter anderem die Durchführung von Veranstaltungen, aber auch Beratung und Marktforschung umfasst. Das sendler\circle it-forum ist seit 14 Jahren die einzige auf die Anbieter von Engineering IT ausgerichtete Interessengruppe im deutschsprachigen Raum, und hier sind die wichtigsten Anbieter vertreten. Schließlich hat die Fraunhofer Gesellschaft als einzige der deutschen Forschungsgesellschaften ein eigenes Kapitel

38

bekommen, weil sich gleich mehrere ihrer Institute in besonderer Weise dem Produkt-Lebenszyklus widmen.

Damit sind nicht alle Organisationen erfasst. Es ist eine Auswahl. Es gibt beispielsweise weitere Marktforschungsinstitute, die auch in Deutschland zitiert werden und auch hierzulande Untersuchungen oder Projekte durchführen. Beispielsweise Cambashi in Cambridge, Großbritannien, oder Daratech in Cambridge, Massachusetts (USA). Mit den vorgestellten Organisationen sollten aber die wichtigsten der im Umfeld PLM Aktiven erfasst sein.

Unternehmensdaten

> Stand: 5. Mai 2009

> **acatech –**

> DEUTSCHE AKADEMIE DER TECHNIKWISSENSCHAFTEN

> 2002 gegründet als Konvent für Technikwissenschaften der Union der deutschen Akademien der Wissenschaften

> 2008 als Deutsche Akademie der Technikwissenschaften anerkannt

> Geschäftsstelle: München
> Hauptstadtbüro: Berlin

> Präsidenten:
> **Prof. Dr. rer. nat. Dr.-Ing. e. h. Henning Kagermann**
> **Prof. Dr. rer. nat. habil. Dr. h. c. Reinhard Hüttl**

> Thema Produktentstehung/PLM: **Prof. Dr.-Ing. Jürgen Gausemeier**

> Mitglieder: circa 300

> Homepage: http://www.acatech.de/

Mehr als 100 Jahre reichen die Bemühungen zurück, eine nationale Akademie der Technikwissenschaften zu gründen. So können die folgenden Ausführungen nur einen kurzen Abriss über den Aufstieg von acatech zur Deutschen Akademie der Technikwissenschaften geben. Ein wichtiger Meilenstein dieser Entwicklung war der 21. November 1997, als in Berlin die konstituierende Sitzung der Arbeitsgemeinschaft „Konvent für Technikwissenschaften" stattfand. Mit dieser Initiative der Berlin-

Brandenburgischen und der Nordrhein-Westfälischen Akademien der Wissenschaften wurde nach jahrelangen Bemühungen erstmals eine nationale Interessenvertretung der deutschen Technikwissenschaften auf der Ebene wissenschaftlicher Akademien geschaffen. Die Gründungsversammlung wählte Prof. Günter Spur zum Vorstandsvorsitzenden des Konvents. Zu den Aufgaben, die sich der Konvent für Technikwissenschaften stellte, gehörten von Anfang an die Förderung der Forschung und des technikwissenschaftlichen Nachwuchses, die Intensivierung internationaler Kooperationen sowie der Dialog mit Natur- und Geisteswissenschaften, Politik, Wirtschaft und Gesellschaft über die Rolle zukunftsweisender Technologien.

Um den Konvent für Technikwissenschaften für seine weitere Entwicklung auf eine breitere Basis zu stellen, beschlossen die Präsidenten der sieben deutschen Wissenschaftsakademien im April 2001, alle nationalen technikwissenschaftlichen Aktivitäten auf Akademieebene unter dem Dach der Union der deutschen Akademien der Wissenschaften zu bündeln. Am 15. Februar 2002 wurde der Konvent für Technikwissenschaften der Union der deutschen Akademien der Wissenschaften gegründet und im Anschluss als gemeinnütziger Verein eingetragen. Den Vorsitz des Vorstands übernahm Prof. Joachim Milberg, seit 2003 ist er Präsident. Der Konvent entschied sich für den prägnanten Kurznamen acatech, der für die angestrebte Symbiose von Akademie und Technik steht.

acatech ist seit seiner Gründung konsequent gewachsen. Heute zählt acatech rund 300 Mitglieder. Auf internationaler Ebene nimmt acatech seine Aufgaben durch die Mitgliedschaft im European Council of Applied Sciences, Technologies and Engineering (Euro-CASE), der europäischen Vereinigung technikwissenschaftlicher Akademien, wahr. Des Weiteren gehört acatech dem weltweiten Zusammenschluss technikwissenschaftlicher Akademien, dem International Council of Academies of Engineering and Technological Sciences (CAETS) an.

Seit 2008 ist acatech nationale Akademie und trägt seitdem den Namen acatech – DEUTSCHE AKADEMIE DER TECHNIKWISSENSCHAFTEN. acatech wird vom Bund und den Ländern gemeinsam gefördert.

39.1
Organisation und Ziele

acatech gliedert sich in drei Organe: das Präsidium, die Mitgliederversammlung und den Senat. Das Präsidium vertritt die Akademie nach außen und steuert sie. Seine Mitglieder werden aus der Mitgliederversammlung und dem Senatsausschuss gewählt. Die Mitglieder werden aufgrund herausragender wissenschaftlicher Leistungen und hoher Reputation in die Akademie aufgenommen. Sie stammen aus den Ingenieur-, Natur- aber auch den Geistes- und Sozialwissenschaften, denn acatech bearbeitet ein breites Spektrum technikwissenschaftlicher und interdisziplinärer Fragestellungen.

In inhaltlichen und strategischen Fragen wird acatech von einem Senat beraten, der sich aus namhaften Vertretern von Unternehmen und Wissenschaftsorganisationen zusammensetzt. Vorsitzender des Senats ist der ehemalige Bundespräsident Roman Herzog. Im September 2003 wurde zudem ein Förderverein, das Kollegium, gegründet. Das Kollegium soll vor allem zur finanziellen Unterstützung von acatech beitragen.

Abb. 39.1 Ziel von acatech: Nachhaltiges Wachstum durch Innovation (Quelle: acatech)

Die Deutsche Akademie der Technikwissenschaften orientiert sich am Leitgedanken *Wohlstand braucht Beschäftigung braucht Innovation braucht Bildung*. Im Zentrum der Arbeit von acatech steht daher das Ziel, „Wohlstand durch Innovationen in Deutschland nachhaltig zu stärken und zu verbessern". Prof. Milberg hat dieses Ziel in seiner Rede anlässlich der acatech Festveranstaltung 2008 bekräftigt. Innovationen haben immer eine wirtschaftliche und eine wissenschaftliche Seite und können nur entstehen, wenn sie von der Gesellschaft akzeptiert werden und die Politik die richtigen Rahmenbedingungen setzt (vgl. Abb. 39.1). Die Wechselwirkungen zwischen diesen einzelnen Systemen müssen berücksichtigt werden, um Innovationen hervorzubringen und den Wohlstand in Deutschland nachhaltig zu stärken.

acatech dient der Förderung von Wissenschaft und Forschung. Sie verfolgt den Zweck, Initiativen zur Förderung der Technik in Deutschland zu ergreifen und dabei insbesondere das öffentliche Verständnis für die Bedeutung zukunftsweisender Technologien zu stärken. Dazu werden eine enge Zusammenarbeit zwischen den grundlagen- und anwendungsorientierten Technikwissenschaften sowie der Dialog mit den anderen Wissenschaften im In- und Ausland angestrebt. acatech organisiert gemeinsame wissenschaftliche Veranstaltungen und Projekte und führt den Dialog mit politischen, wirtschaftlichen und gesellschaftlichen Institutionen. Unter Wahrung der Autonomie und der Interessen der weiteren Akademien der Wissenschaften in Deutschland nimmt acatech Interessen der in den Akademien vertretenen Technikwissenschaften auf nationaler und internationaler Ebene wahr.

39.2
Aktivitäten

Herausragende Wissenschaftler sind der Motor der inhaltlichen Arbeit von acatech; Experten aus Unternehmen sorgen für den Austausch mit der industriellen Praxis. acatech ist eine Arbeitsakademie. Die Mitglieder engagieren sich in Fachthemen der

Technikwissenschaften und übergreifenden Fragestellungen mit technologiepolitischem Hintergrund. Die bearbeiteten Themen spiegeln sich in den elf Themennetzwerken der Akademie wider. Die Themennetzwerke sind: 1) Ausbildung und Wissensmanagement, 2) Biotechnologie, 3) Energie, Bau, Infrastruktur und Umwelt, 4) Gesundheitstechnologie, 5) Grundfragen der Technikwissenschaften, 6) Informations- und Kommunikationstechnologie, 7) Mobilität, 8) Nanotechnologie, 9) Produktentstehung, 10) Sicherheit und 11) Werkstoffe.

Aus den Themennetzwerken gehen Projektgruppen hervor, in denen Akademiemitglieder mit externen Experten aus Wissenschaft und Wirtschaft zusammenarbeiten. Die Ergebnisse werden Politik, Wirtschaft und interessierter Öffentlichkeit in Form von Schriftenreihen, Symposien, Foren und Diskussionsveranstaltungen vorgestellt. Eines der acatech Veröffentlichungsformate sind Stellungnahmen. Sie erscheinen in der Schriftenreihe *acatech bezieht Position*. Stellungnahmen werden vom Präsidium von acatech syndiziert.

Jüngste Erscheinungen dieser Schriftenreihe sind:

> › acatech (Hrsg.): Strategie zur Förderung des Nachwuchses in Technik und Naturwissenschaft, München, 2009
> › acatech (Hrsg.): Materialwissenschaft und Werkstofftechnik in Deutschland, München, 2009.

Das Themennetzwerk Produktentstehung, das derzeit von Präsidiumsmitglied Prof. Jürgen Gausemeier geleitet wird, befasst sich mit den Perspektiven für Entwicklung und Produktion am Standort Deutschland. Zentrale Fragestellungen sind: Was wird künftig in Deutschland noch entwickelt und produziert? Welche Wechselwirkungen bestehen zwischen Entwickeln und Produzieren? Was sind die Voraussetzungen für technologisches Leadership? Gibt es Erfolgspotentiale in der Interaktion von Wirtschaft und Wissenschaft, und wenn ja, wie können diese erschlossen werden? Wie lassen sich Wertschöpfung und Beschäftigung in Deutschland forcieren? Die Arbeitsgruppe „Wertschöpfung im Hochlohnland Deutschland" hat sich die Beantwortung der zuletzt genannten Fragestellung zum Ziel gesetzt. Dazu erarbeitet die Expertengruppe eine Leitlinie für die Gestaltung der Produktion in Deutschland. Die Leitlinie beruht auf einer Analyse der heutigen Ausgangssituation und umfassenden Zukunftsszenarien, die das nationale und internationale Umfeld charakterisieren. Sie weist ein Leitbild für die Produktion in zehn Jahren, strategische Erfolgspositionen, Prinzipien der Produktionsgestaltung sowie Konsequenzen und Handlungsfelder auf. Die Ergebnisse des Projekts werden in der Schriftenreihe *acatech bezieht Position* veröffentlicht.

Produktentstehung beruht auf der Verarbeitung von vielfältigen Informationen und Wissen über Technologien, Märkte, Anwendungsfelder und Wertschöpfungsnetze. Dabei ist der gesamte Produkt-Lebenszyklus ins Kalkül zu ziehen, und zwar aus heutiger und auch aus künftiger Sicht. Dies erfordert leistungsfähige Instrumente. PLM erweist sich mehr und mehr als ein zentrales Instrument, der skizzierten Herausforderung Rechnung zu tragen. Daher ist aus Sicht des Themennetzwerkes Produktentstehung PLM eine Basistechnologie, deren Entwicklung konzertiert vorangetrieben und im Praxiseinsatz begleitet werden sollte.

Unternehmensdaten

> **Berliner Kreis**
> Wissenschaftliches Forum für Produktentwicklung e.V.

> 1993 gegründet als Kompetenznetzwerk zur Förderung von Produktinnovationen im Maschinenbau und verwandten Branchen

> Geschäftsstelle: Heinz Nixdorf Institut, Universität Paderborn

> Vorstand:
> **Prof. Dr.-Ing. Michael Abramovici** (Vorsitzender)
> **Prof. Dr.-Ing. Udo Lindemann** (Stellvertretender Vorsitzender)
> **Prof. Dr.-Ing. Jürgen Gausemeier** (Geschäftsführer)

> Mitglieder: 23 (aktiv), 9 (im Ruhestand)
> Industriekreis: 47

> Homepage: http://www.berlinerkreis.de/

Der Berliner Kreis – Wissenschaftliches Forum für Produktentwicklung e.V. – ist ein Kompetenznetzwerk zur Förderung von Produktinnovationen im Maschinenbau und in verwandten Branchen wie der Automobilindustrie und der Medizintechnik. Ihm gehören 23 Professorinnen und Professoren an, die mit rund 500 wissenschaftlichen Mitarbeiterinnen und Mitarbeitern auf diesem Gebiet forschen und lehren. Das Forum wurde 1993 gegründet. Gründungsmitglieder waren unter anderem die Professoren Beitz, Grabowski, Krause und Spur. Die drei erstgenannten waren bis 2006 die Vorstandsvorsitzenden. Der Berliner Kreis praktiziert ein besonders wirksames Modell der Kooperation von Wirtschaft und Wissenschaft mit dem Ziel, die Entwicklung neuer Produkte zu stimulieren und zur Marktreife zu bringen. Kern dieses Modells ist die Zusammenarbeit mit dem

40

zum Berliner Kreis assoziierten Industriekreis, zu dem mehr als 40 Führungspersönlichkeiten der Industrie zählen. Außer Unternehmen der produzierenden Industrie gehören hierzu auch Anbieter von Software und Dienstleistungen für die Produktentwicklung.

40.1
Kernkompetenzen und Ziele

Produktinnovationen leisten den wesentlichen Beitrag für Wachstum, Beschäftigung und Wohlstand. Die Entwicklung von Technologien, speziell die Informations- und Kommunikationstechnologie, eröffnet faszinierende Möglichkeiten für neue Erzeugnisse und damit verbundene Dienstleistungen. Konzertiertes Zusammenwirken von Wirtschaft, Wissenschaft und Politik kann einen wesentlichen Beitrag leisten, diese Erfolgspotenziale zu erschließen. Eine der herausragenden Arbeiten des Berliner Kreises war die Untersuchung *Neue Wege zur Produktentwicklung*, die innerhalb des Rahmenkonzepts *Produktion 2000* des BMBF durchgeführt wurde. Auf der Basis von Zukunftsszenarien liefert die Untersuchung eine Strategie zur Stärkung der Innovationskraft am Wirtschaftsstandort Deutschland. Das Leitbild dieser Strategie lautet: *Zukunftssicherung und Beschäftigung durch Innovationskraft*.

In der Untersuchung heißt es: „Im Jahre 2010 ist die Innovationskraft am Wirtschaftsstandort Deutschland im Vergleich mit den führenden Wirtschaftsnationen außerordentlich hoch. (…) Es ist unbestritten, dass dies nur mit technischem Fortschritt erreicht werden kann. Die Forschungseinrichtungen verstehen sich als eine der treibenden Kräfte bei der Entwicklung der Produkte und Märkte von morgen. Der Innovationspfad von der wissenschaftlichen Erkenntnis bis zum erfolgreichen Markteintritt ist effizient. Grundlagenforschung, angewandte Forschung und industrielle Entwicklung engagieren sich energisch und konzertiert für gemeinsame Produktentwicklungen."

Auf dem Weg zu diesem Leitbild leistet der Berliner Kreis Beiträge in Forschung und Lehre. In der Lehre werden die Entwicklungsingenieure von morgen ausgebildet. Die besten Absolventen entscheiden sich vielfach für eine ingenieurwissenschaftliche Promotion, die eine wissenschaftliche Qualifikation mit der Vorbereitung auf Führungsaufgaben in der Industrie verknüpft. Forschung und Lehre werden im Dialog mit der Wirtschaft gestaltet, um die Position der Wirtschaft im globalen Wettbewerb von morgen zu stärken.

40.2
Aktivitäten

Der Berliner Kreis forciert ein Aktionsprogramm, mit dem die heute vorherrschende Arbeitsteilung auf dem Innovationspfad von der Grundlagenforschung über die angewandte Forschung bis zur Kommerzialisierung durch eine engere Zusammenarbeit von Industrie und Hochschulen überwunden werden soll. Dabei wird die Zielsetzung

Abb. 40.1 Darstellung der Leistungen der Mitgliedsinstitute des Berliner Kreises (Quelle: Berliner Kreis)

verfolgt, innovative Produktideen zum Markterfolg zu bringen. Es ergeben sich vier Handlungsschwerpunkte, die gleichzeitig die Leistungen der Mitgliedsinstitute des Berliner Kreises entlang des Produktentstehungsprozesses darstellen.

1 Strategische Produktplanung und Innovationsmanagement
Mehr denn je kommt es – insbesondere in den Unternehmen des Maschinenbaus und verwandten Branchen – auf Strategiekompetenz an, also auf das frühzeitige Erkennen und rechtzeitige Erschließen der Erfolgspotentiale von morgen. Sie ergeben sich im Schnittpunkt von technologischen Entwicklungen (Technology Push) und Marktentwicklungen (Market Pull). Daher ist es wichtig, erkennbare Entwicklungen von Technologien und Märkten frühzeitig wahrzunehmen, visionär zu antizipieren und zu schlüssigen Produktstrategien zu verknüpfen. Dafür bieten die Institute des Berliner Kreises Instrumente wie die Szenario-Technik, das Technology-Roadmapping, Delphi-Umfragen und andere an.

40

2 Prozessgestaltung und Führung
Dies umfasst die Gestaltung der Produktentstehungsprozesse von der Idee bis zum erfolgreichen Markteintritt sowie die Strukturierung der Führungsarbeit bis hin zum
Projektmanagement. Die Erzeugnisse von morgen beruhen zunehmend auf einem engen Zusammenwirken von Mechanik, Elektronik, Regelungstechnik und Softwaretechnik. Das stellt neue Anforderungen an die Entwicklungsmethodik und die damit
verbundenen Werkzeuge. Die Institute des Berliner Kreises haben diese Kompetenz.

3 Maschinenelemente und Systeme
Aus der rasanten Entwicklung neuer Technologien ergeben sich neue Lösungsprinzipien für innovative Produkte, aber auch für die Verbesserung des Aufwand/
Nutzen-Verhältnisses bereits existierender Produkte. Die Institute verfügen über ein
umfassendes Wissen über die Anwendung neuer Werkstoffe, Lösungsprinzipien
sowie über entsprechende Maschinenelemente und Systeme. Beispiele für Kompe-
tenzfelder des Berliner Kreises sind Piezo-Aktoren, Formgedächtnislegierungen,
Mikrosystemtechnik oder Molded Interconnect Devices (MID).

4 Virtual Prototyping / Digitale Fabrik
Wer komplexe Produkte effizient entwickeln will, muss die IT-Werkzeuge zur Produktentwicklung und zur Produktionssystementwicklung beherrschen. Es wird
nicht ausreichen, einzelne Werkzeuge punktuell einzusetzen. Sie müssen zu Ent-
wicklungsumgebungen zusammengestellt und an spezifische Gegebenheiten angepasst werden. Virtual Prototyping heißt, alle wesentlichen Aspekte des in Entwicklung befindlichen Produkts und des zu projektierenden Fertigungssystems auf der
Basis von Computermodellen zu analysieren. Hierzu zählen zum Beispiel die Simulation des dynamischen Verhaltens von Mehrkörpersystemen und die Simulation
der Montierbarkeit. Dafür bieten die Institute des Berliner Kreises Unterstützung.

In regelmäßigen Abständen veröffentlicht der Berliner Kreis ein Portrait, das die Ziele,
die Mitglieder und insbesondere das Leistungsangebot für die Industrie darstellt.
Zweimal jährlich informiert der Berliner Kreis seine Partner über seine Leistungen und
Aktivitäten mit den Berliner Kreis News.

Kooperationen gibt es vor allem über die Mitglieder des Industriekreises mit den
beiden Industrieverbänden VDMA und VDA, aber auch auf internationaler Ebene mit
der Design Society, deren Präsident Prof. Lindemann ist. Und natürlich existieren
vielfältige Verbindungen zwischen Berliner Kreis und acatech (Deutsche Akademie
der Technikwissenschaften).

Ab 2010 ist eine wissenschaftliche Internet-Zeitschrift in Zusammenarbeit mit
einem Verlag geplant, die mehrmals jährlich erscheint. Sie umfasst voraussichtlich drei
Rubriken:

> Berichte und Stellungnahmen zu Projekten in der industriellen oder wissen-
  schaftlichen Praxis
> Wissenschaftliche Beiträge mit Peer Reviewing, also mit Prüfung durch ande-
  re Autoren auf wissenschaftliche Korrektheit
> Technologie-Monitoring zu definierten Technologiefeldern, die den Kern-
  kompetenzen der Mitgliedsinstitute des Berliner Kreises entsprechen. Eines
  der regelmäßig beleuchteten Themen ist PLM

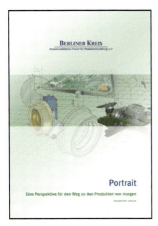

links: Berliner Kreis Portrait
Darstellung der Ziele, Mitglieder und insbesondere des Leistungsangebots für die Industrie, zuletzt erschienen im Februar 2008

rechts: Berliner Kreis News
Zweimal jährlich erscheinende aktuelle Mitteilungen des Berliner Kreises mit Projektvorstellungen, Best Practices etc.

Abb. 40.2   Regelmäßige Publikationsorgane des Berliner Kreises (Quelle: Berliner Kreis)

Die auf Einladung eines Industriepartners jährlich veranstaltete Jahrestagung ist ein wesentliches Forum für den Erfahrungsaustausch zwischen Wissenschaft und Wirtschaft und ermöglicht es dem Berliner Kreis, Themen für den zukünftigen Kurs des Berliner Kreises zu identifizieren.

Unternehmensdaten

> **CIMdata**

> 1983 gegründet als Beratungs- und Marktforschungsgesellschaft im Umfeld der Produktentwicklung

> Sitz: Ann Arbor, Michigan, USA

> Präsident: **Ed Miller**

> Homepage: http://www.cimdata.com

CIMdata, Inc. wurde 1983 gegründet als privates Unternehmen, das sich auf drei Feldern betätigt: der Unternehmensberatung, der Schulung und der Marktforschung. Das Hauptthema war und ist dabei von Anfang an der Einsatz von Software und Service in der industriellen Praxis der Produktentwicklung und daraus folgend natürlich auch die Entwicklung der Informationstechnologie und Dienstleistungen in diesem Umfeld.

In den USA haben sich – anders als in Europa – einige Organisationen herausgebildet, die sich mit diesem speziellen Thema beschäftigen. CIMdata gehört zu denen, die sich hier schon früh eine führende Position erobert haben und diese bis heute behaupten können, indem sie den Markt kontinuierlich verfolgen. Anfang der Neunzigerjahre wurde gezielt der Weg in Richtung Globalisierung des Unternehmens eingeschlagen. Heute ist CIMdata eines von wenigen Unternehmen, die auf den Märkten in Nordamerika, Europa und Asien jeweils mit eigenen Niederlassungen aktiv sind. Die europäische Zweigstelle befindet sich in Hoofddorp, Niederlande, und ihr Leiter ist Gerard Litjens. Das Unternehmen zählt in den USA zum sogenannten Small Business mit weniger als 50 Mitarbeitern und weniger als zehn Millionen Dollar Umsatz.

41

41.1
Kernkompetenzen und Ziele

Der Name CIMdata verweist auf die Zeit der Unternehmensgründung, als Computer Integrated Manufacturing (CIM) in aller Munde war. Für CIMdata lag in der Entwicklung digitaler Werkzeuge für die Konstruktion und Entwicklung industrieller Produkte ein ungeheures Potenzial zur Verbesserung der Methoden und Prozesse. Die Ingenieure und das technische Management in der Industrie dabei zu unterstützen, dieses Potenzial zu erkennen und optimal einzusetzen, war das zentrale Ziel der Firmengründung. Zu Beginn des neuen Jahrtausends war CIMdata eines der ersten Marktforschungsunternehmen, das seine gesamte Tätigkeit auf PLM ausrichtete und mit einer eigenen Definition zur Klärung des Begriffes beitrug. Diese Definition, die auf der Homepage nachgelesen werden kann, lautet in ihrem Kern:

> › PLM ist ein unternehmensstrategischer Ansatz, der einen zusammenhängenden Satz von Lösungen zur Unterstützung der Zusammenarbeit in der Produkterstellung sowie des Managements, der Verteilung und Nutzung der Produktdefinitionsdaten beinhaltet,
> › der das erweiterte Unternehmen (einschließlich Kunden, Entwicklungspartner, Zulieferer und anderer) unterstützt,
> › der sich vom Konzept bis zum Lebensende eines Produktes oder einer Anlage erstreckt,
> › und der Menschen, Prozesse, Systeme und Daten integriert.

Der Ort der Firmenzentrale in Ann Arbor ist Research Park Drive in unmittelbarer Nachbarschaft zur University of Michigan. Alle Mitarbeiter von CIMdata sind Ingenieure mit abgeschlossener Hochschulausbildung, fast alle haben etliche Jahre in der Fertigungsindustrie, im Engineering Management oder in der IT-Industrie gearbeitet. Sie verstehen sich nicht als Techniker, die ein Produkt entwickeln helfen, sondern als technologisch kompetente Prozess-Spezialisten, die ihr Know-how dem Management für strategische Beratung anbieten. Die drei Schwerpunkte der Unternehmensaktivitäten unterstützen sich dabei gegenseitig.

1 Beratung
   Dies ist der Hauptfokus. Das Angebot richtet sich einerseits an die produzierende Industrie (Abb. 41.1). CIMdata unterstützt die Unternehmen darin, den größten Nutzen aus dem Einsatz von IT-Technologien zu ziehen, indem ihre strategischen Unternehmensziele mit den optimal passenden Funktionen der verfügbaren IT-Werkzeuge verknüpft werden. Hierher gehören Auswahl und Implementierung von Softwaresystemen, vor allem aber die entsprechende Optimierung und Anpassung von Organisation und Prozessen.
   Andererseits berät CIMdata auch die IT-Anbieter (Abb. 41.2). Hier liegt der Fokus auf der Entwicklung und Optimierung von globalen Geschäfts- und Vermark-

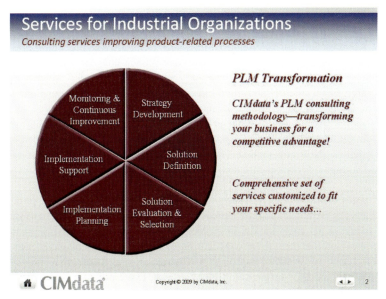

Abb. 41.1 Beratung der Industrie (Quelle: CIMdata)

Abb. 41.2 Beratung der PLM Anbieter (Quelle: CIMdata)

tungsstrategien auf Basis weltweiter Marktanalysen und durch interne Schulung und Training von Vertriebs- und Marketingmannschaften. Auch die unmittelbare Unterstützung der IT-Anbieter bei der Umsetzung ihrer Marktstrategien gehört zum Portfolio.

41

2 Marktforschung

Die Untersuchung des Marktes der IT für die Produktentwicklung dient unmittelbar
dem Kerngeschäft der Beratung. Umfassende Kenntnis der Technologie-Entwick-
lung und ihres Einsatzes in der Industrie, das Wissen über die wirtschaftliche Entwicklung der IT-Unternehmen, über ihre technologischen und Geschäftsstrategien
und ihren finanziellen Hintergrund bieten den Kunden sowohl in der Fertigungsindustrie als auch in der IT-Branche unmittelbaren Nutzen.

Insbesondere für die IT-Anbieter hat CIMdata eine PLM-Gemeinschaft geschaf-
fen, in der Unternehmen und Einzelpersonen zahlendes Mitglied werden können.
Sie erhalten dafür regelmäßig Marktforschungsergebnisse, Berichte zu aktuellen
Entwicklungen, Firmennachrichten und Stellungnahmen von CIMdata.

3 Schulung

Auf Basis einerseits des Materials aus der Marktforschung, andererseits des Wis-
sens aus der Beratungstätigkeit bietet CIMdata Training und Ausbildung sowohl für
die Industrie als auch für die IT-Anbieter. Außer Workshops und Seminaren für
einzelne Unternehmen führt CIMdata auch eigene Industrietagungen durch und
beteiligt sich weltweit an zahlreichen Kongressen und Konferenzveranstaltungen
mit Beiträgen, als Mitorganisator oder Sponsor. Das Haus offeriert ein Programm
zur Zertifizierung von PLM Spezialisten, das aus einer Serie definierter Kurse besteht. Darüber hinaus werden Vertriebs- und Marketingmitarbeiter in der IT-Industrie über ihre jeweiligen Zielmärkte geschult.

Die Zielgruppen in der Fertigungsindustrie sind breit gestreut. Historisch waren
es zuerst die Automobilindustrie, Luft- und Raumfahrt, Rüstungsindustrie, diskrete
Fertigung und Maschinenbau. In den letzten Jahren sind verstärkt Branchen hinzugekommen, die verstehen, dass es auch in ihren Unternehmen ähnliche Veränderungen in den Entwicklungsprozessen gegeben hat und noch geben muss, auf die
sich die Idee des Produkt-Lebenszyklus-Management ebenfalls anwenden lässt.
Zu solchen neuen Zielgruppen gehören vor allem Konsumgüter- und Verpackungs-
industrie, Pharmazie und Lebensmittelhersteller sowie Energielieferanten.

41.2
Aktivitäten

Zwischen 1992 und 2002 war CIMdata Veranstalter einer jährlichen *PDM Conference*
in den USA und Europa, die zu ihren besten Zeiten rund 1.500 Teilnehmer zählte.
Diese Konferenz war eine Veranstaltung für Industrie-Anwender von Produktdaten-
Management Systemen, an der vor allem die Anbieter solcher Software Interesse hatten. Nach zehn Jahren ging die Entwicklung aber in eine Richtung, die außer dem
Datenmanagement vor allem das Prozessmanagement umfasste. Und außer der reinen
Produktentwicklung traten im Rahmen von PLM Konzepten eben auch andere Prozesse, Fach- und Aufgabenbereiche in den Vordergrund. Seitdem sucht und findet CIM-
data die Zusammenarbeit mit zahlreichen Kongressveranstaltern, Messegesellschaften
und anderen Organisationen, um in unterschiedlichen Foren das Thema PLM zu adressieren. So unterstützt CIMdata seit 2004 die Veranstaltung Product Data Technology

Europe (PDT Europe), die abwechselnd in europäischen Ländern stattfindet, und eine Reihe weiterer Veranstaltungen, etwa die Digital Factory in Hannover 2009.

Einmal im Jahr führt das Unternehmen ein *CIMdata PLM Vendor Forum* durch, zu dem IT-Anbieter rund um PLM eingeladen werden. Die Marktentwicklung in Zahlen, Analysen von Trends und der Entwicklung der Anforderungen aus der Industrie sind hier Gegenstand von Vorträgen und Plenumsdiskussion. Die Foren finden innerhalb von drei Wochen jedes Frühjahr in den USA, Europa und Japan statt.

CIMdata veröffentlicht einmal im Jahr einen mehrere hundert Seiten starken *PLM Market Analysis Report*, der für Nicht-Goldmitglieder der PLM Community käuflich zu erwerben ist. Kostenlos kann jedermann den wöchentlichen Newsletter abonnieren, in dem Kurznachrichten und Hinweise auf aktuelle Entwicklungen im Vordergrund stehen. Ein täglicher Newsletter ist den Mitgliedern der Community vorbehalten.

41.3
Vision

Die Menschen werden zunehmend erkennen und akzeptieren, dass das Management des gesamten Produkt-Lebenszyklus eine unternehmensweite Aufgabe von zentraler Bedeutung ist. Die IT-Lösungen, die dafür benötigt werden, spielen neben dem großen Thema ERP/PPS die zweite große Rolle in den Firmeninvestitionen.

PLM wird immer effektiver auch für andere Bereiche als die eigentliche Produktentwicklung genutzt. Um andere einzubeziehen in die Unternehmensprozesse, von der Innovation über die Entwicklung bis zu Produktion und Betrieb beziehungsweise Nutzung, als Basis für diese umfassende Kommunikation, die auch die Kunden und Endnutzer einschließt, wird PLM dienen.

Unternehmensdaten

> **FhG**

> Fraunhofer Gesellschaft

> 1949 gegründet für anwendungsorientierte Forschung

> Institute im Umfeld PLM: **IPA** (Stuttgart), **IPK** (Berlin), **IPT** (Aachen), **IWU** (Chemnitz)

> Sitz der Zentrale: München

> Präsident: **Prof. Dr.-Ing. Hans-Jörg Bullinger**

> Thema PLM beim Leiter des Präsidialbüros: **Dr.-Ing. Stephan Wilhelm**

> Mitarbeiter 2009 weltweit: circa 15.000

> Homepage: http://www.fraunhofer.de/

Prof. Dr.-Ing. Hans-Jörg Bullinger, geboren 1944, absolvierte eine Lehre als Betriebsschlosser bei der Daimler-Benz AG in Stuttgart-Untertürkheim und war dort anschließend zwei Jahre lang als Betriebsmechaniker tätig. Von 1963 bis 1966 besuchte er die Technische Oberschule in Stuttgart und schloss mit der Reifeprüfung ab. Von 1966 bis 1971 studierte er Maschinenbau an der Universität Stuttgart. 1971 wurde er dort wissenschaftlicher Assistent am Institut für Industrielle Fertigung und Fabrikbetrieb IFF. Er promovierte 1974 mit Auszeichnung zum Dr.-Ing. 1975 wurde er mit seiner Ernennung zum Oberingenieur gleichzeitig Leiter der Hauptabteilung Unternehmensplanung an dem durch Kooperationsvertrag mit der Universität Stuttgart verbundenen Fraunhofer-Institut für Produktionstechnik und Automatisierung IPA. Seine Habilitation

schloss er 1978 erfolgreich ab. Im November 1980 erfolgte die Berufung zum ordent-
lichen Professor für Arbeitswissenschaft/Ergonomie an der Universität Hagen. 1981
wurde er zum Leiter des neu gegründeten Fraunhofer-Instituts für Arbeitswirtschaft
und Organisation IAO in Stuttgart ernannt. Seit Juli 1982 ist er ordentlicher Professor
für Arbeitswissenschaft an der Universität Stuttgart. Zu Beginn des Jahres 1991 wurde
er Leiter des an der Universität Stuttgart neu eingerichteten Instituts für Arbeitswissenschaft und Technologiemanagement, das durch Kooperationsvertrag mit dem Fraunhofer IAO verbunden ist.

Abb. 42.1 Prof. Bullinger, Präsident der Fraunhofer Gesellschaft (Quelle: Fraunhofer Gesellschaft)

Prof. Bullinger ist seit 1. Oktober 2002 als Nachfolger von Prof. Dr.-Ing. Hans-
Jürgen Warnecke Präsident der Fraunhofer-Gesellschaft. Neben zahlreichen nationalen
und internationalen Auszeichnungen erhielt er die Ehrendoktorwürde der Universität
Novi Sad, die Ehrenprofessur der University of Science and Technology of China und
die Ehrenmitgliedschaft der rumänischen Gesellschaft für Maschinenbauingenieure.

42.1
Organisation und Ziele

Forschung für die Praxis ist die zentrale Aufgabe der Fraunhofer Gesellschaft. Die
1949 gegründete Organisation betreibt anwendungsorientierte Forschung für die Wirtschaft und zum Vorteil der Gesellschaft. Vertragspartner und Auftraggeber sind In-
dustrie- und Dienstleistungsunternehmen sowie die öffentliche Hand. Im Auftrag von
Ministerien und Behörden des Bundes und der Länder werden zukunftsrelevante

Forschungsprojekte durchgeführt, die zu Innovationen im öffentlichen Nachfragebereich und in der Wirtschaft beitragen.

Die Fraunhofer-Gesellschaft betreibt derzeit mehr als 80 Forschungseinrichtungen – davon 57 Institute – an 40 Standorten in ganz Deutschland. Die Mitarbeiterinnen und Mitarbeiter, überwiegend mit natur- oder ingenieurwissenschaftlicher Ausbildung, bearbeiten ein jährliches Forschungsvolumen von circa 1,4 Milliarden €. Davon entfällt mehr als 1 Milliarde € auf den Leistungsbereich Vertragsforschung. Zwei Drittel dieses Leistungsbereichs erwirtschaftet die Fraunhofer Gesellschaft mit Aufträgen aus der Industrie und mit öffentlich finanzierten Forschungsprojekten. Nur ein Drittel wird von Bund und Ländern als Grundfinanzierung beigesteuert, damit die Institute auch Problemlösungen erarbeiten können, die erst in fünf oder zehn Jahren für Wirtschaft und Gesellschaft aktuell werden. Niederlassungen in Europa, in den USA und in Asien sorgen für Kontakt zu den wichtigsten gegenwärtigen und zukünftigen Wissenschafts- und Wirtschaftsräumen.

Vier der 57 Institute der Fraunhofer Gesellschaft befassen sich intensiver mit dem Thema PLM. In der Regel sind die Institute Hochschullehrstühlen angegliedert, wobei die Professoren meist gleichzeitig geschäftsführende Institutsleiter und Lehrstuhlinhaber sind. Der Vorteil für die Hochschulen liegt in der erheblich besseren Ausstattung der Institute für die Forschung. Dabei gibt es keine strikten Vorgaben der Fraunhofer Gesellschaft für die Aufgabenverteilung zwischen Lehrstuhl und Institut. Für die Studierenden bieten diese Institute einen besonders starken Praxisbezug durch die von der Industrie geprägten Forschungsprojekte.

Die Fraunhofer Gesellschaft sieht sich als Technologieschmiede in der gesamten Bandbreite. Ihre Institute sind in Clustern, Verbünden und Allianzen zusammengeschlossen, die jeweils auf ein übergeordnetes Forschungsthema fokussieren. Zwei dieser Forschungsverbünde befassen sich in unterschiedlicher Intensität mit dem Thema

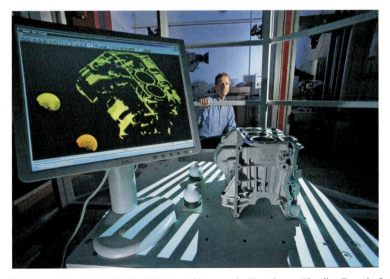

Abb. 42.2 Integrierte, virtuelle Produktentwicklung – ein Kernthema (Quelle: Fraunhofer Gesellschaft)

42

PLM: Der Fraunhofer Verbund Produktion und der Fraunhofer Verbund Informations-
und Kommunikationstechnik. Größeres Gewicht hat das Thema PLM verständlicher-
weise im Verbund Produktion, der Forschung für Industrie und Handel rund um die
Produktion, die Produktentwicklung, die gesamte Wertschöpfungskette und den gesamten Produkt-Lebenszyklus betreibt. Die Institute konzentrieren sich jeweils auf
Aspekte eines Forschungsthemas, die Fraunhofer Gesellschaft auf die Koordination.
Eine zentrale Steuerung der Aktivitäten der einzelnen Institute gibt es nur indirekt über
das Finanzierungsmodell der Fraunhofer Gesellschaft.

Die Fraunhofer Gesellschaft bietet ihre Dienste der gesamten Industrie an. Etwa 80
Prozent der Forschungsprojekte werden im Auftrag von kleinen und mittleren Unter-
nehmen (meist unter 500 Mitarbeiter) durchgeführt, 20 Prozent für Großbetriebe und
Konzerne, wo der juristische Streit um das Patentrecht manchmal länger dauert als die
Projektlaufzeit selbst. Auch in der IT-Industrie arbeiten die Institute der Gesellschaft
mit der gesamten Bandbreite der Unternehmen zusammen.

42.2
Aktivitäten

Die Fraunhofer Gesellschaft sieht ihre Aufgabe nicht in unmittelbar gesellschaftlich-
politischer Tätigkeit. Vielmehr will sie durch Forschung dazu beitragen, dass Themen
erkannt und verstanden werden. So wurde im Dezember 2003 gleichsam als Vorlage
zu dem für 2004 ausgerufenen *Jahr der Technik* beim Carl Hanser Verlag ein *Trendbarometer* herausgegeben, von dem Prof. Bullinger hoffte, „schon zum Auftakt einen
gewichtigen Beitrag zum Jahr der Technik (zu) leisten. Das Buch ist ein wichtiger
Schritt auf dem Weg zu einer Innovationsoffensive, denn es demonstriert, dass wir in
Deutschland eine Fülle von aussichtsreichen Ideen haben. Entscheidend ist, daraus
Innovationen zu machen, die die Wettbewerbsfähigkeit des Standorts Deutschland
steigern." Die Ideen aus Deutschlands Zukunftswerkstätten wurden von einem profi-
lierten Expertenteam aus Wissenschaft und Wirtschaft ausgewählt und bewertet. Das
Trendbarometer zeigte an: Wie innovativ ist die Idee? Wie bedeutend ist diese Innovation für Wirtschaft und Umwelt? Und wann könnte das Produkt in Serie gehen? Kriterien hierfür waren Realisierungswahrscheinlichkeit und Marktrelevanz.

Seit 2004 führt die Gesellschaft jährlich einen strukturierten *Fraunhofer Portfolio-
Prozess* durch, in dem attraktive neue Forschungsfelder identifiziert und Perspektiven
für Zukunftsmärkte entwickelt werden, deren Entwicklungsstand beobachtet und in
den Portfolio-Prozess eingespeist wird. Aus solchen Arbeiten ergeben sich dann immer
wieder auch politische Entscheidungen auf höchster Ebene. So stützt sich die High-
tech Strategie der Bundesregierung für Deutschland nicht zuletzt auf die Erkenntnisse
des *Fraunhofer Portfolio-Prozesses*.

Neben der Forschungsarbeit ist die Fraunhofer Gesellschaft auch vielfältig als Pub-
lizist aktiv. Die Datenbank *Fraunhofer-Publica* dokumentiert die im Rahmen der Forschungstätigkeit der Fraunhofer-Institute entstehenden Publikationen und Patente. Hier
finden sich Hinweise auf Aufsätze, Konferenzbeiträge und Tagungsbände sowie For-
schungsberichte, Studien, Hochschulschriften und Patente beziehungsweise Gebrauchs-

muster. Elektronisch vorhandene Dokumente können direkt aus der Datenbank im Volltext abgerufen werden.

Fraunhofer ePrints ist das offizielle, institutionelle Repositorium der Fraunhofer Gesellschaft. Hier sind die Publikationen der Wissenschaftler und Wissenschaftlerinnen aller Institute weltweit im Volltext frei zugänglich. Im *Fraunhofer Bookshop* finden sich nahezu alle Fachbücher, die aus der Arbeit von Fraunhofer Instituten entstanden sind oder von deren Mitarbeitern verfasst wurden.

Von den Instituten werden zahlreiche öffentliche Workshops, Fachforen und Symposien veranstaltet. Mit anderen Organisationen und Gremien von Wissenschaft und Forschung gibt es eine rege Zusammenarbeit. Im Berliner Kreis und in der Deutschen Akademie der Technikwissenschaften acatech ist die Fraunhofer Gesellschaft über Prof. Dr.-Ing. Dieter Spath vertreten. Mit beiden Organisationen wird der strategische Schulterschluss gesucht, beispielsweise um gemeinsam an einem positiven Image der Ingenieurinnen und Ingenieure zu arbeiten. Ähnlich gibt es gemeinsame Aktivitäten mit dem VDI in Fragen der Nachwuchsförderung („Sachen machen") oder mit dem ZVEI in Fragen der Energieeffizienz.

42.3
Vision

Das Produkt ist immer weniger nur Produkt. Dazugehörige Dienstleistung tritt immer stärker in den Vordergrund. Der Kunde will immer häufiger nur noch das Endergebnis, also die Nutzung der Funktion des Produktes, ohne dass er am Besitz des Produktes selbst interessiert ist. Dem muss sich die Industrie stellen, und dazu muss die Forschung einen Beitrag leisten.

Die heute im Umfeld von PLM eingesetzten Systeme werden ebenfalls in den Hintergrund treten. Sie werden weiterhin da sein, aber sie müssen wesentlich intelligenter werden, mit weniger Aufwand zu nutzen sein. Eingebettete Technologie – zum Beispiel RFID-Technologie (Radio Frequency Identification) – wird auch hier eine große Rolle spielen. PLM muss als Funktionalität im Werkstück, in der Maschine verfügbar sein, die Kommunikationsfähigkeit der gesamten Infrastruktur sich entsprechend anpassen. Das persönliche Nachpflegen von Daten wird Geschichte.

Unternehmensdaten

> **ProSTEP iViP Verein**

> 1993 gegründet als Verein zur Förderung der Produktdatentechnologie, heutiges Motto: *Establishing Leadership in IT-based Engineering*

> Sitz der Zentrale: Darmstadt

> Vorstandsvorsitzender: **Reinhold Pohl, Continental Teves**
> Geschäftsstellenleiterin: **Christine Frick**
> Ansprechpartner PLM: **Dr. Steven Vettermann, Manager Technical Program**

> Mitglieder: circa 180

> Homepage: http://www.prostep.org/

Das ProSTEP Projekt 1991 bis 1993 war ein Verbundvorhaben von CAD/CAM-Anwendern der Automobil- und Elektroindustrie, sowie von Systemanbietern und Softwareentwicklern zur Einführung des Standards STEP in die industrielle Praxis. Nach dem Auslaufen des geförderten Projektes wurde die Gründung des ProSTEP Vereins initiiert. Etliche der Gründungsmitglieder waren zugleich Mitglieder des VDA-Arbeitskreises CAD/CAM. Zur Vorbereitung und Unterstützung von Empfehlungen und zur Realisierung von technischen Standards wurde eine separate Organisation für notwendig gehalten, die sich um diese Themen kümmerte.

Einige Jahre später gab es das *Leitprojekt iViP – integrierte Virtuelle Produktentstehung,* das die Entwicklung und industrielle Einführung von Softwareprodukten für die vollständig virtuelle Produktentstehung auf der Basis virtueller Produkte und durchgängiger, integrierter Prozesse zum Ziel hatte. Nach seinem Ablauf schlossen sich die

43

Abb. 43.1 ProSTEP iViP Symposium 2008 im Ludwig-Erhard-Haus in Berlin (Quelle: Pro-STEP iViP Verein)

Partner – sofern sie ihm nicht ohnehin angehörten – dem ProSTEP Verein an. Als sichtbares Zeichen des Zusammenschlusses heißt der Verein seither ProSTEP iViP Verein.

Er versteht sich als Informations- und Kommunikationsplattform rund um das Thema Produktentwicklung. Im Vordergrund steht dabei das reibungslose Zusammenspiel von Produktdaten, Systemen und Prozessen. In den Anfangsjahren lag der Fokus der Mitgliedsfirmen – führende Hersteller der Automobilindustrie, Luft- und Raumfahrt, Systemanbieter und Forschungsinstitute – auf dem Austausch von CAD-Daten. Herausragendes Ergebnis aus dieser Zeit ist der ISO Standard 10303, auch als STEP (Standard for the Exchange of Product Model Data) bekannt. Mit der zunehmenden Digitalisierung und Globalisierung von Produktentwicklung, Produktions- und Vertriebsprozessen rückte neben der Entwicklung offener Standards im Produktdatenaustausch die Gestaltung der Prozesse und die Steuerung von abteilungs-, firmen- und länderübergreifenden Projekten mehr und mehr in den Vordergrund.

Der Verein besteht aus drei Gruppen. Gruppe 1 sind die Mitglieder aus der Industrie, wobei die Automobilindustrie – die großen Hersteller (OEM) und die Zulieferer – immer noch das größte Gewicht haben, auch wenn inzwischen zahlreiche Mitglieder aus der Luft- und Raumfahrt, aber auch aus dem Schiffbau und der Investitionsgüterindustrie zu verzeichnen sind. Die Gruppe 1 macht etwa 40 Prozent der Mitglieder aus und stellt zwei Vorstände, die einerseits von den OEM, andererseits von den Zulieferern nominiert werden. Die Gruppe 2 mit etwa 35 Prozent sind die Systemanbieter. Hierzu zählen alle Anbieter von Software und Service für die industrielle Produktentwicklung. Diese Gruppe stellt einen Vorstand. Die Gruppe 3 wird von Hochschulen und Verbänden gebildet und ebenfalls durch einen Vorstand repräsentiert. Die vier Vorstände bestimmen aus ihrer Mitte den Vorstandsvorsitzenden. Mit der Geschäftsleitung wird ein Dienstleistungsunternehmen beauftragt. Dies ist derzeit die PROSTEP AG.

43.1
Kernkompetenzen, Ziele

Als Zusammenschluss von Anwendern, IT-Herstellern und Forschungseinrichtungen ist der Verein weltweit herausragend. Er sieht sein Hauptziel in der Förderung industrieller Produktentwicklung unter Einsatz entsprechender IT-Lösungen. Dafür arbeitet der Verein in Projektteams an Spezifikationen und Vorschlägen für industrieweit einsetzbare Standards. Der Themenbereich umfasst alle Arbeitsgebiete vom Konzept bis zur Fertigungsvorbereitung, und hier insbesondere die Erzeugung und Verwendung der Produktdaten. Logistik und Produktion selbst zählen dagegen nicht zu den Arbeitsfeldern.

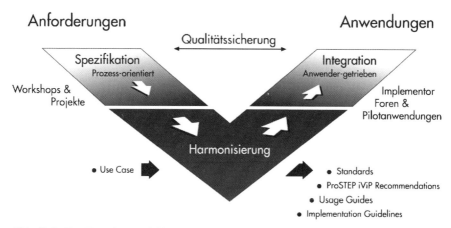

Abb. 43.2 Das Vorgehensmodell des ProSTEP iViP Vereins (Quelle: ProSTEP iViP Verein)

Das Technical Steering Committee (TSC) hat 2005 ein Standardvorgehensmodell für die Durchführung von Vereinsprojekten definiert. Dieses Modell sieht drei Stufen vor:

1 Themen von allgemeinem Interesse identifizieren
Da der Verein nach wie vor stark von der Automobilindustrie geprägt wird, kommen auch die Themen, denen er sich in Projekten widmet, eher aus diesem Bereich und aus der in mancher Hinsicht verwandten Luft- und Raumfahrt. Allerdings gibt es in letzter Zeit auch vermehrt Projektgruppen, die sich mit Aufgabenstellungen aus dem Maschinenbau befassen.
2 Use Cases definieren
Um möglichst rasch zu tragfähigen Ergebnissen zu kommen, müssen Anwendungsfälle in der Praxis beschrieben werden, die das Problem und eine mögliche Lösung klar umreißen. Der Anwendungsfall beschreibt also zugleich die Anforderungen, die von einer etwaigen Lösung erfüllt werden sollen, und den Nutzen, den die Lösung für die Anwender bieten muss.
3 Lösungen formulieren
Zur Definition einer Lösung gibt es einen vorgeschriebenen Ablauf von Arbeitsschritten, der Qualitätsprüfung ebenso einschließt wie bestimmte Zeitvorgaben.

43

Beispielsweise darf kein Projekt eine Laufzeit von insgesamt mehr als drei Jahren Laufzeit aufweisen. Das Ergebnis sind schließlich Spezifikationen, Empfehlungen und Guidlines zur Umsetzung und Anwendung, die veröffentlicht werden und den Mitgliedern dabei helfen, ihre Prozesse so abzustimmen, dass die Zusammenarbeit über Firmengrenzen hinweg gut funktioniert.

Hat ein Projekt diese drei Stufen erfolgreich durchlaufen, geht der Verein noch einen Schritt weiter und setzt sich in sogenannten Implementor Foren und Benchmarks für die Interoperabilität und die Qualität entsprechender Tools ein, die am Markt entwickelt werden. Darüber hinaus sieht der Verein seine Aufgabe auch darin, die Industrie zu Pilotanwendungen zu motivieren und diese entsprechend zu begleiten. Der Verein trägt also aktiv sowohl zur Qualitätssicherung als auch zum Investitionsschutz – zum Nutzen aller Beteiligten – bei.

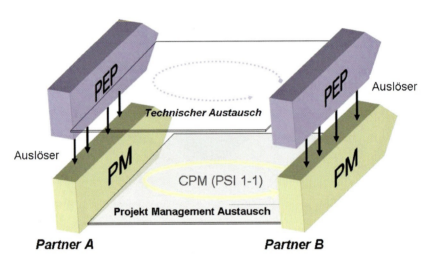

Abb. 43.3 Veranschaulichung des Collaborative Project Management (CPM) (Quelle: ProSTEP iViP Verein)

43.2
Kooperationen, Initiativen

Product Lifecycle Management, Collaborative Project Management (CPM), Requirements Management und Secure Product Creation Processes heißen einige der Schlagworte, die in den rund 15 Projektgruppen des Vereins diskutiert und bearbeitet werden. Auf der Homepage können zu den meisten dieser Themen Empfehlungen heruntergeladen werden, als Vorstufe zu einem international anerkannten Standard. Etwa zu Fragen des Engineering Change Managements (ECM), zum Austausch von Requirements Management Daten, zur Standardisierung und Nutzung von Formaten wie JT –

Thema des JT Workflow Forums – oder zur ECAD/MCAD Collaboration. Zunehmend stehen dabei die Prozesse selbst und Methoden zu ihrer Standardisierung und Verbesserung im Zentrum.

Außer STEP sind eine Reihe weiterer Standards entstanden, die aus dem Verein heraus betrieben wurden oder an deren Definition sich der Verein beteiligt hat. Dazu pflegt er eine intensive Zusammenarbeit mit zahlreichen Organisationen und Verbänden, die sich im weitesten Sinne mit der Standardisierung von Methoden, Verfahren und Technologien für die Produktentwicklung befassen. In erster Linie ist hier der VDA zu nennen, mit dem es nach wie vor einen sehr engen Schulterschluss und – wie bereits angedeutet – eine recht klare Aufgabenteilung gibt. Der ProSTEP iViP Verein kümmert sich um die Lösung technischer Aufgabenstellungen, während der VDA auf strategischer Ebene die Umsetzung in der Automobil- und Zulieferindustrie koordiniert.

Zu den Verbänden und Organisationen, mit denen der Verein zusammenarbeitet, gehören darüber hinaus: die Object Management Group (OMG), mit der unter anderem der Standard *OMG PLM Services* entwickelt wurde; der VDMA, der als Verband auch Mitglied des Vereins ist; das deutsche Institut für Normung (DIN); die International Organization for Standardization (ISO); die hauptsächlich von der US-amerikanischen Luftfahrt getriebene Partnerorganisation des ProSTEP iViP Vereins in den USA PDES, Inc.; der europäische Luftfahrtverband ASD-STAN; die Verbände der Automobilindustrie JAMA (Japan) und SASIG (international).

43.3
Aktivitäten

Neben den Projektgruppen nimmt der Verein seine wichtigste Aufgabe, die Bildung einer Informations- und Kommunikationsplattform rund um das Thema Produktentwicklung, auch öffentlich wahr. Seit 1998 führt er einmal im Jahr das ProSTEP iViP Symposium durch, das eine kontinuierliche Steigerung der Teilnehmerzahlen und der dabei ausstellenden IT- und Dienstleistungsanbieter zu verzeichnen hat. 2008 wurden über 450 Teilnehmer an dem zweitägigen Kongress und 27 Aussteller gezählt. Das Symposium mit seiner Vielzahl von parallel angebotenen Vorträgen und Workshops hat sich zum größten Kongress dieses Themenbereichs entwickelt.

Über eine Reihe von Jahren wurde in jedem zweiten Jahr zusätzlich die mehr wissenschaftlich fokussierte Veranstaltung ProSTEP iViP Science Days durchgeführt.

Seit 1994 gibt der Verein das *ProduktDaten Journal* heraus, das den Mitgliedern zweimal jährlich als Informationsquelle mit Beiträgen von Experten aus der Industrie und der Systemhersteller dient. Außerdem werden in jeder Ausgabe Projekt- und Produktberichte veröffentlicht.

Zu wichtigen Themen von allgemeinem Interesse betätigt sich der Verein auch als Herausgeber von White Papers, mit denen grundsätzliche Fragen einer Technologie oder eines Entwicklungstrends behandelt werden. Arbeitsgruppen und Projektpartner werden vom Verein motiviert und unterstützt, ihre Arbeiten auch außerhalb der Vereinspublikationen zu veröffentlichen.

43

Abb. 43.4 Spezialisten unter sich auf dem ProSTEP iViP Symposium 2008 (Quelle: ProSTEP iViP Verein)

43.4
Vision

Die große Herausforderung der kommenden Jahre ist die Nutzung der IT zur Schaffung einer flexiblen Verbindung unterschiedlicher Unternehmensprozesse. Das ist keine Frage eines einzigen, neuen Datenmodells, sondern eine Frage der Verknüpfung und parallelen Nutzung unterschiedlicher Modelle auf Basis abgestimmter Prozesse. PLM muss erlauben, den jeweiligen Status von Entwicklungsprojekten für alle Beteiligten transparent zu machen. Das Produkt muss während seiner Entwicklung über alle Phasen und Arbeitsschritte verfolgt werden können. Jederzeit muss für alle Teammitglieder klar sein, welche Komponente welchen Status, welche Bedeutung, welche Reife erreicht hat. Davon ist PLM heute noch weit entfernt.

Der ProSTEP iViP Verein hat sich dieser Herausforderung gestellt und trägt nicht nur mit der Spezifikation von Empfehlungen und Standards und deren internationaler Harmonisierung zur Problemlösung bei. Diese Aufgabe ist um so wichtiger, je umfassender – und damit auch komplexer – PLM genutzt wird. Genauso wichtig ist aber auch die Sicherstellung von Interoperabilität und Qualität der darauf aufbauenden Software-Produkte.

Unternehmensdaten

> **PDT Europe**

> Product Data Technology Europe (Konferenz)

> Gestartet 1992 als Projekt der EU Kommission als Kommunikationsplattform für Spezialisten im Umfeld der Produktdatentechnologie

> Betreiber: seit 2004 eurostep

> Geschäftsführer: **Hakan Karden**

> Mitorganisatoren: CIMdata, Pathway Guidance

> Teilnehmer: circa 110

> Homepage: http://ww.pdteurope.com

Die Product Data Technology Europe startete 1992 als Projekt der Europäischen Kommission mit Prof. Horst Nowaki, Technische Universität Berlin, als Kommunikationsplattform für Spezialisten, die in der industriellen Produktentwicklung mit dem wachsenden Thema Produktdatentechnologie beschäftigt waren. Nach dem Ablauf des EU-Projektes wurde die PDT Europe bis 2003 von Bill Mesley, Geschäftsführer des britischen Dienstleisters QMS (Quality Marketing Services), weitergeführt. Ab 2001 wurde Uwe Weißflog vom Dienstleistungsunternehmen Pathway Guidance Mitorganisator. 2004 übernahm das Beratungshaus für PDM/PLM und PLCS (Product Lifecycle Support) eurostep die Verantwortung für die Veranstaltung. eurostep wurde 1994 in Stockholm, Schweden, von Hakan Karden gegründet und hat heute Niederlassungen in Finnland, Frankreich, Deutschland, Großbritannien und den USA. Seit 2005 ist neben Pathway Guidance auch CIMdata Mitorganisator der internationalen Konferenz, die an wechselnden Orten in Europa stattfindet.

Abb. 44.1 PDT Europe Plenum 2008 (Quelle: Pathway Guidance)

Die Konferenz hat sich zu einer paneuropäischen Veranstaltung entwickelt, die von ihren Inhalten am ehesten mit dem ProSTEP iViP Symposium vergleichbar ist. Auch hier spielen Automobilindustrie sowie Luft- und Raumfahrt eine führende Rolle. Daneben sind hier die Rüstungsindustrie und der Schiffbau, Petrochemie, Energieerzeuger, Telekommunikation und Bauindustrie vertreten.

PDT Europe ist ausschließlich eine Kongressveranstaltung. Es gibt keine Organisation hinter dem Kongress, die sich um die Umsetzung von Diskussionsergebnissen bemüht. Das alleinige Ziel ist Information und Erfahrungsaustausch auf hohem Niveau.

Unternehmensdaten

> **sendler\circle it-forum**

> gegründet 1995 als CADcircle, Interessengemeinschaft der M-CAD Anbieter in Deutschland, seit 2002 Interessengemeinschaft der PLM Anbieter

> Leiter: **Dipl.-Ing. Ulrich Sendler**

> Mitglieder: 13

> Homepage: http://www.sendlercircle.com

Dipl.-Ing. Ulrich Sendler, geboren 1951, wurde bei Audi in Neckarsulm zum Werkzeugmacher ausgebildet und arbeitete als NC-Programmierer bei Drauz in Heilbronn, bevor er von 1981 bis 1985 an der Fachhochschule Heilbronn Feinwerktechnik studierte. Im Praktikum bei Kolbenschmidt wurde er mit dem Redesign der im Hause geschriebenen CAD-Software betraut, das im Rahmen der Diplomarbeit abgeschlossen wurde. Von 1985 bis 1987 arbeitete er als CAD-Softwareentwickler bei Kolbenschmidt. Von 1987 bis 1989 war er als Redakteur der Fachzeitschrift CAD-CAM REPORT für M-CAD Systemtests verantwortlich. Seit 1989 ist er freiberuflich als Analyst, Journalist und Buchautor tätig.

Ulrich Sendler gründete 1995 mit 14 Geschäftsführern von M-CAD-Herstellern den CADcircle als Roundtable, der sich rasch als Interessengemeinschaft etablieren konnte. Das Thema CAD wurde von den Mitgliedern zunächst generell auf Standardsoftware für Geometriebeschreibung ausgedehnt und umfasste bald außer M-CAD auch E-CAD, Architektur-CAD (AEC) und Geografische Informationssysteme (GIS). Der Kreis wuchs auf circa 30 Mitglieder an. Im Zuge der einsetzenden Marktkonsolidierung kam er allmählich wieder auf die ursprüngliche Größe.

45

Mit der Umbenennung in sendler\circle it-forum war eine Neuausrichtung verbunden, und zugleich eine Trennung von den Themen Architektur-CAD und GIS. Seither versteht sich die Gruppe als Interessengemeinschaft der Anbieter von Software und Service für den industriellen Produktentstehungsprozess. Der Schwerpunkt hat sich verlagert von M-CAD, das nur noch vier der Mitglieder zum eigenen Produktportfolio zählen, zu PLM. 2004 einigten sich die Mitglieder in Liebenstein auf eine erste gemeinsame Definition der gesamten Branche für Produkt-Lebenszyklus-Management (PLM), die in den *Liebensteiner Thesen* festgehalten wurde.

Ulrich Sendler hat ungezählte Fachbeiträge und etliche Whitepaper zu Fragen rund um die Entwicklung und den Einsatz von CAD und PDM und zur Definition und Umsetzung von PLM Konzepten verfasst. Er ist Autor von sieben Fachbüchern, die sich mit strategischen Fragen rund um Engineering IT beschäftigen.

Publikationen (Auszug):

> Ulrich Sendler, Volker Wawer, *CAD und PDM – Prozessoptimierung durch Integration*, Carl Hanser Verlag München, 2005 (2. Auflage 2007), ISBN 978-3-446-41202-6
> Ulrich Sendler, *Webtime im Engineering – Internetstrategien fürs Prozessmanagement*, Springer-Verlag Berlin Heidelberg New York, 2001, ISBN: 3-540-41434-7
> Ulrich Sendler, *C-Technik und Java – Neue Perspektiven für die Industrie*, Hanser Verlag München, 1998, ISBN: 3-446-19425-8
> Ulrich Sendler, *CAD & Office Integration, OLE für Design und Modellierung – Eine neue Technologie für CA-Software*, Springer-Verlag Berlin Heidelberg, 1995, ISBN: 3-540-59331-4
> Ulrich Sendler, *Die Flexiblen und die Perfekten, Nordamerikanische und deutsche Produktentwicklung – ein praktischer Vergleich*, Springer-Verlag Berlin Heidelberg, 1995, ISBN: 3-540-58727-6

45.1
Kernkompetenzen und Ziele

Laut Satzung versteht sich das sendler\circle it-forum als „die Interessengemeinschaft der Anbieter von Software und Service für den Einsatz im industriellen Produktentstehungsprozess. Der circle vertritt die Branche auch nach außen, insbesondere gegenüber den Medien und Messeveranstaltern."

Als Ziele des Kreises werden in der Satzung formuliert: „Das sendler\circle it-forum ist ein exklusiver Kreis hochrangiger Vertreter führender Anbieter, die aktuelle Themen der Branche erörtern, Trends erfassen und Informationen austauschen, noch bevor sie den Markt und die Öffentlichkeit erreichen. Der circle greift in die öffentliche Debatte ein, um Themen zu setzen, Impulse zu geben und Trends zu etablieren. Besonderes Augenmerk gilt der Erfassung von firmen- und branchenübergreifenden

IT-Anforderungen aus der Industrie auf strategischem Niveau und dem Gedankenaustausch mit Forschung und Lehre."

Als Kerngruppen des circle werden die Anbieter von M-CAD, E-CAD, PDM und PLM-Dienstleistung genannt.

Dreimal im Jahr finden Mitgliederversammlungen statt, auf denen Themen von allgemeinem Interesse, Entwicklungstrends in der Technologie und in der Anwendung behandelt werden. Zu diesen Themen werden hochkarätige Referenten aus der Wissenschaft, aus der Dienstleistung und vor allem aus allen Sparten der Fertigungsindustrie eingeladen.

Der Kreis führt keine öffentlichen Veranstaltungen oder Messen durch. Da fast alle wichtigen Anbieter vertreten sind, haben öffentliche Stellungnahmen zu aktuellen Entwicklungen Gewicht.

45.2
Vision

PLM wird eine Lösung bieten für die Integration der verschiedenen Fachdisziplinen im Engineering, die für moderne, stark von der Digitalisierung geprägte Produkte benötigt werden.

PLM wird sich ausdehnen auf die Bereiche vor der Produktentwicklung (Ideenmanagement, Vorausschau, Technologieplanung, Requirements Management etc.), in die Fertigungsplanung und Produktionsvorbereitung hinein (Digitale Fabrik) und in andere Unternehmensprozesse (Marketing, Vertrieb, Technische Dokumentation, Kundendienst). Das Thema wird auch den Kunden mit einbeziehen und muss Lösungen finden für die Rückführung von Informationen des Kunden und aus dem Produkteinsatz bis in die Entwicklungs- und Vorentwicklungsbereiche.

PLM wird zum zentralen Thema, das die Prozessintegration, die Veränderung der Organisationsstrukturen und die Verbesserung der IT-Unterstützung adressiert. Dazu wird es seinen Schwerpunkt zunehmend von einem IT-Thema zu einem Thema der industriellen Prozess- und Verfahrensentwicklung verlagern.

Unternehmensdaten

> **VDA-AK PLM**
> Arbeitskreis PLM des Verbands der Automobilindustrie (VDA)

> 1982 gegründet als VDA-Arbeitskreis CAD/CAM

> Leiter: **Martin Saller**, AUDI AG

> Mitglieder: 30

> Homepage:
> http://www.vda.de/de/verband/fachabteilungen/logistik/infos/plm/index.html

Der Verband der Automobilindustrie (VDA) hat bei der Einführung von Computer-technologie in der Produktentwicklung sehr früh eine führende Rolle übernommen. Als der VDA Arbeitskreis (AK) CAD/CAM 1982 gegründet wurde, lag der Schwer-punkt der Tätigkeiten im Bereich der damals noch jungen NC-Technologie. Die deut-sche Automobilindustrie machte sich stark für internationale Standardformate, die die Nutzung von CAD für die NC-Bearbeitung erleichtern sollte. Dazu schlossen sich im Arbeitskreis CAD/CAM 25 VDA-Mitglieder zusammen. Im Unterschied zu ähnlichen Gremien der internationalen Automobilindustrie waren hier von Anfang nicht nur die großen Hersteller, sondern – sogar mehrheitlich – auch die Zulieferer vertreten. 2007 wurde der Arbeitskreis umbenannt in AK PLM. Innerhalb des VDA ist der AK der Abteilung Logistik angegliedert. Den Vorsitz hat für jeweils drei Jahre ein Vertreter der OEM's. Im Dezember 2008 übernahm Martin Saller, Leiter Prozess- und System-integration sowie Virtuelle Absicherung bei AUDI, den Vorsitz von Otto Joormann, VW. Vor den letzten großen Firmenzusammenschlüssen in der Automobilindustrie hatte der Kreis 2007 eine Stärke von 34 Mitgliedern erreicht. Drei bis vier Sitzungen

46

pro Jahr dienen der Organisierung der gemeinsamen Projekte, über deren Stand auf den Sitzungen berichtet wird.

46.1
Kernkompetenzen und Ziele

Zur Zeit der Gründung des Arbeitskreises CAD/CAM gab es lediglich das internationale Austauschformat *Initial Graphics Exchange Specification (IGES)*. Damit konnten aber nur die mit CAD erstellten technischen Zeichnungen zwischen unterschiedlichen Systemen ausgetauscht werden. Für das computergesteuerte Fräsen und Drehen und für die Blechbearbeitung wurde ein Weg gesucht, um auch die entstehenden 3D-Flächendaten der zu bearbeitenden Fertigteile in einem Format zur Verfügung zu haben, das eine einfache Umsetzung in die NC-Programme der Maschinensteuerungen erlaubte. 1987 war hier mit der Veröffentlichung der *VDA-FS,* der VDA-Flächenschnittstelle, der erste große Erfolg des Arbeitskreises zu verzeichnen.

Für die wirtschaftliche, zeitsparende und zuverlässige Übertragung produktdefinierender Daten zwischen heterogenen CAD/CAM-Systemen spielten zunächst die neutralen Schnittstellen zwischen den CAx-Systemen eine dominierende Rolle. Später rückte verstärkt das Thema Produktdaten-Management in den Vordergrund der Arbeit. Stets lag dabei der Fokus auf der Generierung offener Systeme und der Konzeption allgemeingültiger Abläufe. In den letzten Jahren dehnte sich die Thematik durch die immer stärker verteilten Entwicklungsprozesse aus in Richtung Zusammenarbeit: erstens zwischen den OEM's untereinander, zweitens zwischen den OEM's und ihren Zulieferern, und drittens vor allem zwischen den Zulieferern, die ja ebenfalls zunehmend von Zusammenschlüssen und Joined Ventures betroffen sind. Wobei die Zusammenarbeit nicht nur die eigentlichen Entwicklungsabteilungen betrifft, sondern über den gesamten Produkt-Lebenszyklus reicht. Die vom AK definierten Verfahren sollen als Empfehlungen beziehungsweise als DIN/ISO-Norm veröffentlicht und sowohl national als auch in der internationalen Kooperation angewandt werden.

46.2
Aktivitäten und Kooperationen

Etliche Projekte wurden erfolgreich abgeschlossen. Eine kleine Auswahl soll die Vielfältigkeit der Aktivitäten und ihren Nutzen für die Industrie deutlich machen.

Ziel der Arbeitsgruppe DFÜ (Datenfernübertragung im CAx-Datenaustausch) war beispielsweise die Entwicklung und Umsetzung von Methoden und Empfehlungen für den Austausch technischer Daten im globalen Entwicklungsverbund. Das Ergebnis, die VDA-Empfehlung 4951, macht die automatisierte Bearbeitung von Sende- und Empfangsdaten möglich. Eine der praktischen Umsetzungen war der 2005 veröffentlichte globale elektronische Lieferschein ENGDAT V3.

Die Arbeitsgruppe Datenqualität beschäftigte sich mit der Vermeidung von Datenverlusten, die auf schlechter Datenqualität beruhen. Zur Entwicklung und Umsetzung von Methoden zur Reduzierung solcher Verluste wurde die VDA-Empfehlung 4955 veröffentlicht. Sie legt Qualitätskriterien von CAD-Daten fest und macht sie durch Initiierung von Prüfprogrammen sichtbar und prüfbar. Das Ergebnis war ein deutlicher Rückgang des Aufwands zur Korrektur und Neuerstellung von CAD-Daten in den verschiedenen Prozessketten.

Die 2005 vom ProSTEP iViP Verein initiierte Arbeitsgruppe SimPDM, der sich der VDA-AK 2006 anschloss, befasste sich mit dem Management von Simulationsdaten (zum Beispiel aus CAE oder FEM Systemen). Diese Informationen werden meist nicht synchron im gleichen PDM-System verwaltet wie die CAD-Daten, was unter anderem die Beschaffungs- und Abgleichprozesse langsam und fehleranfällig macht. Das Ergebnis des 2008 abgeschlossenen Projektes ist die VDA-Empfehlung 4967, die die Erzeugung und Nutzung von Simulationsdaten durch Integration der CAE-Daten und -systeme in die Produktdatenverwaltung beschleunigen und absichern hilft.

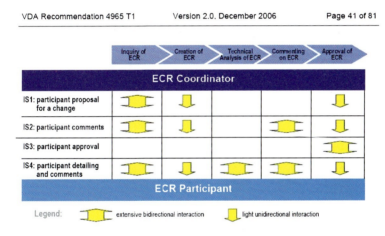

Abb. 46.1 Grafik aus der VDA-Empfehlung zum Engineering Change Management (ECM) (Quelle: VDA)

Die Ende 2007 abgeschlossene Arbeitsgruppe Langzeitarchivierung (LZA) wiederum hatte das Ziel, gemeinsame Methoden zur langfristigen Archivierung von 3D-CAD-Produktdaten zu entwickeln und umzusetzen, um etwa rechtliche Forderungen zur Produkthaftung und Nachweisführung langfristig abzusichern. Durch die enge Zusammenarbeit mit dem ProSTEP iViP Verein konnten dabei auch Erfahrungen anderer Branchen – vor allem der Luft- und Raumfahrtindustrie – genutzt werden.

Die Arbeitsgruppe Digitale Fabrikplanung soll die Erstellung und Nutzung von 3D-CAD-Daten für eine integrierte, effektive, rechnergestützte Fabrikplanung, -dokumentation und -bewirtschaftung fördern. Dazu wurde das STEP-basierte Austauschformat „STEP-CDS" auf weitere CAD-Systeme und Anwendungsgebiete übertragen. Dieses Format hat sich also als Schnittstelle zwischen Fabrikplanungs- und Management-Systemen sowie zur Langzeitarchivierung etabliert.

46

Aufgabe der Arbeitsgruppe Fahrzeugelektrik ist die Verbesserung der Bordnetz-Entwicklungsprozesse und deren Integration in die benachbarten Prozesse und Systeme. Die Arbeitsgruppe hat dazu ein Datenmodell für die Kabelbaumliste (KBL, VDA-Empfehlung 4964) entwickelt und im neutralen Produktdatenformat STEP (AP 212) abgebildet.

Mit dem Projekt Änderungsmanagement (ECM) sollten die Änderungsdurchlaufzeiten bei gleichzeitiger Erhöhung der Prozesssicherheit vor allem bei firmenübergreifenden Änderungsprozessen reduziert werden. Ergebnisse der mit dem ProSTEP iViP Verein gemeinsam durchgeführten Projektarbeit liegen in Form der VDA-Empfehlung 4965 vor und sind inzwischen in SASIG-Empfehlungen auch international verankert.

VDA Recommendation 4965 T1	Version 2.0, December 2006	Page 52 of 81

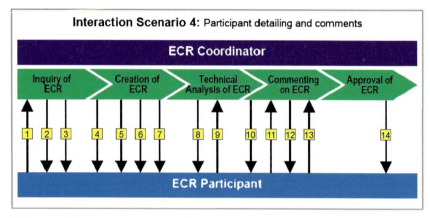

Abb. 46.2 Eines der Szenarios für Änderungsanforderungen aus der Empfehlung zu ECM (Quelle: VDA)

Jüngste Initiative ist das gemeinsam mit dem ProSTEP iViP Verein Anfang 2009 gestartete JT Workflow Forum, in dem einerseits die Standardisierung des neutralen Datenformates JT durch die ISO unterstützt wird, andererseits aber auch anhand zahlreicher Anwendungsfälle untersucht wird, wie dieses Format in den verschiedenen Teilprozessen der Produktentstehung und in nachfolgenden Geschäftsprozessen implementiert und genutzt werden kann, und wie sich durch seinen Einsatz die Prozesse effizienter gestalten lassen. Zudem sollen Ende 2009 die Ergebnisse eines JT-Benchmarks veröffentlicht werden.

Bei all diesen Aktivitäten arbeitet der VDA-AK eng mit anderen Organisationen zusammen, die im Rahmen der Standardisierung jeweils eine Rolle spielen. Besonders eng ist die Kooperation mit dem ProSTEP iViP Verein. Viele Mitglieder des AK sind zugleich Mitglieder im Verein. Der ISO Standard 10303, auch als STEP (Standard for the Exchange of Product Model Data) bezeichnet, ist wohl das bekannteste Ergebnis der gemeinsamen Standardisierungsbemühungen.

Auch mit dem VDMA gibt es Absprachen und Vereinbarungen. So beinhaltete die VDA-Empfehlung 4950 *Vereinbarungen zum CAD/CAM-Datenaustausch (Verbindlichkeit von CA-Daten)* und wurde als Ergänzung der technischen Empfehlungen zum Einsatz von Schnittstellen, die im VDMA/VDA-Einheitsblatt 66318 festgehalten sind, herausgegeben.

Der VDA ist Gründungsmitglied der europäischen Non-profit-Organisationen ENX (European Network Exchange) und Odette International, die Standardisierungsaufgaben im Bereich der unternehmensübergreifenden Zusammenarbeit in der Automobilindustrie wahrnehmen. Das Odette File Transfer Protocol (OFTP) ist ein unter dem Dach der Odette entwickeltes Protokoll zur direkten elektronischen Übertragung von Dateien zwischen zwei Kommunikationspartnern.

Ebenso ist der Arbeitskreis Mitglied in der SASIG, der Strategic Automotive product data Standards Industry Group, einer Art Dachverband, dem neben dem VDA die US-amerikanische AIAG (Automotive Industry Action Group), die französische GALIA (Groupement pour l'Amélioration des Liaisons dans l'Industrie Automobile), die japanische JAMA (Japan Automobile Manufacturers Association), und Odette Sweden angehören. Der AK versucht in allen Fragen, die die Automobilindustrie und vor allem ihre Netzwerke von Zulieferern, aber nicht unmittelbar den Wettbewerb untereinander betreffen, Stellung zu beziehen und die Mitglieder durch Empfehlungen, Grundsatzvereinbarungen oder Informationen bei ihrer Arbeit zu unterstützen und greift dabei immer wieder Themen auf, für die eine gemeinsame Lösung erstrebenswert erscheint.

46.3
PLM und der VDA-AK PLM

Die Bedeutung von PLM für die Automobilindustrie ist sehr groß und wird weiter wachsen. Die Umbenennung des VDA-AK CAD/CAM in VDA-AK PLM bringt dies zum Ausdruck. Kernpunkte sind dabei die Integration der Ingenieurdisziplinen und ihrer Daten, die Verbesserung der firmenübergreifenden Zusammenarbeit in der Produktentwicklung und die Integration des Produktentstehungsprozesses mit den anderen Unternehmensprozessen.

Die Rolle von IT wird innerhalb des Gesamtthemas PLM schwächer werden. An oberster Stelle der Prioritätenliste steht der Prozess. In nächster Zeit wird das Thema der Integration von Elektrik/Elektronik mit Mechanikkonstruktion noch stärker in den Vordergrund rücken. Und auch für die bessere Integration der Hardware- und Softwareentwicklung in den Gesamtprozess Produktentstehung braucht die Automobilindustrie immer dringender eine Lösung.

Unternehmensdaten

> **Abteilung Informatik im VDMA**

> 1985 gegründet als Querschnittsbereich des VDMA
> (Verband Deutscher Maschinen- und Anlagenbau e.V.)

> Leiter: **Dipl.-Inform. Rainer Glatz**

> Ansprechpartner
> für PLM: **Meinolf Gröpper**

> **VDMA-Fachverband Software**

> 1999 gegründet

> Geschäftsführer: **Dipl.-Inform. Rainer Glatz**

> Mitglieder: 300

> Homepage: http://www.vdma.org

Dipl.-Inform. Rainer Glatz studierte Informatik an der Universität Karlsruhe und war wissenschaftlicher Mitarbeiter von Prof. Grabowski am Institut für Rechneranwendung in Planung und Konstruktion der Universität Karlsruhe. Von 1987 bis 1990 war er Referent der Abteilung Informatik im VDMA, die er seit 1990 leitet. Seit 2000 ist er zudem Geschäftsführer der Fachverbände Elektrische Automation und Software.

Innerhalb des VDMA ist Meinolf Gröpper als Referent der Abteilung Informatik für Themen wie CAD, PDM, PLM, technische Dokumentation und Normung von Schnittstellen zum CAD-Datenaustausch und Systemintegration zuständig und damit der Ansprechpartner zum Thema PLM.

47

47.1
Kernkompetenzen und Ziele

Der VDMA bietet europaweit das größte Branchennetzwerk der Investitionsgüter-industrie, vertritt 3.000 vorrangig mittelständische Unternehmen und ist damit einer der mitgliederstärksten und bedeutendsten Industrieverbände in Europa. Mit einem Umsatz von rund 190 Milliarden Euro (Stand: 2007) und 962.000 Beschäftigten (Stand: Sept. 2008) gehört der Maschinen- und Anlagenbau zu den größten Branchen und wichtigsten Arbeitgebern in Deutschland.

Abb. 47.1 Eingangsbereich der Zentrale des VDMA in Frankfurt (Quelle: VDMA)

Der Verband gliedert sich in 39 Fachverbände, regionale Landesverbände, 15 zentrale Fachabteilungen sowie Servicegesellschaften. In Berlin und Brüssel pflegt der VDMA den direkten Austausch mit wirtschaftspolitischen Entscheidungsträgern und Multiplikatoren.

Der VDMA vertritt die Investitionsgüterindustrie ganzheitlich – von der Komponente bis zur Anlage, vom Systemlieferanten über den Systemintegrator bis zum Dienstleister und bietet ebenso branchenspezifische wie übergreifende Zusammenarbeit. Früh erkannte der Verband, dass sich Software immer mehr zu einem Kernthema in der Fertigungsindustrie entwickelt, und gründete bereits Mitte der Achtzigerjahre eine eigene Abteilung Informatik, die als Querschnittsbereich das Thema Informatik für alle Fachverbände aufbereitet.

Der 1999 ins Leben gerufene Fachverband Software setzte sich das Ziel, die Mitglieder bei der Sicherung eines nachhaltigen Unternehmenserfolges durch effizienten Einsatz und effiziente Entwicklung von Software in Produkten, Dienstleistungen und Prozessen zu unterstützen.

Der Fachverband bildet gemeinsam mit der Abteilung Informatik eine Plattform für den Erfahrungsaustausch unter den Mitgliedsfirmen. Er liefert aktuelle Informationen, zeigt Trends auf und gibt pragmatische Hilfen. Ausgerichtet am Ziel, wichtigster Ansprechpartner im Bereich Software für die Mitgliedsunternehmen des VDMA zu sein, werden unter anderem folgende Leistungen angeboten:

> Intensivierung der Zusammenarbeit zwischen Maschinenbau und Software-häusern
> Ausarbeitung neutraler Leitfäden und Entscheidungshilfen
> Information über aktuelle Entwicklungen und Trends
> Standardisierung / Normung
> Gemeinsame Marketing und Messeaktivitäten
> Statistiken und Kennzahlen zu Software
> Gemeinschafts- und Verbundforschung
> Politische und wirtschaftliche Interessenvertretung

In all diesen Tätigkeitsfeldern spielt seit einigen Jahren das Thema PLM eine wachsende Rolle.

47.2
Aktivitäten und Kooperationen

Der VDMA-Fachverband Software ist ideeller Träger der Internationalen Leitmesse der Hannover Messe *Digital Factory*, innerhalb der die Anbieter von PLM-Lösungen den größten Schwerpunkt bilden, während die Mitglieder des VDMA generell einen Großteil der Aussteller der Hannover Messe stellen. Bei beiden Seiten, Anbietern wie Anwendern – die gleichzeitig Aussteller in anderen Bereichen sind – kommt die Messe gut an. Auch für den Teil der CAD/CAM- und PDM-Messe CAT.PRO, der inzwischen in der internationalen Ausstellung für Metallbearbeitung AMB in Stuttgart aufgegangen ist, hat der Fachverband die ideelle Trägerschaft übernommen.

Zu wichtigen Themen von allgemeinem Interesse für die Mitglieder organisiert der Verband Veranstaltungen wie die Anbieter-/Anwender-Dialoge, aus denen heraus sich immer wieder Arbeitskreise bilden, deren Ziel die Erarbeitung von Leitfäden und Entscheidungshilfen ist. So wurde 2003 aus dem Anbieter-/Anwender-Dialog *Product Engineering* der Arbeitskreis *Systemfunktionalitäten* gegründet, der einen *Fragenkatalog zur Einführung von 3D-CAD* formulierte. Der Fragebogen richtete sich an Führungskräfte und Verantwortliche und stellte einerseits eine Hilfe für die Entscheidungsfindung, andererseits eine Checkliste für die Entscheidungsträger und das Management des Unternehmens dar. Er wurde rund 1.500 Mal verteilt. Im Oktober 2005

47

erschien die *Entscheidungshilfe zur Einführung von PDM-Systemen*, bei der in ähnlicher Weise wichtige Begriffe und Fragen, diesmal eben zu PDM, im Vordergrund standen.

Im Mai 2008 brachte der Verband den *Leitfaden zur Erstellung eines unternehmensspezifischen PLM-Konzeptes* heraus. Auf 96 Seiten wird hier das Thema PLM grundsätzlich in einer für das Management im Maschinen- und Anlagenbau verständlichen Form abgehandelt. Von der Begriffsbestimmung, die keine neue VDMA-Definition zu den gängigen PLM-Definitionen hinzufügt, sondern sie aus verfügbarem Material zusammenträgt, über die Beschreibung aller Phasen des Produkt-Lebenszyklus im Maschinenbau bis hin zu einem Vorgehensmodell zur Erarbeitung und Umsetzung eines PLM-Konzeptes.

Wie bei den Entscheidungshilfen zu CAD und PDM arbeitete der VDMA auch hier nicht nur mit Anbietern und Anwendern zusammen, sondern auch mit Forschungsinstituten wie der Otto-von-Guericke-Universität Magdeburg oder dem Werkzeugmaschinenlabor (WZL) in Aachen. Im Rahmen dieses Leitfadens wurden Prozess-Stammblätter zur Beschreibung einzelner Abläufe und der sogenannte PMW-Steckbrief entwickelt. So lassen sich jeder Phase des Lebenszyklus die betroffenen Prozesse, die anzuwendenden Methoden und die zu nutzenden Werkzeuge auf relativ einfache Weise zuordnen. In dieser auf die praktische Umsetzung ausgerichteten Form ist der Leitfaden bisher einzigartig. Er bringt deutlich zum Ausdruck, dass PLM längst nicht mehr nur ein Thema für die Großindustrie des Automobil- oder Flugzeugbaus ist, sondern im allgemeinen Maschinen- und Anlagenbau angekommen ist.

Neben den eigenen Initiativen beteiligt sich der Fachverband Software wie der gesamte VDMA aktiv an zahlreichen Industriekooperationen. So bietet die VDMA-Gesellschaft für Forschung und Innovation (VFI) als Projektdienstleister die Möglichkeit einer effizienten Organisation und Abwicklung von Verbundforschung im Auftrag von Industriekonsortien und unterstützt Unternehmen des Maschinen- und Anlagenbaus auch bei der Initiierung und Beteiligung an nationalen und europäischen Forschungsprojekten. Zuletzt im Umfeld der Produktentstehung bekannt wurde die vom BMBF geförderte Initiative ConImit (Contra Imitatio), die Anfang 2008 zum Kampf gegen Produktpiraterie und gegen den Diebstahl geistigen Eigentums von Ingenieuren gebildet wurde. Hier gehört der VDMA mit dem VFI zu den Initiatoren.

2004 und 2005 war der VDMA ideeller Träger der Kampagne *PDM produktiv!*, einer Initiative von COMPASS, Microsoft, PROCAD und der Otto-von-Guericke-Universität Magdeburg zu Unterstützung der Breitenanwendung von PDM vor allem in der mittelständischen Industrie. In Zusammenhang mit dieser Kampagne wurden in der Zentrale des VDMA in Frankfurt auch zwei Anwender-Veranstaltungen durchgeführt, in deren Rahmen sich insgesamt mehr als 200 Teilnehmer über Erfahrungen mit dem Einsatz von PDM austauschten.

2007 und 2008 übernahm der VDMA die ideelle Trägerschaft der Kampagne *Engineering produktiv!*, an der neben Microsoft und der Uni Magdeburg die IT-Anbieter Autodesk, EPLAN und Siemens PLM Software teilnahmen. Dabei ging es um die Verbreitung des Gedankens der Prozessorientierung in Zusammenhang mit der PDM-Nutzung.

Generell gibt es eine rege Zusammenarbeit mit anderen Organisationen. Mit dem ProSTEP iViP Verein wird eine wechselseitige Mitgliedschaft gepflegt. Punktuelle Kooperationen existieren darüber hinaus mit dem VDA, dem Zentralverband Elektro-

Abb. 47.2 Siegerehrung der Kampagne *PDM produktiv!* während der Digital Factory 2005 (Quelle: VDMA)

technik- und Elektronikindustrie (ZVEI), dem Bundesverband der Deutschen Industrie (BDI) und dem Verband der Chemischen Industrie (VCI). Gute Kontakte gibt es auch zu den Wissenschaftsorganisationen Berliner Kreis und acatech.

47.3
Vision

Welche Rolle das Kürzel PLM für die Industrie und für den VDMA spielen wird, ist schwer vorherzusehen. Im Unterschied zu vielen Kürzeln, die im Verlauf der Entwicklung der Softwareindustrie und der Anwendung von Software in der Fertigungsindustrie bereits gehandelt und bald wieder vergessen wurden, scheint sich PLM allerdings besser zu behaupten.

Der Lebenszyklus eines Produktes umfasst wesentlich mehr als nur die Informationstechnologie, die zu seinem Management benötigt und eingesetzt wird, und er umfasst mehr als nur Informationen. Insofern wird das Produkt-Lebenszyklus-Management für den VDMA und seine Mitglieder in den kommenden Jahren eine stark wachsende Bedeutung haben. Insbesondere hinsichtlich der Zusammenführung der Engineering Daten aus den unterschiedlichen Ingenieurdisziplinen für die Entwicklung mechatronischer Produkte.

Eine wichtige Rolle wird auch spielen, dass die Industrie die Planung der Prozesse nicht mehr als separate Phase des Lebenszyklus betrachtet, sondern als vorgelagerte, alle Prozesse tatsächlich übergreifende Aufgabe. Nur so können die Unternehmen mit der erforderlichen Flexibilität und dem passenden Tempo auf die immer häufigeren und in schnellerer Folge stattfindenden Veränderungen reagieren. PLM wird dabei helfen, Entscheidungen in jeder Phase des Lebenszyklus frühzeitig treffen zu können.

Die Ausbildung am System wird künftig ebenfalls stärker in den Vordergrund rücken. Nur mit entsprechender Schulung der Mitarbeiter können die wirklichen Nutzen der mit hohen Investitionen implementierten IT-Systeme tatsächlich erzielt werden. Nur wer den Unterschied zwischen verschiedenen Funktionen und unterschiedlichen Anwendungsmethoden kennt, kann im Einzelfall entscheiden, was jeweils den größten Erfolg verspricht.

Im Folgenden sind die Ansprechpartner für die Kapitel über Industrie, IT-Branche, Verbände und Vereine sowie Wissenschaft und Forschung in alphabetischer Reihenfolge aufgeführt.

Prof. Dr.-Ing. Michael Abramovici (Kapitel 28)
IT in Mechanical Engineering (ITM), Lehrstuhl für
Maschinenbauinformatik, Ruhr-Universität Bochum (RUB)
+49 (234) 322 7009
abr@itm.ruhr-uni-bochum.de

Prof. Dr.-Ing. Reiner Anderl (Kapitel 29)
DiK Fachgebiet Datenverarbeitung in der Konstruktion,
Fachbereich Maschinenbau der Technischen Universität Darmstadt
+49 (06151) 16 6001
anderl@dik.tu-darmstadt.de

Hartmut Ball, Heidelberger Druckmaschinen AG (Kapitel 12)
Leiter Prozesse und Systeme F&E
+49 (06221) 92 – 00
Hartmut.Ball@heidelberg.com

Prof. Dr. Dr. h.c. Manfred Hans Bertold Broy (Kapitel 35)
Lehrstuhl für Informatik IV: Software und Systems Engineering
Technische Universität München (TUM)
+49 (089) 289 – 17304
broy@in.tum.de

Michael Brückmann, Dassault Systèmes (Kapitel 18)
Manager Marketing & Communications PLM Value Channel
Deutschland, Österreich, Schweiz
Tel.: +49 711 49074 304
Michael.Brueckmann@3ds.com

Fritz Eckert, CLAAS KGaA mbH (Kapitel 11)
Leiter Technical Standards, PLM
+49 (05247) 12 – 2035
fritz.eckert@claas.com

Prof. Dr.-Ing. Martin Eigner (Kapitel 31)
VPE Lehrstuhl für Virtuelle Produktentwicklung,
Technische Universität Kaiserslautern
+49 (0631) 205 – 3873
eigner@mv.uni-kl.de

Prof. Dr.-Ing. Jörg Feldhusen (Kapitel 25)
ikt Lehrstuhl und Institut für Allgemeine Konstruktionstechnik
des Maschinenbaus, RWTH Aachen
+49 (0241) 80 – 273 42
feldhusen@ikt.rwth-aachen.de

Prof. Dipl.-Ing. Manfred Fischer (Kapitel 33)
CIMTT Institut für CIM-Technologie-Transfer an der
Fachhochschule Kiel
+49 (0431) 210 2838
Manfred.Fischer@FH-Kiel.de

Prof. Dr.-Ing. Jürgen Gausemeier (Kapitel 37, 39, 40)
Lehrstuhl für Produktentstehung am Heinz Nixdorf Institut (HNI)
der Universität Paderborn
+49 (05251) 606267
Juergen.Gausemeier@hni.uni-paderborn.de

Meinolf Gröpper, VDMA (Kapitel 47)
Referent der Abteilung Informatik für CAD, PDM, PLM,
Technische Dokumentation, Schnittstellennormung
+49 (069) 66031660
meinolf.groepper@vdma.org

Jürgen Hasselbeck, Siemens PLM Software (Kapitel 21)
Vice President Marketing Deutschland, Österreich, Schweiz
+49 (0221) 20802 – 620
juergen.hasselbeck@siemens.com

Hakan Karden, PDT Europe (Kapitel 44)
Geschäftsführer eurostep, Stockholm, Schweden
+46 (08) 200 440
info.se@eurostep.com

Werner Kisters, Voith Paper (Kapitel 14)
Leiter Geschäftsprozesse und IT
+49 (07321) 37 – 6329
werner.kisters@voith.com

Stefan Kühner, PROCAD (Kapitel 20)
Marketing und Kommunikation
+49 (0721) 9656 624
sk@procad.de

Prof. Dr.-Ing. Udo Lindemann, Prof. Dr. Kristina Shea (Kap. 36)
Lehrstuhl für Produktentwicklung, Technische Universität
München (TUM)
+49 (089) 289 – 15131
udo.lindemann@pe.mw.tum.de

Wolfgang Lynen, Autodesk (Kapitel 17)
Industry Marketing Manager Manufacturing
+49 (089) 547 69-225
wolfgang.lynen@autodesk.com

Ed Miller, CIMdata (Kapitel 41)
President
+1 (313) 668 9922
e.miller@CIMdata.com

Mathias Mond, TESIS PLMware (Kapitel 23)
Geschäftsführer
+49 (089) 747377 12
m.mond@tesis.de

Dr. Torsten Niederdränk, Siemens AG (Kapitel 8)
Corporate Technology, Leiter Produktionsprozesse
+49 (089) 636 – 51666
Torsten.Niederdraenk@siemens.com

48

Prof. Dr. Dr.-Ing. Jivka Ovtcharova (Kapitel 32)
IMI Institut für Informationsmanagement im Ingenieurwesen,
Universität Karlsruhe (TH)
+49 (0721) 608 – 2129
ovtcharova@rpk.uni-karlsruhe.de

Dieter Pesch, EPLAN Software und Service (Kapitel 19)
Mitglied der Geschäftsleitung
+49 (02173) 3964 193
pesch.d@eplan.de

Dr. Oliver Riedel, AUDI AG (Kapitel 9)
Leiter Prozessintegration und Informationsmanagement
Produktentwicklung
+49 (0841) 89 – 30274
oliver2.riedel@audi.de

Helmut Ritter, Siemens Transportation Systems, Graz (Kap. 13)
Leiter Engineering Fahrwerke
+43 51707 – 60672
helmut.ritter@siemens.com

Martin Saller, AUDI AG, VDA (Kapitel 46)
Leiter VDA Arbeitskreis PLM
+49 (0841) 89 – 55403
Martin.Saller@AUDI.DE

Prof. Dr.-Ing. Dipl.-Wirt. Ing. Günther Schuh (Kapitel 26)
Lehrstuhl für Produktionssystematik am Werkzeugmaschinenlabor
WZL der RWTH Aachen
+49 (0241) 80 27405
g.schuh@wzl.rwth-aachen.de

Jürgen Selig, TESIS PLMware (Kapitel 23)
Geschäftsführer
+49 (089) 747377 0
juergen.seelig@tesis.de

Ulrich Sendler, sendler\circle (Kapitel 45)
Unabhängiger Technologieberater, Journalist und Buchautor
+49 (089) 5682066 – 0
u.sendler@sendlercircle.com

Prof. Dr.-Ing. Rainer Stark (Kapitel 27)
Fraunhofer IPK / IWF an der Technischen Universität Berlin
+49 (030) 39006 – 243
rainer.stark@ipk.fraunhofer.de

Prof. Dr.-Ing. habil. Ralph Stelzer (Kapitel 30)
KTC Lehrstuhl für Konstruktionstechnik / CAD an der
Technischen Universität Dresden
+49 (0351) 463 – 33775
ralph.stelzer@tu-dresden.de

Prof. Dr.-Ing. Prof. h.c. Dr. h.c. Sándor Vajna (Kapitel 34)
LMI Lehrstuhl für Maschinenbauinformatik an der Otto-von-
Guericke-Universität Magdeburg
+49 (0391) 67-18794
sandor.vajna@masch-bau.uni-magdeburg.de

Dr. Steven Vettermann, ProSTEP iViP Verein (Kapitel 43)
Manager Technical Program
+49 (06151) 9287 – 405
steven.vettermann@prostep.com

Dr. Wolfgang Vogel, b. Dez. 2008 Blohm + Voss (Kapitel 10)
Unabhängiger Berater
+49 (040) 895281
wvo@wolfgangvogel.eu

Volker Wawer, PROCAD (Kapitel 20)
Geschäftsführer
+49 (0721) 9656621
vw@procad.de

Dr. rer. pol. Thomas Wedel, IBM (Kapitel 22)
Marketing Manager Lösungsvertrieb
+49 (0711) 785-3169
thomas_wedel@de.ibm.com

Dr.-Ing. Stephan Wilhelm, Fraunhofer Gesellschaft (Kapitel 42)
Leiter des Präsidialbüros
+49 (0711) 970 2240
stephan.wilhelm@zv.fraunhofer.de

Index

Printing and Binding: Stürtz GmbH, Würzburg